Infanger / Zinsli
ZPO Textausgabe

Dominik Infanger
Dr. iur., Rechtsanwalt und Notar

Gian Reto Zinsli
lic. iur., Rechtsanwalt und Notar

ZPO Textausgabe
mit SchKG, IPRG und LugÜ II

Bibliografische Information der ‹Deutschen Bibliothek›.
Die Deutsche Bibliothek verzeichnet diese Publikation in der Deutschen Nationalbibliografie; detaillierte bibliografische Daten sind im Internet über ‹http://dnb.ddb.de› abrufbar.

Alle Rechte, auch des Nachdrucks von Auszügen, vorbehalten. Jede Verwertung ist ohne Zustimmung des Verlages unzulässig. Das gilt insbesondere für Vervielfältigungen, Übersetzungen, Mikroverfilmungen und die Einspeicherung und Verarbeitung in elektronische Systeme.

© Dike Verlag AG, Zürich/St. Gallen 2010
   ISBN 978-3-03751-303-3

www.dike.ch

Inhaltsübersicht

Vorwort	VII
Abkürzungen	IX
Benützungshinweise	XII
Inhaltsübersicht ZPO	XV
Inhaltsverzeichnis ZPO	XIX
ZPO	1
Anhänge	
Inhaltsübersicht SchKG	165
SchKG	169
Inhaltsübersicht IPRG	303
IPRG	305
Inhaltsübersicht LugÜ	385
LugÜ	387
Sachregister ZPO	457

Vorwort

Nicht im Mai, sondern im Januar wird alles neu: Das schweizerische Zivilverfahrensrecht im weiteren Sinne ändert sich markant. Die Zivilprozessordnung (ZPO) wird neu gesamtschweizerisch eingeführt und die Revisionen des SchKG, des IPRG sowie des LugÜ werden in Kraft treten. Alle diese Erlasse sind auf einander abgestimmt; Grund genug, sie zusammen in einem Werk aufzunehmen.

Als Prozessanwälte verfolgen wir diese Neuerungen mit dem erforderlichen Respekt. Dies und das Bestreben danach, schnell einen guten und sicheren Überblick über die neue ZPO zu erlangen, veranlassten uns dazu, die ZPO mit wertvollen Querverweisen zu versehen. Damit und mit dem detaillierten Sachregister erhoffen wir uns, dem Praktiker ein griffiges Hilfsmittel in die Hände zu geben.

Wir danken dem Verlag, namentlich Werner Stocker und Bénon Eugster, für die umsichtige Betreuung des vorliegenden Werks und unserer Mitarbeiterin, Ines à Wengen, für ihre Mithilfe bei der Umsetzung und Bearbeitung des Manuskripts. Besonderen Dank gebührt Dominik Gasser und Brigitte Rickli für die Zurverfügungstellung des Sachregisters.

Chur, Herbst 2010   Die Herausgeber
                                                                      www.gzbi.ch

Abkürzungen

Abs.	Absatz
Art.	Artikel
AS	Amtliche Sammlung der Bundesgesetze und Verordnungen
BBl	Bundesblatt
BG	Bundesgesetz
BGG	BG vom 17. Juni 2005 über das Bundesgericht (Bundesgerichtsgesetz; SR 173.110)
Bst.	Buchstabe
BV	Bundesverfassung der Schweizerischen Eidgenossenschaft vom 18. April 1999 (BV; SR 101)
BVG	BG vom 25. Juni 1982 über die berufliche Alters-, Hinterlassenen- und Invalidenvorsorge (SR 831.40)
DesG	BG vom 5. Oktober 2001 über den Schutz von Design (Designgesetz, DesG, 232.12)
EMRK	(Europäische) Konvention vom 4. November 1950 zum Schutze der Menschenrechte und Grundfreiheiten (SR 0.101)
f.	folgender Artikel
ff.	folgende Artikel
FZG	BG vom 17. Dezember 1993 über die Freizügigkeit in der beruflichen Alters-, Hinterlassenen- und Invalidenvorsorge (Freizügigkeitsgesetz; SR 831.42)
GBV	V vom 22. Februar 1910 betreffend das Grundbuch (Grundbuchverordnung; SR 211.432.1)
HRegV	V vom 7. Juni 1937 über das Handelsregister (Handelsregisterverordnung; SR 221.411)

ICC Rules	Schiedsgerichtsordnung der International Chamber of Commerce (Internationale Handelskammer Paris) vom 1. Januar 1998
IPRG	BG vom 18. Dezember 1987 über das internationale Privatrecht (SR 291)
i.V.m.	in Verbindung mit
KHG	Kernenergiehaftpflichtgesetz vom 13. Juni 2008
LCIA Rules	Schiedsgerichtsordnung des London Court of International Arbitration vom 1. Januar 1998
LPG	BG vom 4. Oktober 1985 über die landwirtschaftliche Pacht (SR 221.213.2)
LugÜ	Übereinkommen vom 30. Oktober 2007 über die gerichtliche Zuständigkeit und die Anerkennung und Vollstreckung gerichtlicher Entscheidungen in Zivil- und Handelssachen (Lugano Übereinkommen; SR 0.275.11)
MSchG	BG vom 28. August 1992 über den Schutz von Marken und Herkunftsangaben (Markenschutzgesetz, MSchG; SR 232.11)
nZGB	Schweizerisches Zivilgesetzbuch vom 10. Dezember 1907 (ZGB; SR 210; mit Änderungen vom 19. Dezember 2008 betreffend Erwachsenenschutz, Personenrecht und Kindesrecht, BBl 2009 141 ff., Inkrafttreten voraussichtlich 1. Januar 2012)
OR	BG vom 30. März 1911 betreffend die Ergänzung des Schweizerischen Zivilgesetzbuches (Obligationenrecht; SR 220)
PartG	BG vom 18. Juni 2004 über die eingetragene Partnerschaft gleichgeschlechtlicher Paare (Partnerschaftsgesetz; SR 211.231)
PatG	BG vom 25. Juni 1954 über die Erfindungspatente (Patentgesetz; SR 232.14)

SchKG	BG vom 11. April 1889 über Schuldbetreibung und Konkurs (SR 281.1)
SchlT ZGB	Schlusstitel zum ZGB (Anwendungs- und Einführungsbestimmungen)
SIA Norm 150	Richtlinie des Schweizerischen Ingenieur- und Architektenvereins für das Verfahren vor einem Schiedsgericht von 1977
SR	Systematische Sammlung des Bundesrechts
StGB	Schweizerisches Strafgesetzbuch vom 21. Dezember 1937 (SR 311.0)
SVG	BG vom 19. Dezember 1958 über den Strassenverkehr (Strassenverkehrsgesetz; SR 741.01)
SVIT-Schiedsgericht	Schiedsgerichtsordnung der Schweizer Immobilienwirtschaft vom 1. Januar 2005
Swiss Rules	Internationale Schiedsordnung der Schweizerischen Handelskammern (Schweizerische Schiedsordnung) vom Januar 2006 (Swiss Rules of International Arbitration)
UN-KRK	Übereinkommen vom 20. November 1989 über die Rechte des Kindes (SR 0.107)
UNCITRAL Rules	Arbitration Rules der United Nations Commission on International Trade Law (Kommission der Vereinten Nationen für Internationales Handelsrecht) vom 15. Dezember 1976
V	Verordnung
WIPO Rules	Regeln über das Schiedsgerichtsverfahren der Weltorganisation für geistiges Eigentum (World Intellectual Property Organization)
ZGB	Schweizerisches Zivilgesetzbuch vom 10. Dezember 1907 (SR 210)
ZPO	Schweizerische Zivilprozessordnung vom 19. Dezember 2008

Benützungshinweise

Querverweise innerhalb der ZPO-Artikel in eckigen Klammern [...]: Diese stammen von den Herausgebern. Sie stellen den Zusammenhang mit anderen Bestimmungen her und verweisen auch auf analoge sowie weiterführende Vorschriften (Beispiel: [318^1 c 1] = Art. 318 Absatz 1 Buchstabe c Ziffer 1).

Weitere Querverweise (mit und ohne runde Klammern): Diese stammen vom Gesetzgeber und bilden Bestandteil des amtlichen Gesetzestextes.

Zitierte Gesetzesartikel: Gesetzesartikel, die in der ZPO ohne nähere Angaben zitiert werden, sind solche der ZPO.

Zitierte Erlasse: Gesetze und andere Erlasse werden abgekürzt zitiert. Die verwendeten Abkürzungen werden im Abkürzungsverzeichnis erklärt. Dort sind die zitierten Erlasse vollständig mitsamt ihrer SR-Nummer bezeichnet.

Inhaltsübersicht ZPO

1. Teil:	**Allgemeine Bestimmungen**	1
1. Titel:	**Gegenstand und Geltungsbereich**	1
2. Titel:	**Zuständigkeit der Gerichte und Ausstand**	2
1. Kapitel:	Sachliche und funktionelle Zuständigkeit	2
2. Kapitel:	Örtliche Zuständigkeit	4
1. Abschnitt:	*Allgemeine Bestimmungen*	4
2. Abschnitt:	*Personenrecht*	7
3. Abschnitt:	*Familienrecht*	8
4. Abschnitt:	*Erbrecht*	9
5. Abschnitt:	*Sachenrecht*	9
6. Abschnitt:	*Klagen aus Vertrag*	10
7. Abschnitt:	*Klagen aus unerlaubter Handlung*	12
8. Abschnitt:	*Handelsrecht*	13
9. Abschnitt:	*Schuldbetreibungs- und Konkursrecht*	14
3. Kapitel:	Ausstand	14
3. Titel:	**Verfahrensgrundsätze und Prozessvoraussetzungen**	16
1. Kapitel:	Verfahrensgrundsätze	16
2. Kapitel:	Prozessvoraussetzungen	18
4. Titel:	**Rechtshängigkeit und Folgen des Klagerückzugs**	19
5. Titel:	**Die Parteien und die Beteiligung Dritter**	20
1. Kapitel:	Partei- und Prozessfähigkeit	20
2. Kapitel:	Parteivertretung	21
3. Kapitel:	Streitgenossenschaft	22
4. Kapitel:	Intervention	23
1. Abschnitt:	*Hauptintervention*	23
2. Abschnitt:	*Nebenintervention*	23
5. Kapitel:	Streitverkündung	24
1. Abschnitt:	*Einfache Streitverkündung*	24
2. Abschnitt:	*Streitverkündungsklage*	25
6. Kapitel:	Parteiwechsel	26
6. Titel:	**Klagen**	26
7. Titel:	**Streitwert**	28

8. Titel:	**Prozesskosten und unentgeltliche Rechtspflege**	29
1. Kapitel:	Prozesskosten	29
2. Kapitel:	Verteilung und Liquidation der Prozesskosten	32
3. Kapitel:	Besondere Kostenregelungen	34
4. Kapitel:	Unentgeltliche Rechtspflege	36
9. Titel:	**Prozessleitung, prozessuales Handeln und Fristen**	38
1. Kapitel:	Prozessleitung	38
2. Kapitel:	Formen des prozessualen Handelns	40
1. Abschnitt:	*Verfahrenssprache*	40
2. Abschnitt:	*Eingaben der Parteien*	40
3. Abschnitt:	*Gerichtliche Vorladung*	41
4. Abschnitt	*Gerichtliche Zustellung*	41
3. Kapitel:	Fristen, Säumnis und Wiederherstellung	43
1. Abschnitt:	*Fristen*	43
2. Abschnitt:	*Säumnis und Wiederherstellung*	45
10. Titel:	**Beweis**	46
1. Kapitel:	Allgemeine Bestimmungen	46
2. Kapitel:	Mitwirkungspflicht und Verweigerungsrecht	48
1. Abschnitt:	*Allgemeine Bestimmungen*	48
2. Abschnitt:	*Verweigerungsrecht der Parteien*	48
3. Abschnitt:	*Verweigerungsrecht Dritter*	49
3. Kapitel:	Beweismittel	51
1. Abschnitt:	*Zulässige Beweismittel*	51
2. Abschnitt.:	*Zeugnis*	52
3. Abschnitt:	*Urkunde*	54
4. Abschnitt:	*Augenschein*	55
5. Abschnitt:	*Gutachten*	58
6. Abschnitt	*Schriftliche Auskunft*	58
7. Abschnitt:	*Parteibefragung und Beweisaussage*	
11. Titel:	**Rechtshilfe zwischen schweizerischen Gerichten**	59

2. Teil: Besondere Bestimmungen 59

1. Titel:	**Schlichtungsversuch**	59
1. Kapitel:	Geltungsbereich und Schlichtungsbehörde	59
2. Kapitel:	Schlichtungsverfahren	61
3. Kapitel:	Einigung und Klagebewilligung	64
4. Kapitel:	Urteilsvorschlag und Entscheid	65

2. Titel:	**Mediation**	66
3. Titel:	**Ordentliches Verfahren**	67
1. Kapitel:	Geltungsbereich	67
2. Kapitel:	Schriftenwechsel und Vorbereitung der Hauptverhandlung	68
3. Kapitel:	Hauptverhandlung	70
4. Kapitel:	Protokoll	72
5. Kapitel:	Entscheid	73
6. Kapitel:	Beendigung des Verfahrens ohne Entscheid	74
4. Titel:	**Vereinfachtes Verfahren**	75
5. Titel:	**Summarisches Verfahren**	77
1. Kapitel:	Geltungsbereich	77
2. Kapitel:	Verfahren und Entscheid	82
3. Kapitel:	Rechtsschutz in klaren Fällen	83
4. Kapitel:	Gerichtliches Verbot	83
5. Kapitel:	Vorsorgliche Massnahmen und Schutzschrift	84
1. Abschnitt:	*Vorsorgliche Massnahmen*	85
2. Abschnitt:	*Schutzschrift*	85
6. Titel:	**Besondere eherechtliche Verfahren**	88
1. Kapitel:	Angelegenheiten des summarischen Verfahrens	88
2. Kapitel:	Scheidungsverfahren	89
1. Abschnitt:	*Allgemeine Bestimmungen*	89
2. Abschnitt:	*Scheidung auf gemeinsames Begehren*	93
3. Abschnitt:	*Scheidungsklage*	95
4. Abschnitt:	*Eheungültigkeits- und Ehetrennungsklagen*	96
7. Titel:	**Kinderbelange in familienrechtlichen Angelegenheiten**	96
1. Kapitel:	Allgemeine Bestimmungen	96
2. Kapitel:	Eherechtliche Verfahren	97
3. Kapitel:	Angelegenheiten des summarischen Verfahrens	99
4. Kapitel:	Unterhalts- und Vaterschaftsklage	99
8. Titel:	**Verfahren bei eingetragener Partnerschaft**	100
1. Kapitel:	Angelegenheiten des summarischen Verfahrens	100
2. Kapitel:	Auflösung und Ungültigkeit der eingetragenen Partnerschaft	101

9. Titel:	**Rechtsmittel**	102
1. Kapitel:	Berufung	102
1. Abschnitt:	*Anfechtbare Entscheide und Berufungsgründe*	102
2. Abschnitt:	*Berufung, Berufungsantwort und Anschlussberufung*	103
3. Abschnitt:	*Wirkungen und Verfahren der Berufung*	104
2. Kapitel:	Beschwerde	105
3. Kapitel:	Revision	105
4. Kapitel:	Erläuterung und Berichtigung	110
10. Titel:	**Vollstreckung**	111
1. Kapitel:	Vollstreckung von Entscheiden	111
2. Kapitel:	Vollstreckung öffentlicher Urkunden	114
3. Teil:	**Schiedsgerichtsbarkeit**	116
1. Titel:	**Allgemeine Bestimmungen**	116
2. Titel:	**Schiedsvereinbarung**	118
3. Titel:	**Bestellung des Schiedsgerichts**	118
4. Titel:	**Ablehnung, Abberufung und Ersetzung der Mitglieder des Schiedsgerichts**	121
5. Titel:	**Das Schiedsverfahren**	123
6. Titel:	**Schiedsspruch**	126
7. Titel:	**Rechtsmittel**	129
1. Kapitel:	Beschwerde	129
2. Kapitel:	Revision	129
4. Teil:	**Schlussbestimmungen**	133
1. Titel:	**Vollzug**	133
2. Titel:	**Anpassung von Gesetzen**	133
3. Titel:	**Übergangsbestimmungen**	134
4. Titel:	**Referendum und Inkrafttreten**	135

Inhaltsverzeichnis ZPO

1. Teil:	**Allgemeine Bestimmungen**		1
1. Titel:	**Gegenstand und Geltungsbereich**		1
	Art. 1	Gegenstand	1
	Art. 2	Internationale Verhältnisse	1
	Art. 3	Organisation der Gerichte und der Schlichtungsbehörden	2
2. Titel:	**Zuständigkeit der Gerichte und Ausstand**		2
1. Kapitel:	Sachliche und funktionelle Zuständigkeit		2
	Art. 4	Grundsätze	2
	Art. 5	Einzige kantonale Instanz	2
	Art. 6	Handelsgericht	3
	Art. 7	Gericht bei Streitigkeiten aus Zusatzversicherungen zur sozialen Krankenversicherung	4
	Art. 8	Direkte Klage beim oberen Gericht	4
2. Kapitel:	Örtliche Zuständigkeit		
	Vorbemerkungen zu Art. 9–46		4
1. Abschnitt:	*Allgemeine Bestimmungen*		4
	Art. 9	Zwingende Zuständigkeit	4
	Art. 10	Wohnsitz und Sitz	4
	Art. 11	Aufenthaltsort	5
	Art. 12	Niederlassung	5
	Art. 13	Vorsorgliche Massnahmen	5
	Art. 14	Widerklage	6
	Art. 15	Streitgenossenschaft und Klagenhäufung	6
	Art. 16	Streitverkündungsklage	6
	Art. 17	Gerichtsstandsvereinbarung	6
	Art. 18	Einlassung	7
	Art. 19	Freiwillige Gerichtsbarkeit	7
2. Abschnitt:	*Personenrecht*		7
	Art. 20	Persönlichkeits- und Datenschutz	7
	Art. 21	Todes- und Verschollenerklärung	8
	Art. 22	Bereinigung des Zivilstandsregisters	8
3. Abschnitt:	*Familienrecht*		8
	Art. 23	Eherechtliche Gesuche und Klagen	8

	Art. 24	Gesuche und Klagen bei eingetragener Partnerschaft	8
	Art. 25	Feststellung und Anfechtung des Kindesverhältnisses	8
	Art. 26	Unterhalts- und Unterstützungsklagen	8
	Art. 27	Ansprüche der unverheirateten Mutter	9
4. Abschnitt:	*Erbrecht*		9
	Art. 28		9
5. Abschnitt:	*Sachenrecht*		9
	Art. 29	Grundstücke	9
	Art. 30	Bewegliche Sachen	10
6. Abschnitt:	*Klagen aus Vertrag*		10
	Art. 31	Grundsatz	10
	Art. 32	Konsumentenvertrag	10
	Art. 33	Miete und Pacht unbeweglicher Sachen	11
	Art. 34	Arbeitsrecht	11
	Art. 35	Verzicht auf die gesetzlichen Gerichtsstände	11
7. Abschnitt:	*Klagen aus unerlaubter Handlung*		12
	Art. 36	Grundsatz	12
	Art. 37	Schadenersatz bei ungerechtfertigten vorsorglichen Massnahmen	12
	Art. 38	Motorfahrzeug- und Fahrradunfälle	12
	Art. 39	Adhäsionsklage	12
8. Abschnitt:	*Handelsrecht*		13
	Art. 40	Gesellschaftsrecht	13
	Art. 41	Stimmrechtssuspendierungsklagen	13
	Art. 42	Fusionen, Spaltungen, Umwandlungen und Vermögensübertragungen	13
	Art. 43	Kraftloserklärung von Wertpapieren und Versicherungspolicen; Zahlungsverbot	13
	Art. 44	Anleihensobligationen	14
	Art. 45	Kollektivanlagen	14
9. Abschnitt:	*Schuldbetreibungs- und Konkursrecht*		14
	Art. 46		14
3. Kapitel:	Ausstand		14
	Art. 47	Ausstandsgründe	14
	Art. 48	Mitteilungspflicht	15
	Art. 49	Ausstandsgesuch	15
	Art. 50	Entscheid	16
	Art. 51	Folgen der Verletzung der Ausstandsvorschriften	16

3. Titel:	**Verfahrensgrundsätze und**		
	Prozessvoraussetzungen		16
1. Kapitel:	Verfahrensgrundsätze		16
	Vorbemerkungen zu Art. 52–58		16
	Art. 52	Handeln nach Treu und Glauben	16
	Art. 53	Rechtliches Gehör	16
	Art. 54	Öffentlichkeit des Verfahrens	17
	Art. 55	Verhandlungs- und Untersuchungsgrundsatz	17
	Art. 56	Gerichtliche Fragepflicht	17
	Art. 57	Rechtsanwendung von Amtes wegen	17
	Art. 58	Dispositions- und Offizialgrundsatz	18
2. Kapitel:	Prozessvoraussetzungen		18
	Art. 59	Grundsatz	18
	Art. 60	Prüfung der Prozessvoraussetzungen	18
	Art. 61	Schiedsvereinbarung	18
4. Titel:	**Rechtshängigkeit und Folgen des**		
	Klagerückzugs		19
	Art. 62	Beginn der Rechtshängigkeit	19
	Art. 63	Rechtshängigkeit bei fehlender Zuständigkeit und falscher Verfahrensart	19
	Art. 64	Wirkungen der Rechtshängigkeit	20
	Art. 65	Folgen des Klagerückzugs	20
5. Titel:	**Die Parteien und die Beteiligung Dritter**		20
1. Kapitel:	Partei- und Prozessfähigkeit		20
	Art. 66	Parteifähigkeit	20
	Art. 67	Prozessfähigkeit	20
2. Kapitel:	Parteivertretung		21
	Art. 68	Vertragliche Vertretung	21
	Art. 69	Unvermögen der Partei	21
3. Kapitel:	Streitgenossenschaft		22
	Art. 70	Notwendige Streitgenossenschaft	22
	Art. 71	Einfache Streitgenossenschaft	22
	Art. 72	Gemeinsame Vertretung	22
4. Kapitel:	Intervention		23
1. Abschnitt:	*Hauptintervention*		23
	Art. 73		23
2. Abschnitt:	*Nebenintervention*		23
	Art. 74	Grundsatz	23
	Art. 75	Gesuch	23
	Art. 76	Rechte der intervenierenden Person	23

		Art. 77	Wirkungen der Intervention	24
5. Kapitel:		Streitverkündung		24
1. Abschnitt:		*Einfache Streitverkündung*		24
		Art. 78	Grundsätze	24
		Art. 79	Stellung der streitberufenen Person	24
		Art. 80	Wirkungen der Streitverkündung	25
2. Abschnitt:		*Streitverkündungsklage*		25
		Art. 81	Grundsätze	25
		Art. 82	Verfahren	25
6. Kapitel:		Parteiwechsel		26
		Art. 83		26
6. Titel:		**Klagen**		26
		Art. 84	Leistungsklage	26
		Art. 85	Unbezifferte Forderungsklage	26
		Art. 86	Teilklage	27
		Art. 87	Gestaltungsklage	27
		Art. 88	Feststellungsklage	27
		Art. 89	Verbandsklage	27
		Art. 90	Klagenhäufung	27
7. Titel:		**Streitwert**		28
		Art. 91	Grundsatz	28
		Art. 92	Wiederkehrende Nutzungen und Leistungen	28
		Art. 93	Streitgenossenschaft und Klagenhäufung	28
		Art. 94	Widerklage	29
8. Titel:		**Prozesskosten und unentgeltliche Rechtspflege**		29
1. Kapitel:		Prozesskosten		29
		Art. 95	Begriffe	29
		Art. 96	Tarife	29
		Art. 97	Aufklärung über die Prozesskosten	30
		Art. 98	Kostenvorschuss	30
		Art. 99	Sicherheit für die Parteientschädigung	30
		Art. 100	Art und Höhe der Sicherheit	31
		Art. 101	Leistung des Vorschusses und der Sicherheit	31
		Art. 102	Vorschuss für Beweiserhebungen	31
		Art. 103	Rechtsmittel	31
2. Kapitel:		Verteilung und Liquidation der Prozesskosten		32
		Art. 104	Entscheid über die Prozesskosten	21
		Art. 105	Festsetzung und Verteilung der Prozesskosten	32

	Art. 106	Verteilungsgrundsätze	32
	Art. 107	Verteilung nach Ermessen	33
	Art. 108	Unnötige Prozesskosten	33
	Art. 109	Verteilung bei Vergleich	33
	Art. 110	Rechtsmittel	34
	Art. 111	Liquidation der Prozesskosten	34
	Art. 112	Stundung, Erlass, Verjährung und Verzinsung der Gerichtskosten	34
3. Kapitel:		Besondere Kostenregelungen	34
		Vorbemerkungen zu Art. 113–123	34
	Art. 113	Schlichtungsverfahren	34
	Art. 114	Entscheidverfahren	35
	Art. 115	Kostentragungspflicht	36
	Art. 116	Kostenbefreiung nach kantonalem Recht	36
4. Kapitel:		Unentgeltliche Rechtspflege	36
	Art. 117	Anspruch	36
	Art. 118	Umfang	36
	Art. 119	Gesuch und Verfahren	37
	Art. 120	Entzug der unentgeltlichen Rechtspflege	37
	Art. 121	Rechtsmittel	37
	Art. 122	Liquidation der Prozesskosten	37
	Art. 123	Nachzahlung	38
9. Titel:		**Prozessleitung, prozessuales Handeln und Fristen**	38
1. Kapitel:		Prozessleitung	38
	Art. 124	Grundsätze	38
	Art. 125	Vereinfachung des Prozesses	38
	Art. 126	Sistierung des Verfahrens	39
	Art. 127	Überweisung bei zusammenhängenden Verfahren	39
	Art. 128	Verfahrensdisziplin und mutwillige Prozessführung	39
2. Kapitel:		Formen des prozessualen Handelns	40
1. Abschnitt:		*Verfahrenssprache*	40
	Art. 129		40
2. Abschnitt:		*Eingaben der Parteien*	40
	Art. 130	Form	40
	Art. 131	Anzahl	40
	Art. 132	Mangelhafte, querulatorische und rechtsmissbräuchliche Eingaben	40
3. Abschnitt:		*Gerichtliche Vorladung*	41

	Art. 133	Inhalt	41
	Art. 134	Zeitpunkt	41
	Art. 135	Verschiebung des Erscheinungstermins	41
4. Abschnitt:	*Gerichtliche Zustellung*		41
	Art. 136	Zuzustellende Urkunden	41
	Art. 137	Bei Vertretung	42
	Art. 138	Form	42
	Art. 139	Elektronische Zustellung	42
	Art. 140	Zustellungsdomizil	43
	Art. 141	Öffentliche Bekanntmachung	43
3. Kapitel:	Fristen, Säumnis und Wiederherstellung		43
1. Abschnitt:	*Fristen*		43
	Art. 142	Beginn und Berechnung	43
	Art. 143	Einhaltung	44
	Art. 144	Erstreckung	44
	Art. 145	Stillstand der Fristen	44
	Art. 146	Wirkungen des Stillstandes	45
2. Abschnitt:	*Säumnis und Wiederherstellung*		45
	Art. 147	Säumnis und Säumnisfolgen	45
	Art. 148	Wiederherstellung	45
	Art. 149	Verfahren der Wiederherstellung	46
10. Titel:	**Beweis**		46
1. Kapitel:	Allgemeine Bestimmungen		46
	Art. 150	Beweisgegenstand	46
	Art. 151	Bekannte Tatsachen	46
	Art. 152	Recht auf Beweis	46
	Art. 153	Beweiserhebung von Amtes wegen	46
	Art. 154	Beweisverfügung	47
	Art. 155	Beweisabnahme	47
	Art. 156	Wahrung schutzwürdiger Interessen	47
	Art. 157	Freie Beweiswürdigung	47
	Art. 158	Vorsorgliche Beweisführung	47
	Art. 159	Organe einer juristischen Person	48
2. Kapitel:	Mitwirkungspflicht und Verweigerungsrecht		48
1. Abschnitt:	*Allgemeine Bestimmungen*		48
	Art. 160 Mitwirkungspflicht		48
	Art. 161 Aufklärung		48
	Art. 162 Berechtigte Verweigerung der Mitwirkung		49
2. Abschnitt:	*Verweigerungsrecht der Parteien*		49
	Art. 163	Verweigerungsrecht	49
	Art. 164	Unberechtigte Verweigerung	49

3. Abschnitt:	*Verweigerungsrecht Dritter*		49
	Art. 165	Umfassendes Verweigerungsrecht	49
	Art. 166	Beschränktes Verweigerungsrecht	50
	Art. 167	Unberechtigte Verweigerung	51
3. Kapitel:	Beweismittel		51
1. Abschnitt:	*Zulässige Beweismittel*		51
	Art. 168		51
2. Abschnitt:	*Zeugnis*		52
	Art. 169	Gegenstand	52
	Art. 170	Vorladung	52
	Art. 171	Form der Einvernahme	52
	Art. 172	Inhalt der Einvernahme	53
	Art. 173	Ergänzungsfragen	53
	Art. 174	Konfrontation	53
	Art. 175	Zeugnis einer sachverständigen Person	53
	Art. 176	Protokoll	53
3. Abschnitt:	*Urkunde*		54
	Art. 177	Begriff	54
	Art. 178	Echtheit	54
	Art. 179	Beweiskraft öffentlicher Register und Urkunden	54
	Art. 180	Einreichung	54
4. Abschnitt:	*Augenschein*		55
	Art. 181	Durchführung	55
	Art. 182	Protokoll	55
5. Abschnitt:	*Gutachten*		55
	Art. 183	Grundsätze	55
	Art. 184	Rechte und Pflichten der sachverständigen Person	56
	Art. 185	Auftrag	56
	Art. 186	Abklärungen der sachverständigen Person	56
	Art. 187	Erstattung des Gutachtens	56
	Art. 188	Säumnis und Mängel	57
	Art. 189	Schiedsgutachten	57
6. Abschnitt:	*Schriftliche Auskunft*		58
	Art. 190		58
7. Abschnitt:	*Parteibefragung und Beweisaussage*		58
	Art. 191	Parteibefragung	58
	Art. 192	Beweisaussage	58
	Art. 193	Protokoll	58

11. Titel:	**Rechtshilfe zwischen schweizerischen Gerichten**		59
	Art. 194	Grundsatz	59
	Art. 195	Direkte Prozesshandlungen in einem andern Kanton	59
	Art. 196	Rechtshilfe	59
2. Teil:	**Besondere Bestimmungen**		59
1. Titel:	**Schlichtungsversuch**		59
1. Kapitel:	Geltungsbereich und Schlichtungsbehörde		59
	Art. 197	Grundsatz	59
	Art. 198	Ausnahmen	59
	Art. 199	Verzicht auf das Schlichtungsverfahren	60
	Art. 200	Paritätische Schlichtungsbehörden	61
	Art. 201	Aufgaben der Schlichtungsbehörde	61
2. Kapitel:	Schlichtungsverfahren		61
	Art. 202	Einleitung	61
	Art. 203	Verhandlung	62
	Art. 204	Persönliches Erscheinen	62
	Art. 205	Vertraulichkeit des Verfahrens	63
	Art. 206	Säumnis	63
	Art. 207	Kosten des Schlichtungsverfahrens	63
3. Kapitel:	Einigung und Klagebewilligung		64
	Art. 208	Einigung der Parteien	64
	Art. 209	Klagebewilligung	64
4. Kapitel:	Urteilsvorschlag und Entscheid		65
	Art. 210	Urteilsvorschlag	65
	Art.211	Wirkungen	65
	Art. 212	Entscheid	66
2. Titel:	**Mediation**		66
	Art. 213	Mediation statt Schlichtungsverfahren	66
	Art. 214	Mediation im Entscheidverfahren	66
	Art. 215	Organisation und Durchführung der Mediation	67
	Art. 216	Verhältnis zum gerichtlichen Verfahren	67
	Art. 217	Genehmigung einer Vereinbarung	67
	Art. 218	Kosten der Mediation	67
3. Titel:	**Ordentliches Verfahren**		67
1.Kapitel:	Geltungsbereich		67
	Art. 219		67

2. Kapitel:	Schriftenwechsel und Vorbereitung der Hauptverhandlung		68
	Art. 220	Einleitung	68
	Art. 221	Klage	68
	Art. 222	Klageantwort	68
	Art. 223	Versäumte Klageantwort	68
	Art. 224	Widerklage	69
	Art. 225	Zweiter Schriftenwechsel	69
	Art. 226	Instruktionsverhandlung	69
	Art. 227	Klageänderung	70
3. Kapitel:	Hauptverhandlung		70
	Art. 228	Erste Parteivorträge	70
	Art. 229	Neue Tatsachen und Beweismittel	70
	Art. 230	Klageänderung	71
	Art. 231	Beweisabnahme	71
	Art. 232	Schlussvorträge	71
	Art. 233	Verzicht auf die Hauptverhandlung	72
	Art. 234	Säumnis an der Hauptverhandlung	72
4. Kapitel:	Protokoll		72
	Art. 235		72
5. Kapitel:	Entscheid		73
	Art. 236	Endentscheid	73
	Art. 237	Zwischenentscheid	73
	Art. 238	Inhalt	73
	Art. 239	Eröffnung und Begründung	73
	Art. 240	Mitteilung und Veröffentlichung des Entscheides	74
6. Kapitel:	Beendigung des Verfahrens ohne Entscheid		74
	Art. 241	Vergleich, Klageanerkennung, Klagerückzug	74
	Art. 242	Gegenstandslosigkeit aus anderen Gründen	75
4. Titel:	**Vereinfachtes Verfahren**		75
	Art. 243	Geltungsbereich	75
	Art. 244	Vereinfachte Klage	76
	Art. 245	Vorladung zur Verhandlung und Stellungnahme	76
	Art. 246	Prozessleitende Verfügungen	76
	Art. 247	Feststellung des Sachverhaltes	77
2. Titel:	**Summarisches Verfahren**		77
1. Kapitel:	Geltungsbereich		77
	Art. 248	Grundsatz	77
	Art. 249	Zivilgesetzbuch	77

Inhaltsverzeichnis ZPO

	Art. 250	Obligationenrecht	79
	Art. 251	Bundesgesetz vom 11. April 1889 über Schuldbetreibung und Konkurs	81
2. Kapitel:	Verfahren und Entscheid		82
	Art. 252	Gesuch	82
	Art. 253	Stellungnahme	82
	Art. 254	Beweismittel	82
	Art. 255	Untersuchungsgrundsatz	82
	Art. 256	Entscheid	83
3. Kapitel:	Rechtsschutz in klaren Fällen		83
	Art. 257		83
4. Kapitel:	Gerichtliches Verbot		83
	Art. 258	Grundsatz	83
	Art. 259	Bekanntmachung	84
	Art. 260	Einsprache	84
5. Kapitel:	Vorsorgliche Massnahmen und Schutzschrift		84
1. Abschnitt:	*Vorsorgliche Massnahmen*		84
	Art. 261	Grundsatz	84
	Art. 262	Inhalt	85
	Art. 263	Massnahmen vor Rechtshängigkeit	85
	Art. 264	Sicherheitsleistung und Schadenersatz	85
	Art. 265	Superprovisorische Massnahmen	86
	Art. 266	Massnahmen gegen Medien	86
	Art. 267	Vollstreckung	86
	Art. 268	Änderung und Aufhebung	86
	Art. 269	Vorbehalt	87
2. Abschnitt:	*Schutzschrift*		87
	Art. 270		87
6. Titel:	**Besondere eherechtliche Verfahren**		**88**
1. Kapitel:	Angelegenheiten des summarischen Verfahrens		88
	Art. 271	Geltungsbereich	88
	Art. 272	Untersuchungsgrundsatz	89
	Art. 273	Verfahren	89
2. Kapitel:	Scheidungsverfahren		89
1. Abschnitt:	*Allgemeine Bestimmungen*		89
	Art. 274	Einleitung	89
	Art. 275	Aufhebung des gemeinsamen Haushalts	89
	Art. 276	Vorsorgliche Massnahmen	89
	Art. 277	Feststellung des Sachverhalts	90
	Art. 278	Persönliches Erscheinen	90
	Art. 279	Genehmigung der Vereinbarung	90

	Art. 280	Vereinbarung über die berufliche Vorsorge	91
	Art. 281	Fehlende Einigung über die Teilung der Austrittsleistungen	91
	Art. 282	Unterhaltsbeiträge	92
	Art. 283	Einheit des Entscheids	92
	Art. 284	Änderung rechtskräftig entschiedener Scheidungsfolgen	93
2. Abschnitt:	*Scheidung auf gemeinsames Begehren*		93
	Art. 285	Eingabe bei umfassender Einigung	93
	Art. 286	Eingabe bei Teileinigung	94
	Art. 287	Anhörung der Parteien	94
	Art. 288	Fortsetzung des Verfahrens und Entscheid	94
	Art. 289	Rechtsmittel	94
3. Abschnitt:	*Scheidungsklage*		95
	Art. 290	Einreichung der Klage	95
	Art. 291	Einigungsverhandlung	95
	Art. 292	Wechsel zur Scheidung auf gemeinsames Begehren	95
	Art. 293	Klageänderung	96
4. Abschnitt:	*Eheungültigkeits- und Ehetrennungsklagen*		96
	Art. 294		96
7. Titel:	**Kinderbelange in familienrechtlichen Angelegenheiten**		96
1. Kapitel:	Allgemeine Bestimmungen		96
	Art. 295	Grundsatz	96
	Art. 296	Untersuchungs- und Offizialgrundsatz	96
2. Kapitel:	Eherechtliche Verfahren		97
	Vorbemerkung zu Art. 297–301		97
	Art. 297	Anhörung der Eltern und Mediation	97
	Art. 298	Anhörung des Kindes	97
	Art. 299	Anordnung einer Vertretung des Kindes	97
	Art. 300	Kompetenzen der Vertretung	98
	Art. 301	Eröffnung des Entscheides	98
3. Kapitel:	Angelegenheiten des summarischen Verfahrens		99
	Art. 302	Geltungsbereich	99
4. Kapitel:	Unterhalts- und Vaterschaftsklage		99
	Art. 303	Vorsorgliche Massnahmen	99
	Art. 304	Zuständigkeit	100

8. Titel:	**Verfahren bei eingetragener Partnerschaft**	100
1. Kapitel:	Angelegenheiten des summarischen Verfahrens	100
	Art. 305 Geltungsbereich	100
	Art. 306 Verfahren	101
2. Kapitel:	Auflösung und Ungültigkeit der eingetragenen Partnerschaft	101
	Art. 307	101
9. Titel:	**Rechtsmittel**	102
	Vorbemerkungen zu Art. 308–334	102
1. Kapitel:	Berufung	102
1. Abschnitt:	*Anfechtbare Entscheide und Berufungsgründe*	102
	Art. 308 Anfechtbare Entscheide	102
	Art. 309 Ausnahmen	102
	Art. 310 Berufungsgründe	103
2. Abschnitt:	*Berufung, Berufungsantwort und Anschlussberufung*	103
	Art. 311 Einreichen der Berufung	103
	Art. 312 Berufungsantwort	103
	Art. 313 Anschlussberufung	103
	Art. 314 Summarisches Verfahren	104
3. Abschnitt:	*Wirkungen und Verfahren der Berufung*	104
	Art. 315 Aufschiebende Wirkung	104
	Art. 316 Verfahren vor der Rechtsmittelinstanz	104
	Art. 317 Neue Tatsachen, neue Beweismittel und Klageänderung	105
	Art. 318 Entscheid	105
2. Kapitel:	Beschwerde	105
	Art. 319 Anfechtungsobjekt	105
	Art. 320 Beschwerdegründe	106
	Art. 321 Einreichen der Beschwerde	106
	Art. 322 Beschwerdeantwort	106
	Art. 323 Anschlussbeschwerde	107
	Art. 324 Stellungnahme der Vorinstanz	107
	Art. 325 Aufschiebende Wirkung	107
	Art. 326 Neue Anträge, neue Tatsachen und neue Beweismittel	107
	Art. 327 Verfahren und Entscheid	107
	Art. 327a Vollstreckbarerklärung nach Lugano-Übereinkommen	108
3. Kapitel:	Revision	108
	Art. 328 Revisionsgründe	108

	Art. 329	Revisionsgesuch und Revisionsfristen	109
	Art. 330	Stellungnahme der Gegenpartei	109
	Art. 331	Aufschiebende Wirkung	110
	Art. 332	Entscheid über das Revisionsgesuch	110
	Art. 333	Neuer Entscheid in der Sache	110
4. Kapitel:		Erläuterung und Berichtigung	110
	Art. 334		110
10. Titel:	**Vollstreckung**		111
1. Kapitel:	Vollstreckung von Entscheiden		111
	Art. 335	Geltungsbereich	111
	Art. 336	Vollstreckbarkeit	111
	Art. 337	Direkte Vollstreckung	111
	Art. 338	Vollstreckungsgesuch	112
	Art. 339	Zuständigkeit und Verfahren	112
	Art. 340	Sichernde Massnahmen	112
	Art. 341	Prüfung der Vollstreckbarkeit und Stellungnahme der unterlegenen Partei	112
	Art. 342	Vollstreckung einer bedingten oder von einer Gegenleistung abhängigen Leistung	113
	Art. 343	Verpflichtung zu einem Tun, Unterlassen oder Dulden	113
	Art. 344	Abgabe einer Willenserklärung	114
	Art. 345	Schadenersatz und Umwandlung in Geld	114
	Art. 346	Rechtsmittel Dritter	114
2. Kapitel:	Vollstreckung öffentlicher Urkunden		114
	Art. 347	Vollstreckbarkeit	114
	Art. 348	Ausnahmen	115
	Art. 349	Urkunde über eine Geldleistung	115
	Art. 350	Urkunde über eine andere Leistung	115
	Art. 351	Verfahren vor dem Vollstreckungsgericht	116
	Art. 352	Gerichtliche Beurteilung	116
3. Teil:	**Schiedsgerichtsbarkeit**		116
1. Titel:	**Allgemeine Bestimmungen**		116
	Art. 353	Geltungsbereich	116
	Art. 354	Schiedsfähigkeit	117
	Art. 355	Sitz des Schiedsgerichtes	117
	Art. 356	Zuständige staatliche Gerichte	117
2. Titel:	**Schiedsvereinbarung**		118
	Art. 357	Schiedsvereinbarung	118
	Art. 358	Form	118

	Art. 359	Bestreitung der Zuständigkeit des Schiedsgerichts	118
3. Titel:	**Bestellung des Schiedsgerichts**		**118**
	Art. 360	Anzahl der Mitglieder	118
	Art. 361	Ernennung durch die Parteien	119
	Art. 362	Ernennung durch das staatliche Gericht	119
	Art. 363	Offenlegungspflicht	120
	Art. 364	Annahme des Amtes	120
	Art. 365	Sekretariat	120
	Art. 366	Amtsdauer	120
4. Titel:	**Ablehnung, Abberufung und Ersetzung der Mitglieder des Schiedsgerichts**		**121**
	Art. 367	Ablehnung eines Mitgliedes	121
	Art. 368	Ablehnung des Schiedsgerichts	121
	Art. 369	Ablehnungsverfahren	121
	Art. 370	Abberufung	122
	Art. 371	Ersetzung eines Mitglieds des Schiedsgerichts	122
5. Titel:	**Das Schiedsverfahren**		**123**
	Art. 372	Rechtshängigkeit	123
	Art. 373	Allgemeine Verfahrensregeln	123
	Art. 374	Vorsorgliche Massnahmen, Sicherheit und Schadenersatz	124
	Art. 375	Beweisabnahme und Mitwirkung des staatlichen Gerichts	125
	Art. 376	Streitgenossenschaft, Klagenhäufung und Beteiligung Dritter	125
	Art. 377	Verrechnung und Widerklage	125
	Art. 378	Kostenvorschuss	126
	Art. 379	Sicherstellung der Parteientschädigung	126
	Art. 380	Unentgeltliche Rechtspflege	126
6. Titel:	**Schiedsspruch**		**126**
	Art. 381	Anwendbares Recht	126
	Art. 382	Beratung und Abstimmung	127
	Art. 383	Zwischen- und Teilschiedssprüche	127
	Art. 384	Inhalt des Schiedsspruches	127
	Art. 385	Einigung der Parteien	128
	Art. 386	Zustellung und Hinterlegung	128
	Art. 387	Wirkungen des Schiedsspruches	128
	Art. 388	Berichtigung, Erläuterung und Ergänzung des Schiedsspruchs	128

7. Titel:	**Rechtsmittel**		129
1. Kapitel:	Beschwerde		129
	Art. 389	Beschwerde an das Bundesgericht	129
	Art. 390	Beschwerde an das kantonale Gericht	130
	Art. 391	Subsidiarität	130
	Art. 392	Anfechtbare Schiedssprüche	130
	Art. 393	Beschwerdegründe	130
	Art. 394	Rückweisung zur Berichtigung oder Ergänzung	131
	Art. 395	Entscheid	131
2. Kapitel:	Revision		131
	Art. 396	Revisionsgründe	131
	Art. 397	Fristen	132
	Art. 398	Verfahren	132
	Art. 399	Rückweisung an das Schiedsgericht	132
4. Teil:	**Schlussbestimmungen**		133
1. Titel:	**Vollzug**		133
	Art. 400	Grundsätze	133
	Art. 401	Pilotprojekte	133
2. Titel:	**Anpassung von Gesetzen**		133
	Art. 402	Aufhebung und Änderung bisherigen Rechts	133
	Art. 403	Koordinationsbestimmungen	133
3. Titel:	**Übergangsbestimmungen**		134
	Art. 404	Weitergelten des bisherigen Rechts	134
	Art. 405	Rechtsmittel	134
	Art. 406	Gerichtsstandsvereinbarung	134
	Art. 407	Schiedsgerichtsbarkeit	134
4. Titel:	**Referendum und Inkrafttreten**		135
	Art. 408		135

Schweizerische Zivilprozessordnung
(Zivilprozessordnung, ZPO)

vom 19. Dezember 2008

Die Bundesversammlung der Schweizerischen Eidgenossenschaft,

gestützt auf Artikel 122 Absatz 1 der Bundesverfassung[1],
nach Einsicht in die Botschaft des Bundesrates vom 28. Juni 2006[2],
beschliesst:

1. Teil: Allgemeine Bestimmungen
1. Titel: Gegenstand und Geltungsbereich

Art. 1

Dieses Gesetz regelt das Verfahren vor den kantonalen Instanzen für: Gegenstand

a. streitige Zivilsachen [219 ff., 243 ff., 248 ff.];
b. gerichtliche Anordnungen der freiwilligen Gerichtsbarkeit [19, 29[4], 30[2], 248 e, 255 b, 256];
c. gerichtliche Angelegenheiten des Schuldbetreibungs- und Konkursrechts [251];
d. die Schiedsgerichtsbarkeit [253 ff.].

Art. 2

Bestimmungen des Staatsvertragsrechts und die Bestimmungen des Bundesgesetzes vom 18. Dezember 1987[3] über das Internationale Privatrecht (IPRG) bleiben vorbehalten. Internationale Verhältnisse

---

[1] SR **101**
[2] BBl **2006** 7221
[3] SR **291**

Art. 3

Organisation der Gerichte und der Schlichtungsbehörden

Die Organisation der Gerichte und der Schlichtungsbehörden [200] ist Sache der Kantone, soweit das Gesetz nichts anderes bestimmt [215].

2. Titel: Zuständigkeit der Gerichte und Ausstand
1. Kapitel: Sachliche und funktionelle Zuständigkeit

Art. 4

Grundsätze

[1] Das kantonale Recht regelt die sachliche und funktionelle Zuständigkeit der Gerichte, soweit das Gesetz nichts anderes bestimmt [5–8, 14, 73, 81, 200, 224, 267, 308 ff., 319 ff., 336[2], 356].

[2] Hängt die sachliche Zuständigkeit vom Streitwert [91 ff.] ab, so erfolgt dessen Berechnung nach diesem Gesetz.

Art. 5

Einzige kantonale Instanz

[1] Das kantonale Recht bezeichnet das Gericht, welches als einzige kantonale Instanz [198 f] zuständig ist für:

a. Streitigkeiten im Zusammenhang mit geistigem Eigentum einschliesslich der Streitigkeiten betreffend Nichtigkeit, Inhaberschaft, Lizenzierung, Übertragung und Verletzung solcher Rechte;

b. kartellrechtliche Streitigkeiten;

c. Streitigkeiten über den Gebrauch einer Firma;

d. Streitigkeiten nach dem Bundesgesetz vom 19. Dezember 1986[4] über den unlauteren Wettbewerb, sofern der Streitwert [91 ff.] mehr als 30 000 Franken beträgt oder sofern der Bund sein Klagerecht ausübt;

e. Streitigkeiten nach dem Kernenergiehaftpflichtgesetz vom 18. März 1983[5];

f. Klagen gegen den Bund;

---

[4] SR **241**
[5] SR **732.44**

g. die Einsetzung eines Sonderprüfers nach Artikel 697*b* des Obligationenrechts[6] (OR);
h. Streitigkeiten nach dem Bundesgesetz vom 23. Juni 2006[7] über die kollektiven Kapitalanlagen und nach dem Börsengesetz vom 24. März 1995[8].

[2] Diese Instanz ist auch für die Anordnung vorsorglicher Massnahmen vor Eintritt der Rechtshängigkeit einer Klage [261 ff., 263] zuständig.

Art. 6

[1] Die Kantone können ein Fachgericht bezeichnen, welches als einzige kantonale Instanz für handelsrechtliche Streitigkeiten zuständig ist (Handelsgericht). Handelsgericht

[2] Eine Streitigkeit gilt als handelsrechtlich, wenn:
  a. die geschäftliche Tätigkeit mindestens einer Partei [66 f.] betroffen ist;
  b. gegen den Entscheid die Beschwerde in Zivilsachen an das Bundesgericht offen steht; und
  c. die Parteien [66 f.] im schweizerischen Handelsregister oder in einem vergleichbaren ausländischen Register eingetragen sind.

[3] Ist nur die beklagte Partei im schweizerischen Handelsregister oder in einem vergleichbaren ausländischen Register eingetragen, sind aber die übrigen Voraussetzungen erfüllt, so hat die klagende Partei die Wahl zwischen dem Handelsgericht und dem ordentlichen Gericht.

[4] Die Kantone können das Handelsgericht ausserdem zuständig erklären für:
  a. Streitigkeiten nach Artikel 5 Absatz 1;
  b. Streitigkeiten aus dem Recht der Handelsgesellschaften und Genossenschaften.

---

[6] SR **220**
[7] SR **951.31**
[8] SR **954.1**

2. Titel: Zuständigkeit der Gerichte und Ausstand

[5] Das Handelsgericht ist auch für die Anordnung vorsorglicher Massnahmen vor Eintritt der Rechtshängigkeit einer Klage [261 ff., 263] zuständig.

Art. 7

Gericht bei Streitigkeiten aus Zusatzversicherungen zur sozialen Krankenversicherung

Die Kantone können ein Gericht bezeichnen, welches als einzige kantonale Instanz für Streitigkeiten aus Zusatzversicherungen zur sozialen Krankenversicherung nach dem Bundesgesetz vom 18. März 1994[9] über die Krankenversicherung zuständig ist.

Art. 8

Direkte Klage beim oberen Gericht

[1] In vermögensrechtlichen Streitigkeiten kann die klagende Partei [66 f.] mit Zustimmung der beklagten Partei [66 f.] direkt an das obere Gericht gelangen, sofern der Streitwert [91 ff.] mindestens 100 000 Franken beträgt.

[2] Dieses Gericht entscheidet als einzige kantonale Instanz [198 f.; BGG 75[2] a, c].

2. Kapitel: Örtliche Zuständigkeit
1. Abschnitt: Allgemeine Bestimmungen

Art. 9

Zwingende Zuständigkeit

[1] Ein Gerichtsstand ist nur dann zwingend, wenn es das Gesetz ausdrücklich vorschreibt [13, 19, 21–27, 28[2], 29[4], 30[2], 43, 45].

[2] Von einem zwingenden Gerichtsstand können die Parteien [66 f.] nicht abweichen.

Art. 10

Wohnsitz und Sitz

[1] Sieht dieses Gesetz nichts anderes vor, so ist zuständig:
    a. für Klagen gegen eine natürliche Person: das Gericht an deren Wohnsitz [10[2]];

---

[9] SR **832.10**

b. für Klagen gegen eine juristische Person und gegen öffentlich-rechtliche Anstalten und Körperschaften sowie gegen Kollektiv- und Kommanditgesellschaften: das Gericht an deren Sitz;
c. für Klagen gegen den Bund: das Obergericht des Kantons Bern oder das obere Gericht des Kantons, in dem die klagende Partei ihren Wohnsitz, Sitz oder gewöhnlichen Aufenthalt hat;
d. für Klagen gegen einen Kanton: ein Gericht am Kantonshauptort.

[2] Der Wohnsitz bestimmt sich nach dem Zivilgesetzbuch[10] (ZGB). Artikel 24 ZGB ist nicht anwendbar.

Art. 11

[1] Hat die beklagte Partei [66 f.] keinen Wohnsitz [10], so ist das Gericht an ihrem gewöhnlichen Aufenthaltsort zuständig. *Aufenthaltsort*

[2] Gewöhnlicher Aufenthaltsort ist der Ort, an dem eine Person während längerer Zeit lebt, selbst wenn die Dauer des Aufenthalts von vornherein befristet ist.

[3] Hat die beklagte Partei keinen gewöhnlichen Aufenthaltsort, so ist das Gericht an ihrem letzten bekannten Aufenthaltsort zuständig.

Art. 12

Für Klagen aus dem Betrieb einer geschäftlichen oder beruflichen Niederlassung oder einer Zweigniederlassung ist das Gericht am Wohnsitz oder Sitz [10] der beklagten Partei [66 f.] oder am Ort der Niederlassung zuständig. *Niederlassung*

Art. 13

Soweit das Gesetz nichts anderes bestimmt, ist für die Anordnung vorsorglicher Massnahmen [158, 261 ff.] zwingend [9] zuständig das Gericht am Ort, an dem: *Vorsorgliche Massnahmen*

---

[10] SR **210**

2. Titel: Zuständigkeit der Gerichte und Ausstand

a. die Zuständigkeit für die Hauptsache gegeben ist; oder
b. die Massnahme vollstreckt werden soll [339[1]].

Art. 14

Widerklage

[1] Beim für die Hauptklage örtlich zuständigen Gericht kann Widerklage [224, 377[2]] erhoben werden, wenn die Widerklage mit der Hauptklage in einem sachlichen Zusammenhang steht.

[2] Dieser Gerichtsstand bleibt auch bestehen, wenn die Hauptklage aus irgendeinem Grund dahinfällt [101[3], 206[1], 208[2], 217, 234[2], 241 f.].

Art. 15

Streitgenossenschaft und Klagenhäufung

[1] Richtet sich die Klage gegen mehrere Streitgenossen [170 ff.], so ist das für eine beklagte Partei [66 f.] zuständige Gericht für alle beklagten Parteien [66 f.] zuständig, sofern diese Zuständigkeit nicht nur auf einer Gerichtsstandsvereinbarung [17] beruht.

[2] Stehen mehrere Ansprüche gegen eine beklagte Partei [66 f.] in einem sachlichen Zusammenhang, so ist jedes Gericht zuständig, das für einen der Ansprüche zuständig ist.

Art. 16

Streitverkündungsklage

Für die Streitverkündung mit Klage [81 f.] ist das Gericht des Hauptprozesses zuständig.

Art. 17

Gerichtsstandsvereinbarung

[1] Soweit das Gesetz nichts anderes bestimmt [35], können die Parteien [66 f.] für einen bestehenden oder für einen künftigen Rechtsstreit über Ansprüche aus einem bestimmten Rechtsverhältnis einen Gerichtsstand vereinbaren. Geht aus der Vereinbarung nichts anderes hervor, so kann die Klage nur am vereinbarten Gerichtsstand erhoben werden.

[2] Die Vereinbarung muss schriftlich oder in einer anderen Form erfolgen, die den Nachweis durch Text ermöglicht.

Art. 18

Soweit das Gesetz nichts anderes bestimmt [35], wird das angerufene Gericht zuständig, wenn sich die beklagte Partei [66 f.] ohne Einrede der fehlenden Zuständigkeit zur Sache äussert.

Einlassung

Art. 19

In Angelegenheiten der freiwilligen Gerichtsbarkeit [248 e, 255 b, 256] ist das Gericht oder die Behörde am Wohnsitz oder Sitz [10] der gesuchstellenden Partei [66 f.] zwingend [9] zuständig, sofern das Gesetz nichts anderes bestimmt [21, 28^2, 29^4, 30^2, 43 f.].

Freiwillige Gerichtsbarkeit

2. Abschnitt: Personenrecht

Art. 20

Für die folgenden Klagen und Begehren ist das Gericht am Wohnsitz oder Sitz [10] einer der Parteien [66 f.] zuständig:

a. Klagen aus Persönlichkeitsverletzung;
b. Begehren um Gegendarstellung;
c. Klagen auf Namensschutz und auf Anfechtung einer Namensänderung;
d. Klagen und Begehren nach Artikel 15 des Bundesgesetzes vom 19. Juni 1992[11] über den Datenschutz.

Persönlichkeits- und Datenschutz

Art. 21

Für Gesuche, die eine Todes- oder eine Verschollenerklärung betreffen (Art. 34–38 ZGB[12]), ist das Gericht am letzten bekannten Wohnsitz [10] der verschwundenen Person zwingend [9] zuständig.

Todes- und Verschollenerklärung

---

[11] SR **235.1**
[12] SR **210**

2. Titel: Zuständigkeit der Gerichte und Ausstand

Art. 22

Bereinigung des Zivilstandsregisters

Für Klagen, die eine Bereinigung des Zivilstandsregisters betreffen, ist zwingend [9] das Gericht zuständig, in dessen Amtskreis die zu bereinigende Beurkundung von Personenstandsdaten erfolgt ist oder hätte erfolgen müssen.

3. Abschnitt: Familienrecht

Art. 23

Eherechtliche Gesuche und Klagen

1 Für eherechtliche Gesuche und Klagen sowie für Gesuche um Anordnung vorsorglicher Massnahmen [261 ff.] ist das Gericht am Wohnsitz [10] einer Partei [66 f.] zwingend [9] zuständig.

2 Für Gesuche der Aufsichtsbehörde in Betreibungssachen auf Anordnung der Gütertrennung ist das Gericht am Wohnsitz [10] der Schuldnerin oder des Schuldners zwingend [9] zuständig.

Art. 24

Gesuche und Klagen bei eingetragener Partnerschaft

Für Gesuche und Klagen bei eingetragener Partnerschaft sowie für Gesuche um Anordnung vorsorglicher Massnahmen [261 ff.] ist das Gericht am Wohnsitz [10] einer Partei [66 f.] zwingend [9] zuständig.

Art. 25

Feststellung und Anfechtung des Kindesverhältnisses

Für Klagen auf Feststellung und auf Anfechtung des Kindesverhältnisses ist das Gericht am Wohnsitz [10] einer der Parteien [66 f.] zwingend [9] zuständig.

Art. 26

Unterhalts- und Unterstützungsklagen

Für selbstständige Unterhaltsklagen der Kinder gegen ihre Eltern und für Klagen gegen unterstützungspflichtige Verwandte ist das Gericht am Wohnsitz [10] einer der Parteien [66 f.] zwingend [9] zuständig.

Art. 27

Für Ansprüche der unverheirateten Mutter ist das Gericht am Wohnsitz [10] einer der Parteien [66 f.] zwingend [9] zuständig.

Ansprüche der unverheirateten Mutter

4. Abschnitt: Erbrecht

Art. 28

¹ Für erbrechtliche Klagen sowie für Klagen auf güterrechtliche Auseinandersetzung beim Tod eines Ehegatten, einer eingetragenen Partnerin oder eines eingetragenen Partners ist das Gericht am letzten Wohnsitz [10] der Erblasserin oder des Erblassers zuständig.

² Für Massnahmen im Zusammenhang mit dem Erbgang ist die Behörde am letzten Wohnsitz [10] der Erblasserin oder des Erblassers zwingend [9] zuständig. Ist der Tod nicht am Wohnsitz [10] eingetreten, so macht die Behörde des Sterbeortes derjenigen des Wohnortes Mitteilung und trifft die nötigen Massnahmen, um die Vermögenswerte am Sterbeort zu sichern.

³ Selbstständige Klagen auf erbrechtliche Zuweisung eines landwirtschaftlichen Gewerbes oder Grundstückes können auch am Ort der gelegenen Sache erhoben werden.

5. Abschnitt: Sachenrecht

Art. 29

¹ Für die folgenden Klagen ist das Gericht am Ort, an dem das Grundstück im Grundbuch aufgenommen ist oder aufzunehmen wäre, zuständig:

Grundstücke

a. dingliche Klagen;
b. Klagen gegen die Gemeinschaft der Stockwerkeigentümerinnen und Stockwerkeigentümer;
c. Klagen auf Errichtung gesetzlicher Pfandrechte.

2. Titel: Zuständigkeit der Gerichte und Ausstand

² Andere Klagen, die sich auf Rechte an Grundstücken beziehen, können auch beim Gericht am Wohnsitz oder Sitz [10] der beklagten Partei [66 f.] erhoben werden.

³ Bezieht sich eine Klage auf mehrere Grundstücke oder ist das Grundstück in mehreren Kreisen in das Grundbuch aufgenommen worden, so ist das Gericht an dem Ort zuständig, an dem das flächenmässig grösste Grundstück oder der flächenmässig grösste Teil des Grundstücks liegt.

⁴ Für Angelegenheiten der freiwilligen Gerichtsbarkeit [19, 30², 248 e, 255 b, 256], die sich auf Rechte an Grundstücken beziehen, ist das Gericht an dem Ort zwingend [9] zuständig, an dem das Grundstück im Grundbuch aufgenommen ist oder aufzunehmen wäre.

Art. 30

Bewegliche Sachen

¹ Für Klagen, welche dingliche Rechte, den Besitz an beweglichen Sachen oder Forderungen, die durch Fahrnispfand gesichert sind, betreffen, ist das Gericht am Wohnsitz oder Sitz [10] der beklagten Partei [66 f.] oder am Ort der gelegenen Sache zuständig.

² Für Angelegenheiten der freiwilligen Gerichtsbarkeit [19, 29⁴, 248 e, 255 b, 256] ist das Gericht am Wohnsitz oder Sitz [10] der gesuchstellenden Partei [66 f.] oder am Ort der gelegenen Sache zwingend [9] zuständig.

6. Abschnitt: Klagen aus Vertrag

Art. 31

Grundsatz

Für Klagen aus Vertrag ist das Gericht am Wohnsitz oder Sitz [10] der beklagten Partei [66 f.] oder an dem Ort zuständig, an dem die charakteristische Leistung zu erbringen ist.

Art. 32

Konsumentenvertrag

¹ Bei Streitigkeiten aus Konsumentenverträgen ist zuständig:

a. für Klagen der Konsumentin oder des Konsumenten: das Gericht am Wohnsitz oder Sitz [10] einer der Parteien [66 f.];
b. für Klagen der Anbieterin oder des Anbieters: das Gericht am Wohnsitz [10] der beklagten Partei [66 f.].

² Als Konsumentenverträge gelten Verträge über Leistungen des üblichen Verbrauchs, die für die persönlichen oder familiären Bedürfnisse der Konsumentin oder des Konsumenten bestimmt sind und von der anderen Partei [66 f.] im Rahmen ihrer beruflichen moder gewerblichen Tätigkeit angeboten werden.

Art. 33

Für Klagen aus Miete und Pacht unbeweglicher Sachen ist das Gericht am Ort der gelegenen Sache zuständig.

Miete und Pacht unbeweglicher Sachen

Art. 34

¹ Für arbeitsrechtliche Klagen ist das Gericht am Wohnsitz oder Sitz [10] der beklagten Partei [66 f.] oder an dem Ort, an dem die Arbeitnehmerin oder der Arbeitnehmer gewöhnlich die Arbeit verrichtet, zuständig.

Arbeitsrecht

² Für Klagen einer stellensuchenden Person sowie einer Arbeitnehmerin oder eines Arbeitnehmers, die sich auf das Arbeitsvermittlungsgesetz vom 6. Oktober 1989[13] stützen, ist zusätzlich das Gericht am Ort der Geschäftsniederlassung der vermittelnden oder verleihenden Person, mit welcher der Vertrag abgeschlossen wurde, zuständig.

Art. 35

¹ Auf die Gerichtsstände nach den Artikeln 32–34 können nicht zum Voraus [17] oder durch Einlassung [18] verzichten:

Verzicht auf die gesetzlichen Gerichtsstände

a. die Konsumentin oder der Konsument;
b. die Partei [66 f.], die Wohn- oder Geschäftsräume gemietet oder gepachtet hat;

---

[13] SR **823.11**

2. Titel: Zuständigkeit der Gerichte und Ausstand

c. bei landwirtschaftlichen Pachtverhältnissen: die pachtende Partei [66 f.];
d. die stellensuchende oder arbeitnehmende Partei [66 f.].

[2] Vorbehalten bleibt der Abschluss einer Gerichtsstandsvereinbarung nach Entstehung der Streitigkeit [17].

7. Abschnitt: Klagen aus unerlaubter Handlung

Art. 36

Grundsatz

Für Klagen aus unerlaubter Handlung ist das Gericht am Wohnsitz oder Sitz [10] der geschädigten Person oder der beklagten Partei [66 f.] oder am Handlungs- oder am Erfolgsort zuständig.

Art. 37

Schadenersatz bei ungerechtfertigten vorsorglichen Massnahmen

Für Schadenersatzklagen wegen ungerechtfertigter vorsorglicher Massnahmen [264[2]] ist das Gericht am Wohnsitz oder Sitz [10] der beklagten Partei [66 f.] oder an dem Ort, an dem die vorsorgliche Massnahme angeordnet wurde, zuständig.

Art. 38

Motorfahrzeug- und Fahrradunfälle

[1] Für Klagen aus Motorfahrzeug- und Fahrradunfällen ist das Gericht am Wohnsitz oder Sitz [10] der beklagten Partei [66 f.] oder am Unfallort zuständig.

[2] Für Klagen gegen das nationale Versicherungsbüro (Art. 74 des Strassenverkehrsgesetzes vom 19. Dez. 1958[14]; SVG) oder gegen den nationalen Garantiefonds (Art. 76 SVG) ist zusätzlich das Gericht am Ort einer Zweigniederlassung dieser Einrichtungen zuständig.

Art. 39

Adhäsionsklage

Für die Beurteilung adhäsionsweise geltend gemachter Zivilansprüche bleibt die Zuständigkeit des Strafgerichts vorbehalten.

---

[14] SR **741.01**

8. Abschnitt: Handelsrecht

Art. 40

Für Klagen aus gesellschaftsrechtlicher Verantwortlichkeit ist das Gericht am Wohnsitz oder Sitz [10] der beklagten Partei [66 f.] oder am Sitz [10] der Gesellschaft zuständig.

Gesellschaftsrecht

Art. 41

Für Stimmrechtssuspendierungsklagen nach dem Börsengesetz vom 24. März 1995[15] ist das Gericht am Sitz [10] der Zielgesellschaft zuständig.

Stimmrechtssuspendierungsklagen

Art. 42

Für Klagen, die sich auf das Fusionsgesetz vom 3. Oktober 2003[16] stützen, ist das Gericht am Sitz [10] eines beteiligten Rechtsträgers zuständig.

Fusionen, Spaltungen, Umwandlungen und Vermögensübertragungen

Art. 43

[1] Für die Kraftloserklärung von Beteiligungspapieren ist das Gericht am Sitz [10] der Gesellschaft zwingend [9] zuständig.

[2] Für die Kraftloserklärung von Grundpfandtiteln ist das Gericht an dem Ort zwingend [9] zuständig, an dem das Grundstück im Grundbuch aufgenommen ist.

[3] Für die Kraftloserklärung der übrigen Wertpapiere und der Versicherungspolicen ist das Gericht am Wohnsitz oder Sitz [10] der Schuldnerin oder des Schuldners zwingend [9] zuständig.

[4] Für Zahlungsverbote aus Wechsel und Check und für deren Kraftloserklärung ist das Gericht am Zahlungsort zwingend [9] zuständig.

Kraftloserklärung von Wertpapieren und Versicherungspolicen; Zahlungsverbot

---

[15] SR **954.1**
[16] SR **221.301**

2. Titel: Zuständigkeit der Gerichte und Ausstand

Art. 44

Anleihensobligationen

Die örtliche Zuständigkeit für die Ermächtigung zur Einberufung der Gläubigerversammlung richtet sich nach Artikel 1165 OR[17].

Art. 45

Kollektivanlagen

Für Klagen der Anlegerinnen und Anleger sowie der Vertretung der Anlegergemeinschaft ist das Gericht am Sitz [10] des jeweils betroffenen Bewilligungsträgers zwingend [9] zuständig.

9. Abschnitt: Schuldbetreibungs- und Konkursrecht

Art. 46

Für Klagen nach dem Bundesgesetz vom 11. April 1889[18] über Schuldbetreibung und Konkurs (SchKG) bestimmt sich die örtliche Zuständigkeit nach diesem Kapitel [9 ff.], soweit das SchKG keinen Gerichtsstand vorsieht.

3. Kapitel: Ausstand

Art. 47

Ausstandsgründe

[1] Eine Gerichtsperson tritt in den Ausstand, wenn sie:
  a. in der Sache ein persönliches Interesse hat;
  b. in einer anderen Stellung, insbesondere als Mitglied einer Behörde, als Rechtsbeiständin oder Rechtsbeistand, als Sachverständige oder Sachverständiger, als Zeugin oder Zeuge, als Mediatorin oder Mediator in der gleichen Sache tätig war;
  c. mit einer Partei, ihrer Vertreterin oder ihrem Vertreter oder einer Person, die in der gleichen Sache als Mitglied der Vorinstanz tätig war, verheiratet ist oder war, in eingetra-

---

[17] SR **220**
[18] SR **281.1**

gener Partnerschaft lebt oder lebte oder eine faktische Lebensgemeinschaft führt;
d. mit einer Partei in gerader Linie oder in der Seitenlinie bis und mit dem dritten Grad verwandt oder verschwägert ist;
e. mit der Vertreterin oder dem Vertreter einer Partei oder mit einer Person, die in der gleichen Sache als Mitglied der Vorinstanz tätig war, in gerader Linie oder im zweiten Grad der Seitenlinie verwandt oder verschwägert ist;
f. aus anderen Gründen, insbesondere wegen Freundschaft oder Feindschaft mit einer Partei oder ihrer Vertretung, befangen sein könnte.

² Kein Ausstandsgrund für sich allein ist insbesondere die Mitwirkung:
a. beim Entscheid über die unentgeltliche Rechtspflege [119³];
b. beim Schlichtungsverfahren [197 ff.];
c. bei der Rechtsöffnung nach den Artikeln 80–84 SchKG[19] [251 a];
d. bei der Anordnung vorsorglicher Massnahmen [261 ff., 276¹];
e. beim Eheschutzverfahren [271 ff.].

Art. 48

Die betroffene Gerichtsperson legt einen möglichen Ausstandsgrund [47¹] rechtzeitig offen und tritt von sich aus in den Ausstand, wenn sie den Grund als gegeben erachtet.

Mitteilungspflicht

Art. 49

¹ Eine Partei, die eine Gerichtsperson ablehnen will, hat dem Gericht unverzüglich ein entsprechendes Gesuch zu stellen, sobald sie vom Ausstandsgrund [47¹] Kenntnis erhalten hat. Die den Ausstand begründenden Tatsachen sind glaubhaft zu machen.

Ausstandsgesuch

---

[19] SR **281.1**

² Die betroffene Gerichtsperson nimmt zum Gesuch Stellung.

Art. 50

Entscheid

¹ Wird der geltend gemachte Ausstandsgrund bestritten, so entscheidet das Gericht.

² Der Entscheid ist mit Beschwerde [319 b 1; BGG 92] anfechtbar.

Art. 51

Folgen der Verletzung der Ausstandsvorschriften

¹ Amtshandlungen, an denen eine zum Ausstand verpflichtete Gerichtsperson mitgewirkt hat, sind aufzuheben und zu wiederholen, sofern dies eine Partei innert zehn Tagen [144¹] verlangt, nachdem sie vom Ausstandsgrund Kenntnis erhalten hat.

² Nicht wiederholbare Beweismassnahmen darf das entscheidende Gericht berücksichtigen [157].

³ Wird der Ausstandsgrund erst nach Abschluss des Verfahrens entdeckt, so gelten die Bestimmungen über die Revision [328].

3. Titel: Verfahrensgrundsätze und Prozessvoraussetzungen
1. Kapitel: Verfahrensgrundsätze

Art. 52

Handeln nach Treu und Glauben

Alle am Verfahren beteiligten Personen haben nach Treu und Glauben [ZGB 2¹; BV 9] zu handeln.

Art. 53

Rechtliches Gehör

¹ Die Parteien haben Anspruch auf rechtliches Gehör [BV 29²].

² Insbesondere können sie die Akten einsehen [235] und Kopien anfertigen lassen, soweit keine überwiegenden öffentlichen oder privaten Interessen entgegenstehen.

1. Kapitel: Verfahrensgrundsätze

Art. 54

¹ Verhandlungen [228 ff., 235, 245¹, 256¹, 316¹] und eine allfällige mündliche Eröffnung des Urteils [239¹a] sind öffentlich [203³]. Die Entscheide werden der Öffentlichkeit zugänglich gemacht.

² Das kantonale Recht bestimmt, ob die Urteilsberatung öffentlich ist [183³].

³ Die Öffentlichkeit kann ganz oder teilweise ausgeschlossen werden, wenn es das öffentliche Interesse oder das schutzwürdige Interesse einer beteiligten Person erfordert [124³, 156, 226¹].

⁴ Die familienrechtlichen Verfahren sind nicht öffentlich [271 ff., 274 ff., 295 f., 297 ff., 302, 303 f., 305 f., 307].

Öffentlichkeit des Verfahrens

Art. 55

¹ Die Parteien haben dem Gericht die Tatsachen, auf die sie ihre Begehren stützen, darzulegen und die Beweismittel [168 ff.] anzugeben [160, 221 f.].

² Vorbehalten bleiben gesetzliche Bestimmungen über die Feststellung des Sachverhaltes [56, 160, 247², 255 a, b, 272, 277³, 296¹, 306; ZGB 446¹] und die Beweiserhebung von Amtes wegen [153, 181¹, 183¹].

Verhandlungs- und Untersuchungsgrundsatz

Art. 56

Ist das Vorbringen einer Partei unklar, widersprüchlich, unbestimmt oder offensichtlich unvollständig, so gibt ihr das Gericht durch entsprechende Fragen Gelegenheit zur Klarstellung und zur Ergänzung [132, 226, 228 ff., 245, 256].

Gerichtliche Fragepflicht

Art. 57

Das Gericht wendet das Recht von Amtes wegen an [221³, 244²].

Rechtsanwendung von Amtes wegen

3. Titel: Verfahrensgrundsätze und Prozessvoraussetzungen

Art. 58

Dispositions- und Offizialgrundsatz

[1] Das Gericht darf einer Partei nicht mehr und nichts anderes zusprechen, als sie verlangt [202^2, 221^1 b], und nicht weniger, als die Gegenpartei anerkannt hat [222^2].

[2] Vorbehalten bleiben gesetzliche Bestimmungen, nach denen das Gericht nicht an die Parteianträge gebunden ist [265^3, 296; ZGB 106; OR 205^2, 273^5; UWG 10^2 c; SchKG 170, 173a, 273^1; BGG 76^2].

2. Kapitel: Prozessvoraussetzungen

Art. 59

Grundsatz

[1] Das Gericht tritt auf eine Klage oder auf ein Gesuch ein, sofern die Prozessvoraussetzungen erfüllt sind.

[2] Prozessvoraussetzungen sind insbesondere:

a. die klagende oder gesuchstellende Partei hat ein schutzwürdiges Interesse [BGG 72^2];
b. das Gericht ist sachlich und örtlich [9 ff.] zuständig;
c. die Parteien sind partei- und prozessfähig [66 f.];
d. die Sache ist nicht anderweitig rechtshängig [62 ff.];
e. die Sache ist noch nicht rechtskräftig entschieden [208^2, 217, 241^2, 336];
f. der Vorschuss [98] und die Sicherheit für die Prozesskosten [99] sind geleistet worden [100 ff., 118^1 a].

Art. 60

Prüfung der Prozessvoraussetzungen

Das Gericht prüft von Amtes wegen [125 a, 222^3, 237], ob die Prozessvoraussetzungen [59, 71, 74, 81, 90, 224] erfüllt sind.

Art. 61

Schiedsvereinbarung

Haben die Parteien über eine schiedsfähige Streitsache [354] eine Schiedsvereinbarung [353 ff.] getroffen, so lehnt das angerufene staatliche Gericht seine Zuständigkeit ab, es sei denn:

a. die beklagte Partei habe sich vorbehaltlos auf das Verfahren eingelassen;
b. das Gericht stelle fest, dass die Schiedsvereinbarung offensichtlich ungültig [358, 361[4]] oder nicht erfüllbar sei; oder
c. das Schiedsgericht könne nicht bestellt werden aus Gründen, für welche die im Schiedsverfahren beklagte Partei offensichtlich einzustehen hat [361[2]].

4. Titel: Rechtshängigkeit und Folgen des Klagerückzugs

Art. 62

[1] Die Einreichung eines Schlichtungsgesuches [202], einer Klage [198, 290], eines Gesuches [252] oder eines gemeinsamen Scheidungsbegehrens [285] begründet Rechtshängigkeit.

[2] Der Eingang dieser Eingaben wird den Parteien bestätigt.

Beginn der Rechtshängigkeit

Art. 63

[1] Wird eine Eingabe, die mangels Zuständigkeit zurückgezogen [208[2], 241[2]] oder auf die nicht eingetreten [236[1] i.V.m. 59[1]] wurde, innert eines Monates seit dem Rückzug oder dem Nichteintretensentscheid bei der zuständigen Schlichtungsbehörde oder beim zuständigen
Gericht neu eingereicht, so gilt als Zeitpunkt der Rechtshängigkeit das Datum der ersten Einreichung.

[2] Gleiches gilt, wenn eine Klage nicht im richtigen Verfahren [219 ff., 243 ff., 248 ff.] eingereicht wurde.

[3] Vorbehalten bleiben die besonderen gesetzlichen Klagefristen nach dem SchKG[20] [SchKG 83[2], 140, 279, 292].

Rechtshängigkeit bei fehlender Zuständigkeit und falscher Verfahrensart

---

[20] SR **281.1**

5. Titel: Die Parteien und die Beteiligung Dritter

Art. 64

Wirkungen der Rechtshängigkeit

[1] Die Rechtshängigkeit hat insbesondere [14[2]] folgende Wirkungen [372]:
  a. der Streitgegenstand kann zwischen den gleichen Parteien nicht anderweitig rechtshängig gemacht werden;
  b. die örtliche Zuständigkeit [9 ff.] bleibt erhalten.

[2] Für die Wahrung einer gesetzlichen Frist des Privatrechts, die auf den Zeitpunkt der Klage, der Klageanhebung oder auf einen anderen verfahrenseinleitenden Schritt abstellt, ist die Rechtshängigkeit nach diesem Gesetz [372] massgebend.

Art. 65

Folgen des Klagerückzugs

Wer eine Klage beim zum Entscheid zuständigen Gericht zurückzieht, kann gegen die gleiche Partei über den gleichen Streitgegenstand keinen zweiten Prozess mehr führen, sofern das Gericht die Klage der beklagten Partei bereits zugestellt hat [222[1]] und diese dem Rückzug nicht zustimmt [208[2], 241].

5. Titel: Die Parteien und die Beteiligung Dritter
1. Kapitel: Partei- und Prozessfähigkeit

Art. 66

Parteifähigkeit

Parteifähig ist, wer rechtsfähig [ZGB 11, 53] ist oder von Bundesrechts wegen als Partei auftreten kann [ZGB 712l; OR 562; SchKG 49, 59, 240, 319].

Art. 67

Prozessfähigkeit

[1] Prozessfähig ist, wer handlungsfähig [ZGB 12 f. 54 f.] ist.

[2] Für eine handlungsunfähige Person handelt ihre gesetzliche Vertretung [ZGB 304 f; nZGB 394 ff, 416[1] 9].

[3] Soweit eine handlungsunfähige Person urteilsfähig ist, kann sie:
  a. selbstständig Rechte ausüben, die ihr um ihrer Persönlichkeit willen zustehen [ZGB 19; nZGB 19c];

b. vorläufig selbst das Nötige vorkehren, wenn Gefahr in Verzug ist.

2. Kapitel: Parteivertretung

Art. 68

¹ Jede prozessfähige Partei kann sich im Prozess vertreten [OR 32 ff.] lassen [137]. *Vertragliche Vertretung*

² Zur berufsmässigen Vertretung sind befugt:
  a. in allen Verfahren: Anwältinnen und Anwälte, die nach dem Anwaltsgesetz vom 23. Juni 2000[21] berechtigt sind, Parteien vor schweizerischen Gerichten zu vertreten;
  b. vor der Schlichtungsbehörde, in vermögensrechtlichen Streitigkeiten des vereinfachten Verfahrens sowie in den Angelegenheiten des summarischen Verfahrens: patentierte Sachwalterinnen und Sachwalter sowie Rechtsagentinnen und Rechtsagenten, soweit das kantonale Recht es vorsieht;
  c. in den Angelegenheiten des summarischen Verfahrens nach Artikel 251 dieses Gesetzes: gewerbsmässige Vertreterinnen und Vertreter nach Artikel 27 SchKG[22];
  d. vor den Miet- und Arbeitsgerichten beruflich qualifizierte Vertreterinnen und Vertreter, soweit das kantonale Recht es vorsieht.

3 Die Vertreterin oder der Vertreter hat sich durch eine Vollmacht auszuweisen.

4 Das Gericht kann das persönliche Erscheinen einer vertretenen Partei anordnen [204, 273², 278].

Art. 69

¹ Ist eine Partei offensichtlich nicht im Stande, den Prozess selbst zu führen, so kann das Gericht sie auffordern, eine Vertreterin oder einen Vertreter zu beauftragen [128, 132²]. Leistet die *Unvermögen der Partei*

---

[21] SR **935.61**
[22] SR **281.1**

5. Titel: Die Parteien und die Beteiligung Dritter

Partei innert der angesetzten Frist [142 ff.] keine Folge, so bestellt ihr das Gericht eine Vertretung [126[1]; BGG 41[1]].

[2] Das Gericht benachrichtigt die Vormundschaftsbehörde, wenn es vormundschaftliche Massnahmen für geboten hält [126; nZGB 393, 443].

3. Kapitel: Streitgenossenschaft

Art. 70

Notwendige Streitgenossenschaft

[1] Sind mehrere Personen an einem Rechtsverhältnis beteiligt, über das nur mit Wirkung für alle entschieden werden kann, so müssen sie gemeinsam klagen oder beklagt werden.

[2] Rechtzeitige Prozesshandlungen eines Streitgenossen [99[2]] wirken auch für säumige Streitgenossen; ausgenommen ist das Ergreifen von Rechtsmitteln [308 ff.].

Art. 71

Einfache Streitgenossenschaft

[1] Sollen Rechte und Pflichten beurteilt werden, die auf gleichartigen Tatsachen [55[1], 202[2], 221, 244] oder Rechtsgründen [57, 202[2], 221, 244] beruhen, so können mehrere Personen gemeinsam klagen oder beklagt werden.

[2] Die einfache Streitgenossenschaft ist ausgeschlossen, wenn für die einzelnen Klagen nicht die gleiche Verfahrensart [219 ff., 243 ff., 248 ff.,] anwendbar ist.

[3] Jeder Streitgenosse kann den Prozess unabhängig von den andern Streitgenossen führen [66 f.].

Art. 72

Gemeinsame Vertretung

Die Streitgenossen können eine gemeinsame Vertretung bezeichnen, sonst ergehen Zustellungen an jeden einzelnen Streitgenossen [222[1], 245[1], 253].

4. Kapitel: Intervention

1. Abschnitt: Hauptintervention

Art. 73

[1] Wer am Streitgegenstand [202², 221¹ b-d, 244¹ b, c] ein besseres Recht behauptet, das beide Parteien ganz oder teilweise ausschliesst, kann beim Gericht, bei dem der Prozess erstinstanzlich rechtshängig ist, gegen beide Parteien Klage erheben [198 g].

[2] Das Gericht kann den Prozess bis zur rechtskräftigen Erledigung der Klage des Hauptintervenienten einstellen [126¹, 145 f.] oder die Verfahren vereinigen.

2. Abschnitt: Nebenintervention

Art. 74

Wer ein rechtliches Interesse glaubhaft macht [59² a], dass eine rechtshängige Streitigkeit zugunsten der einen Partei entschieden werde, kann im Prozess jederzeit als Nebenpartei intervenieren und zu diesem Zweck beim Gericht ein Interventionsgesuch stellen [198 g]. *Grundsatz*

Art. 75

[1] Das Interventionsgesuch enthält den Grund der Intervention und die Bezeichnung der Partei, zu deren Unterstützung interveniert wird. *Gesuch*

[2] Das Gericht entscheidet über das Gesuch nach Anhörung der Parteien. Der Entscheid ist mit Beschwerde [319 ff.] anfechtbar.

Art. 76

[1] Die intervenierende Person kann zur Unterstützung der Hauptpartei alle Prozesshandlungen vornehmen, die nach dem Stand des Verfahrens zulässig sind, insbesondere alle Angriffs- und *Rechte der intervenierenden Person*

Verteidigungsmittel geltend machen und auch Rechtsmittel ergreifen.

[2] Stehen die Prozesshandlungen der intervenierenden Person mit jenen der Hauptpartei im Widerspruch, so sind sie im Prozess unbeachtlich.

Art. 77

Wirkungen der Intervention

Ein für die Hauptpartei ungünstiges Ergebnis des Prozesses wirkt auch gegen die intervenierende Person, es sei denn:

a. sie sei durch die Lage des Prozesses zur Zeit ihres Eintritts oder durch Handlungen oder Unterlassungen der Hauptpartei verhindert gewesen, Angriffs- und Verteidigungsmittel geltend zu machen; oder

b. ihr unbekannte Angriffs- oder Verteidigungsmittel seien von der Hauptpartei absichtlich oder grobfahrlässig nicht geltend gemacht worden.

5. Kapitel: Streitverkündung
1. Abschnitt: Einfache Streitverkündung

Art. 78

Grundsätze

[1] Eine Partei, die für den Fall ihres Unterliegens eine dritte Person belangen will oder den Anspruch einer dritten Person befürchtet, kann diese auffordern, sie im Prozess zu unterstützen.

[2] Die streitberufene Person kann den Streit weiter verkünden [81[2]].

Art. 79

Stellung der streitberufenen Person

[1] Die streitberufene Person kann:

a. zugunsten der Partei, die ihr den Streit verkündet hat, ohne weitere Voraussetzungen intervenieren; oder

b. anstelle der Partei, die ihr den Streit verkündet hat, mit deren Einverständnis den Prozess führen [83[3]].

² Lehnt sie den Eintritt ab oder erklärt sie sich nicht, so wird der Prozess ohne Rücksicht auf sie fortgesetzt.

Art. 80

Artikel 77 gilt sinngemäss.

Wirkungen der Streitverkündung

2. Abschnitt: Streitverkündungsklage

Art. 81

¹ Die streitverkündende Partei kann ihre Ansprüche, die sie im Falle des Unterliegens gegen die streitberufene Person zu haben glaubt, beim Gericht [198 g], das mit der Hauptklage befasst ist, geltend machen.

Grundsätze

² Die streitberufene Person kann keine weitere Streitverkündungsklage erheben [78²].

³ Im vereinfachten [243 ff.] und im summarischen Verfahren [248 ff., 271 ff.] ist die Streitverkündungsklage unzulässig.

Art. 82

¹ Die Zulassung der Streitverkündungsklage ist mit der Klageantwort [222²] oder mit der Replik [225, 228²] im Hauptprozess zu beantragen. Die Rechtsbegehren, welche die streitverkündende Partei gegen die streitberufene Person zu stellen gedenkt, sind zu nennen und kurz zu begründen.

Verfahren

² Das Gericht gibt der Gegenpartei sowie der streitberufenen Person Gelegenheit zur Stellungnahme.

³ Wird die Streitverkündungsklage zugelassen, so bestimmt das Gericht Zeitpunkt und Umfang des betreffenden Schriftenwechsels; Artikel 125 bleibt vorbehalten.

⁴ Der Entscheid über die Zulassung der Klage ist mit Beschwerde [319 ff.] anfechtbar.

6. Kapitel: Parteiwechsel

Art. 83

[1] Wird das Streitobjekt während des Prozesses veräussert, so kann die Erwerberin oder der Erwerber an Stelle der veräussernden Partei in den Prozess eintreten.

[2] Die eintretende Partei haftet für die gesamten Prozesskosten [95 ff.]. Für die bis zum Parteiwechsel aufgelaufenen Prozesskosten [95 ff.] haftet die ausscheidende Partei solidarisch mit.

[3] In begründeten Fällen hat die eintretende Partei auf Verlangen der Gegenpartei für die Vollstreckung des Entscheides Sicherheit zu leisten [99 ff., 118[1] a].

[4] Ohne Veräusserung des Streitobjekts ist ein Parteiwechsel nur mit Zustimmung der Gegenpartei zulässig; besondere gesetzliche Bestimmungen über die Rechtsnachfolge bleiben vorbehalten.

6. Titel: Klagen

Art. 84

Leistungsklage [1] Mit der Leistungsklage verlangt die klagende Partei die Verurteilung der beklagten Partei zu einem bestimmten Tun, Unterlassen oder Dulden.

[2] Wird die Bezahlung eines Geldbetrages verlangt, so ist dieser zu beziffern [202[2]].

Art. 85

Unbezifferte Forderungsklage [1] Ist es der klagenden Partei unmöglich oder unzumutbar, ihre Forderung bereits zu Beginn des Prozesses zu beziffern [202[2]], so kann sie eine unbezifferte Forderungsklage erheben. Sie muss jedoch einen Mindestwert angeben, der als vorläufiger Streitwert [91 ff.] gilt.

[2] Die Forderung ist zu beziffern, sobald die klagende Partei nach Abschluss des Beweisverfahrens [231 f.] oder nach Auskunftserteilung durch die beklagte Partei dazu in der Lage ist. Das ange-

rufene Gericht bleibt zuständig, auch wenn der Streitwert [4², 91 ff.] die sachliche Zuständigkeit übersteigt.

Art. 86

Ist ein Anspruch teilbar, so kann auch nur ein Teil eingeklagt werden. — Teilklage

Art. 87

Mit der Gestaltungsklage verlangt die klagende Partei die Begründung, Änderung oder Aufhebung eines bestimmten Rechts oder Rechtsverhältnisses. — Gestaltungsklage

Art. 88

Mit der Feststellungsklage verlangt die klagende Partei die gerichtliche Feststellung, dass ein Recht oder Rechtsverhältnis besteht oder nicht besteht. — Feststellungsklage

Art. 89

¹ Vereine und andere Organisationen von gesamtschweizerischer oder regionaler Bedeutung, die nach ihren Statuten zur Wahrung der Interessen bestimmter Personengruppen befugt sind, können in eigenem Namen auf Verletzung der Persönlichkeit der Angehörigen dieser Personengruppen klagen. — Verbandsklage

² Mit der Verbandsklage kann beantragt werden:
  a. eine drohende Verletzung zu verbieten;
  b. eine bestehende Verletzung zu beseitigen;
  c. die Widerrechtlichkeit einer Verletzung festzustellen, wenn sich diese weiterhin störend auswirkt.

³ Besondere gesetzliche Bestimmungen über die Verbandsklage bleiben vorbehalten.

Art. 90

Die klagende Partei kann mehrere Ansprüche gegen dieselbe Partei in einer Klage vereinen, sofern: — Klagenhäufung

a. das gleiche Gericht dafür sachlich [4] zuständig ist; und
b. die gleiche Verfahrensart [219 ff., 243 ff., 248 ff.] anwendbar ist.

7. Titel: Streitwert

Art. 91

Grundsatz

[1] Der Streitwert wird durch das Rechtsbegehren [202[2], 209[2] b, 221[1] b, 235[1] d, 244[1] b, 290] bestimmt. Zinsen und Kosten des laufenden Verfahrens oder einer allfälligen Publikation des Entscheids sowie allfällige Eventualbegehren werden nicht hinzugerechnet.

[2] Lautet das Rechtsbegehren nicht auf eine bestimmte Geldsumme, so setzt das Gericht den Streitwert fest, sofern sich die Parteien darüber nicht einigen oder ihre Angaben offensichtlich unrichtig sind.

Art. 92

Wiederkehrende Nutzungen und Leistungen

[1] Als Wert wiederkehrender Nutzungen oder Leistungen gilt der Kapitalwert.

[2] Bei ungewisser oder unbeschränkter Dauer gilt als Kapitalwert der zwanzigfache Betrag der einjährigen Nutzung oder Leistung und bei Leibrenten der Barwert.

Art. 93

Streitgenossenschaft und Klagenhäufung

[1] Bei einfacher Streitgenossenschaft [78 ff.] und Klagenhäufung [90] werden die geltend gemachten Ansprüche zusammengerechnet, sofern sie sich nicht gegenseitig ausschliessen.

[2] Bei einfacher Streitgenossenschaft [78 ff.] bleibt die Verfahrensart [219 ff., 243 ff., 248 ff.] trotz Zusammenrechnung des Streitwerts erhalten.

Art. 94

¹ Stehen sich Klage und Widerklage gegenüber, so bestimmt sich der Streitwert nach dem höheren Rechtsbegehren. Widerklage

² Zur Bestimmung der Prozesskosten [95 ff.] werden die Streitwerte zusammengerechnet, sofern sich Klage und Widerklage nicht gegenseitig ausschliessen.

8. Titel: Prozesskosten und unentgeltliche Rechtspflege
1. Kapitel: Prozesskosten

Art. 95

¹ Prozesskosten sind: Begriffe
  a. die Gerichtskosten;
  b. die Parteientschädigung.

² Gerichtskosten sind [196³]:
  a. die Pauschalen für das Schlichtungsverfahren;
  b. die Pauschalen für den Entscheid (Entscheidgebühr);
  c. die Kosten der Beweisführung;
  d. die Kosten für die Übersetzung;
  e. die Kosten für die Vertretung des Kindes (Art. 299 und 300).

³ Als Parteientschädigung gilt:
  a. der Ersatz notwendiger Auslagen;
  b. die Kosten einer berufsmässigen Vertretung;
  c. in begründeten Fällen: eine angemessene Umtriebsentschädigung, wenn eine Partei nicht berufsmässig vertreten ist.

Art. 96

Die Kantone setzen die Tarife für die Prozesskosten fest. Tarife

8. Titel: Prozesskosten und unentgeltliche Rechtspflege

Art. 97

Aufklärung über die Prozesskosten

Das Gericht klärt die nicht anwaltlich vertretene Partei über die mutmassliche Höhe der Prozesskosten [95 ff.] sowie über die unentgeltliche Rechtspflege auf.

Art. 98

Kostenvorschuss

Das Gericht kann von der klagenden Partei einen Vorschuss bis zur Höhe der mutmasslichen Gerichtskosten [95 ff.] verlangen [378].

Art. 99

Sicherheit für die Parteientschädigung

[1] Die klagende Partei hat auf Antrag der beklagten Partei für deren Parteientschädigung [83³, 118¹ a, 379] Sicherheit zu leisten, wenn sie:
   a. keinen Wohnsitz oder Sitz in der Schweiz hat;
   b. zahlungsunfähig erscheint, namentlich wenn gegen sie der Konkurs eröffnet oder ein Nachlassverfahren im Gang ist oder Verlustscheine bestehen;
   c. Prozesskosten [95 ff.] aus früheren Verfahren schuldet; oder
   d. wenn andere Gründe für eine erhebliche Gefährdung der Parteientschädigung bestehen.

[2] Bei notwendiger Streitgenossenschaft [70] ist nur dann Sicherheit zu leisten, wenn bei allen Streitgenossen eine der Voraussetzungen gegeben ist.

[3] Keine Sicherheit ist zu leisten [118¹ a]:
   a. im vereinfachten Verfahren [243 ff.] mit Ausnahme der vermögensrechtlichen Streitigkeiten nach Artikel 243 Absatz 1;
   b. im Scheidungsverfahren [274 ff.];
   c. im summarischen Verfahren [248 ff.] mit Ausnahme des Rechtsschutzes in klaren Fällen (Art. 257).

Art. 100

¹ Die Sicherheit kann in bar oder durch Garantie einer in der Schweiz niedergelassenen Bank oder eines zum Geschäftsbetrieb in der Schweiz zugelassenen Versicherungsunternehmens geleistet werden.

² Das Gericht kann die zu leistende Sicherheit nachträglich erhöhen, herabsetzen oder aufheben.

Art und Höhe der Sicherheit

Art. 101

¹ Das Gericht setzt eine Frist [143³] zur Leistung des Vorschusses und der Sicherheit.

² Vorsorgliche Massnahmen [261 ff.] kann es schon vor Leistung der Sicherheit anordnen.

³ Werden der Vorschuss oder die Sicherheit auch nicht innert einer Nachfrist [142 ff.] geleistet, so tritt das Gericht auf die Klage oder auf das Gesuch nicht ein.

Leistung des Vorschusses und der Sicherheit

Art. 102

¹ Jede Partei hat die Auslagen des Gerichts vorzuschiessen, die durch von ihr beantragte Beweiserhebungen veranlasst werden [55², 153, 184³].

² Beantragen die Parteien dasselbe Beweismittel [168 ff.], so hat jede Partei die Hälfte vorzuschiessen.

³ Leistet eine Partei ihren Vorschuss nicht, so kann die andere die Kosten vorschiessen; andernfalls unterbleibt die Beweiserhebung. Vorbehalten bleiben Streitigkeiten, in denen das Gericht den Sachverhalt von Amtes wegen [247², 255, 272, 277³, 296] zu erforschen hat [55², 153].

Vorschuss für Beweiserhebungen

Art. 103

Entscheide über die Leistung von Vorschüssen und Sicherheiten sind mit Beschwerde [319 ff.] anfechtbar.

Rechtsmittel

8. Titel: Prozesskosten und unentgeltliche Rechtspflege

2. Kapitel: Verteilung und Liquidation der Prozesskosten

Art. 104

Entscheid über die Prozesskosten

[1] Das Gericht entscheidet über die Prozesskosten [95 ff.] in der Regel im Endentscheid [236].

[2] Bei einem Zwischenentscheid (Art. 237) können die bis zu diesem Zeitpunkt entstandenen Prozesskosten [95 ff.] verteilt werden.

[3] Über die Prozesskosten [95 ff.] vorsorglicher Massnahmen [261 ff.] kann zusammen mit der Hauptsache entschieden werden.

[4] In einem Rückweisungsentscheid [318[1] c, 327[3] a] kann die obere Instanz die Verteilung der Prozesskosten [95 ff.] des Rechtsmittelverfahrens der Vorinstanz überlassen.

Art. 105

Festsetzung und Verteilung der Prozesskosten

[1] Die Gerichtskosten [95[2]] werden von Amtes wegen festgesetzt und verteilt.

[2] Die Parteientschädigung [95[3]] spricht das Gericht nach den Tarifen (Art. 96) zu. Die Parteien können eine Kostennote einreichen.

Art. 106

Verteilungsgrundsätze

[1] Die Prozesskosten [95 ff.] werden der unterliegenden Partei auferlegt. Bei Nichteintreten und bei Klagerückzug gilt die klagende Partei, bei Anerkennung der Klage die beklagte Partei als unterliegend.

[2] Hat keine Partei vollständig obsiegt, so werden die Prozesskosten [95 ff.] nach dem Ausgang des Verfahrens verteilt.

[3] Sind am Prozess mehrere Personen als Haupt- oder Nebenparteien [74 ff.] beteiligt, so bestimmt das Gericht ihren Anteil an den Prozesskosten [95 ff.]. Es kann auf solidarische Haftung erkennen.

Art. 107

¹ Das Gericht kann von den Verteilungsgrundsätzen [106] abweichen und die Prozesskosten [95 ff.] nach Ermessen verteilen: *Verteilung nach Ermessen*
  a. wenn die Klage zwar grundsätzlich, aber nicht in der Höhe der Forderung gutgeheissen wurde und diese Höhe vom gerichtlichen Ermessen abhängig oder die Bezifferung des Anspruchs schwierig war;
  b. wenn eine Partei in guten Treuen zur Prozessführung veranlasst war;
  c. in familienrechtlichen Verfahren [246 ff., 266 ff.];
  d. in Verfahren bei eingetragener Partnerschaft [273 f.];
  e. wenn das Verfahren als gegenstandslos [206[1,3], 242, 291[3]] abgeschrieben wird und das Gesetz nichts anderes vorsieht [234];
  f. wenn andere besondere Umstände vorliegen, die eine Verteilung nach dem Ausgang des Verfahrens als unbillig erscheinen lassen.

² Das Gericht kann Gerichtskosten [95[2]], die weder eine Partei noch Dritte veranlasst haben, aus Billigkeitsgründen dem Kanton auferlegen.

Art. 108

Unnötige Prozesskosten [95 ff.] hat zu bezahlen, wer sie verursacht hat. *Unnötige Prozesskosten*

Art. 109

¹ Bei einem gerichtlichen Vergleich [201[1], 208, 241] trägt jede Partei die Prozesskosten [95 ff.] nach Massgabe des Vergleichs. *Verteilung bei Vergleich*

² Die Kosten werden nach den Artikeln 106–108 verteilt, wenn:
  a. der Vergleich keine Regelung enthält; oder
  b. die getroffene Regelung einseitig zulasten einer Partei geht, welcher die unentgeltliche Rechtspflege [117 ff., 122] bewilligt worden ist.

8. Titel: Prozesskosten und unentgeltliche Rechtspflege

Art. 110

Rechtsmittel

Der Kostenentscheid ist selbstständig nur mit Beschwerde [319 ff.] anfechtbar.

Art. 111

Liquidation der Prozesskosten

[1] Die Gerichtskosten [95²] werden mit den geleisteten Vorschüssen der Parteien [98, 102] verrechnet. Ein Fehlbetrag wird von der kostenpflichtigen Person nachgefordert.

[2] Die kostenpflichtige Partei hat der anderen Partei die geleisteten Vorschüsse zu ersetzen sowie die zugesprochene Parteientschädigung [95³] zu bezahlen.

[3] Vorbehalten bleiben die Bestimmungen über die unentgeltliche Rechtspflege [117 ff.].

Art. 112

Stundung, Erlass, Verjährung und Verzinsung der Gerichtskosten

[1] Gerichtskosten [95²] können gestundet oder bei dauernder Mittellosigkeit erlassen werden.

[2] Die Forderungen verjähren zehn Jahre nach Abschluss des Verfahrens.

[3] Der Verzugszins beträgt 5 Prozent.

3. Kapitel: Besondere Kostenregelungen

Art. 113

Schlichtungsverfahren

[1] Im Schlichtungsverfahren [197 ff.] werden keine Parteientschädigungen [95³] gesprochen. Vorbehalten bleibt die Entschädigung einer unentgeltlichen Rechtsbeiständin oder eines unentgeltlichen Rechtsbeistandes durch den Kanton [117 ff.].

[2] Keine Gerichtskosten [95²] werden gesprochen in Streitigkeiten:

a. nach dem Gleichstellungsgesetz vom 24. März 1995[23];
b. nach dem Behindertengleichstellungsgesetz vom 13. Dezember 2002[24];
c. aus Miete und Pacht von Wohn- und Geschäftsräumen sowie aus landwirtschaftlicher Pacht;
d. aus dem Arbeitsverhältnis sowie nach dem Arbeitsvermittlungsgesetz vom 6. Oktober 1989[25] bis zu einem Streitwert von 30 000 Franken;
e. nach dem Mitwirkungsgesetz vom 17. Dezember 1993[26];
f. aus Zusatzversicherungen zur sozialen Krankenversicherung nach dem Bundesgesetz vom 18. März 1994[27] über die Krankenversicherung.

Art. 114

Im Entscheidverfahren werden keine Gerichtskosten [95²] gesprochen bei Streitigkeiten: Entscheidverfahren

a. nach dem Gleichstellungsgesetz vom 24. März 1995[28];
b. nach dem Behindertengleichstellungsgesetz vom 13. Dezember 2002[29];
c. aus dem Arbeitsverhältnis sowie nach dem Arbeitsvermittlungsgesetz vom 6. Oktober 1989[30] bis zu einem Streitwert von 30 000 Franken;
d. nach dem Mitwirkungsgesetz vom 17. Dezember 1993[31];
e. aus Zusatzversicherungen zur sozialen Krankenversicherung nach dem Bundesgesetz vom 18. März 1994[32] über die Krankenversicherung.

---

[23] SR **151.1**
[24] SR **151.3**
[25] SR **823.11**
[26] SR **822.14**
[27] SR **832.10**
[28] SR **151.1**
[29] SR **151.3**
[30] SR **823.11**
[31] SR **822.14**
[32] SR **832.10**

8. Titel: Prozesskosten und unentgeltliche Rechtspflege

Art. 115

Kostentragungspflicht

Bei bös- oder mutwilliger Prozessführung können die Gerichtskosten [95[2]] auch in den unentgeltlichen Verfahren [113 f.] einer Partei auferlegt werden.

Art. 116

Kostenbefreiung nach kantonalem Recht

[1] Die Kantone können weitere Befreiungen von den Prozesskosten [95 ff.] gewähren.

[2] Befreiungen, welche ein Kanton sich selbst, seinen Gemeinden und anderen kantonalrechtlichen Körperschaften gewährt, gelten auch für den Bund.

4. Kapitel: Unentgeltliche Rechtspflege

Art. 117

Anspruch

Eine Person hat Anspruch auf unentgeltliche Rechtspflege, wenn:
   a. sie nicht über die erforderlichen Mittel verfügt; und
   b. ihr Rechtsbegehren nicht aussichtslos erscheint.

Art. 118

Umfang

[1] Die unentgeltliche Rechtspflege umfasst:
   a. die Befreiung von Vorschuss- und Sicherheitsleistungen [83[3], 98, 99, 102];
   b. die Befreiung von den Gerichtskosten [95[2]];
   c. die gerichtliche Bestellung einer Rechtsbeiständin oder eines Rechtsbeistandes, wenn dies zur Wahrung der Rechte notwendig ist, insbesondere wenn die Gegenpartei anwaltlich vertreten ist; die Rechtsbeiständin oder der Rechtsbeistand kann bereits zur Vorbereitung des Prozesses bestellt werden.

[2] Sie kann ganz oder teilweise gewährt werden.

[3] Sie befreit nicht von der Bezahlung einer Parteientschädigung [95[3]] an die Gegenpartei.

4. Kapitel: Unentgeltliche Rechtspflege

Art. 119

¹ Das Gesuch um unentgeltliche Rechtspflege kann vor oder nach Eintritt der Rechtshängigkeit [62 ff.] gestellt werden.

² Die gesuchstellende Person hat ihre Einkommens- und Vermögensverhältnisse darzulegen und sich zur Sache sowie über ihre Beweismittel [168 ff.] zu äussern. Sie kann die Person der gewünschten Rechtsbeiständin oder des gewünschten Rechtsbeistands im Gesuch bezeichnen.

³ Das Gericht entscheidet über das Gesuch im summarischen Verfahren [248 ff.]. Die Gegenpartei kann angehört werden. Sie ist immer anzuhören, wenn die unentgeltliche Rechtspflege die Leistung der Sicherheit für die Parteientschädigung [95³] umfassen soll.

⁴ Die unentgeltliche Rechtspflege kann ausnahmsweise rückwirkend bewilligt werden.

⁵ Im Rechtsmittelverfahren [308, 319, 328 ff.] ist die unentgeltliche Rechtspflege neu zu beantragen.

⁶ Ausser bei Bös- oder Mutwilligkeit werden im Verfahren um die unentgeltliche Rechtspflege keine Gerichtskosten [95²] erhoben.

Gesuch und Verfahren

Art. 120

Das Gericht entzieht die unentgeltliche Rechtspflege, wenn der Anspruch darauf nicht mehr besteht oder nie bestanden hat.

Entzug der unentgeltlichen Rechtspflege

Art. 121

Wird die unentgeltliche Rechtspflege ganz oder teilweise abgelehnt oder entzogen, so kann der Entscheid mit Beschwerde [319 ff.] angefochten werden.

Rechtsmittel

Art. 122

¹ Unterliegt die unentgeltlich prozessführende Partei, so werden die Prozesskosten [95 ff.] wie folgt liquidiert:

a. die unentgeltliche Rechtsbeiständin oder der unentgeltliche Rechtsbeistand wird vom Kanton angemessen entschädigt;

Liquidation der Prozesskosten

b. die Gerichtskosten [95²] gehen zulasten des Kantons;
c. der Gegenpartei werden die Vorschüsse, die sie geleistet hat, zurückerstattet;
d. die unentgeltlich prozessführende Partei hat der Gegenpartei die Parteientschädigung [95³] zu bezahlen.

² Obsiegt die unentgeltlich prozessführende Partei und ist die Parteientschädigung [95³] bei der Gegenpartei nicht oder voraussichtlich nicht einbringlich, so wird die unentgeltliche Rechtsbeiständin oder der unentgeltliche Rechtsbeistand vom Kanton angemessen entschädigt. Mit der Zahlung geht der Anspruch auf den Kanton über.

Art. 123

Nachzahlung

¹ Eine Partei, der die unentgeltliche Rechtspflege gewährt wurde, ist zur Nachzahlung verpflichtet, sobald sie dazu in der Lage ist.
² Der Anspruch des Kantons verjährt zehn Jahre nach Abschluss des Verfahrens.

9. Titel: Prozessleitung, prozessuales Handeln und Fristen
1. Kapitel: Prozessleitung

Art. 124

Grundsätze

¹ Das Gericht leitet den Prozess. Es erlässt die notwendigen prozessleitenden Verfügungen [246] zur zügigen Vorbereitung und Durchführung des Verfahrens [319 b, 321¹].
² Die Prozessleitung kann an eines der Gerichtsmitglieder delegiert werden.
³ Das Gericht kann jederzeit versuchen, eine Einigung [226, 273, 291] zwischen den Parteien herbeizuführen.

Art. 125

Vereinfachung des Prozesses

Zur Vereinfachung des Prozesses kann das Gericht insbesondere [82³]:

a. das Verfahren auf einzelne Fragen oder auf einzelne Rechtsbegehren beschränken;
b. gemeinsam eingereichte Klagen trennen;
c. selbstständig eingereichte Klagen vereinigen;
d. eine Widerklage [224] vom Hauptverfahren trennen.

Art. 126

[1] Das Gericht kann das Verfahren sistieren, wenn die Zweckmässigkeit dies verlangt [69, 73, 214]. Das Verfahren kann namentlich sistiert werden, wenn der Entscheid vom Ausgang eines anderen Verfahrens abhängig ist. *Sistierung des Verfahrens*

[2] Die Sistierung ist mit Beschwerde [319 ff.] anfechtbar.

Art. 127

[1] Sind bei verschiedenen Gerichten Klagen rechtshängig, die miteinander in einem sachlichen Zusammenhang stehen, so kann ein später angerufenes Gericht die bei ihm rechtshängige Klage an das zuerst angerufene Gericht überweisen, wenn dieses mit der Übernahme einverstanden ist. *Überweisung bei zusammenhängenden Verfahren*

[2] Die Überweisung ist mit Beschwerde [319 ff.] anfechtbar.

Art. 128

[1] Wer im Verfahren vor Gericht den Anstand verletzt oder den Geschäftsgang stört, wird mit einem Verweis oder einer Ordnungsbusse bis zu 1000 Franken bestraft [69¹]. Das Gericht kann zudem den Ausschluss von der Verhandlung anordnen. *Verfahrensdisziplin und mutwillige Prozessführung*

[2] Das Gericht kann zur Durchsetzung seiner Anordnungen die Polizei beiziehen.

[3] Bei bös- oder mutwilliger Prozessführung können die Parteien und ihre Vertretungen mit einer Ordnungsbusse bis zu 2000 Franken und bei Wiederholung bis zu 5000 Franken bestraft werden.

[4] Die Ordnungsbusse ist mit Beschwerde [319 ff.] anfechtbar.

2. Kapitel: Formen des prozessualen Handelns
1. Abschnitt: Verfahrenssprache

Art. 129

Das Verfahren wird in der Amtssprache des zuständigen Kantons geführt. Bei mehreren Amtssprachen regeln die Kantone den Gebrauch der Sprachen.

2. Abschnitt: Eingaben der Parteien

Art. 130

Form

¹ Eingaben sind dem Gericht in Papierform oder elektronisch einzureichen. Sie sind zu unterzeichnen.

² Bei elektronischer Übermittlung muss das Dokument, das die Eingabe und die Beilagen enthält, mit einer anerkannten elektronischen Signatur der Absenderin oder des Absenders versehen sein. Der Bundesrat bestimmt das Format der Übermittlung.

³ Bei elektronischer Übermittlung kann das Gericht verlangen, dass die Eingabe und die Beilagen in Papierform nachgereicht werden.

Art. 131

Anzahl

Eingaben und Beilagen in Papierform sind in je einem Exemplar für das Gericht und für jede Gegenpartei [73, 74 ff., 78 ff., 81 f.] einzureichen; andernfalls kann das Gericht eine Nachfrist [142 ff.] ansetzen oder die notwendigen Kopien auf Kosten der Partei erstellen.

Art. 132

Mangelhafte, querulatorische und rechtsmissbräuchliche Eingaben

¹ Mängel wie fehlende Unterschrift und fehlende Vollmacht sind innert einer gerichtlichen Nachfrist [142 ff.] zu verbessern. Andernfalls gilt die Eingabe als nicht erfolgt.

² Gleiches gilt für unleserliche, ungebührliche, unverständliche oder weitschweifige Eingaben [69¹].

³ Querulatorische und rechtsmissbräuchliche Eingaben werden ohne Weiteres zurückgeschickt.

3. Abschnitt: Gerichtliche Vorladung

Art. 133

Die Vorladung enthält: Inhalt
  a. Name und Adresse der vorgeladenen Person;
  b. die Prozesssache und die Parteien;
  c. die Eigenschaft, in welcher die Person vorgeladen wird;
  d. Ort, Datum und Zeit des geforderten Erscheinens;
  e. die Prozesshandlung, zu der vorgeladen wird;
  f. die Säumnisfolgen;
  g. das Datum der Vorladung und die Unterschrift des Gerichts.

Art. 134

Die Vorladung muss mindestens zehn Tage vor dem Erscheinungstermin versandt werden, sofern das Gesetz nichts anderes bestimmt.   Zeitpunkt

Art. 135

Das Gericht kann einen Erscheinungstermin aus zureichenden Gründen verschieben: Verschiebung des Erscheinungstermins
  a. von Amtes wegen; oder
  b. wenn es vor dem Termin darum ersucht wird.

4. Abschnitt: Gerichtliche Zustellung

Art. 136

Das Gericht stellt den betroffenen Personen insbesondere zu: Zuzustellende Urkunden
  a. Vorladungen;
  b. Verfügungen und Entscheide;
  c. Eingaben der Gegenpartei.

Art. 137

Bei Vertretung Ist eine Partei vertreten, so erfolgt die Zustellung an die Vertretung [68].

Art. 138

Form ¹ Die Zustellung von Vorladungen, Verfügungen und Entscheiden erfolgt durch eingeschriebene Postsendung oder auf andere Weise gegen Empfangsbestätigung.

² Sie ist erfolgt, wenn die Sendung von der Adressatin oder vom Adressaten oder von einer angestellten oder im gleichen Haushalt lebenden, mindestens 16 Jahre alten Person entgegengenommen wurde. Vorbehalten bleiben Anweisungen des Gerichts, eine Urkunde dem Adressaten oder der Adressatin persönlich zuzustellen.

³ Sie gilt zudem als erfolgt:
  a. bei einer eingeschriebenen Postsendung, die nicht abgeholt worden ist: am siebten Tag nach dem erfolglosen Zustellungsversuch, sofern die Person mit einer Zustellung rechnen musste;
  b. bei persönlicher Zustellung, wenn die Adressatin oder der Adressat die Annahme verweigert und dies von der überbringenden Person festgehalten wird: am Tag der Weigerung.

⁴ Andere Sendungen kann das Gericht durch gewöhnliche Post zustellen.

Art. 139

Elektronische Zustellung ¹ Mit dem Einverständnis der betroffenen Person kann jede Zustellung elektronisch erfolgen.

² Der Bundesrat bestimmt die Einzelheiten.

Art. 140

Das Gericht kann Parteien mit Wohnsitz oder Sitz im Ausland anweisen, ein Zustellungsdomizil in der Schweiz zu bezeichnen.

Zustellungsdomizil

Art. 141

¹ Die Zustellung erfolgt durch Publikation im kantonalen Amtsblatt oder im Schweizerischen Handelsamtsblatt, wenn:
  a. der Aufenthaltsort der Adressatin oder des Adressaten unbekannt ist und trotz zumutbarer Nachforschungen nicht ermittelt werden kann;
  b. eine Zustellung unmöglich ist [138] oder mit ausserordentlichen Umtrieben verbunden wäre;
  c. eine Partei mit Wohnsitz oder Sitz im Ausland entgegen der Anweisung des Gerichts kein Zustellungsdomizil in der Schweiz bezeichnet hat.

² Die Zustellung gilt am Tag der Publikation als erfolgt.

Öffentliche Bekanntmachung

3. Kapitel: Fristen, Säumnis und Wiederherstellung
1. Abschnitt: Fristen

Art. 142

¹ Fristen, die durch eine Mitteilung oder den Eintritt eines Ereignisses ausgelöst werden, beginnen am folgenden Tag zu laufen.

² Berechnet sich eine Frist nach Monaten, so endet sie im letzten Monat an dem Tag, der dieselbe Zahl trägt wie der Tag, an dem die Frist zu laufen begann. Fehlt der entsprechende Tag, so endet die Frist am letzten Tag des Monats.

³ Fällt der letzte Tag einer Frist auf einen Samstag, einen Sonntag oder einen am Gerichtsort vom Bundesrecht oder vom kantonalen Recht anerkannten Feiertag, so endet sie am nächsten Werktag.

Beginn und Berechnung

9. Titel: Prozessleitung, prozessuales Handeln und Fristen

Art. 143

Einhaltung

[1] Eingaben müssen spätestens am letzten Tag der Frist beim Gericht eingereicht oder zu dessen Handen der Schweizerischen Post oder einer schweizerischen diplomatischen oder konsularischen Vertretung übergeben werden.

[2] Bei elektronischer Übermittlung ist die Frist eingehalten, wenn der Empfang bei der Zustelladresse des Gerichts spätestens am letzten Tag der Frist durch das betreffende Informatiksystem bestätigt worden ist.

[3] Die Frist für eine Zahlung an das Gericht [101[1]] ist eingehalten, wenn der Betrag spätestens am letzten Tag der Frist zugunsten des Gerichts der Schweizerischen Post übergeben oder einem Post- oder Bankkonto in der Schweiz belastet worden ist.

Art. 144

Erstreckung

[1] Gesetzliche Fristen können nicht erstreckt werden [51, 148, 209[4], 211[1], 239, 260, 311, 312, 314, 321, 329, 350, 362[1] b, c, 369[2, 3]].

[2] Gerichtliche Fristen können aus zureichenden Gründen erstreckt werden, wenn das Gericht vor Fristablauf darum ersucht wird [153].

Art. 145

Stillstand der Fristen

[1] Gesetzliche und gerichtliche Fristen stehen still [73[2]]:
   a. vom siebten Tag vor Ostern bis und mit dem siebten Tag nach Ostern;
   b. vom 15. Juli bis und mit dem 15. August;
   c. vom 18. Dezember bis und mit dem 2. Januar.

[2] Dieser Fristenstillstand gilt nicht für:
   a. das Schlichtungsverfahren [197 ff.];
   b. das summarische Verfahren [248 ff.].

[3] Die Parteien sind auf die Ausnahmen nach Absatz 2 hinzuweisen.

⁴ Vorbehalten bleiben die Bestimmungen des SchKG[33] über die Betreibungsferien und den Rechtsstillstand.

Art. 146

¹ Bei Zustellung während des Stillstandes beginnt der Fristenlauf am ersten Tag nach Ende des Stillstandes.
² Während des Stillstandes der Fristen finden keine Gerichtsverhandlungen statt, es sei denn, die Parteien seien einverstanden.

Wirkungen des Stillstandes

2. Abschnitt: Säumnis und Wiederherstellung

Art. 147

¹ Eine Partei ist säumig, wenn sie eine Prozesshandlung nicht fristgerecht vornimmt oder zu einem Termin nicht erscheint.
² Das Verfahren wird ohne die versäumte Handlung weitergeführt, sofern das Gesetz nichts anderes bestimmt [101, 132, 223].
³ Das Gericht weist die Parteien auf die Säumnisfolgen hin [133 f, 161, 167², 206¹⁻³, 234²].

Säumnis und Säumnisfolgen

Art. 148

¹ Das Gericht kann auf Gesuch einer säumigen Partei eine Nachfrist gewähren oder zu einem Termin erneut vorladen, wenn die Partei glaubhaft macht, dass sie kein oder nur ein leichtes Verschulden trifft.
² Das Gesuch ist innert zehn Tagen [144¹] seit Wegfall des Säumnisgrundes einzureichen.
³ Ist ein Entscheid eröffnet worden, so kann die Wiederherstellung nur innerhalb von sechs Monaten seit Eintritt der Rechtskraft verlangt werden.

Wiederherstellung

---

[33] SR **281.1**

Art. 149

Verfahren der Wiederherstellung

Das Gericht gibt der Gegenpartei Gelegenheit zur Stellungnahme und entscheidet endgültig.

10. Titel: Beweis
1. Kapitel: Allgemeine Bestimmungen

Art. 150

Beweisgegenstand

[1] Gegenstand des Beweises sind rechtserhebliche, streitige [153[2], 189[1]] Tatsachen.

[2] Beweisgegenstand können auch Übung, Ortsgebrauch und, bei vermögensrechtlichen Streitigkeiten, ausländisches Recht sein.

Art. 151

Bekannte Tatsachen

Offenkundige und gerichtsnotorische Tatsachen sowie allgemein anerkannte Erfahrungssätze bedürfen keines Beweises.

Art. 152

Recht auf Beweis

[1] Jede Partei hat das Recht, dass das Gericht die von ihr form- und fristgerecht [142 ff.] angebotenen tauglichen Beweismittel [168 ff.] abnimmt.

[2] Rechtswidrig beschaffte Beweismittel [168 ff.] werden nur berücksichtigt, wenn das Interesse an der Wahrheitsfindung überwiegt.

Art. 153

Beweiserhebung von Amtes wegen

[1] Das Gericht erhebt von Amtes wegen Beweis, wenn der Sachverhalt von Amtes wegen [247[2], 255, 272, 277[3], 296] festzustellen ist [186].

[2] Es kann von Amtes wegen Beweis erheben, wenn an der Richtigkeit einer nicht streitigen Tatsache erhebliche Zweifel bestehen [150[1]].

Art. 154

Vor der Beweisabnahme werden die erforderlichen Beweisverfügungen getroffen. Darin werden insbesondere die zugelassenen Beweismittel [168 ff.] bezeichnet und wird bestimmt, welcher Partei zu welchen Tatsachen der Haupt- oder der Gegenbeweis obliegt. Beweisverfügungen können jederzeit abgeändert oder ergänzt werden.

Beweisverfügung

Art. 155

[1] Die Beweisabnahme kann an eines oder mehrere der Gerichtsmitglieder delegiert werden [190, 191, 192, 231, 375].

[2] Aus wichtigen Gründen kann eine Partei die Beweisabnahme durch das urteilende Gericht verlangen.

[3] Die Parteien haben das Recht, an der Beweisabnahme teilzunehmen.

Beweisabnahme

Art. 156

Gefährdet die Beweisabnahme die schutzwürdigen Interessen einer Partei oder Dritter, wie insbesondere deren Geschäftsgeheimnisse, so trifft das Gericht die erforderlichen Massnahmen.

Wahrung schutzwürdiger Interessen

Art. 157

Das Gericht bildet sich seine Überzeugung nach freier Würdigung der Beweise [51, 162, 164, 175, 189].

Freie Beweiswürdigung

Art. 158

[1] Das Gericht nimmt jederzeit Beweis ab, wenn:
  a. das Gesetz [OR 204$^{2,\,3}$, 367^2, 427^1; MSchG 59, DesG 38] einen entsprechenden Anspruch gewährt; oder
  b. die gesuchstellende Partei eine Gefährdung der Beweismittel [168 ff.] oder ein schutzwürdiges Interesse glaubhaft macht.

[2] Anzuwenden sind die Bestimmungen über die vorsorglichen Massnahmen [261 ff.].

Vorsorgliche Beweisführung

10. Titel: Beweis

Art. 159

Organe einer juristischen Person

Ist eine juristische Person Partei, so werden ihre Organe im Beweisverfahren wie eine Partei behandelt.

2. Kapitel: Mitwirkungspflicht und Verweigerungsrecht
1. Abschnitt: Allgemeine Bestimmungen

Art. 160

Mitwirkungspflicht

[1] Die Parteien und Dritte sind zur Mitwirkung bei der Beweiserhebung verpflichtet. Insbesondere haben sie:
  a. als Partei, als Zeugin oder als Zeuge [169] wahrheitsgemäss auszusagen;
  b. Urkunden [177] herauszugeben; ausgenommen ist die anwaltliche Korrespondenz, soweit sie die berufsmässige Vertretung einer Partei oder einer Drittperson betrifft;
  c. einen Augenschein [181] an Person oder Eigentum durch Sachverständige zu dulden.

[2] Über die Mitwirkungspflicht einer unmündigen Person entscheidet das Gericht nach seinem Ermessen. Es berücksichtigt dabei das Kindeswohl.

[3] Dritte, die zur Mitwirkung verpflichtet sind, haben Anspruch auf eine angemessene Entschädigung.

Art. 161

Aufklärung

[1] Das Gericht klärt die Parteien und Dritte über die Mitwirkungspflicht [160], das Verweigerungsrecht [163 ff.] und die Säumnisfolgen [164, 167] auf.

[2] Unterlässt es die Aufklärung über das Verweigerungsrecht, so darf es die erhobenen Beweise nicht berücksichtigen, es sei denn, die betroffene Person stimme zu oder die Verweigerung wäre unberechtigt gewesen.

2. Kapitel: Mitwirkungspflicht und Verweigerungsrecht

Art. 162

Verweigert eine Partei oder eine dritte Person die Mitwirkung berechtigterweise, so darf das Gericht daraus nicht auf die zu beweisende Tatsache schliessen.

Berechtigte Verweigerung der Mitwirkung

2. Abschnitt: Verweigerungsrecht der Parteien

Art. 163

[1] Eine Partei kann die Mitwirkung verweigern, wenn sie:
  a. eine ihr im Sinne von Artikel 165 nahestehende Person der Gefahr strafrechtlicher Verfolgung oder zivilrechtlicher Verantwortlichkeit aussetzen würde;
  b. sich wegen Verletzung eines Geheimnisses nach Artikel 321 des Strafgesetzbuchs[34] (StGB) strafbar machen würde; ausgenommen sind die Revisorinnen und Revisoren; Artikel 166 Absatz 1 Buchstabe b dritter Teilsatz gilt sinngemäss.

[2] Die Trägerinnen und Träger anderer gesetzlich geschützter Geheimnisse können die Mitwirkung verweigern, wenn sie glaubhaft machen, dass das Geheimhaltungsinteresse das Interesse an der Wahrheitsfindung überwiegt.

Verweigerungsrecht

Art. 164

Verweigert eine Partei die Mitwirkung unberechtigterweise, so berücksichtigt dies das Gericht bei der Beweiswürdigung [157].

Unberechtigte Verweigerung

3. Abschnitt: Verweigerungsrecht Dritter

Art. 165

[1] Jede Mitwirkung können verweigern:
  a. wer mit einer Partei verheiratet ist oder war oder eine faktische Lebensgemeinschaft führt;

Umfassendes Verweigerungsrecht

---

[34] SR **311.0**

10. Titel: Beweis

    b. wer mit einer Partei gemeinsame Kinder hat;
    c. wer mit einer Partei in gerader Linie oder in der Seitenlinie bis und mit dem dritten Grad verwandt oder verschwägert ist;
    d. die Pflegeeltern, die Pflegekinder und die Pflegegeschwister einer Partei;
    e. die für eine Partei zur Vormundschaft, zur Beiratschaft oder zur Beistandschaft eingesetzte Person.

² Die eingetragene Partnerschaft ist der Ehe gleichgestellt.

³ Die Stiefgeschwister sind den Geschwistern gleichgestellt.

Art. 166

Beschränktes Verweigerungsrecht

¹ Eine dritte Person kann die Mitwirkung verweigern:
    a. zur Feststellung von Tatsachen, die sie oder eine ihr im Sinne von Artikel 165 nahestehende Person der Gefahr strafrechtlicher Verfolgung oder zivilrechtlicher Verantwortlichkeit aussetzen würde;
    b. soweit sie sich wegen Verletzung eines Geheimnisses nach Artikel 321 StGB[35] strafbar machen würde; ausgenommen sind die Revisorinnen und Revisoren; mit Ausnahme der Anwältinnen und Anwälte sowie der Geistlichen haben Dritte jedoch mitzuwirken, wenn sie einer Anzeigepflicht unterliegen oder wenn sie von der Geheimhaltungspflicht entbunden worden sind, es sei denn, sie machen glaubhaft, dass das Geheimhaltungsinteresse das Interesse an der Wahrheitsfindung überwiegt;
    c. zur Feststellung von Tatsachen, die ihr als Beamtin oder Beamter im Sinne von Artikel 110 Absatz 3 StGB oder als Behördenmitglied in ihrer amtlichen Eigenschaft anvertraut worden sind oder die sie bei Ausübung ihres Amtes wahrgenommen hat; sie hat auszusagen, wenn sie einer Anzeigepflicht unterliegt oder wenn sie von ihrer vorgesetzten Behörde zur Aussage ermächtigt worden ist;

---

[35] SR **311.0**

d. wenn sie als Ombudsperson, Mediatorin oder Mediator über Tatsachen aussagen müsste, die sie im Rahmen der betreffenden Tätigkeit wahrgenommen hat [216^2];
e. über die Identität der Autorin oder des Autors oder über Inhalt und Quellen ihrer Informationen, wenn sie sich beruflich oder als Hilfsperson mit der Veröffentlichung von Informationen im redaktionellen Teil eines periodisch erscheinenden Mediums befasst.

^{2} Die Trägerinnen und Träger anderer gesetzlich geschützter Geheimnisse können die Mitwirkung verweigern, wenn sie glaubhaft machen, dass das Geheimhaltungsinteresse das Interesse an der Wahrheitsfindung überwiegt.

^{3} Vorbehalten bleiben die besonderen Bestimmungen des Sozialversicherungsrechts über die Datenbekanntgabe.

Art. 167

^{1} Verweigert die dritte Person die Mitwirkung unberechtigterweise, so kann das Gericht:

    Unberechtigte Verweigerung

a. eine Ordnungsbusse bis zu 1000 Franken anordnen;
b. die Strafdrohung nach Artikel 292 StGB[36] aussprechen;
c. die zwangsweise Durchsetzung anordnen;
d. die Prozesskosten [95 ff.] auferlegen, die durch die Verweigerung verursacht worden sind.

^{2} Säumnis der dritten Person hat die gleichen Folgen wie deren unberechtigte Verweigerung der Mitwirkung.

^{3} Die dritte Person kann die gerichtliche Anordnung mit Beschwerde anfechten.

3. Kapitel: Beweismittel
1. Abschnitt: Zulässige Beweismittel

Art. 168

^{1} Als Beweismittel sind zulässig:

---

[36] SR **311.0**

10. Titel: Beweis

a. Zeugnis;
b. Urkunde;
c. Augenschein;
d. Gutachten;
e. schriftliche Auskunft;
f. Parteibefragung und Beweisaussage.

² Vorbehalten bleiben die Bestimmungen über Kinderbelange [296¹] in familienrechtlichen Angelegenheiten.

2. Abschnitt: Zeugnis

Art. 169

Gegenstand

Wer nicht Partei [74 ff., 159] ist, kann über Tatsachen Zeugnis ablegen, die er oder sie unmittelbar wahrgenommen hat.

Art. 170

Vorladung

¹ Zeuginnen und Zeugen werden vom Gericht vorgeladen.

² Das Gericht kann den Parteien gestatten, Zeuginnen oder Zeugen ohne Vorladung mitzubringen.

³ Die Befragung [155] kann am Aufenthaltsort der Zeugin oder des Zeugen erfolgen [181²]. Die Parteien sind darüber rechtzeitig zu informieren.

Art. 171

Form der Einvernahme

¹ Die Zeugin oder der Zeuge wird vor der Einvernahme zur Wahrheit ermahnt; nach Vollendung des 14. Altersjahres wird die Zeugin oder der Zeuge zudem auf die strafrechtlichen Folgen des falschen Zeugnisses (Art. 307 StGB[37]) hingewiesen.

² Das Gericht befragt jede Zeugin und jeden Zeugen einzeln und in Abwesenheit der andern; vorbehalten bleibt die Konfrontation [174].

---

[37] SR **311.0**

³ Das Zeugnis ist frei abzulegen; das Gericht kann die Benützung schriftlicher Unterlagen zulassen.

⁴ Das Gericht schliesst Zeuginnen und Zeugen von der übrigen Verhandlung aus, solange sie nicht aus dem Zeugenstand entlassen sind.

Art. 172

Das Gericht befragt die Zeuginnen und Zeugen über: Inhalt der Einvernahme
    a. ihre Personalien;
    b. ihre persönlichen Beziehungen zu den Parteien sowie über andere Umstände, die für d können;
    c. ihre Wahrnehmungen zur Sache.

Art. 173

Die Parteien können Ergänzungsfragen [176²] beantragen oder sie mit Bewilligung des Gerichts selbst stellen.   Ergänzungsfragen

Art. 174

Zeuginnen und Zeugen können einander und den Parteien gegenübergestellt werden.   Konfrontation

Art. 175

Das Gericht kann einer sachverständigen Zeugin oder einem sachverständigen Zeugen auch Fragen zur Würdigung des Sachverhaltes stellen [157].   Zeugnis einer sachverständigen Person

Art. 176

¹ Die Aussagen werden in ihrem wesentlichen Inhalt zu Protokoll genommen und von der Zeugin oder dem Zeugen unterzeichnet. Zu Protokoll genommen werden auch abgelehnte Ergänzungsfragen [173] der Parteien, wenn dies eine Partei verlangt.   Protokoll

10. Titel: Beweis

² Die Aussagen können zusätzlich auf Tonband, auf Video oder mit anderen geeigneten technischen Hilfsmitteln aufgezeichnet werden.

3. Abschnitt: Urkunde

Art. 177

Begriff

Als Urkunden gelten Dokumente wie Schriftstücke, Zeichnungen, Pläne, Fotos, Filme, Tonaufzeichnungen, elektronische Dateien und dergleichen, die geeignet sind, rechtserhebliche Tatsachen zu beweisen.

Art. 178

Echtheit

Die Partei, die sich auf eine Urkunde beruft, hat deren Echtheit zu beweisen, sofern die Echtheit von der andern Partei bestritten wird; die Bestreitung muss ausreichend begründet werden.

Art. 179

Beweiskraft öffentlicher Register und Urkunden

Öffentliche Register und öffentliche Urkunden erbringen für die durch sie bezeugten Tatsachen vollen Beweis, solange nicht die Unrichtigkeit ihres Inhalts nachgewiesen ist.

Art. 180

Einreichung

¹ Die Urkunde kann in Kopie eingereicht werden. Das Gericht oder eine Partei kann die Einreichung des Originals oder einer amtlich beglaubigten Kopie verlangen, wenn begründete Zweifel an der Echtheit bestehen.

² Bei umfangreichen Urkunden ist die für die Beweisführung erhebliche Stelle zu bezeichnen [203, 221² c, 244³ c, 254¹, 258², 338²].

4. Abschnitt: Augenschein

Art. 181

[1] Das Gericht kann zur unmittelbaren Wahrnehmung von Tatsachen oder zum besseren Verständnis des Sachverhaltes auf Antrag einer Partei oder von Amtes wegen einen Augenschein durchführen [155]. *Durchführung*

[2] Es kann Zeuginnen und Zeugen sowie sachverständige Personen zum Augenschein beiziehen.

[3] Kann der Gegenstand des Augenscheins ohne Nachteil vor Gericht gebracht werden, ist er einzureichen.

Art. 182

Über den Augenschein ist Protokoll zu führen. Es wird gegebenenfalls mit Plänen, Zeichnungen, fotografischen und andern technischen Mitteln ergänzt. *Protokoll*

5. Abschnitt: Gutachten

Art. 183

[1] Das Gericht kann auf Antrag einer Partei oder von Amtes wegen bei einer oder mehreren sachverständigen Personen ein Gutachten einholen. Es hört vorgängig die Parteien an [53]. *Grundsätze*

[2] Für eine sachverständige Person gelten die gleichen Ausstandsgründe [47 ff.] wie für die Gerichtspersonen.

[3] Eigenes Fachwissen hat das Gericht offen zu legen, damit die Parteien dazu Stellung nehmen können.

10. Titel: Beweis

Art. 184

Rechte und Pflichten der sachverständigen Person

¹ Die sachverständige Person ist zur Wahrheit verpflichtet und hat ihr Gutachten fristgerecht [142 ff.] abzuliefern.

² Das Gericht weist sie auf die Strafbarkeit eines falschen Gutachtens nach Artikel 307 StGB[38] und der Verletzung des Amtsgeheimnisses nach Artikel 320 StGB sowie auf die Folgen von Säumnis und mangelhafter Auftragserfüllung hin.

³ Die sachverständige Person hat Anspruch auf Entschädigung [102]. Der gerichtliche Entscheid über die Entschädigung ist mit Beschwerde anfechtbar.

Art. 185

Auftrag

¹ Das Gericht instruiert die sachverständige Person und stellt ihr die abzuklärenden Fragen schriftlich oder mündlich in der Verhandlung.

² Es gibt den Parteien Gelegenheit, sich zur Fragestellung zu äussern [53] und Änderungs- oder Ergänzungsanträge zu stellen.

³ Es stellt der sachverständigen Person die notwendigen Akten zur Verfügung und bestimmt eine Frist [142 ff.] für die Erstattung des Gutachtens.

Art. 186

Abklärungen der sachverständigen Person

¹ Die sachverständige Person kann mit Zustimmung des Gerichts eigene Abklärungen vornehmen [153]. Sie hat sie im Gutachten offenzulegen.

² Das Gericht kann auf Antrag einer Partei oder von Amtes wegen die Abklärungen nach den Regeln des Beweisverfahrens nochmals vornehmen.

Art. 187

Erstattung des Gutachtens

¹ Das Gericht kann mündliche oder schriftliche Erstattung des Gutachtens anordnen. Es kann überdies anordnen, dass die sach-

---

[38] SR **311.0**

verständige Person ihr schriftliches Gutachten in der Verhandlung [226, 228 ff., 265², 273, 291, 316] erläutert [181²].

² Über ein mündliches Gutachten ist sinngemäss nach Artikel 176 Protokoll zu führen.

³ Sind mehrere sachverständige Personen beauftragt, so erstattet jede von ihnen ein Gutachten, sofern das Gericht nichts anderes anordnet.

⁴ Das Gericht gibt den Parteien Gelegenheit, eine Erläuterung des Gutachtens oder Ergänzungsfragen zu beantragen [53].

Art. 188

¹ Erstattet die sachverständige Person das Gutachten nicht fristgemäss [142 ff.], so kann das Gericht den Auftrag widerrufen und eine andere sachverständige Person beauftragen.

² Das Gericht kann ein unvollständiges, unklares oder nicht gehörig begründetes Gutachten auf Antrag einer Partei oder von Amtes wegen ergänzen und erläutern lassen oder eine andere sachverständige Person beiziehen.

Säumnis und Mängel

Art. 189

¹ Die Parteien können vereinbaren, über streitige Tatsachen ein Schiedsgutachten einzuholen.

² Für die Form der Vereinbarung gilt Artikel 17 Absatz 2.

³ Das Schiedsgutachten bindet das Gericht [157] hinsichtlich der darin festgestellten Tatsachen, wenn:

a. die Parteien über das Rechtsverhältnis frei verfügen können;

b. gegen die beauftragte Person kein Ausstandsgrund vorlag; und

c. das Schiedsgutachten ohne Bevorzugung einer Partei erstellt wurde und nicht offensichtlich unrichtig ist.

Schiedsgutachten

6. Abschnitt: Schriftliche Auskunft

Art. 190

¹ Das Gericht kann Amtsstellen um schriftliche Auskunft ersuchen.

² Es kann von Privatpersonen schriftliche Auskünfte einholen, wenn eine Zeugenbefragung [169 ff.] nicht erforderlich erscheint.

7. Abschnitt: Parteibefragung und Beweisaussage

Art. 191

Parteibefragung

¹ Das Gericht kann eine oder beide Parteien zu den rechtserheblichen Tatsachen befragen.

² Die Parteien werden vor der Befragung zur Wahrheit ermahnt und darauf hingewiesen, dass sie mit einer Ordnungsbusse bis zu 2000 Franken und im Wiederholungsfall bis zu 5000 Franken bestraft werden können, wenn sie mutwillig leugnen.

Art. 192

Beweisaussage

¹ Das Gericht kann eine oder beide Parteien von Amtes wegen zur Beweisaussage unter Strafdrohung verpflichten.

² Die Parteien werden vor der Beweisaussage zur Wahrheit ermahnt und auf die Straffolgen einer Falschaussage hingewiesen (Art. 306 StGB[39]).

Art. 193

Protokoll

Für das Protokoll der Parteibefragung und der Beweisaussage gilt Artikel 176 sinngemäss.

---

[39] SR **311.0**

11. Titel: Rechtshilfe zwischen schweizerischen Gerichten

Art. 194

¹ Die Gerichte sind gegenseitig zur Rechtshilfe verpflichtet. — Grundsatz
² Sie verkehren direkt miteinander.

Art. 195

Jedes Gericht kann die erforderlichen Prozesshandlungen auch in einem anderen Kanton direkt und selber vornehmen; es kann insbesondere Sitzungen abhalten und Beweis erheben. — Direkte Prozesshandlungen in einem andern Kanton

Art. 196

¹ Das Gericht kann um Rechtshilfe ersuchen. Das Rechtshilfegesuch kann in der Amtssprache des ersuchenden oder des ersuchten Gerichts abgefasst werden. — Rechtshilfe
² Das ersuchte Gericht informiert das ersuchende Gericht und die Parteien über Ort und Zeit der Prozesshandlung.
³ Das ersuchte Gericht kann für seine Auslagen Ersatz verlangen [95²].

2. Teil: Besondere Bestimmungen

1. Titel: Schlichtungsversuch
1. Kapitel: Geltungsbereich und Schlichtungsbehörde

Art. 197

Dem Entscheidverfahren [219 ff., 243 ff., 248 ff.] geht ein Schlichtungsversuch vor einer Schlichtungsbehörde voraus. — Grundsatz

Art. 198

Das Schlichtungsverfahren entfällt: — Ausnahmen
   a. im summarischen Verfahren [248 ff.];

1. Titel: Schlichtungsversuch

b. bei Klagen über den Personenstand;
c. im Scheidungsverfahren;
d. im Verfahren zur Auflösung der eingetragenen Partnerschaft;
e. bei folgenden Klagen aus dem SchKG[40]:
   1. Aberkennungsklage (Art. 83 Abs. 2 SchKG),
   2. Feststellungsklage (Art. 85*a* SchKG),
   3. Widerspruchsklage (Art. 106–109 SchKG),
   4. Anschlussklage (Art. 111 SchKG),
   5. Aussonderungs- und Admassierungsklage (Art. 242 SchKG),
   6. Kollokationsklage (Art. 148 und 250 SchKG),
   7. Klage auf Feststellung neuen Vermögens (Art. 265*a* SchKG),
   8. Klage auf Rückschaffung von Retentionsgegenständen (Art. 284 SchKG);
f. bei Streitigkeiten, für die nach den Artikeln 5 und 6 dieses Gesetzes eine einzige kantonale Instanz zuständig ist;
g. bei der Hauptintervention [73], der Widerklage [74 ff.] und der Streitverkündungsklage [81 ff.];
h. wenn das Gericht Frist [142 ff.] für eine Klage gesetzt hat [263].

Art. 199

Verzicht auf das Schlichtungsverfahren

[1] Bei vermögensrechtlichen Streitigkeiten mit einem Streitwert [91 ff.] von mindestens 100 000 Franken können die Parteien gemeinsam auf die Durchführung des Schlichtungsverfahrens verzichten.

[2] Die klagende Partei kann einseitig auf das Schlichtungsverfahren verzichten, wenn:

a. die beklagte Partei Sitz oder Wohnsitz im Ausland hat;
b. der Aufenthaltsort der beklagten Partei unbekannt ist;

---

[40] SR **281.1**

c. in Streitigkeiten nach dem Gleichstellungsgesetz vom 24. März 1995[41].

Art. 200

[1] Bei Streitigkeiten aus Miete und Pacht von Wohn- und Geschäftsräumen besteht die Schlichtungsbehörde aus einer vorsitzenden Person und einer paritätischen Vertretung.

[2] Bei Streitigkeiten nach dem Gleichstellungsgesetz vom 24. März 1995[42] besteht die Schlichtungsbehörde aus einer vorsitzenden Person und einer paritätischen Vertretung der Arbeitgeber- und Arbeitnehmerseite und des öffentlichen und privaten Bereichs; die Geschlechter müssen paritätisch vertreten sein.

Paritätische Schlichtungsbehörden

Art. 201

[1] Die Schlichtungsbehörde versucht in formloser Verhandlung, die Parteien zu versöhnen. Dient es der Beilegung des Streites, so können in einen Vergleich [109] auch ausserhalb des Verfahrens liegende Streitfragen zwischen den Parteien einbezogen werden.

[2] In den Angelegenheiten nach Artikel 200 ist die Schlichtungsbehörde auch Rechtsberatungsstelle.

Aufgaben der Schlichtungsbehörde

2. Kapitel: Schlichtungsverfahren

Art. 202

[1] Das Verfahren wird durch das Schlichtungsgesuch eingeleitet. Dieses kann in den Formen nach Artikel 130 eingereicht oder mündlich bei der Schlichtungsbehörde zu Protokoll gegeben werden [62²].

[2] Im Schlichtungsgesuch sind die Gegenpartei, das Rechtsbegehren [84², 85] und der Streitgegenstand zu bezeichnen [213²].

Einleitung

---

[41] SR **151.1**
[42] SR **151.1**

1. Titel: Schlichtungsversuch

[3] Die Schlichtungsbehörde stellt der Gegenpartei das Schlichtungsgesuch unverzüglich zu und lädt gleichzeitig die Parteien zur Vermittlung vor [62[2], 72, 133].

[4] In den Angelegenheiten nach Artikel 200 kann sie, soweit ein Urteilsvorschlag nach Artikel 210 oder ein Entscheid nach Artikel 212 in Frage kommt, ausnahmsweise einen Schriftenwechsel durchführen.

Art. 203

Verhandlung

[1] Die Verhandlung hat innert zwei Monaten [145[2] a] seit Eingang des Gesuchs oder nach Abschluss des Schriftenwechsels stattzufinden.

[2] Die Schlichtungsbehörde lässt sich allfällige Urkunden [177 ff., 180[2]] vorlegen und kann einen Augenschein [181 f.] durchführen. Soweit ein Urteilsvorschlag nach Artikel 210 oder ein Entscheid nach Artikel 212 in Frage kommt, kann sie auch die übrigen Beweismittel [168 ff.] abnehmen, wenn dies das Verfahren nicht wesentlich verzögert.

[3] Die Verhandlung ist nicht öffentlich [54[1]]. In den Angelegenheiten nach Artikel 200 kann die Schlichtungsbehörde die Öffentlichkeit ganz oder teilweise zulassen, wenn ein öffentliches Interesse besteht.

[4] Mit Zustimmung der Parteien kann die Schlichtungsbehörde weitere Verhandlungen durchführen. Das Verfahren ist spätestens nach zwölf Monaten [145[2] a] abzuschliessen.

Art. 204

Persönliches Erscheinen

[1] Die Parteien müssen persönlich zur Schlichtungsverhandlung erscheinen.

[2] Sie können sich von einer Rechtsbeiständin, einem Rechtsbeistand oder einer Vertrauensperson begleiten lassen.

[3] Nicht persönlich erscheinen muss und sich vertreten lassen kann, wer:

    a. ausserkantonalen oder ausländischen Wohnsitz hat;

b. wegen Krankheit, Alter oder anderen wichtigen Gründen verhindert ist;
c. in Streitigkeiten nach Artikel 243 als Arbeitgeber beziehungsweise als Versicherer eine angestellte Person oder als Vermieter die Liegenschaftsverwaltung delegiert, sofern diese zum Abschluss eines Vergleichs schriftlich ermächtigt sind.

⁴ Die Gegenpartei ist über die Vertretung vorgängig zu orientieren.

Art. 205

¹ Aussagen der Parteien dürfen weder protokolliert noch später im Entscheidverfahren verwendet werden. — Vertraulichkeit des Verfahrens

² Vorbehalten ist die Verwendung der Aussagen im Falle eines Urteilsvorschlages [210 f.] oder Entscheides [212] der Schlichtungsbehörde.

Art. 206

¹ Bei Säumnis der klagenden Partei gilt das Schlichtungsgesuch als zurückgezogen; das Verfahren wird als gegenstandslos [107¹ e] abgeschrieben [147³]. — Säumnis

² Bei Säumnis der beklagten Partei verfährt die Schlichtungsbehörde, wie wenn keine Einigung zu Stande gekommen wäre (Art. 209–212) [147³].

³ Bei Säumnis beider Parteien wird das Verfahren als gegenstandslos [107¹ e] abgeschrieben [147³].

Art. 207

¹ Die Kosten des Schlichtungsverfahrens [95², 113] werden der klagenden Partei auferlegt: — Kosten des Schlichtungsverfahrens
   a. wenn sie das Schlichtungsgesuch zurückzieht;
   b. wenn das Verfahren wegen Säumnis abgeschrieben wird;
   c. bei Erteilung der Klagebewilligung.

² Bei Einreichung der Klage werden die Kosten zur Hauptsache geschlagen.

3. Kapitel: Einigung und Klagebewilligung

Art. 208

Einigung der Parteien

[1] Kommt es zu einer Einigung, so nimmt die Schlichtungsbehörde einen Vergleich, eine Klageanerkennung oder einen vorbehaltlosen Klagerückzug [65, 241] zu Protokoll und lässt die Parteien dieses unterzeichnen. Jede Partei erhält ein Exemplar des Protokolls.

[2] Ein Vergleich, eine Klageanerkennung oder ein vorbehaltloser Klagerückzug haben die Wirkung eines rechtskräftigen Entscheids [335 ff.].

Art. 209

Klagebewilligung

[1] Kommt es zu keiner Einigung, so hält die Schlichtungsbehörde dies im Protokoll fest und erteilt die Klagebewilligung:
   a. bei der Anfechtung von Miet- und Pachtzinserhöhungen: dem Vermieter oder Verpächter;
   b. in den übrigen Fällen: der klagenden Partei.

[2] Die Klagebewilligung enthält:
   a. die Namen und Adressen der Parteien und allfälliger Vertretungen;
   b. das Rechtsbegehren der klagenden Partei mit Streitgegenstand und eine allfällige Widerklage;
   c. das Datum der Einleitung des Schlichtungsverfahrens [62[1]];
   d. die Verfügung über die Kosten des Schlichtungsverfahrens [207];
   e. das Datum der Klagebewilligung;
   f. die Unterschrift der Schlichtungsbehörde.

[3] Nach Eröffnung berechtigt die Klagebewilligung während dreier Monate zur Einreichung der Klage beim Gericht.

[4] In Streitigkeiten aus Miete und Pacht von Wohn- und Geschäftsräumen sowie aus landwirtschaftlicher Pacht beträgt die Klagefrist [142 ff., 144[1]] 30 Tage. Vorbehalten bleiben weitere

besondere gesetzliche [SchKG 279] und gerichtliche Klagefristen.

4. Kapitel: Urteilsvorschlag und Entscheid

Art. 210

[1] Die Schlichtungsbehörde kann den Parteien einen Urteilsvorschlag unterbreiten in: Urteilsvorschlag
  a. Streitigkeiten nach dem Gleichstellungsgesetz vom 24. März 1995[43];
  b. Streitigkeiten aus Miete und Pacht von Wohn- und Geschäftsräumen sowie aus landwirtschaftlicher Pacht, sofern die Hinterlegung von Miet- und Pachtzinsen, der Schutz vor missbräuchlichen Miet- und Pachtzinsen, der Kündigungsschutz oder die Erstreckung des Miet- und Pachtverhältnisses betroffen ist;
  c. den übrigen vermögensrechtlichen Streitigkeiten bis zu einem Streitwert von 5000 Franken.

[2] Der Urteilsvorschlag kann eine kurze Begründung enthalten; im Übrigen gilt Artikel 238 sinngemäss.

Art. 211

[1] Der Urteilsvorschlag gilt als angenommen und hat die Wirkungen eines rechtskräftigen Entscheids, wenn ihn keine Partei innert 20 Tagen [144[1]] seit der schriftlichen Eröffnung [136 ff.] ablehnt. Die Ablehnung bedarf keiner Begründung. Wirkungen

[2] Nach Eingang der Ablehnung stellt die Schlichtungsbehörde die Klagebewilligung zu:
  a. in den Angelegenheiten nach Artikel 210 Absatz 1 Buchstabe b: der ablehnenden Partei;
  b. in den übrigen Fällen: der klagenden Partei.

[3] Wird die Klage in den Angelegenheiten nach Artikel 210 Absatz 1 Buchstabe b nicht rechtzeitig eingereicht, so gilt der Ur-

---

[43] SR **151.1**

teilsvorschlag als anerkannt und er hat die Wirkungen eines rechtskräftigen Entscheides [335 ff.].

⁴ Die Parteien sind im Urteilsvorschlag auf die Wirkungen nach den Absätzen 1–3 hinzuweisen.

Art. 212

Entscheid

¹ Vermögensrechtliche Streitigkeiten bis zu einem Streitwert [91 ff.] von 2000 Franken kann die Schlichtungsbehörde entscheiden, sofern die klagende Partei einen entsprechenden Antrag stellt.

² Das Verfahren ist mündlich.

2. Titel: Mediation

Art. 213

Mediation statt Schlichtungsverfahren

¹ Auf Antrag sämtlicher Parteien tritt eine Mediation an die Stelle des Schlichtungsverfahrens.

² Der Antrag ist im Schlichtungsgesuch [202] oder an der Schlichtungsverhandlung zu stellen.

³ Teilt eine Partei der Schlichtungsbehörde das Scheitern der Mediation mit, so wird die Klagebewilligung [209] ausgestellt.

Art. 214

Mediation im Entscheidverfahren

¹ Das Gericht kann den Parteien jederzeit eine Mediation empfehlen [297²].

² Die Parteien können dem Gericht jederzeit gemeinsam eine Mediation beantragen.

³ Das gerichtliche Verfahren bleibt bis zum Widerruf des Antrages durch eine Partei oder bis zur Mitteilung der Beendigung der Mediation sistiert [126].

Art. 215

Organisation und Durchführung der Mediation ist Sache der Parteien [3].

Art. 216

¹ Die Mediation ist von der Schlichtungsbehörde und vom Gericht unabhängig und vertraulich.

² Die Aussagen der Parteien dürfen im gerichtlichen Verfahren nicht verwendet werden [166¹ d].

Art. 217

Die Parteien können gemeinsam die Genehmigung der in der Mediation erzielten Vereinbarung beantragen. Die genehmigte Vereinbarung hat die Wirkung eines rechtskräftigen Entscheids [335 ff.].

Art. 218

¹ Die Parteien tragen die Kosten der Mediation.

² In kindesrechtlichen Angelegenheiten nicht vermögensrechtlicher Art haben die Parteien Anspruch auf eine unentgeltliche Mediation, wenn:

   a. ihnen die erforderlichen Mittel fehlen; und

   b. das Gericht die Durchführung einer Mediation empfiehlt.

³ Das kantonale Recht kann weitere Kostenerleichterungen vorsehen.

3. Titel: Ordentliches Verfahren
1. Kapitel: Geltungsbereich

Art. 219

Die Bestimmungen dieses Titels gelten für das ordentliche Verfahren sowie sinngemäss für sämtliche anderen Verfahren

3. Titel: Ordentliches Verfahren

[243 ff., 248 ff., 271 ff., 295 ff., 305 ff.], soweit das Gesetz nichts anderes bestimmt.

2. Kapitel: Schriftenwechsel und Vorbereitung der Hauptverhandlung

Art. 220

Einleitung Das ordentliche Verfahren wird mit Einreichung der Klage eingeleitet [59[1], 62[1], 130 ff., 197 ff., 209[3]].

Art. 221

Klage [1] Die Klage enthält:
  a. die Bezeichnung der Parteien und allfälliger Vertreterinnen und Vertreter [68];
  b. das Rechtsbegehren [84 ff., 227, 230];
  c. die Angabe des Streitwerts [91 ff.];
  d. die Tatsachenbehauptungen [55, 229];
  e. die Bezeichnung der einzelnen Beweismittel zu den behaupteten Tatsachen [55, 168 ff., 229];
  f. das Datum und die Unterschrift [130, 132[1]; OR 14].

[2] Mit der Klage sind folgende Beilagen einzureichen:
  a. eine Vollmacht bei Vertretung [68[3], 132[5]];
  b. gegebenenfalls die Klagebewilligung oder die Erklärung, dass auf das Schlichtungsverfahren verzichtet werde [199, 209];
  c. die verfügbaren Urkunden, welche als Beweismittel dienen sollen [177 ff., 180[2]];
  d. ein Verzeichnis der Beweismittel.

[3] Die Klage kann eine rechtliche Begründung enthalten [57].

Art. 222

Klageantwort [1] Das Gericht stellt die Klage der beklagten Partei zu [72, 136 ff.] und setzt ihr gleichzeitig eine Frist [144[2]] zur schriftlichen Klageantwort.

2. Kapitel: Schriftenwechsel und Vorbereitung der Hauptverhandlung

² Für die Klageantwort gilt Artikel 221 sinngemäss. Die beklagte Partei hat darzulegen, welche Tatsachenbehauptungen der klagenden Partei im Einzelnen anerkannt oder bestritten werden.

³ Das Gericht kann die beklagte Partei auffordern, die Klageantwort auf einzelne Fragen oder einzelne Rechtsbegehren zu beschränken (Art. 125).

⁴ Es stellt die Klageantwort der klagenden Partei zu [136 ff.].

Art. 223

¹ Bei versäumter Klageantwort setzt das Gericht der beklagten Partei eine kurze Nachfrist [147]. *Versäumte Klageantwort*

² Nach unbenutzter Frist trifft das Gericht einen Endentscheid [236], sofern die Angelegenheit spruchreif ist. Andernfalls lädt es zur Hauptverhandlung vor [228 ff.].

Art. 224

¹ Die beklagte Partei kann in der Klageantwort [222] Widerklage erheben [221], wenn der geltend gemachte Anspruch nach der gleichen Verfahrensart wie die Hauptklage zu beurteilen ist [14, 125 d]. *Widerklage*

² Übersteigt der Streitwert [91 ff.] der Widerklage die sachliche Zuständigkeit des Gerichts [4], so hat dieses beide Klagen dem Gericht mit der höheren sachlichen Zuständigkeit zu überweisen.

³ Wird Widerklage erhoben, so setzt das Gericht der klagenden Partei eine Frist zur schriftlichen Antwort [144²]. Widerklage auf Widerklage ist unzulässig.

Art. 225

Erfordern es die Verhältnisse, so kann das Gericht einen zweiten Schriftenwechsel anordnen. *Zweiter Schriftenwechsel*

Art. 226

¹ Das Gericht [124¹, ²] kann jederzeit Instruktionsverhandlungen durchführen [235]. *Instruktionsverhandlung*

3. Titel: Ordentliches Verfahren

[2] Die Instruktionsverhandlung dient der freien Erörterung des Streitgegenstandes [56], der Ergänzung des Sachverhaltes [229[2]], dem Versuch einer Einigung [124[3]] und der Vorbereitung der Hauptverhandlung [125].

[3] Das Gericht kann Beweise abnehmen [153 ff.].

Art. 227

Klageänderung

[1] Eine Klageänderung [230, 293, 294[2], 317[2]] ist zulässig, wenn der geänderte oder neue Anspruch nach der gleichen Verfahrensart zu beurteilen ist und:
- a. mit dem bisherigen Anspruch in einem sachlichen Zusammenhang steht; oder
- b. die Gegenpartei zustimmt.

[2] Übersteigt der Streitwert [91 ff.] der geänderten Klage die sachliche Zuständigkeit des Gerichts [4], so hat dieses den Prozess an das Gericht mit der höheren sachlichen Zuständigkeit zu überweisen.

[3] Eine Beschränkung der Klage ist jederzeit zulässig [65, 241]; das angerufene Gericht bleibt zuständig.

3. Kapitel: Hauptverhandlung

Art. 228

Erste Parteivorträge

[1] Nach der Eröffnung der Hauptverhandlung stellen die Parteien ihre Anträge und begründen sie.

[2] Das Gericht gibt ihnen Gelegenheit zu Replik und Duplik.

Art. 229

Neue Tatsachen und Beweismittel

[1] In der Hauptverhandlung werden neue Tatsachen und Beweismittel [168] nur noch berücksichtigt, wenn sie ohne Verzug [228[1]] vorgebracht werden und:
- a. erst nach Abschluss des Schriftenwechsels oder nach der letzten Instruktionsverhandlung entstanden oder gefunden worden sind (echte Noven); oder

3. Kapitel: Hauptverhandlung

b. bereits vor Abschluss des Schriftenwechsels oder vor der letzten Instruktionsverhandlung vorhanden waren, aber trotz zumutbarer Sorgfalt nicht vorher vorgebracht werden konnten (unechte Noven).

[2] Hat weder ein zweiter Schriftenwechsel [225] noch eine Instruktionsverhandlung [226] stattgefunden, so können neue Tatsachen und Beweismittel zu Beginn der Hauptverhandlung [228[1]] unbeschränkt vorgebracht werden.

[3] Hat das Gericht den Sachverhalt von Amtes wegen abzuklären [247[2], 255, 272, 277[3], 296[1], 306, 341[1]], so berücksichtigt es neue Tatsachen und Beweismittel bis zur Urteilsberatung.

Art. 230

[1] Eine Klageänderung [227, 293, 294[2], 317[2]] ist in der Hauptverhandlung [228 ff., 232] nur noch zulässig, wenn: Klageänderung

a. die Voraussetzungen nach Artikel 227 Absatz 1 gegeben sind; und
b. sie zudem auf neuen Tatsachen und Beweismitteln beruht [229].

[2] Artikel 227 Absätze 2 und 3 ist anwendbar.

Art. 231

Nach den Parteivorträgen [228 I] nimmt das Gericht die Beweise ab [153 ff, 226 III]. Beweisabnahme

Art. 232

[1] Nach Abschluss der Beweisabnahme können die Parteien zum Beweisergebnis und zur Sache Stellung nehmen. Die klagende Partei plädiert zuerst. Das Gericht gibt Gelegenheit zu einem zweiten Vortrag. Schlussvorträge

[2] Die Parteien können gemeinsam auf die mündlichen Schlussvorträge verzichten und beantragen, schriftliche Parteivorträge einzureichen. Das Gericht setzt ihnen dazu eine Frist [144[2]].

3. Titel: Ordentliches Verfahren

Art. 233

Verzicht auf die Hauptverhandlung

Die Parteien können gemeinsam auf die Durchführung der Hauptverhandlung verzichten.

Art. 234

Säumnis an der Hauptverhandlung

[1] Bei Säumnis einer Partei berücksichtigt das Gericht die Eingaben, die nach Massgabe dieses Gesetzes eingereicht worden sind [147]. Im Übrigen kann es seinem Entscheid [236] unter Vorbehalt von Artikel 153 die Akten sowie die Vorbringen der anwesenden Partei zu Grunde legen.

[2] Bei Säumnis beider Parteien wird das Verfahren als gegenstandslos abgeschrieben [147³, 242]. Die Gerichtskosten [95²] werden den Parteien je zur Hälfte auferlegt [107¹ e].

4. Kapitel: Protokoll

Art. 235

[1] Das Gericht führt über jede Verhandlung Protokoll [ZGB 9]. Dieses enthält insbesondere:
 a. den Ort und die Zeit der Verhandlung;
 b. die Zusammensetzung des Gerichts;
 c. die Anwesenheit der Parteien und ihrer Vertretungen [68];
 d. die Rechtsbegehren [221¹ b], Anträge und Prozesserklärungen der Parteien [241¹];
 e. die Verfügungen des Gerichts;
 f. die Unterschrift der protokollführenden Person [OR 14].

[2] Ausführungen tatsächlicher Natur sind dem wesentlichen Inhalt nach zu protokollieren, soweit sie nicht in den Schriftsätzen der Parteien enthalten sind. Sie können zusätzlich auf Tonband, auf Video oder mit anderen geeigneten technischen Hilfsmitteln aufgezeichnet werden.

[3] Über Gesuche um Protokollberichtigung entscheidet das Gericht.

5. Kapitel: Entscheid

Art. 236

¹ Ist das Verfahren spruchreif, so wird es durch Sach- oder Nichteintretensentscheid beendet.

² Das Gericht urteilt durch Mehrheitsentscheid.

³ Auf Antrag der obsiegenden Partei ordnet es Vollstreckungsmassnahmen an [337, 344].

Endentscheid

Art. 237

¹ Das Gericht kann einen Zwischenentscheid treffen, wenn durch abweichende oberinstanzliche Beurteilung sofort ein Endentscheid [236] herbeigeführt und so ein bedeutender Zeit- oder Kostenaufwand gespart werden kann [104², 125 a].

² Der Zwischenentscheid ist selbstständig anzufechten; eine spätere Anfechtung zusammen mit dem Endentscheid ist ausgeschlossen.

Zwischenentscheid

Art. 238

Ein Entscheid enthält:

a. die Bezeichnung und die Zusammensetzung des Gerichts;
b. den Ort und das Datum des Entscheids;
c. die Bezeichnung der Parteien und ihrer Vertretung [68];
d. das Dispositiv (Urteilsformel);
e. die Angabe der Personen und Behörden, denen der Entscheid mitzuteilen ist [240];
f. eine Rechtsmittelbelehrung, sofern die Parteien auf die Rechtsmittel nicht verzichtet haben;
g. gegebenenfalls die Entscheidgründe [239];
h. die Unterschrift des Gerichts [OR 14].

Inhalt

Art. 239

¹ Das Gericht kann seinen Entscheid ohne schriftliche Begründung eröffnen [318², 327⁵]:

Eröffnung und Begründung

3. Titel: Ordentliches Verfahren

    a. in der Hauptverhandlung durch Übergabe des schriftlichen Dispositivs an die Parteien mit kurzer mündlicher Begründung;

    b. durch Zustellung des Dispositivs an die Parteien [136 ff.].

[2] Eine schriftliche Begründung ist nachzuliefern, wenn eine Partei dies innert zehn Tagen [144[1]] seit der Eröffnung des Entscheides verlangt. Wird keine Begründung verlangt, so gilt dies als Verzicht auf die Anfechtung des Entscheides mit Berufung [308 ff.] oder Beschwerde [319 ff.].

[3] Vorbehalten bleiben die Bestimmungen des Bundesgerichtsgesetzes vom 17. Juni 10 2005[44] über die Eröffnung von Entscheiden, die an das Bundesgericht weitergezogen werden können [BGG 112].

Art. 240

Mitteilung und Veröffentlichung des Entscheides

Sieht das Gesetz es vor [259, 280[2]] oder dient es der Vollstreckung [335 ff.], so wird der Entscheid Behörden und betroffenen Dritten mitgeteilt [136 ff., 238 e] oder veröffentlicht [344[2]].

6. Kapitel: Beendigung des Verfahrens ohne Entscheid

Art. 241

Vergleich, Klageanerkennung, Klagerückzug

[1] Wird ein Vergleich, eine Klageanerkennung oder ein Klagerückzug dem Gericht zu Protokoll [235] gegeben, so haben die Parteien das Protokoll zu unterzeichnen [208[1]].

[2] Ein Vergleich, eine Klageanerkennung oder ein Klagerückzug hat die Wirkung eines rechtskräftigen Entscheides [65, 106[1], 109, 208[2]].

[3] Das Gericht schreibt das Verfahren ab [328[1] c].

---

[44] SR **173.110**

Art. 242

Endet das Verfahren aus anderen Gründen ohne Entscheid, so wird es abgeschrieben [107¹ e, 206¹,³, 234², 291³].

Gegenstandslosigkeit aus anderen Gründen

4. Titel: Vereinfachtes Verfahren

Art. 243

¹ Das vereinfachte Verfahren gilt für vermögensrechtliche Streitigkeiten bis zu einem Streitwert von 30 000 Franken [91 ff.].

Geltungsbereich

² Es gilt ohne Rücksicht auf den Streitwert [91 ff.] für Streitigkeiten [295]:
  a. nach dem Gleichstellungsgesetz vom 24. März 1995[45];
  b. wegen Gewalt, Drohung oder Nachstellungen nach Artikel 28*b* ZGB[46];
  c. aus Miete und Pacht von Wohn- und Geschäftsräumen sowie aus landwirtschaftlicher Pacht, sofern die Hinterlegung von Miet- und Pachtzinsen [OR 259a i.V.m. 259g, 288], der Schutz vor missbräuchlichen Miet- und Pachtzinsen [OR 253b ¹, 269 ff., LPG 35a ff.], der Kündigungsschutz oder die Erstreckung des Miet- oder Pachtverhältnisses [OR 271 ff., 300, LPG 26 ff.] betroffen ist;
  d. zur Durchsetzung des Auskunftsrechts nach dem Bundesgesetz vom 19. Juni 1992[47] über den Datenschutz;
  e. nach dem Mitwirkungsgesetz vom 17. Dezember 1993[48];
  f. aus Zusatzversicherungen zur sozialen Krankenversicherung nach dem Bundesgesetz vom 18. März 1994[49] über die Krankenversicherung.

³ Es findet keine Anwendung in Streitigkeiten vor der einzigen kantonalen Instanz nach den Artikeln 5 und 8 und vor dem Handelsgericht nach Artikel 6.

---

[45] SR **151.1**
[46] SR **210**
[47] SR **235.1**
[48] SR **822.14**
[49] SR **832.10**

4. Titel: Vereinfachtes Verfahren

Art. 244

Vereinfachte Klage

[1] Die Klage kann in den Formen nach Artikel 130 eingereicht oder mündlich bei Gericht zu Protokoll gegeben werden [59[1], 62[1], 68[2] b, 81[3], 99[3] a, 197 f.]. Sie enthält [400 II]:
- a. die Bezeichnung der Parteien;
- b. das Rechtsbegehren [84 ff.];
- c. die Bezeichnung des Streitgegenstandes;
- d. wenn nötig die Angabe des Streitwertes [91 ff.];
- e. das Datum und die Unterschrift [130, 132[1]; OR 14].

[2] Eine Begründung der Klage ist nicht erforderlich.

[3] Als Beilagen sind einzureichen:
- a. eine Vollmacht bei Vertretung [68[3], 132[1]];
- b. die Klagebewilligung oder die Erklärung, dass auf das Schlichtungsverfahren verzichtet werde [199, 209];
- c. die verfügbaren Urkunden, welche als Beweismittel dienen sollen [177 ff.].

Art. 245

Vorladung zur Verhandlung und Stellungnahme

[1] Enthält die Klage keine Begründung [244[2]], so stellt das Gericht sie der beklagten Partei zu [72, 136 ff.] und lädt die Parteien zugleich zur Verhandlung vor [133 ff., 228 ff.].

[2] Enthält die Klage eine Begründung [221[1] d, e, 221[3], 244[2]], so setzt das Gericht der beklagten Partei zunächst eine Frist [144[2]] zur schriftlichen Stellungnahme [223].

Art. 246

Prozessleitende Verfügungen

[1] Das Gericht trifft die notwendigen Verfügungen, damit die Streitsache möglichst am ersten Termin erledigt werden kann [124[1]].

[2] Erfordern es die Verhältnisse, so kann das Gericht einen Schriftenwechsel [225] anordnen und Instruktionsverhandlungen [226] durchführen.

Art. 247

¹ Das Gericht wirkt durch entsprechende Fragen [56] darauf hin, dass die Parteien ungenügende Angaben zum Sachverhalt ergänzen und die Beweismittel bezeichnen [229[1, 2]].

Feststellung des Sachverhaltes

² Das Gericht stellt den Sachverhalt von Amtes wegen fest [160, 229[3]]:
   a. in den Angelegenheiten nach Artikel 243 Absatz 2;
   b. bis zu einem Streitwert von 30 000 Franken [91 ff.]:
   1. in den übrigen Streitigkeiten aus Miete und Pacht von Wohn- und Geschäftsräumen sowie aus landwirtschaftlicher Pacht [243[2] c],
   2. in den übrigen arbeitsrechtlichen Streitigkeiten.

5. Titel: Summarisches Verfahren
1. Kapitel: Geltungsbereich

Art. 248

Das summarische Verfahren ist anwendbar:

Grundsatz

   a. in den vom Gesetz bestimmten Fällen [119[3], 249 ff., 271, 302, 305, 339[2]];
   b. für den Rechtsschutz in klaren Fällen [257];
   c. für das gerichtliche Verbot [258 ff.];
   d. für die vorsorglichen Massnahmen [261 ff., 276, 303];
   e. für die Angelegenheiten der freiwilligen Gerichtsbarkeit.

Art. 249

Das summarische Verfahren gilt insbesondere für folgende Angelegenheiten:

Zivilgesetzbuch

   a. Personenrecht:
   1. Anspruch auf Gegendarstellung (Art. 28*l* ZGB[50]),
   2. Verschollenerklärung (Art. 35–38 ZGB),

---

[50] SR **210**

5. Titel: Summarisches Verfahren

3. Bereinigung einer Eintragung im Zivilstandsregister (Art. 42 ZGB);
b. Familienrecht: Fristansetzung zur Genehmigung von Rechtsgeschäften eines Unmündigen oder Entmündigten (Art. 410 ZGB);
c. Erbrecht:
1. Entgegennahme eines mündlichen Testamentes (Art. 507 ZGB),
2. Sicherstellung bei Beerbung einer verschollenen Person (Art. 546 ZGB),
3. Verschiebung der Erbteilung und Sicherung der Ansprüche der Miterbinnen und Miterben gegenüber zahlungsunfähigen Erben (Art. 604 Abs. 2 und 3 ZGB);
d. Sachenrecht:
1. Massnahmen zur Erhaltung des Wertes und der Gebrauchsfähigkeit der Sache bei Miteigentum (Art. 647 Abs. 2 Ziff. 1 ZGB),
2. Eintragung dinglicher Rechte an Grundstücken bei ausserordentlicher Ersitzung (Art. 662 ZGB),
3. Aufhebung der Einsprache gegen die Verfügungen über ein Stockwerk (Art. 712*c Abs.* 3 ZGB),
4. Ernennung und Abberufung des Verwalters bei Stockwerkeigentum (Art. 712*q* und 712*r* ZGB),
5. vorläufige Eintragung gesetzlicher Grundpfandrechte (Art. 712*i*, 779*d*, 779*k* und 837–839 ZGB),
6. Fristansetzung zur Sicherstellung bei Nutzniessung und Entzug des Besitzes (Art. 760 und 762 ZGB),
7. Anordnung der Schuldenliquidation des Nutzniessungsvermögens (Art. 766 ZGB),
8. Massnahmen zu Gunsten des Pfandgläubigers zur Sicherung des Grundpfands (Art. 808 Abs. 1 und 2 sowie Art. 809–811 ZGB),
9. Anordnung über die Stellvertretung bei Schuldbrief (Art. 860 Abs. 3 ZGB),

10. Kraftloserklärung von Schuldbrief (Art. 870 und 871 ZGB),
11. Vormerkung von Verfügungsbeschränkungen und vorläufigen Eintragungen im Streitfall (Art. 960 Abs. 1 Ziff. 1, 961 Abs. 1 Ziff. 1 und 966 Abs. 2 ZGB).

Art. 250

Das summarische Verfahren gilt insbesondere für folgende Angelegenheiten:

Obligationenrecht

a. Allgemeiner Teil:
1. gerichtliche Hinterlegung einer erloschenen Vollmacht (Art. 36 Abs. 1 OR[51]),
2. Ansetzung einer angemessenen Frist zur Sicherstellung (Art. 83 Abs. 2 OR),
3. Hinterlegung und Verkauf der geschuldeten Sache bei Gläubigerverzug (Art. 92 Abs. 2 und 93 Abs. 2 OR),
4. Ermächtigung zur Ersatzvornahme (Art. 98 OR),
5. Ansetzung einer Frist zur Vertragserfüllung (Art. 107 Abs. 1 OR),
6. Hinterlegung eines streitigen Betrages (Art. 168 Abs. 1 OR);

b. Einzelne Vertragsverhältnisse:
1. Bezeichnung einer sachverständigen Person zur Nachprüfung des Geschäftsergebnisses oder der Provisionsabrechnung (Art. 322a *Abs.* 2 und 322c *Abs.* 2 OR),
2. Ansetzung einer Frist zur Sicherheitsleistung bei Lohngefährdung (Art. 337a OR),
3. Ansetzung einer Frist bei vertragswidriger Ausführung eines Werkes (Art. 366 Abs. 2 OR),
4. Bezeichnung einer sachverständigen Person zur Prüfung eines Werkes (Art. 367 OR),

---

[51] SR **220**

5. Titel: Summarisches Verfahren

5. Ansetzung einer Frist zur Herstellung der neuen Auflage eines literarischen oder künstlerischen Werkes (Art. 383 Abs. 3 OR),
6. Herausgabe der beim Sequester hinterlegten Sache (Art. 480 OR),
7. Beurteilung der Pfanddeckung bei Solidarbürgschaft (Art. 496 Abs. 2 OR),
8. Einstellung der Betreibung gegen den Bürgen bei Leistung von Realsicherheit (Art. 501 Abs. 2 OR),
9. Sicherstellung durch den Hauptschuldner und Befreiung von der Bürgschaft (Art. 506 OR);

c. Gesellschaftsrecht:
1. vorläufiger Entzug der Vertretungsbefugnis (Art. 565 Abs. 2, 603 und 767 Abs. 1 OR),
2. Bezeichnung der gemeinsamen Vertretung (Art. 690 Abs. 1, 764 Abs. 2, 792 Ziff. 1 und 847 Abs. 4 OR),
3. Bestimmung, Abberufung und Ersetzung von Liquidatoren (Art. 583 Abs. 2, 619, 740, 741, 770, 826 Abs. 2 und 913 OR),
4. Verkauf zu einem Gesamtübernahmepreis und Art der Veräusserung von Grundstücken (Art. 585 Abs. 3 und 619 OR),
5. Bezeichnung der sachverständigen Person zur Prüfung der Gewinn- und Verlustrechnung und der Bilanz der Kommanditgesellschaft (Art. 600 Abs. 3 OR),
6. Ansetzung einer Frist bei ungenügender Anzahl von Mitgliedern oder bei Fehlen von notwendigen Organen (Art. 731*b*, 819 und 908 OR),
7. Anordnung der Auskunftserteilung an Aktionäre und Gläubiger einer Aktiengesellschaft, an Mitglieder einer Gesellschaft mit beschränkter Haftung und an Genossenschafter (Art. 697 Abs. 4, 697*h Abs*. 2, 802 Abs. 4 und 857 Abs. 3 OR),
8. Sonderprüfung bei der Aktiengesellschaft (Art. 697*a*–697*g* OR),

9. Einberufung der Generalversammlung einer Aktiengesellschaft oder einer Genossenschaft, Traktandierung eines Verhandlungsgegenstandes und Einberufung der Gesellschafterversammlung einer Gesellschaft mit beschränkter Haftung (Art. 699 Abs. 4, 805 Abs. 5 Ziff. 2 und 881 Abs. 3 OR),
10. Bezeichnung einer Vertretung der Gesellschaft oder der Genossenschaft bei Anfechtung von Generalversammlungsbeschlüssen durch die Verwaltung (Art. 706a Abs. 2, 808c und 891 Abs. 1 OR),
11. Ernennung und Abberufung der Revisionsstelle (Art. 731b OR),
12. Hinterlegung von Forderungsbeiträgen bei der Liquidation (Art. 744, 770, 826 Abs. 2 und 913 OR),
13. Abberufung der Verwaltung und Kontrollstelle der Genossenschaft (Art. 890 Abs. 2 OR);
d. Wertpapierrecht
1. Kraftloserklärung von Wertpapieren (Art. 981 OR),
2. Verbot der Bezahlung eines Wechsels und Hinterlegung des Wechselbetrages (Art. 1072 OR),
3. Erlöschen einer Vollmacht, welche die Gläubigerversammlung bei Anleihensobligationen einer Vertretung erteilt hat (Art. 1162 Abs. 4 OR),
4. Einberufung einer Gläubigerversammlung auf Gesuch der Anleihensgläubiger (Art. 1165 Abs. 3 und 4 OR).

Art. 251

Das summarische Verfahren gilt insbesondere für folgende Angelegenheiten:

Bundesgesetz vom 11. April 1889 über Schuldbetreibung und Konkurs

a. Entscheide, die vom Rechtsöffnungs-, Konkurs-, Arrest- und Nachlassgericht getroffen werden;
b. Bewilligung des nachträglichen Rechtsvorschlages (Art. 77 Abs. 3 SchKG[52]) und des Rechtsvorschlages in der Wechselbetreibung (Art. 181 SchKG);

---

[52] SR **281.1**

c. Aufhebung oder Einstellung der Betreibung (Art. 85 SchKG);
   d. Entscheid über das Vorliegen neuen Vermögens (Art. 265*a Abs.* 1–3 SchKG);
   e. Anordnung der Gütertrennung (Art. 68*b* SchKG).

2. Kapitel: Verfahren und Entscheid

Art. 252

Gesuch

[1] Das Verfahren wird durch ein Gesuch eingeleitet [59[1], 62[1], 68[2] b, c, 81[3], 84[2], 85, 99[3] c, 198 a].

[2] Das Gesuch ist in den Formen nach Artikel 130 zu stellen [221]; in einfachen oder dringenden Fällen kann es mündlich beim Gericht zu Protokoll gegeben werden.

Art. 253

Stellungnahme

Erscheint das Gesuch nicht offensichtlich unzulässig oder offensichtlich unbegründet, so gibt das Gericht der Gegenpartei Gelegenheit, mündlich oder schriftlich Stellung zu nehmen [72, 223, 234[1]].

Art. 254

Beweismittel

[1] Beweis ist durch Urkunden [177 ff., 180[2]] zu erbringen [221 II c].

[2] Andere Beweismittel [168[1]] sind nur zulässig, wenn:
   a. sie das Verfahren nicht wesentlich verzögern;
   b. es der Verfahrenszweck erfordert; oder
   c. das Gericht den Sachverhalt von Amtes wegen festzustellen hat [255, 272, 277[3], 296[1], 306].

Art. 255

Untersuchungsgrundsatz

Das Gericht stellt den Sachverhalt von Amtes wegen fest [160, 229[3], 254[2] c]:

a. wenn es als Konkurs- oder Nachlassgericht zu entscheiden hat;
b. bei Anordnungen der freiwilligen Gerichtsbarkeit.

Art. 256

[1] Das Gericht kann auf die Durchführung einer Verhandlung [228] verzichten und aufgrund der Akten entscheiden, sofern das Gesetz nichts anderes bestimmt [273[1]; SchKG 181]. *Entscheid*

[2] Erweist sich eine Anordnung der freiwilligen Gerichtsbarkeit im Nachhinein als unrichtig, so kann sie von Amtes wegen oder auf Antrag aufgehoben oder abgeändert werden, es sei denn, das Gesetz oder die Rechtssicherheit ständen entgegen.

3. Kapitel: Rechtsschutz in klaren Fällen

Art. 257

[1] Das Gericht gewährt Rechtsschutz im summarischen Verfahren [252 ff., 400[2]], wenn:
   a. er Sachverhalt unbestritten oder sofort beweisbar ist; und
   b. die Rechtslage klar ist.

[2] Ausgeschlossen ist dieser Rechtsschutz, wenn die Angelegenheit dem Offizialgrundsatz unterliegt [296[3]].

[3] Kann dieser Rechtsschutz nicht gewährt werden, so tritt das Gericht auf das Gesuch nicht ein [63[1]].

4. Kapitel: Gerichtliches Verbot

Art. 258

[1] Wer an einem Grundstück [ZGB 655[2]] dinglich berechtigt ist, kann beim Gericht [29[4]] beantragen, dass jede Besitzesstörung [ZGB 928] zu unterlassen ist und eine Widerhandlung auf Antrag [StGB 30 ff.] mit einer Busse bis zu 2000 Franken bestraft wird [400[2]]. Das Verbot kann befristet oder unbefristet sein. *Grundsatz*

5. Titel: Summarisches Verfahren

² Die gesuchstellende Person hat ihr dingliches Recht mit Urkunden [177 ff., 180²] zu beweisen und eine bestehende oder drohende Störung glaubhaft zu machen.

Art. 259

Bekanntmachung

Das Verbot ist öffentlich bekannt zu machen [240] und auf dem Grundstück an gut sichtbarer Stelle anzubringen.

Art. 260

Einsprache

¹ Wer das Verbot nicht anerkennen will, hat innert 30 Tagen seit dessen Bekanntmachung und Anbringung auf dem Grundstück beim Gericht Einsprache zu erheben [144¹]. Die Einsprache bedarf keiner Begründung.

² Die Einsprache macht das Verbot gegenüber der einsprechenden Person unwirksam. Zur Durchsetzung des Verbotes ist beim Gericht [29] Klage einzureichen.

5. Kapitel: Vorsorgliche Massnahmen und Schutzschrift
1. Abschnitt: Vorsorgliche Massnahmen

Art. 261

Grundsatz

¹ Das Gericht [13, 23¹, 24, 276] trifft die notwendigen vorsorglichen Massnahmen [262], wenn die gesuchstellende Partei glaubhaft macht, dass:
  a. ein ihr zustehender Anspruch verletzt ist oder eine Verletzung zu befürchten ist; und
  b. ihr aus der Verletzung ein nicht leicht wieder gutzumachender Nachteil droht.

² Leistet die Gegenpartei angemessene Sicherheit, so kann das Gericht von vorsorglichen Massnahmen absehen.

Art. 262

Eine vorsorgliche Massnahme kann jede gerichtliche Anordnung sein, die geeignet ist, den drohenden Nachteil abzuwenden [158], insbesondere:
 a. ein Verbot;
 b. eine Anordnung zur Beseitigung eines rechtswidrigen Zustands;
 c. eine Anweisung an eine Registerbehörde [ZGB 960[1] 1, 961[1] 1; GBV 80; HRegV 162 f.] oder eine dritte Person;
 d. eine Sachleistung;
 e. die Leistung einer Geldzahlung in den vom Gesetz bestimmten Fällen [303].

Inhalt

Art. 263

Ist die Klage in der Hauptsache noch nicht rechtshängig [62[1]], so setzt das Gericht der gesuchstellenden Partei eine Frist zur Einreichung der Klage [144[2], 145[2] b, [3]], mit der Androhung, die angeordnete Massnahme falle bei ungenutztem Ablauf der Frist ohne Weiteres dahin [198 h].

Massnahmen vor Rechtshängigkeit

Art. 264

[1] Ist ein Schaden für die Gegenpartei zu befürchten, so kann das Gericht die Anordnung vorsorglicher Massnahmen von der Leistung einer Sicherheit durch die gesuchstellende Partei abhängig machen.

[2] Die gesuchstellende Partei haftet für den aus einer ungerechtfertigten vorsorglichen Massnahme erwachsenen Schaden. Beweist sie jedoch, dass sie ihr Gesuch in guten Treuen gestellt hat, so kann das Gericht [37] die Ersatzpflicht herabsetzen oder gänzlich von ihr entbinden.

[3] Eine geleistete Sicherheit ist freizugeben, wenn feststeht, dass keine Schadenersatzklage erhoben wird; bei Ungewissheit setzt das Gericht eine Frist zur Klage [144[2]].

Sicherheitsleistung und Schadenersatz

5. Titel: Summarisches Verfahren

Art. 265

Superprovisorische Massnahmen

¹ Bei besonderer Dringlichkeit, insbesondere bei Vereitelungsgefahr, kann das Gericht die vorsorgliche Massnahme [262] sofort und ohne Anhörung der Gegenpartei anordnen.

² Mit der Anordnung lädt das Gericht die Parteien zu einer Verhandlung vor [133 ff.], die unverzüglich stattzufinden hat, oder setzt der Gegenpartei eine Frist zur schriftlichen Stellungnahme [144²]. Nach Anhörung der Gegenpartei entscheidet das Gericht unverzüglich über das Gesuch.

³ Das Gericht kann die gesuchstellende Partei von Amtes wegen zu einer vorgängigen Sicherheitsleistung verpflichten [264¹].

Art. 266

Massnahmen gegen Medien

Gegen periodisch erscheinende Medien [ZGB 28g ¹] darf das Gericht eine vorsorgliche Massnahme [262] nur anordnen, wenn:
  a. die drohende Rechtsverletzung der gesuchstellenden Partei einen besonders schweren Nachteil verursachen kann;
  b. offensichtlich kein Rechtfertigungsgrund vorliegt [ZGB 28²]; und
  c. die Massnahme nicht unverhältnismässig erscheint.

Art. 267

Vollstreckung

Das Gericht, das die vorsorgliche Massnahme anordnet, trifft auch die erforderlichen Vollstreckungsmassnahmen [337].

Art. 268

Änderung und Aufhebung

¹ Haben sich die Umstände geändert oder erweisen sich vorsorgliche Massnahmen nachträglich als ungerechtfertigt, so können sie geändert oder aufgehoben werden.

² Mit Rechtskraft des Entscheides in der Hauptsache fallen die Massnahmen von Gesetzes wegen dahin. Das Gericht kann die Weitergeltung anordnen, wenn es der Vollstreckung [335 ff.] dient oder das Gesetz dies vorsieht.

Art. 269

Vorbehalten bleiben die Bestimmungen: Vorbehalt
a. des SchKG[53] über sichernde Massnahmen bei der Vollstreckung von Geldforderungen [SchKG 83, 162 ff., 174³, 271 ff., 281, 283];
b. des ZGB[54] über die erbrechtlichen Sicherungsmassregeln [ZGB 551 ff., 594², 598², 602³, 604³];
c. des Patentgesetzes vom 25. Juni 1954[55] über die Klage auf Lizenzerteilung [PatG 37].

2. Abschnitt: Schutzschrift

Art. 270

¹ Wer Grund zur Annahme hat, dass gegen ihn ohne vorgängige Anhörung die Anordnung einer superprovisorischen Massnahme [265], eines Arrests nach den Artikeln 271–281 SchKG[56] oder einer anderen Massnahme [340] beantragt wird, kann seinen Standpunkt vorsorglich in einer Schutzschrift darlegen.

² Die Schutzschrift wird der Gegenpartei nur mitgeteilt, wenn diese das entsprechende Verfahren einleitet.

³ Die Schutzschrift ist sechs Monate nach Einreichung nicht mehr zu beachten.

---

[53] SR **281.1**
[54] SR **210**
[55] SR **232.14**
[56] SR **281.1**

6. Titel: Besondere eherechtliche Verfahren
1. Kapitel: Angelegenheiten des summarischen Verfahrens

Art. 271

Geltungsbereich

Das summarische Verfahren [252 ff.] ist unter Vorbehalt der Artikel 272 und 273 anwendbar für Massnahmen zum Schutz der ehelichen Gemeinschaft, insbesondere für:

a. die Massnahmen nach den Artikeln 172–179 ZGB[57] [400²];
b. die Ausdehnung der Vertretungsbefugnis eines Ehegatten für die eheliche Gemeinschaft (Art. 166 Abs. 2 Ziff. 1 ZGB);
c. die Ermächtigung eines Ehegatten zur Verfügung über die Wohnung der Familie (Art. 169 Abs. 2 ZGB);
d. die Auskunftspflicht der Ehegatten über Einkommen, Vermögen und Schulden (Art. 170 Abs. 2 ZGB);
e. die Anordnung der Gütertrennung und Wiederherstellung des früheren Güterstands (Art. 185, 187 Abs. 2, 189 und 191 ZGB);
f. die Verpflichtung eines Ehegatten zur Mitwirkung bei der Aufnahme eines Inventars (Art. 195*a* ZGB);
g. die Festsetzung von Zahlungsfristen und Sicherheitsleistungen zwischen Ehegatten ausserhalb eines Prozesses über die güterrechtliche Auseinandersetzung (Art. 203 Abs. 2, 218, 235 Abs. 2 und 250 Abs. 2 ZGB);
h. die Zustimmung eines Ehegatten zur Ausschlagung oder zur Annahme einer Erbschaft (Art. 230 Abs. 2 ZGB);
i. die Anweisung an die Schuldner und die Sicherstellung nachehelichen Unterhalts ausserhalb eines Prozesses über den nachehelichen Unterhalt (Art. 132 ZGB).

---

[57] SR **210**

Art. 272

Das Gericht stellt den Sachverhalt von Amtes wegen fest [160, 229³].

Untersuchungsgrundsatz

Art. 273

¹ Das Gericht führt eine mündliche Verhandlung durch. Es kann nur darauf verzichten, wenn der Sachverhalt aufgrund der Eingaben der Parteien klar oder unbestritten ist [256¹].

² Die Parteien müssen persönlich erscheinen, sofern das Gericht sie nicht wegen Krankheit, Alter oder anderen wichtigen Gründen dispensiert [147, 297¹].

³ Das Gericht versucht, zwischen den Parteien eine Einigung herbeizuführen [124³, 241²].

Verfahren

2. Kapitel: Scheidungsverfahren
1. Abschnitt: Allgemeine Bestimmungen

Art. 274

Das Scheidungsverfahren wird durch Einreichung eines gemeinsamen Scheidungsbegehrens [ZGB 111 ff.] oder einer Scheidungsklage [ZGB 114 ff.] eingeleitet.

Einleitung

Art. 275

Jeder Ehegatte kann nach Eintritt der Rechtshängigkeit [62¹] für die Dauer des Scheidungsverfahrens den gemeinsamen Haushalt aufheben [ZGB 175].

Aufhebung des gemeinsamen Haushalts

Art. 276

¹ Das Gericht trifft die nötigen vorsorglichen Massnahmen [261 ff., 400²]. Die Bestimmungen über die Massnahmen zum Schutz der ehelichen Gemeinschaft sind sinngemäss anwendbar [ZGB 172 ff.].

Vorsorgliche Massnahmen

6. Titel: Besondere eherechtliche Verfahren

² Massnahmen, die das Eheschutzgericht angeordnet hat, dauern weiter. Für die Aufhebung oder die Änderung [268¹] ist das Scheidungsgericht zuständig.

³ Das Gericht kann vorsorgliche Massnahmen auch dann anordnen, wenn die Ehe aufgelöst ist, das Verfahren über die Scheidungsfolgen aber andauert.

Art. 277

Feststellung des Sachverhalts

¹ Für die güterrechtliche Auseinandersetzung [ZGB 204 ff., 236 ff.] und den nachehelichen Unterhalt [ZGB 125 ff.] gilt der Verhandlungsgrundsatz [55¹].

² Stellt das Gericht fest, dass für die Beurteilung von vermögensrechtlichen Scheidungsfolgen notwendige Urkunden [177 ff.] fehlen, so fordert es die Parteien auf, diese nachzureichen.

³ Im Übrigen stellt das Gericht den Sachverhalt von Amtes wegen fest [160, 229³].

Art. 278

Persönliches Erscheinen

Die Parteien müssen persönlich zu den Verhandlungen erscheinen, sofern das Gericht sie nicht wegen Krankheit, Alter oder anderen wichtigen Gründen dispensiert [147, 297¹].

Art. 279

Genehmigung der Vereinbarung

¹ Das Gericht genehmigt die Vereinbarung über die Scheidungsfolgen [288¹], wenn es sich davon überzeugt hat, dass die Ehegatten sie aus freiem Willen und nach reiflicher Überlegung geschlossen haben [ZGB 111²] und sie klar, vollständig [ZGB 120 ff.] und nicht offensichtlich unangemessen ist; vorbehalten bleiben die Bestimmungen über die berufliche Vorsorge [280 f.].

² Die Vereinbarung ist erst rechtsgültig, wenn das Gericht sie genehmigt hat. Sie ist in das Dispositiv des Entscheids aufzunehmen [238 d].

Art. 280

¹ Das Gericht genehmigt eine Vereinbarung über die Teilung der Austrittsleistungen der beruflichen Vorsorge, wenn die Ehegatten:

   a. sich über die Teilung sowie deren Durchführung geeinigt haben;

   b. eine Bestätigung der beteiligten Einrichtungen der beruflichen Vorsorge über die Durchführbarkeit der getroffenen Regelung und die Höhe der Guthaben vorlegen [FZG 24^3]; und

   c. das Gericht sich davon überzeugt hat, dass die Vereinbarung dem Gesetz entspricht [ZGB 122 ff.; FZG 22 ff.].

Vereinbarung über die berufliche Vorsorge

² Das Gericht teilt den beteiligten Einrichtungen den rechtskräftigen Entscheid bezüglich der sie betreffenden Punkte unter Einschluss der nötigen Angaben für die Überweisung des vereinbarten Betrages mit [240]. Der Entscheid ist für die Einrichtungen verbindlich.

³ Verzichtet ein Ehegatte in der Vereinbarung ganz oder teilweise auf seinen Anspruch, so prüft das Gericht von Amtes wegen, ob eine entsprechende Alters- und Invalidenvorsorge auf andere Weise gewährleistet ist [ZGB 123^1].

Art. 281

¹ Kommt keine Vereinbarung zustande, stehen jedoch die massgeblichen Austrittsleistungen fest, so entscheidet das Gericht nach den Vorschriften des ZGB[58] über das Teilungsverhältnis (Art. 122 und 123 ZGB in Verbindung mit den Art. 22 und 22*a* des Freizügigkeitsgesetzes vom 17. Dez. 1993[59]), legt den zu überweisenden Betrag fest und holt bei den beteiligten Einrichtungen der beruflichen Vorsorge unter Ansetzung einer Frist die Bestätigung über die Durchführbarkeit der in Aussicht genommenen Regelung ein.

Fehlende Einigung über die Teilung der Austrittsleistungen

² Artikel 280 Absatz 2 gilt sinngemäss.

---

[58] SR **210**
[59] SR **831.42**

6. Titel: Besondere eherechtliche Verfahren

[3] In den übrigen Fällen überweist das Gericht bei Rechtskraft des Entscheides über das Teilungsverhältnis die Streitsache von Amtes wegen dem nach dem Freizügigkeitsgesetz vom 17. Dezember 1993 zuständigen Gericht und teilt diesem insbesondere mit [FZG 25a]:
   a. den Entscheid über das Teilungsverhältnis;
   b. das Datum der Eheschliessung und das Datum der Ehescheidung;
   c. die Einrichtungen der beruflichen Vorsorge, bei denen den Ehegatten voraussichtlich Guthaben zustehen;
   d. die Höhe der Guthaben der Ehegatten, die diese Einrichtungen gemeldet haben.

Art. 282

Unterhaltsbeiträge

[1] Werden durch Vereinbarung oder Entscheid Unterhaltsbeiträge [ZGB 125, 133] festgelegt, so ist anzugeben:
   a. von welchem Einkommen und Vermögen jedes Ehegatten ausgegangen wird [ZGB 125^2 5];
   b. wie viel für den Ehegatten und wie viel für jedes Kind bestimmt ist;
   c. welcher Betrag zur Deckung des gebührenden Unterhalts des berechtigten Ehegatten fehlt, wenn eine nachträgliche Erhöhung der Rente vorbehalten wird [ZGB 129^3];
   d. ob und in welchem Ausmass die Rente den Veränderungen der Lebenskosten angepasst wird [ZGB 128].

[2] Wird der Unterhaltsbeitrag für den Ehegatten [ZGB 125] angefochten, so kann die Rechtsmittelinstanz auch die nicht angefochtenen Unterhaltsbeiträge für die Kinder [ZGB 133] neu beurteilen [315^1].

Art. 283

Einheit des Entscheids

[1] Das Gericht befindet im Entscheid über die Ehescheidung auch über deren Folgen.

² Die güterrechtliche Auseinandersetzung [ZGB 204 ff., 236 ff.] kann aus wichtigen Gründen in ein separates Verfahren verwiesen werden [125 a].

Art. 284

¹ Die Voraussetzungen und die sachliche Zuständigkeit für eine Änderung des Entscheids richten sich nach den Artikeln 129 und 134 ZGB[60].

² Nicht streitige Änderungen können die Parteien in einfacher Schriftlichkeit [OR 13] vereinbaren; vorbehalten bleiben die Bestimmungen des ZGB betreffend Kinderbelange (Art. 134 Abs. 3 ZGB).

³ Für streitige Änderungsverfahren gelten die Vorschriften über die Scheidungsklage [290 ff.] sinngemäss.

Änderung rechtskräftig entschiedener Scheidungsfolgen

2. Abschnitt: Scheidung auf gemeinsames Begehren

Art. 285

Die gemeinsame Eingabe der Ehegatten enthält [62¹, 130 ff., 198c, 400², ZGB 111¹]:

a. die Namen und Adressen der Ehegatten sowie die Bezeichnung allfälliger Vertreterinnen und Vertreter [68];
b. das gemeinsame Scheidungsbegehren;
c. die vollständige Vereinbarung über die Scheidungsfolgen; [ZGB 120 ff.]
d. die gemeinsamen Anträge hinsichtlich der Kinder;
e. die erforderlichen Belege;
f. das Datum und die Unterschriften [130; OR 14].

Eingabe bei umfassender Einigung

---

[60] SR **210**

6. Titel: Besondere eherechtliche Verfahren

Art. 286

Eingabe bei Teileinigung

¹ In der Eingabe haben die Ehegatten zu beantragen, dass das Gericht die Scheidungsfolgen beurteilt, über die sie sich nicht einig sind [400², ZGB 112¹].

² Jeder Ehegatte kann begründete Anträge zu den streitigen Scheidungsfolgen stellen.

³ Im Übrigen gilt Artikel 285 sinngemäss.

Art. 287

Anhörung der Parteien

Ist die Eingabe vollständig, so lädt das Gericht die Parteien zur Anhörung [ZGB 112²] vor [133 ff.]. Diese richtet sich nach den Bestimmungen des ZGB[61].

Art. 288

Fortsetzung des Verfahrens und Entscheid

¹ Sind die Voraussetzungen für eine Scheidung auf gemeinsames Begehren erfüllt, so spricht das Gericht die Scheidung aus und genehmigt die Vereinbarung [279, 283¹, ZGB 111²].

² Sind Scheidungsfolgen streitig geblieben, so wird das Verfahren in Bezug auf diese kontradiktorisch fortgesetzt [ZGB 112²⋅³]. Das Gericht kann die Parteirollen verteilen.

³ Sind die Voraussetzungen für eine Scheidung auf gemeinsames Begehren nicht erfüllt, so weist das Gericht das gemeinsame Scheidungsbegehren ab und setzt gleichzeitig jedem Ehegatten eine Frist [144²] zur Einreichung einer Scheidungsklage [290]. Das Verfahren bleibt während dieser Frist rechtshängig und allfällige vorsorgliche Massnahmen [276] gelten weiter.

Art. 289

Rechtsmittel

Die Scheidung der Ehe kann nur wegen Willensmängeln [OR 23 ff.] mit Berufung [308 ff.] angefochten werden.

---

[61] SR **210**

3. Abschnitt: Scheidungsklage

Art. 290

Die Scheidungsklage kann ohne schriftliche Begründung eingereicht werden. Sie enthält [62[1], 130 ff., 198 c]: *Einreichung der Klage*
   a. Namen und Adressen der Ehegatten sowie die Bezeichnung allfälliger Vertreterinnen und Vertreter [68];
   b. das Rechtsbegehren, die Ehe sei zu scheiden sowie die Bezeichnung des Scheidungsgrunds (Art. 114 oder 115 ZGB[62]);
   c. die Rechtsbegehren hinsichtlich der vermögensrechtlichen Scheidungsfolgen [ZGB 120 ff.];
   d. die Rechtsbegehren hinsichtlich der Kinder [ZGB 133 ff.];
   e. die erforderlichen Belege;
   f. das Datum und die Unterschriften [130; OR 14].

Art. 291

[1] Das Gericht lädt die Ehegatten zu einer Verhandlung vor [133 ff.] und klärt ab, ob der Scheidungsgrund [ZGB 114 f.] gegeben ist. *Einigungsverhandlung*

[2] Steht der Scheidungsgrund fest, so versucht das Gericht zwischen den Ehegatten eine Einigung über die Schcidungsfolgen [ZGB 120 ff.] herbeizuführen [124[3]].

[3] Steht der Scheidungsgrund nicht fest oder kommt keine Einigung [291[2]] zustande, so setzt das Gericht der klagenden Partei Frist [144[2]], eine schriftliche Klagebegründung nachzureichen. Bei Nichteinhalten der Frist wird die Klage als gegenstandslos abgeschrieben [242].

Art. 292

[1] Das Verfahren wird nach den Vorschriften über die Scheidung auf gemeinsames Begehren [288; ZGB 111 f.] fortgesetzt, wenn die Ehegatten: *Wechsel zur Scheidung auf gemeinsames Begehren*

---

[62] SR **210**

a. bei Eintritt der Rechtshängigkeit noch nicht seit mindestens zwei Jahren getrennt gelebt haben [ZGB 114]; und
b. mit der Scheidung einverstanden sind.

² Steht der geltend gemachte Scheidungsgrund fest, so findet kein Wechsel zur Scheidung auf gemeinsames Begehren statt.

Art. 293

Klageänderung

Die Scheidungsklage kann bis zum Beginn der Urteilsberatung in eine Trennungsklage [ZGB 117¹] umgewandelt werden [227, 230].

4. Abschnitt: Eheungültigkeits- und Ehetrennungsklagen

Art. 294

¹ Das Verfahren bei Eheungültigkeits- [ZGB 104 ff.] und Ehetrennungsklagen [ZGB 117¹] richtet sich sinngemäss nach den Vorschriften über die Scheidungsklage [290 ff.].

² Eine Trennungsklage [ZGB 117¹] kann bis zum Beginn der Urteilsberatung in eine Scheidungsklage [290] umgewandelt werden [227, 230].

7. Titel: Kinderbelange in familienrechtlichen Angelegenheiten
1. Kapitel: Allgemeine Bestimmungen

Art. 295

Grundsatz

Für selbstständige Klagen [ZGB 252 ff., 269 ff., 276 ff., 328 f.] gilt das vereinfachte Verfahren [244 ff.].

Art. 296

Untersuchungs- und Offizialgrundsatz

¹ Das Gericht erforscht den Sachverhalt von Amtes wegen [229³].

² Zur Aufklärung der Abstammung [ZGB 256, 260a, 261] haben Parteien und Dritte an Untersuchungen mitzuwirken [160], die nötig und ohne Gefahr für die Gesundheit sind. Die Bestimmungen über die Verweigerungsrechte der Parteien [163 f.] und von Dritten [165 f.] sind nicht anwendbar.

³ Das Gericht entscheidet ohne Bindung an die Parteianträge [58].

2. Kapitel: Eherechtliche Verfahren

Art. 297

¹ Sind Anordnungen über ein Kind zu treffen, so hört das Gericht die Eltern [ZGB 252] persönlich an [273², 278].

² Das Gericht kann die Eltern zu einem Mediationsversuch [214 ff.] auffordern.

Anhörung der Eltern und Mediation

Art. 298

¹ Das Kind wird durch das Gericht oder durch eine beauftragte Drittperson in geeigneter Weise persönlich angehört, sofern sein Alter oder andere wichtige Gründe nicht dagegen sprechen [UN-KRK 12].

² Im Protokoll der Anhörung werden nur die für den Entscheid wesentlichen Ergebnisse festgehalten. Die Eltern und die Beiständin oder der Beistand [299¹] werden über diese Ergebnisse informiert.

³ Das urteilsfähige Kind kann die Verweigerung der Anhörung mit Beschwerde [319 ff.] anfechten.

Anhörung des Kindes

Art. 299

¹ Das Gericht ordnet wenn nötig die Vertretung des Kindes an und bezeichnet als Beiständin oder Beistand [ZGB 392] eine in fürsorgerischen und rechtlichen Fragen erfahrene Person [67², 95² e].

² Es prüft die Anordnung der Vertretung insbesondere, wenn:

Anordnung einer Vertretung des Kindes

7. Titel: Kinderbelange in familienrechtlichen Angelegenheiten

    a. die Eltern bezüglich der Zuteilung der elterlichen Obhut oder Sorge oder bezüglich wichtiger Fragen des persönlichen Verkehrs unterschiedliche Anträge stellen [ZGB 133];
    b. die Vormundschaftsbehörde [ZGB 361] oder ein Elternteil eine Vertretung beantragen;
    c. das Gericht aufgrund der Anhörung der Eltern oder des Kindes [297 f.] oder aus anderen Gründen:
       1. erhebliche Zweifel an der Angemessenheit der gemeinsamen Anträge der Eltern über die Zuteilung der elterlichen Obhut oder Sorge oder über den persönlichen Verkehr hat [ZGB 133], oder
       2. den Erlass von Kindesschutzmassnahmen [ZGB 307 ff.] erwägt.

[3] Stellt das urteilsfähige [67[3]; ZGB 16] Kind Antrag auf eine Vertretung, so ist diese anzuordnen. Das Kind kann die Nichtanordnung mit Beschwerde [319 ff.] anfechten.

Art. 300

Kompetenzen der Vertretung

Die Vertretung des Kindes kann Anträge stellen und Rechtsmittel [308 ff.] einlegen, soweit es um folgende Angelegenheiten geht:
    a. die Zuteilung der elterlichen Obhut oder Sorge [ZGB 133];
    b. wichtige Fragen des persönlichen Verkehrs [ZGB 133];
    c. Kindesschutzmassnahmen [ZGB 307 ff.].

Art. 301

Eröffnung des Entscheides

Ein Entscheid wird eröffnet:
    a. den Eltern [ZGB 252];
    b. dem Kind, welches das 14. Altersjahr vollendet hat [UN-KRK 12];
    c. gegebenenfalls der Beiständin oder dem Beistand [299[1]], soweit es um die Zuteilung der elterlichen Obhut oder Sorge [ZGB 133], um wichtige Fragen des persönlichen Verkehrs [ZGB 133] oder um Kindesschutzmassnahmen [ZGB 307 ff.] geht.

3. Kapitel: Angelegenheiten des summarischen Verfahrens

Art. 302

¹ Das summarische Verfahren [252 ff.] ist insbesondere anwendbar für: — Geltungsbereich

a. Entscheide nach dem Haager Übereinkommen vom 25. Oktober 1980[63] über die zivilrechtlichen Aspekte internationaler Kindesentführung und nach dem Europäischen Übereinkommen vom 20. Mai 1980[64] über die Anerkennung und Vollstreckung von Entscheidungen über das Sorgerecht für Kinder und die Wiederherstellung des Sorgerechts;
b. die Leistung eines besonderen Beitrags bei nicht vorgesehenen ausserordentlichen Bedürfnissen des Kindes (Art. 286 Abs. 3 ZGB[65]);
c. die Anweisung an die Schuldner und die Sicherstellung des Kinderunterhalts ausserhalb eines Prozesses über die Unterhaltspflicht der Eltern (Art. 291 und 292 ZGB).

² Die Bestimmungen des Bundesgesetzes vom 21. Dezember 2007[66] über internationale Kindesentführung und die Haager Übereinkommen zum Schutz von Kindern und Erwachsenen sind vorbehalten.

4. Kapitel: Unterhalts- und Vaterschaftsklage

Art. 303

¹ Steht das Kindesverhältnis [ZGB 252 ff.] fest, so kann der Beklagte verpflichtet werden, angemessene Beiträge an den Unterhalt des Kindes [ZGB 276] zu hinterlegen oder vorläufig zu zahlen [261 ff.]. — Vorsorgliche Massnahmen

---

[63] SR **0.211.230.02**
[64] SR **0.211.230.01**
[65] SR **210**
[66] SR **211.222.32**

8. Titel: Verfahren bei eingetragener Partnerschaft

² Ist die Unterhaltsklage [ZGB 279] zusammen mit der Vaterschaftsklage [ZGB 261 ff.] eingereicht worden [90], so hat der Beklagte auf Gesuch der klagenden Partei:
  a. die Entbindungskosten und angemessene Beiträge an den Unterhalt von Mutter und Kind [ZGB 276, 295] zu hinterlegen, wenn die Vaterschaft glaubhaft gemacht ist;
  b. angemessene Beiträge an den Unterhalt des Kindes [ZGB 276] zu zahlen, wenn die Vaterschaft zu vermuten ist [ZGB 262] und die Vermutung durch die sofort verfügbaren Beweismittel nicht umgestossen wird.

Art. 304

Zuständigkeit Über die Hinterlegung, die vorläufige Zahlung, die Auszahlung hinterlegter Beiträge und die Rückerstattung vorläufiger Zahlungen entscheidet das für die Beurteilung der Klage zuständige Gericht [4, 25 ff.].

8. Titel: Verfahren bei eingetragener Partnerschaft
1. Kapitel: Angelegenheiten des summarischen Verfahrens

Art. 305

Geltungsbereich Das summarische Verfahren [252 ff.] ist anwendbar für:
  a. die Festsetzung von Geldbeiträgen an den Unterhalt und Anweisung an die Schuldnerin oder den Schuldner (Art. 13 Abs. 2 und 3 des Partnerschaftsgesetzes vom 18. Juni 2004[67], PartG);
  b. die Ermächtigung einer Partnerin oder eines Partners zur Verfügung über die gemeinsame Wohnung (Art. 14 Abs. 2 PartG);

---

[67] SR **211.231**

c. die Ausdehnung oder den Entzug der Vertretungsbefugnis einer Partnerin oder eines Partners für die Gemeinschaft (Art. 15 Abs. 2 Bst. a und 4 PartG);
d. die Auskunftspflicht der Partnerin oder des Partners über Einkommen, Vermögen und Schulden (Art. 16 Abs. 2 PartG);
e. die Festlegung, Anpassung oder Aufhebung der Geldbeiträge und die Regelung der Benützung der Wohnung und des Hausrats (Art. 17 Abs. 2 und 4 PartG);
f. die Verpflichtung einer Partnerin oder eines Partners zur Mitwirkung bei der Aufnahme eines Inventars (Art. 20 Abs. 1 PartG);
g. die Beschränkung der Verfügungsbefugnis einer Partnerin oder eines Partners über bestimmte Vermögenswerte (Art. 22 Abs. 1 PartG);
h. die Einräumung von Fristen zur Begleichung von Schulden zwischen den Partnerinnen oder Partner (Art. 23 Abs. 1 PartG).

Art. 306

Für das Verfahren gelten die Artikel 272 und 273 sinngemäss.   Verfahren

2. Kapitel: Auflösung und Ungültigkeit der eingetragenen Partnerschaft

Art. 307

Für das Verfahren zur Auflösung [PartG 29 ff.] und zur Ungültigerklärung [PartG 9 ff.] der eingetragenen Partnerschaft gelten die Bestimmungen über das Scheidungsverfahren [274 ff.] sinngemäss [198 d].

9. Titel: Rechtsmittel
1. Kapitel: Berufung
1. Abschnitt: Anfechtbare Entscheide und Berufungsgründe

Art. 308

Anfechtbare Entscheide

¹ Mit Berufung sind anfechtbar:
  a. erstinstanzliche End- und Zwischenentscheide [236 f.];
  b. erstinstanzliche Entscheide über vorsorgliche Massnahmen [261 ff., 276, 303].

² In vermögensrechtlichen Angelegenheiten ist die Berufung nur zulässig, wenn der Streitwert [91 ff.] der zuletzt aufrechterhaltenen Rechtsbegehren mindestens 10 000 Franken beträgt.

Art. 309

Ausnahmen

Die Berufung ist unzulässig:
  a. gegen Entscheide des Vollstreckungsgerichts [335 ff.];
  b. in den folgenden Angelegenheiten des SchKG[68]:
  1. Aufhebung des Rechtsstillstandes (Art. 57*d* SchKG),
  2. Bewilligung des nachträglichen Rechtsvorschlages (Art. 77 SchKG),
  3. Rechtsöffnung (Art. 80–84 SchKG),
  4. Aufhebung oder Einstellung der Betreibung (Art. 85 SchKG),
  5. Bewilligung des Rechtsvorschlages in der Wechselbetreibung (Art. 185 SchKG),
  6. Arrest (Art. 272 und 278 SchKG),
  7. Entscheide, die nach SchKG in die Zuständigkeit des Konkurs- oder des Nachlassgerichts fallen [SchKG 171, 189, 195, 230, 268, 294, 298, 304, 306a, 313, 334, 339, 347 f.].

---

[68] SR **281.1**

Art. 310

Mit Berufung kann geltend gemacht werden: — Berufungsgründe
a. unrichtige Rechtsanwendung;
b. unrichtige Feststellung des Sachverhaltes.

2. Abschnitt: Berufung, Berufungsantwort und Anschlussberufung

Art. 311

[1] Die Berufung ist bei der Rechtsmittelinstanz innert 30 Tagen seit Zustellung des begründeten Entscheides beziehungsweise seit der nachträglichen Zustellung der Entscheidbegründung (Art. 239) schriftlich und begründet einzureichen [119[5], 130 ff., 144[1], 221]. — Einreichen der Berufung

[2] Der angefochtene Entscheid ist beizulegen.

Art. 312

[1] Die Rechtsmittelinstanz stellt die Berufung der Gegenpartei zur schriftlichen Stellungnahme zu [136 ff.], es sei denn, die Berufung sei offensichtlich unzulässig [132[3]] oder offensichtlich unbegründet [222 f.]. — Berufungsantwort

[2] Die Frist für die Berufungsantwort beträgt 30 Tage [144[1]].

Art. 313

[1] Die Gegenpartei kann in der Berufungsantwort [312] Anschlussberufung erheben. — Anschlussberufung

[2] Die Anschlussberufung fällt dahin, wenn:
a. die Rechtsmittelinstanz nicht auf die Berufung eintritt [59 f.];
b. die Berufung als offensichtlich unbegründet abgewiesen wird;
c. die Berufung vor Beginn der Urteilsberatung zurückgezogen wird [241].

9. Titel: Rechtsmittel

Art. 314

Summarisches Verfahren

¹ Gegen einen im summarischen Verfahren [252 ff.] ergangenen Entscheid beträgt die Frist zur Einreichung der Berufung [311] und zur Berufungsantwort [312] je zehn Tage [144¹].

² Die Anschlussberufung [313] ist unzulässig.

3. Abschnitt: Wirkungen und Verfahren der Berufung

Art. 315

Aufschiebende Wirkung

¹ Die Berufung hemmt die Rechtskraft und die Vollstreckbarkeit [336] des angefochtenen Entscheids im Umfang der Anträge [282²].

² Die Rechtsmittelinstanz kann die vorzeitige Vollstreckung bewilligen. Nötigenfalls ordnet sie sichernde Massnahmen oder die Leistung einer Sicherheit an.

³ Richtet sich die Berufung gegen einen Gestaltungsentscheid [87], so kann die aufschiebende Wirkung nicht entzogen werden.

⁴ Keine aufschiebende Wirkung hat die Berufung gegen Entscheide über:

    a. das Gegendarstellungsrecht [ZGB 28g];

    b. vorsorgliche Massnahmen [261 ff., 276, 303].

⁵ Die Vollstreckung vorsorglicher Massnahmen kann ausnahmsweise aufgeschoben werden, wenn der betroffenen Partei ein nicht leicht wiedergutzumachender Nachteil droht.

Art. 316

Verfahren vor der Rechtsmittelinstanz

¹ Die Rechtsmittelinstanz kann eine Verhandlung durchführen oder aufgrund der Akten entscheiden.

² Sie kann einen zweiten Schriftenwechsel anordnen.

³ Sie kann Beweise abnehmen [155].

Art. 317

[1] Neue Tatsachen und Beweismittel [168] werden nur noch berücksichtigt [229], wenn sie: Neue Tatsachen, neue Beweismittel und Klageänderung
   a. ohne Verzug vorgebracht werden; und
   b. trotz zumutbarer Sorgfalt nicht schon vor erster Instanz vorgebracht werden konnten.

[2] Eine Klageänderung [227, 230, 293, 294[2]] ist nur noch zulässig, wenn:
   a. die Voraussetzungen nach Artikel 227 Absatz 1 gegeben sind; und
   b. sie zudem auf neuen Tatsachen und Beweismitteln [168] beruht.

Art. 318

[1] Die Rechtsmittelinstanz kann: Entscheid
   a. den angefochtenen Entscheid bestätigen;
   b. neu entscheiden; oder
   c. die Sache an die erste Instanz zurückweisen, wenn:
   1. ein wesentlicher Teil der Klage nicht beurteilt wurde, oder
   2. der Sachverhalt in wesentlichen Teilen zu vervollständigen ist.

[2] Die Rechtsmittelinstanz eröffnet ihren Entscheid mit einer schriftlichen Begründung [BGG 112].

[3] Trifft die Rechtsmittelinstanz einen neuen Entscheid, so entscheidet sie auch über die Prozesskosten [95 ff.] des erstinstanzlichen Verfahrens.

2. Kapitel: Beschwerde

Art. 319

Mit Beschwerde sind anfechtbar: Anfechtungsobjekt
   a. nicht berufungsfähige [308 f.] erstinstanzliche Endentscheide [236], Zwischenentscheide [237] und Entscheide über vorsorgliche Massnahmen [261 ff., 276, 303];

9. Titel: Rechtsmittel

b. andere erstinstanzliche Entscheide und prozessleitende Verfügungen [124^1]:
1. in den vom Gesetz bestimmten Fällen [50^2, 75^2, 82^4, 103, 110, 121, 126^2, 127^2, 128^4, 167^3, 184^3, 298^3, 299^3, 332, 334^3, 346, 390; SchKG 174^1, 185, 278^3, 294^3, 307, 340^1],
2. wenn durch sie ein nicht leicht wiedergutzumachender Nachteil droht;
c. Fälle von Rechtsverzögerung.

Art. 320

Beschwerdegründe

Mit der Beschwerde kann geltend gemacht werden [327a ^{1}]:
a. unrichtige Rechtsanwendung;
b. offensichtlich unrichtige Feststellung des Sachverhaltes.

Art. 321

Einreichen der Beschwerde

^{1} Die Beschwerde ist bei der Rechtsmittelinstanz innert 30 Tagen seit der Zustellung des begründeten Entscheides oder seit der nachträglichen Zustellung der Entscheidbegründung (Art. 239) schriftlich und begründet einzureichen [119^5, 130 ff., 144^1, 221, 327a ^{3}].

^{2} Wird ein im summarischen Verfahren [252 ff.] ergangener Entscheid oder eine prozessleitende Verfügung [124^1] angefochten, so beträgt die Beschwerdefrist zehn Tage, sofern das Gesetz nichts anderes bestimmt [144^1].

^{3} Der angefochtene Entscheid oder die angefochtene prozessleitende Verfügung ist beizulegen, soweit die Partei sie in Händen hat.

^{4} Gegen Rechtsverzögerung kann jederzeit Beschwerde eingereicht werden.

Art. 322

Beschwerdeantwort

^{1} Die Rechtsmittelinstanz stellt der Gegenpartei die Beschwerde zur schriftlichen Stellungnahme zu [136 ff.], es sei denn, die Beschwerde sei offensichtlich unzulässig [132^3] oder offensichtlich unbegründet.

² Für die Beschwerdeantwort gilt die gleiche Frist wie für die Beschwerde [321¹, ²].

Art. 323

Eine Anschlussbeschwerde ist ausgeschlossen.

Anschlussbeschwerde

Art. 324

Die Rechtsmittelinstanz kann die Vorinstanz um eine Stellungnahme ersuchen.

Stellungnahme der Vorinstanz

Art. 325

¹ Die Beschwerde hemmt die Rechtskraft und die Vollstreckbarkeit [336] des angefochtenen Entscheids nicht [327a ²].

Aufschiebende Wirkung

² Die Rechtsmittelinstanz kann die Vollstreckung aufschieben. Nötigenfalls ordnet sie sichernde Massnahmen oder die Leistung einer Sicherheit an.

Art. 326

¹ Neue Anträge, neue Tatsachenbehauptungen und neue Beweismittel [168] sind ausgeschlossen.

Neue Anträge, neue Tatsachen und neue Beweismittel

² Besondere Bestimmungen des Gesetzes bleiben vorbehalten [229³].

Art. 327

¹ Die Rechtsmittelinstanz verlangt bei der Vorinstanz die Akten.

Verfahren und Entscheid

² Sie kann aufgrund der Akten entscheiden.

³ Soweit sie die Beschwerde gutheisst:
   a. hebt sie den Entscheid oder die prozessleitende Verfügung auf und weist die Sache an die Vorinstanz zurück; oder
   b. entscheidet sie neu, wenn die Sache spruchreif ist.

⁴ Wird die Beschwerde wegen Rechtsverzögerung gutgeheissen, so kann die Rechtsmittelinstanz der Vorinstanz eine Frist zur Behandlung der Sache setzen [144²].

9. Titel: Rechtsmittel

⁵ Die Rechtsmittelinstanz eröffnet ihren Entscheid mit einer schriftlichen Begründung [BGG 112].

Art. 327a

Vollstreckbarerklärung nach Lugano-Übereinkommen

¹ Richtet sich die Beschwerde gegen einen Entscheid des Vollstreckungsgerichts nach den Artikeln 38–52 des Übereinkommens vom 30. Oktober 2007[69] über die gerichtliche Zuständigkeit, die Anerkennung und die Vollstreckung gerichtlicher Entscheidungen in Zivil- und Handelssachen (Lugano-Übereinkommen), so prüft die Rechtsmittelinstanz die im Übereinkommen vorgesehenen Verweigerungsgründe mit voller Kognition.

² Die Beschwerde hat aufschiebende Wirkung. Sichernde Massnahmen, insbesondere der Arrest nach Artikel 271 Absatz 1 Ziffer 6 SchKG[70], sind vorbehalten.

³ Die Frist für die Beschwerde gegen die Vollstreckbarerklärung richtet sich nach Artikel 43 Absatz 5 des Übereinkommens.

3. Kapitel: Revision

Art. 328

Revisionsgründe

¹ Eine Partei kann beim Gericht, welches als letzte Instanz in der Sache entschieden hat, die Revision des rechtskräftigen Entscheids verlangen [51³], wenn:
  a. sie nachträglich erhebliche Tatsachen erfährt oder entscheidende Beweismittel [168] findet, die sie im früheren Verfahren nicht beibringen konnte [229, 317¹, 326²]; ausgeschlossen sind Tatsachen und Beweismittel, die erst nach dem Entscheid entstanden sind;
  b. ein Strafverfahren ergeben hat, dass durch ein Verbrechen oder ein Vergehen [StGB 10] zum Nachteil der betreffen-

---

[69] BBl **2009** 1841
[70] SR **281.1**

den Partei auf den Entscheid eingewirkt wurde; eine Verurteilung durch das Strafgericht ist nicht erforderlich; ist das Strafverfahren nicht durchführbar, so kann der Beweis auf andere Weise erbracht werden;

c. geltend gemacht wird, dass die Klageanerkennung, der Klagerückzug oder der gerichtliche Vergleich unwirksam ist [241].

² Die Revision wegen Verletzung der Europäischen Menschenrechtskonvention vom 4. November 1950[71] (EMRK) kann verlangt werden, wenn:

a. der Europäische Gerichtshof für Menschenrechte in einem endgültigen Urteil festgestellt hat, dass die EMRK oder die Protokolle dazu verletzt worden sind;

b. eine Entschädigung nicht geeignet ist, die Folgen der Verletzung auszugleichen; und

c. die Revision notwendig ist, um die Verletzung zu beseitigen.

Art. 329

¹ Das Revisionsgesuch ist innert 90 Tagen seit Entdeckung des Revisionsgrundes [328] schriftlich und begründet einzureichen [119⁵, 130 ff., 144¹, 221; BGG 124¹ c].

² Nach Ablauf von zehn Jahren seit Eintritt der Rechtskraft des Entscheids kann die Revision nicht mehr verlangt werden, ausser im Falle von Artikel 328 Absatz 1 Buchstabe b.

Revisionsgesuch und Revisionsfristen

Art. 330

Das Gericht stellt das Revisionsgesuch der Gegenpartei zur Stellungnahme zu [136 ff.], es sei denn, das Gesuch sei offensichtlich unzulässig [132³] oder offensichtlich unbegründet.

Stellungnahme der Gegenpartei

---

[71] SR **0.101**

Art. 331

Aufschiebende Wirkung

¹ Das Revisionsgesuch hemmt die Rechtskraft und die Vollstreckbarkeit [336] des Entscheids nicht.

² Das Gericht kann die Vollstreckung aufschieben. Nötigenfalls ordnet es sichernde Massnahmen oder die Leistung einer Sicherheit an.

Art. 332

Entscheid über das Revisionsgesuch

Der Entscheid über das Revisionsgesuch ist mit Beschwerde [319 ff.; BGG 72 ff., 113. ff.] anfechtbar.

Art. 333

Neuer Entscheid in der Sache

¹ Heisst das Gericht das Revisionsgesuch gut, so hebt es seinen früheren Entscheid auf und entscheidet neu.

² Im neuen Entscheid entscheidet es auch über die Kosten [95 ff.] des früheren Verfahrens.

³ Es eröffnet seinen Entscheid mit einer schriftlichen Begründung.

4. Kapitel: Erläuterung und Berichtigung

Art. 334

¹ Ist das Dispositiv [238 d] unklar, widersprüchlich oder unvollständig oder steht es mit der Begründung im Widerspruch, so nimmt das Gericht auf Gesuch einer Partei oder von Amtes wegen eine Erläuterung oder Berichtigung des Entscheids vor. Im Gesuch sind die beanstandeten Stellen und die gewünschten Änderungen anzugeben.

² Die Artikel 330 und 331 gelten sinngemäss. Bei der Berichtigung von Schreib- oder Rechnungsfehlern kann das Gericht auf eine Stellungnahme der Parteien verzichten.

³ Ein Entscheid über das Erläuterungs- oder Berichtigungsgesuch ist mit Beschwerde [319 ff.] anfechtbar.

⁴ Der erläuterte oder berichtigte Entscheid wird den Parteien eröffnet.

10. Titel: Vollstreckung
1. Kapitel: Vollstreckung von Entscheiden

Art. 335

¹ Die Entscheide [208², 211², 236 f., 241², 387] werden nach den Bestimmungen dieses Kapitels vollstreckt. — Geltungsbereich

² Lautet der Entscheid auf eine Geldzahlung oder eine Sicherheitsleistung, so wird er nach den Bestimmungen des SchKG[72] vollstreckt.

³ Die Anerkennung, Vollstreckbarerklärung und Vollstreckung ausländischer Entscheide richten sich nach diesem Kapitel, soweit weder ein Staatsvertrag [LugÜ] noch das IPRG[73] etwas anderes bestimmen [2].

Art. 336

¹ Ein Entscheid ist vollstreckbar, wenn er: — Vollstreckbarkeit
  a. rechtskräftig ist und das Gericht die Vollstreckung nicht aufgeschoben hat (Art. 325 Abs. 2 und 331 Abs. 2) [315, 325¹, 331¹; BGG 61, 69 f., 103]; oder
  b. noch nicht rechtskräftig ist, jedoch die vorzeitige Vollstreckung bewilligt worden ist [315²].

² Auf Verlangen bescheinigt das Gericht, das den zu vollstreckenden Entscheid getroffen hat, die Vollstreckbarkeit [386³].

Art. 337

¹ Hat bereits das urteilende Gericht konkrete Vollstreckungsmassnahmen angeordnet (Art. 236 Abs. 3) [267], so kann der Entscheid direkt vollstreckt werden [344]. — Direkte Vollstreckung

---

[72] SR **281.1**
[73] SR **291**

10. Titel: Vollstreckung

[2] Die unterlegene Partei kann beim Vollstreckungsgericht [339[1]] um Einstellung der Vollstreckung ersuchen; Artikel 341 gilt sinngemäss.

Art. 338

Vollstreckungsgesuch

[1] Kann nicht direkt vollstreckt werden, so ist beim Vollstreckungsgericht [339[1]] ein Vollstreckungsgesuch einzureichen [130 ff., 252].

[2] Die gesuchstellende Partei hat die Voraussetzungen der Vollstreckbarkeit [336] darzulegen und die erforderlichen Urkunden beizulegen [177 ff., 180[2], 341[1]].

Art. 339

Zuständigkeit und Verfahren

[1] Zwingend zuständig [9] für die Anordnung von Vollstreckungsmassnahmen und die Einstellung der Vollstreckung [337[2]] ist das Gericht:
 a. am Wohnsitz oder Sitz der unterlegenen Partei [10[2]];
 b. am Ort, wo die Massnahmen zu treffen sind; oder
 c. am Ort, wo der zu vollstreckende Entscheid gefällt worden ist.

[2] Das Gericht entscheidet im summarischen Verfahren [252 ff.].

Art. 340

Sichernde Massnahmen

Das Vollstreckungsgericht kann sichernde Massnahmen anordnen [261 ff.], nötigenfalls ohne vorherige Anhörung der Gegenpartei [265].

Art. 341

Prüfung der Vollstreckbarkeit und Stellungnahme der unterlegenen Partei

[1] Das Vollstreckungsgericht prüft die Vollstreckbarkeit [336] von Amtes wegen [338[2]].

[2] Es setzt der unterlegenen Partei eine kurze Frist zur Stellungnahme [253].

[3] Materiell kann die unterlegene Partei einwenden, dass seit Eröffnung [239[1], 318[2], 327[5], 333[3]] des Entscheids Tatsachen

eingetreten sind, welche der Vollstreckung entgegenstehen, wie insbesondere Tilgung [OR 68 ff.], Stundung, Verjährung [OR 127 ff.] oder Verwirkung der geschuldeten Leistung. Tilgung und Stundung sind mit Urkunden [177 ff.] zu beweisen.

Art. 342

Der Entscheid über eine bedingte [OR 151 ff.] oder eine von einer Gegenleistung abhängige Leistung [OR 82 f.] kann erst vollstreckt werden, wenn das Vollstreckungsgericht festgestellt hat, dass die Bedingung eingetreten ist oder die Gegenleistung gehörig angeboten, erbracht oder sichergestellt [OR 92¹] worden ist.

Vollstreckung einer bedingten oder von einer Gegenleistung abhängigen Leistung

Art. 343

¹ Lautet der Entscheid auf eine Verpflichtung zu einem Tun, Unterlassen oder Dulden, so kann das Vollstreckungsgericht anordnen:

Verpflichtung zu einem Tun, Unterlassen oder Dulden

   a. eine Strafdrohung nach Artikel 292 StGB[74];
   b. eine Ordnungsbusse bis zu 5000 Franken;
   c. eine Ordnungsbusse bis zu 1000 Franken für jeden Tag der Nichterfüllung;
   d. eine Zwangsmassnahme wie Wegnahme einer beweglichen Sache [ZGB 713 ff.] oder Räumung eines Grundstückes; oder
   e. eine Ersatzvornahme [OR 98].

² Die unterlegene Partei und Dritte haben die erforderlichen Auskünfte zu erteilen und die notwendigen Durchsuchungen zu dulden.

³ Die mit der Vollstreckung betraute Person kann die Hilfe der zuständigen Behörde in Anspruch nehmen.

---

[74] SR **311.0**

Art. 344

Abgabe einer Willenserklärung

[1] Lautet der Entscheid auf Abgabe einer Willenserklärung, so wird die Erklärung durch den vollstreckbaren Entscheid [336 f.] ersetzt.

[2] Betrifft die Erklärung ein öffentliches Register wie das Grundbuch und das Handelsregister, so erteilt das urteilende Gericht der registerführenden Person die nötigen Anweisungen [240; ZGB 963 ff.; GBV 11 ff.; HRegV 15[1], 19].

Art. 345

Schadenersatz und Umwandlung in Geld

[1] Die obsiegende Partei kann verlangen:
  a. Schadenersatz, wenn die unterlegene Partei den gerichtlichen Anordnungen nicht nachkommt;
  b. die Umwandlung der geschuldeten Leistung in eine Geldleistung.

[2] Das Vollstreckungsgericht setzt den entsprechenden Betrag fest.

Art. 346

Rechtsmittel Dritter

Dritte, die von einem Vollstreckungsentscheid in ihren Rechten betroffen sind, können den Entscheid mit Beschwerde [319 ff.] anfechten.

2. Kapitel: Vollstreckung öffentlicher Urkunden

Art. 347

Vollstreckbarkeit

Öffentliche Urkunden [SchlT ZGB 55] über Leistungen jeder Art können wie Entscheide vollstreckt werden [335 ff.], wenn:
  a. die verpflichtete Partei in der Urkunde ausdrücklich erklärt hat, dass sie die direkte Vollstreckung anerkennt;
  b. der Rechtsgrund der geschuldeten Leistung in der Urkunde erwähnt ist; und
  c. die geschuldete Leistung:
    1. in der Urkunde genügend bestimmt ist,

2. in der Urkunde von der verpflichteten Partei anerkannt [OR 135 1] ist, und
3. fällig ist [OR 75 ff.].

Art. 348

Nicht direkt vollstreckbar sind Urkunden über Leistungen: Ausnahmen
a. nach dem Gleichstellungsgesetz vom 24. März 1995[75];
b. aus Miete und Pacht von Wohn- und Geschäftsräumen sowie aus landwirtschaftlicher Pacht;
c. nach dem Mitwirkungsgesetz vom 17. Dezember 1993[76];
d. aus dem Arbeitsverhältnis und nach dem Arbeitsvermittlungsgesetz vom 6. Oktober 1989[77];
e. aus Konsumentenverträgen (Art. 32).

Art. 349

Die vollstreckbare Urkunde über eine Geldleistung gilt als definitiver Rechtsöffnungstitel nach den Artikeln 80 und 81 SchKG[78].   Urkunde über eine Geldleistung

Art. 350

[1] Ist eine Urkunde über eine andere Leistung zu vollstrecken, so stellt die Urkundsperson der verpflichteten Partei auf Antrag der berechtigten Partei eine beglaubigte Kopie der Urkunde zu [136 ff.] und setzt ihr für die Erfüllung eine Frist von 20 Tagen [144[1]; OR 135 2]. Die berechtigte Partei erhält eine Kopie der Zustellung.   Urkunde über eine andere Leistung

[2] Nach unbenütztem Ablauf der Erfüllungsfrist kann die berechtigte Partei beim Vollstreckungsgericht ein Vollstreckungsgesuch [338] stellen.

---

[75] SR **151.1**
[76] SR **822.14**
[77] SR **823.11**
[78] SR **281.1**

Art. 351

Verfahren vor dem Vollstreckungsgericht

¹ Die verpflichtete Partei kann Einwendungen gegen die Leistungspflicht nur geltend machen, sofern sie sofort beweisbar sind [254].

² Ist die Abgabe einer Willenserklärung geschuldet, so wird die Erklärung durch den Entscheid des Vollstreckungsgerichts ersetzt [334¹, 344¹]. Dieses trifft die erforderlichen Anweisungen nach Artikel 344 Absatz 2.

Art. 352

Gerichtliche Beurteilung

Die gerichtliche Beurteilung der geschuldeten Leistung bleibt in jedem Fall vorbehalten [SchKG 86]. Insbesondere kann die verpflichtete Partei jederzeit auf Feststellung [88; SchKG 85a] klagen, dass der Anspruch nicht oder nicht mehr besteht oder gestundet ist.

3. Teil: Schiedsgerichtsbarkeit

1. Titel: Allgemeine Bestimmungen

Art. 353

Geltungsbereich

¹ Die Bestimmungen dieses Teils gelten für Verfahren vor Schiedsgerichten mit Sitz in der Schweiz, sofern nicht die Bestimmungen des zwölften Kapitels des IPRG[79] anwendbar sind [IPRG 176¹, ²].

² Die Parteien können die Geltung dieses Teils durch eine ausdrückliche Erklärung in der Schiedsvereinbarung [357] oder in einer späteren Übereinkunft ausschliessen und die Anwendung der Bestimmungen des zwölften Kapitels des IPRG vereinbaren. Die Erklärung bedarf der Form gemäss Artikel 358.

---

[79] SR **291**

Art. 354

Gegenstand eines Schiedsverfahrens kann jeder Anspruch sein, über den die Parteien frei verfügen können [9].

Schiedsfähigkeit

Art. 355

[1] Der Sitz des Schiedsgerichtes wird von den Parteien oder von der durch sie beauftragten Stelle bestimmt. Erfolgt keine Sitzbestimmung, so bestimmt das Schiedsgericht seinen Sitz selbst.

Sitz des Schiedsgerichtes

[2] Bestimmen weder die Parteien noch die von ihnen beauftragte Stelle noch das Schiedsgericht den Sitz, so ist dieser am Ort des staatlichen Gerichtes, das bei Fehlen einer Schiedsvereinbarung zur Beurteilung der Sache zuständig wäre [9 ff.].

[3] Sind mehrere staatliche Gerichte zuständig, so hat das Schiedsgericht seinen Sitz am Ort des staatlichen Gerichtes, das als erstes in Anwendung von Artikel 356 angerufen wird.

[4] Haben die Parteien nichts anderes vereinbart, so kann das Schiedsgericht auch an jedem andern Ort verhandeln, Beweise abnehmen und beraten.

Art. 356

[1] Der Kanton, in dem sich der Sitz des Schiedsgerichts [355] befindet, bezeichnet ein oberes Gericht, das zuständig ist für:

Zuständige staatliche Gerichte

　a. Beschwerden [390] und Revisionsgesuche [396];
　b. die Entgegennahme des Schiedsspruchs zur Hinterlegung und die Bescheinigung der Vollstreckbarkeit [386[2, 3]].

[2] Ein vom Sitzkanton bezeichnetes anderes oder anders zusammengesetztes Gericht ist als einzige Instanz zuständig für:

　a. die Ernennung, Ablehnung, Abberufung und Ersetzung der Schiedsrichterinnen und Schiedsrichter [362, 367 ff.];
　b. die Verlängerung der Amtsdauer des Schiedsgerichts [366];
　c. die Unterstützung des Schiedsgerichts bei den Verfahrenshandlungen [375[2]].

2. Titel: Schiedsvereinbarung

Art. 357

Schiedsvereinbarung

[1] Die Schiedsvereinbarung kann sich sowohl auf bestehende als auch auf künftige Streitigkeiten aus einem bestimmten Rechtsverhältnis beziehen [61].

[2] Gegen die Schiedsvereinbarung kann nicht eingewendet werden, der Hauptvertrag sei ungültig.

Art. 358

Form

Die Schiedsvereinbarung hat schriftlich [OR 13 ff.] oder in einer anderen Form zu erfolgen, die den Nachweis durch Text ermöglicht.

Art. 359

Bestreitung der Zuständigkeit des Schiedsgerichts

[1] Werden die Gültigkeit der Schiedsvereinbarung, ihr Inhalt, ihre Tragweite oder die richtige Konstituierung des Schiedsgerichts vor dem Schiedsgericht bestritten, so entscheidet dieses darüber mit Zwischenentscheid [237] oder im Entscheid [236] über die Hauptsache.

[2] Die Einrede der Unzuständigkeit des Schiedsgerichts muss vor der Einlassung [18] auf die Hauptsache erhoben werden.

3. Titel: Bestellung des Schiedsgerichts

Art. 360

Anzahl der Mitglieder

[1] Die Parteien können frei vereinbaren, aus wie vielen Mitgliedern das Schiedsgericht besteht. Haben sie nichts vereinbart, so besteht es aus drei Mitgliedern.

[2] Haben die Parteien eine gerade Zahl vereinbart, so ist anzunehmen, dass eine zusätzliche Person als Präsidentin oder Präsident zu bestimmen ist.

Art. 361

¹ Die Mitglieder des Schiedsgerichts werden nach der Vereinbarung der Parteien ernannt.

² Bei Fehlen einer Vereinbarung ernennt jede Partei die gleiche Anzahl Mitglieder; diese wählen einstimmig eine Präsidentin oder einen Präsidenten.

³ Wird eine Schiedsrichterin oder ein Schiedsrichter der Stellung nach bezeichnet, so gilt als ernannt, wer diese Stellung bei Abgabe der Annahmeerklärung bekleidet.

⁴ In den Angelegenheiten aus Miete und Pacht von Wohnräumen können die Parteien einzig die Schlichtungsbehörde [200] als Schiedsgericht einsetzen.

Ernennung durch die Parteien

Art. 362

¹ Sieht die Schiedsvereinbarung [357] keine andere Stelle für die Ernennung vor oder ernennt diese die Mitglieder nicht innert angemessener Frist, so nimmt das nach Artikel 356 Absatz 2 zuständige staatliche Gericht auf Antrag einer Partei die Ernennung vor, wenn:
  a. die Parteien sich über die Ernennung der Einzelschiedsrichterin, des Einzelschiedsrichters, der Präsidentin oder des Präsidenten nicht einigen;
  b. eine Partei die von ihr zu bezeichnenden Mitglieder nicht innert 30 Tagen seit Aufforderung ernennt; oder
  c. die Schiedsrichterinnen und Schiedsrichter sich nicht innert 30 Tagen seit ihrer Ernennung über die Wahl der Präsidentin oder des Präsidenten einigen.

² Im Falle einer Mehrparteienschiedssache [70 ff., 73 ff., 78 ff., 376] kann das nach Artikel 356 Absatz 2 zuständige staatliche Gericht alle Mitglieder ernennen.

³ Wird ein staatliches Gericht mit der Ernennung betraut, so muss es die Ernennung vornehmen, es sei denn, eine summarische Prüfung ergebe, dass zwischen den Parteien keine Schiedsvereinbarung [357] besteht.

Ernennung durch das staatliche Gericht

3. Titel: Bestellung des Schiedsgerichts

Art. 363

Offenlegungspflicht

¹ Eine Person, der ein Schiedsrichteramt angetragen wird, hat das Vorliegen von Umständen unverzüglich offenzulegen, die berechtigte Zweifel an ihrer Unabhängigkeit oder Unparteilichkeit wecken können [367¹ c].

² Diese Pflicht bleibt während des ganzen Verfahrens bestehen.

Art. 364

Annahme des Amtes

¹ Die Schiedsrichterinnen und Schiedsrichter bestätigen die Annahme des Amtes.

² Das Schiedsgericht ist erst konstituiert, wenn alle Mitglieder die Annahme des Amtes erklärt haben.

Art. 365

Sekretariat

¹ Das Schiedsgericht kann ein Sekretariat bestellen.

² Die Artikel 363 Absatz 1 und 367–369 gelten sinngemäss.

Art. 366

Amtsdauer

¹ In der Schiedsvereinbarung [357] oder in einer späteren Vereinbarung können die Parteien die Amtsdauer des Schiedsgerichts befristen.

² Die Amtsdauer, innert der das Schiedsgericht den Schiedsspruch zu fällen hat, kann verlängert werden:
   a. durch Vereinbarung der Parteien;
   b. auf Antrag einer Partei oder des Schiedsgerichts durch Entscheid des nach Artikel 356 Absatz 2 zuständigen staatlichen Gerichts.

4. Titel: Ablehnung, Abberufung und Ersetzung der Mitglieder des Schiedsgerichts

Art. 367

¹ Ein Mitglied des Schiedsgerichts kann abgelehnt werden, wenn: Ablehnung eines Mitgliedes

a. es nicht den von den Parteien vereinbarten Anforderungen entspricht;
b. ein Ablehnungsgrund vorliegt, der in der von den Parteien vereinbarten Verfahrensordnung vorgesehen ist [373]; oder
c. berechtigte Zweifel an seiner Unabhängigkeit oder Unparteilichkeit bestehen [363].

² Eine Partei kann ein Mitglied, das sie ernannt hat oder an dessen Ernennung sie mitgewirkt hat, nur aus Gründen ablehnen, von denen sie erst nach der Ernennung Kenntnis erhalten hat. Der Ablehnungsgrund ist dem Schiedsgericht und der anderen Partei unverzüglich mitzuteilen.

Art. 368

¹ Eine Partei kann das Schiedsgericht ablehnen, wenn die andere Partei einen überwiegenden Einfluss auf die Ernennung der Mitglieder ausgeübt hat. Die Ablehnung ist dem Schiedsgericht und der anderen Partei unverzüglich mitzuteilen.   Ablehnung des Schiedsgerichts

² Das neue Schiedsgericht wird im Verfahren nach den Artikeln 361 und 362 bestellt.

³ Die Parteien sind berechtigt, Mitglieder des abgelehnten Schiedsgerichts wiederum als Schiedsrichterinnen und Schiedsrichter zu ernennen.

Art. 369

¹ Die Parteien können das Ablehnungsverfahren frei vereinbaren.   Ablehnungsverfahren

² Haben sie nichts vereinbart, so ist das Ablehnungsgesuch schriftlich und begründet innert 30 Tagen seit Kenntnis des Ablehnungsgrundes an das abgelehnte Mitglied zu richten und den übrigen Mitgliedern mitzuteilen.

4. Titel: Ablehnung, Abberufung, Ersetzung Mitgl. Schiedsgerichts

³ Bestreitet das abgelehnte Mitglied die Ablehnung, so kann die gesuchstellende Partei innert 30 Tagen einen Entscheid von der von den Parteien bezeichneten Stelle oder, wenn keine solche bezeichnet wurde, von dem nach Artikel 356 Absatz 2 zuständigen staatlichen Gericht verlangen.

⁴ Haben die Parteien nichts anderes vereinbart, so kann das Schiedsgericht während des Ablehnungsverfahrens das Verfahren ohne Ausschluss der abgelehnten Personen bis und mit Schiedsspruch weiterführen.

⁵ Der Entscheid über die Ablehnung kann nur zusammen mit dem ersten Schiedsspruch angefochten werden [389 ff.].

Art. 370

Abberufung

¹ Jedes Mitglied des Schiedsgerichts kann durch schriftliche Vereinbarung [OR 13 ff.] der Parteien abberufen werden.

² Ist ein Mitglied des Schiedsgerichts ausser Stande, seine Aufgabe innert nützlicher Frist oder mit der gehörigen Sorgfalt zu erfüllen, so kann auf Antrag einer Partei die von den Parteien bezeichnete Stelle oder, wenn keine solche bezeichnet wurde, das nach Artikel 356 Absatz 2 zuständige staatliche Gericht dieses Mitglied absetzen.

³ Für die Anfechtung eines solchen Entscheides gilt Artikel 369 Absatz 5.

Art. 371

Ersetzung eines Mitglieds des Schiedsgerichts

¹ Ist ein Mitglied des Schiedsgerichts zu ersetzen, so gilt das gleiche Verfahren wie für seine Ernennung [361 f.], sofern die Parteien nichts anderes vereinbart haben oder vereinbaren.

² Kann es nicht auf diese Weise ersetzt werden, so wird das neue Mitglied durch das nach Artikel 356 Absatz 2 zuständige staatliche Gericht ernannt, es sei denn, die Schiedsvereinbarung [357] schliesse diese Möglichkeit aus oder falle nach Ausscheiden eines Mitglieds des Schiedsgerichts dahin.

³ Können sich die Parteien nicht darüber einigen, welche Prozesshandlungen, an denen das ersetzte Mitglied mitgewirkt hat,

zu wiederholen sind, so entscheidet das neu konstituierte Schiedsgericht.

[4] Während der Dauer des Ersetzungsverfahrens steht die Frist, innert der das Schiedsgericht seinen Schiedsspruch zu fällen hat [366[1]], nicht still.

5. Titel: Das Schiedsverfahren

Art. 372

[1] Das Schiedsverfahren ist rechtshängig [64; OR 135 2]: Rechts-
  a. sobald eine Partei das in der Schiedsvereinbarung [357] hängigkeit
     bezeichnete Schiedsgericht anruft; oder
  b. wenn die Vereinbarung kein Schiedsgericht bezeichnet: sobald eine Partei das Verfahren zur Bestellung des Schiedsgerichts oder das von den Parteien vereinbarte vorausgehende Schlichtungsverfahren einleitet.

[2] Werden bei einem staatlichen Gericht und einem Schiedsgericht Klagen über denselben Streitgegenstand zwischen denselben Parteien rechtshängig gemacht, setzt das zuletzt angerufene Gericht das Verfahren aus, bis das zuerst angerufene Gericht über seine Zuständigkeit entschieden hat.

Art. 373

[1] Die Parteien können das Schiedsverfahren: Allgemeine
  a. selber regeln; Verfahrensre-
  b. durch Verweis auf eine schiedsgerichtliche Verfahrensord- geln
     nung regeln; [Swiss Rules, SIA Norm 150, SVIT-Schiedsgericht, ICC Rules, UNCITRAL Rules, WIPO Rules, LCIA Rules]
  c. einem Verfahrensrecht ihrer Wahl unterstellen.

[2] Haben die Parteien das Verfahren nicht geregelt, so wird dieses vom Schiedsgericht festgelegt.

[3] Die Präsidentin oder der Präsident [360[2], 361[2]] des Schiedsgerichts kann über einzelne Verfahrensfragen allein entscheiden,

wenn eine entsprechende Ermächtigung der Parteien oder der andern Mitglieder des Schiedsgerichts vorliegt.

[4] Das Schiedsgericht muss die Gleichbehandlung der Parteien und ihren Anspruch auf rechtliches Gehör gewährleisten und ein kontradiktorisches Verfahren durchführen [393 d].

[5] Jede Partei kann sich vertreten lassen.

[6] Verstösse gegen die Verfahrensregeln sind sofort zu rügen, andernfalls können sie später nicht mehr geltend gemacht werden.

Art. 374

Vorsorgliche Massnahmen, Sicherheit und Schadenersatz

[1] Das staatliche Gericht [13] oder, sofern die Parteien nichts anderes vereinbart haben, das Schiedsgericht kann auf Antrag einer Partei vorsorgliche Massnahmen [361 ff.] einschliesslich solcher für die Sicherung von Beweismitteln [158[1] b] anordnen.

[2] Unterzieht sich die betroffene Person einer vom Schiedsgericht angeordneten Massnahme nicht freiwillig, so trifft das staatliche Gericht auf Antrag des Schiedsgerichts oder einer Partei die erforderlichen Anordnungen [262]; stellt eine Partei den Antrag, so muss die Zustimmung des Schiedsgerichts eingeholt werden.

[3] Ist ein Schaden für die andere Partei zu befürchten, so kann das Schiedsgericht oder das staatliche Gericht die Anordnung vorsorglicher Massnahmen von der Leistung einer Sicherheit abhängig machen [264[1]].

[4] Die gesuchstellende Partei haftet für den aus einer ungerechtfertigten vorsorglichen Massnahme erwachsenen Schaden. Beweist sie jedoch, dass sie ihr Gesuch in guten Treuen gestellt hat, so kann das Gericht die Ersatzpflicht herabsetzen oder gänzlich von ihr entbinden. Die geschädigte Partei kann den Anspruch im hängigen Schiedsverfahren geltend machen [264[2]].

[5] Eine geleistete Sicherheit ist freizugeben, wenn feststeht, dass keine Schadenersatzklage erhoben wird; bei Ungewissheit setzt das Schiedsgericht eine Frist zur Klage [264[3]].

Art. 375

¹ Das Schiedsgericht nimmt die Beweise selber ab.

² Ist für die Beweisabnahme oder für die Vornahme sonstiger Handlungen des Schiedsgerichts staatliche Rechtshilfe erforderlich, so kann das Schiedsgericht das nach Artikel 356 Absatz 2 zuständige staatliche Gericht um Mitwirkung ersuchen [194 ff.]. Mit Zustimmung des Schiedsgerichts kann dies auch eine Partei tun.

³ Die Mitglieder des Schiedsgerichts können an den Verfahrenshandlungen des staatlichen Gerichts teilnehmen und Fragen stellen.

Beweisabnahme und Mitwirkung des staatlichen Gerichts

Art. 376

¹ Ein Schiedsverfahren kann von oder gegen Streitgenossen [70 f.] geführt werden, wenn:
  a. alle Parteien unter sich durch eine oder mehrere übereinstimmende Schiedsvereinbarungen [357] verbunden sind; und
  b. die geltend gemachten Ansprüche identisch sind oder in einem sachlichen Zusammenhang stehen.

² Sachlich zusammenhängende Ansprüche zwischen den gleichen Parteien können im gleichen Schiedsverfahren beurteilt werden, wenn sie Gegenstand übereinstimmender Schiedsvereinbarungen [357] der Parteien sind.

³ Die Intervention einer dritten Person [73 ff.] und der Beitritt einer durch Klage streitberufenem Person [78 ff.] setzen eine Schiedsvereinbarung [357] zwischen der dritten Person und den Streitparteien voraus und bedürfen der Zustimmung des Schiedsgerichts.

Streitgenossenschaft, Klagenhäufung und Beteiligung Dritter

Art. 377

¹ Erhebt eine Partei die Verrechnungseinrede [OR 124¹], so kann das Schiedsgericht die Einrede beurteilen, unabhängig davon, ob die zur Verrechnung gestellte Forderung unter die Schiedsver-

Verrechnung und Widerklage

einbarung [357] fällt oder ob für sie eine andere Schiedsvereinbarung oder eine Gerichtsstandsvereinbarung [17] besteht.

[2] Eine Widerklage ist zulässig, wenn sie eine Streitsache betrifft, die unter eine übereinstimmende Schiedsvereinbarung [357] der Parteien fällt.

Art. 378

Kostenvorschuss

[1] Das Schiedsgericht kann einen Vorschuss für die mutmasslichen Verfahrenskosten verlangen und die Durchführung des Verfahrens von dessen Leistung abhängig machen. Soweit die Parteien nichts anderes vereinbart haben, bestimmt es die Höhe des Vorschusses jeder Partei.

[2] Leistet eine Partei den von ihr verlangten Vorschuss nicht, so kann die andere Partei die gesamten Kosten vorschiessen oder auf das Schiedsverfahren verzichten. Verzichtet sie auf das Schiedsverfahren, so kann sie für diese Streitsache ein neues Schiedsverfahren einleiten oder Klage vor dem staatlichen Gericht erheben.

Art. 379

Sicherstellung der Parteientschädigung

Erscheint die klagende Partei zahlungsunfähig, so kann das Schiedsgericht auf Antrag der beklagten Partei verfügen, dass deren mutmassliche Parteientschädigung innert bestimmter Frist sicherzustellen ist. Für die beklagte Partei gilt Artikel 378 Absatz 2 sinngemäss.

Art. 380

Unentgeltliche Rechtspflege

Die unentgeltliche Rechtspflege ist ausgeschlossen.

6. Titel: Schiedsspruch

Art. 381

Anwendbares Recht

[1] Das Schiedsgericht entscheidet:

a. nach den Rechtsregeln, welche die Parteien gewählt haben; oder
b. nach Billigkeit, wenn es von den Parteien dazu ermächtigt worden ist.

² Fehlt eine solche Wahl oder eine solche Ermächtigung, so entscheidet es nach dem Recht, das ein staatliches Gericht anwenden würde.

Art. 382

¹ Bei den Beratungen und Abstimmungen haben alle Mitglieder des Schiedsgerichts mitzuwirken.

² Verweigert ein Mitglied die Teilnahme an einer Beratung oder an einer Abstimmung, so können die übrigen Mitglieder ohne es beraten und entscheiden, sofern die Parteien nichts anderes vereinbart haben.

³ Das Schiedsgericht fällt den Schiedsspruch mit der Mehrheit der Stimmen seiner Mitglieder, es sei denn, die Parteien hätten etwas anderes vereinbart.

⁴ Ergibt sich keine Stimmenmehrheit, so fällt die Präsidentin oder der Präsident [360², 361²] den Schiedsspruch.

Beratung und Abstimmung

Art. 383

Haben die Parteien nichts anderes vereinbart, so kann das Schiedsgericht das Verfahren auf einzelne Fragen und Rechtsbegehren beschränken [392].

Zwischen- und Teilschiedssprüche

Art. 384

¹ Der Schiedsspruch enthält:
  a. die Zusammensetzung des Schiedsgerichts;
  b. die Angabe des Sitzes des Schiedsgerichts [355];
  c. die Bezeichnung der Parteien und ihrer Vertretung [373⁵];
  d. die Rechtsbegehren der Parteien oder, bei Fehlen von Anträgen, eine Umschreibung der Streitfrage;

Inhalt des Schiedsspruches

6. Titel: Schiedsspruch

e. sofern die Parteien nicht darauf verzichtet haben: die Darstellung des Sachverhaltes, die rechtlichen Entscheidungsgründe und gegebenenfalls die Billigkeitserwägungen [381];
f. das Dispositiv in der Sache sowie die Höhe und die Verteilung der Verfahrenskosten und der Parteientschädigung;
g. das Datum des Schiedsspruches.

[2] Der Schiedsspruch ist zu unterzeichnen; es genügt die Unterschrift der Präsidentin oder des Präsidenten [360[2], 361[2]; OR 14].

Art. 385

Einigung der Parteien

Erledigen die Parteien während des Schiedsverfahrens die Streitsache, so hält das Schiedsgericht auf Antrag die Einigung in Form eines Schiedsspruches [384] fest [396[1] c].

Art. 386

Zustellung und Hinterlegung

[1] Jeder Partei ist ein Exemplar des Schiedsspruches zuzustellen.

[2] Jede Partei kann auf ihre Kosten beim nach Artikel 356 Absatz 1 zuständigen staatlichen Gericht ein Exemplar des Schiedsspruches hinterlegen.

[3] Auf Antrag einer Partei stellt dieses Gericht eine Vollstreckbarkeitsbescheinigung aus.

Art. 387

Wirkungen des Schiedsspruches

Mit der Eröffnung [386 I] hat der Schiedsspruch die Wirkung eines rechtskräftigen [390[2] i.V.m. 325[1]; BGG 103[1]] und vollstreckbaren gerichtlichen Entscheids [335 f.].

Art. 388

Berichtigung, Erläuterung und Ergänzung des Schiedsspruchs

[1] Jede Partei kann beim Schiedsgericht beantragen, dass dieses:

a. Redaktions- und Rechnungsfehler im Schiedsspruch berichtigt;
b. bestimmte Teile des Schiedsspruchs erläutert;

c. einen ergänzenden Schiedsspruch über Ansprüche fällt, die im Schiedsverfahren zwar geltend gemacht, im Schiedsspruch aber nicht behandelt worden sind [393 c].

[2] Der Antrag ist innert 30 Tagen seit Entdecken des Fehlers oder der erläuterungs- und ergänzungsbedürftigen Teile des Schiedsspruches zu stellen, spätestens aber innert eines Jahres seit Zustellung des Schiedsspruches [144[1], 386[1]].

[3] Der Antrag hemmt die Rechtsmittelfristen [389 f., 397] nicht. Wird eine Partei durch den Ausgang dieses Verfahrens beschwert, so läuft für sie bezüglich dieses Punktes die Rechtsmittelfrist von neuem.

7. Titel: Rechtsmittel
1. Kapitel: Beschwerde

Art. 389

[1] Der Schiedsspruch unterliegt der Beschwerde [BGG 77[1] b] an das Bundesgericht.

[2] Für das Verfahren gelten die Bestimmungen des Bundesgerichtsgesetzes vom 17. Juni 2005[80], soweit dieses Kapitel nichts anderes bestimmt [392 ff.].

Beschwerde an das Bundesgericht

Art. 390

[1] Die Parteien können durch eine ausdrückliche Erklärung in der Schiedsvereinbarung [357] oder in einer späteren Übereinkunft vereinbaren, dass der Schiedsspruch mit Beschwerde beim nach Artikel 356 Absatz 1 zuständigen kantonalen Gericht angefochten werden kann.

[2] Für das Verfahren gelten die Artikel 319–327, soweit dieses Kapitel nichts anderes bestimmt [392 ff.]. Das kantonale Gericht entscheidet endgültig.

Beschwerde an das kantonale Gericht

---

[80] SR **173.110**

7. Titel: Rechtsmittel

Art. 391

Subsidiarität   Die Beschwerde ist erst nach Ausschöpfung der in der Schiedsvereinbarung [357] vorgesehenen schiedsgerichtlichen Rechtsmittel zulässig.

Art. 392

Anfechtbare Schiedssprüche

Anfechtbar ist:
a. jeder Teil- oder Endschiedsspruch [383];
b. ein Zwischenschiedsspruch [383] aus den in Artikel 393 Buchstaben a und b genannten Gründen.

Art. 393

Beschwerdegründe

Ein Schiedsspruch kann nur angefochten werden, wenn:
a. die Einzelschiedsrichterin oder der Einzelschiedsrichter vorschriftswidrig ernannt oder das Schiedsgericht vorschriftswidrig zusammengesetzt worden ist [361 f., 364, 367[1]];
b. sich das Schiedsgericht zu Unrecht für zuständig oder für unzuständig erklärt hat [359, 366];
c. das Schiedsgericht über Streitpunkte entschieden hat, die ihm nicht unterbreitet wurden, oder wenn es Rechtsbegehren unbeurteilt gelassen hat [388[1] c];
d. der Grundsatz der Gleichbehandlung der Parteien oder der Grundsatz des rechtlichen Gehörs verletzt wurde [373[4, 6]];
e. er im Ergebnis willkürlich ist, weil er auf offensichtlich aktenwidrigen tatsächlichen Feststellungen oder auf einer offensichtlichen Verletzung des Rechts oder der Billigkeit beruht;
f. die vom Schiedsgericht festgesetzten Entschädigungen und Auslagen der Mitglieder des Schiedsgerichts offensichtlich zu hoch sind.

Art. 394

Die Rechtsmittelinstanz kann den Schiedsspruch nach Anhörung der Parteien an das Schiedsgericht zurückweisen und ihm eine Frist zur Berichtigung oder Ergänzung setzen [395[1]]. *Rückweisung zur Berichtigung oder Ergänzung*

Art. 395

[1] Wird der Schiedsspruch nicht an das Schiedsgericht zurückgewiesen oder von diesem nicht fristgerecht berichtigt oder ergänzt [394], so entscheidet die Rechtsmittelinstanz über die Beschwerde und hebt bei deren Gutheissung den Schiedsspruch auf. *Entscheid*

[2] Wird der Schiedsspruch aufgehoben, so entscheidet das Schiedsgericht nach Massgabe der Erwägungen im Rückweisungsentscheid neu.

[3] Die Aufhebung kann auf einzelne Teile des Schiedsspruches beschränkt werden, sofern die andern nicht davon abhängen.

[4] Wird der Schiedsspruch wegen offensichtlich zu hoher Entschädigungen und Auslagen angefochten [393 f.], so kann die Rechtsmittelinstanz über diese selber entscheiden.

2. Kapitel: Revision

Art. 396

[1] Eine Partei kann beim nach Artikel 356 Absatz 1 zuständigen staatlichen Gericht die Revision eines Schiedsspruchs verlangen, wenn [328[1]]: *Revisionsgründe*

   a. sie nachträglich erhebliche Tatsachen erfährt oder entscheidende Beweismittel findet, die sie im früheren Verfahren nicht beibringen konnte; ausgeschlossen sind Tatsachen und Beweismittel, die erst nach dem Schiedsspruch entstanden sind;

   b. wenn ein Strafverfahren ergeben hat, dass durch ein Verbrechen oder ein Vergehen [StGB 10] zum Nachteil der betreffenden Partei auf den Schiedsspruch eingewirkt wurde; eine Verurteilung durch das Strafgericht ist nicht erfor-

derlich; ist das Strafverfahren nicht durchführbar, so kann der Beweis auf andere Weise erbracht werden;
c. geltend gemacht wird, dass die Klageanerkennung, der Klagerückzug oder der schiedsgerichtliche Vergleich [385] unwirksam ist.

² Die Revision wegen Verletzung der EMRK[81] kann verlangt werden, wenn [328²]:

a. der Europäische Gerichtshof für Menschenrechte in einem endgültigen Urteil festgestellt hat, dass die EMRK oder die Protokolle dazu verletzt worden sind;
b. eine Entschädigung nicht geeignet ist, die Folgen der Verletzung auszugleichen; und
c. die Revision notwendig ist, um die Verletzung zu beseitigen.

Art. 397

Fristen

¹ Das Revisionsgesuch ist innert 90 Tagen [144¹] seit Entdeckung des Revisionsgrundes [396] einzureichen [329¹].

² Nach Ablauf von zehn Jahren [142 ff.] seit Eintritt der Rechtskraft des Schiedsspruches [387] kann die Revision nicht mehr verlangt werden, ausser im Fall von Artikel 396 Absatz 1 Buchstabe b [329²].

Art. 398

Verfahren

Für das Verfahren gelten die Artikel 330 und 331.

Art. 399

Rückweisung an das Schiedsgericht

¹ Heisst das Gericht das Revisionsgesuch gut, so hebt es den Schiedsspruch auf und weist die Sache zur Neubeurteilung an das Schiedsgericht zurück.

² Ist das Schiedsgericht nicht mehr vollständig, so ist Artikel 371 anwendbar.

---

[81] SR **0.101**

4. Teil: Schlussbestimmungen

1. Titel: Vollzug

Art. 400

¹ Der Bundesrat erlässt die Ausführungsbestimmungen.

² Er stellt für Gerichtsurkunden und Parteieingaben Formulare zur Verfügung. Die Formulare für die Parteieingaben sind so zu gestalten, dass sie auch von einer rechtsunkundigen Partei ausgefüllt werden können.

³ Er kann den Erlass administrativer und technischer Vorschriften dem Bundesamt für Justiz übertragen.

Grundsätze

Art. 401

¹ Die Kantone können mit Genehmigung des Bundesrates Pilotprojekte durchführen.

² Der Bundesrat kann die Zuständigkeit für die Genehmigung dem Bundesamt für Justiz übertragen.

Pilotprojekte

2. Titel: Anpassung von Gesetzen

Art. 402

Die Aufhebung und die Änderung bisherigen Rechts werden in Anhang 1 geregelt.

Aufhebung und Änderung bisherigen Rechts

Art. 403

Die Koordination von Bestimmungen anderer Erlasse mit diesem Gesetz wird in Anhang 2 geregelt.

Koordinationsbestimmungen

3. Titel: Übergangsbestimmungen

Art. 404

Weitergelten des bisherigen Rechts

¹ Für Verfahren, die bei Inkrafttreten dieses Gesetzes rechtshängig sind, gilt das bisherige Verfahrensrecht bis zum Abschluss vor der betroffenen Instanz.

² Die örtliche Zuständigkeit bestimmt sich nach dem neuen Recht [9 ff.]. Eine bestehende Zuständigkeit nach dem alten Recht bleibt erhalten.

Art. 405

Rechtsmittel

¹ Für die Rechtsmittel [308 ff., 319 ff., 328 ff.] gilt das Recht, das bei der Eröffnung des Entscheides in Kraft ist.

² Für die Revision von Entscheiden, die unter dem bisherigen Recht eröffnet worden sind, gilt das neue Recht [328 ff.].

Art. 406

Gerichtsstandsvereinbarung

Die Gültigkeit einer Gerichtsstandsvereinbarung bestimmt sich nach dem Recht, das zur Zeit ihres Abschlusses gegolten hat.

Art. 407

Schiedsgerichtsbarkeit

¹ Die Gültigkeit von Schiedsvereinbarungen, die vor Inkrafttreten dieses Gesetzes geschlossen wurden, beurteilt sich nach dem für sie günstigeren Recht.

² Für Schiedsverfahren, die bei Inkrafttreten dieses Gesetzes rechtshängig sind, gilt das bisherige Recht. Die Parteien können jedoch die Anwendung des neuen Rechts vereinbaren [373¹].

³ Für die Rechtsmittel gilt das Recht, das bei der Eröffnung des Schiedsspruches in Kraft ist [405¹].

⁴ Für Verfahren vor den nach Artikel 356 zuständigen staatlichen Gerichten, die bei Inkrafttreten dieses Gesetzes rechtshängig sind, gilt das bisherige Recht.

4. Titel: Referendum und Inkrafttreten

Art. 408

¹ Dieses Gesetz untersteht dem fakultativen Referendum.
² Der Bundesrat bestimmt das Inkrafttreten.
Ständerat, 19. Dezember 2008
Der Präsident: Alain Berset
Der Sekretär: Philippe Schwab
Nationalrat, 19. Dezember 2008
Die Präsidentin: Chiara Simoneschi-Cortesi
Der Sekretär: Pierre-Hervé Freléchoz

Ablauf der Referendumsfrist und Inkraftsetzung
¹ Die Referendumsfrist für dieses Gesetz ist am 16. April 2009 unbenützt abgelaufen.[82]
² Es wird mit Ausnahme der Bestimmung im nachstehenden Absatz 3, auf den 1. Januar 2011 in Kraft gesetzt.
³ Artikel 56 SchKG[83] in Anhang 1 Ziffer II 17 wird nicht in Kraft gesetzt.

31. März 2010   Im Namen des Schweizerischen Bundesrates

                Die Bundespräsidentin: Doris Leuthard
                Die Bundeskanzlerin: Corina Casanova

---

[82] BBl **2009** 21
[83] SR **281.1**

Anhang 1
(Art. 402)

Aufhebung und Änderung bisherigen Rechts

I. Aufhebung bisherigen Rechts

Das Gerichtsstandsgesetz vom 24. März 2000[84] wird aufgehoben.

II. Änderung bisherigen Rechts

Die nachstehenden Bundesgesetze werden wie folgt geändert:

1. Gleichstellungsgesetz vom 24. März 1995[85]

Art. 11 und 12
Aufgehoben

2. Bundesgerichtsgesetz vom 17. Juni 2005[86]

Art. 74 Abs. 2 Bst. b

² Erreicht der Streitwert den massgebenden Betrag nach Absatz 1 nicht, so ist die Beschwerde dennoch zulässig:
   b. wenn ein Bundesgesetz eine einzige kantonale Instanz vorsieht;

Art. 75 Abs. 2 Bst. a und c

² Die Kantone setzen als letzte kantonale Instanzen obere Gerichte ein. Diese entscheiden als Rechtsmittelinstanzen; ausgenommen sind die Fälle, in denen:
   a. ein Bundesgesetz eine einzige kantonale Instanz vorsieht;

---

[84] AS **2000** 2355, **2004** 2617, **2005** 5685, **2006** 5379
[85] SR **151.1**
[86] SR **173.110**

c. eine Klage mit einem Streitwert von mindestens 100'000 Franken mit Zustimmung aller Parteien direkt beim oberen Gericht eingereicht wurde.

Art. 76 Abs. 1 Bst. b und 2

¹ Zur Beschwerde in Zivilsachen ist berechtigt, wer:
b. durch den angefochtenen Entscheid besonders berührt ist und ein schutzwürdiges Interesse an dessen Aufhebung oder Änderung hat.

² Gegen Entscheide nach Artikel 72 Absatz 2 steht das Beschwerderecht auch der Bundeskanzlei, den Departementen des Bundes oder, soweit das Bundesrecht es vorsieht, den ihnen unterstellten Dienststellen zu, wenn der angefochtene Entscheid die Bundesgesetzgebung in ihrem Aufgabenbereich verletzen kann.

Art. 77 Sachüberschrift und Abs. 1 und 2

Schiedsgerichtsbarkeit

¹ Die Beschwerde in Zivilsachen ist zulässig gegen Entscheide von Schiedsgerichten:
a. in der internationalen Schiedsgerichtsbarkeit unter den Voraussetzungen der Artikel 190–192 des Bundesgesetzes vom 18. Dezember 1987[87] über das Internationale Privatrecht;
b. in der nationalen Schiedsgerichtsbarkeit unter den Voraussetzungen der Artikel 389–395 der Zivilprozessordnung vom 19. Dezember 2008[88].

² Die Artikel 48 Absatz 3, 90–98, 103 Absatz 2, 105 Absatz 2, 106 Absatz 1 sowie 107 Absatz 2, soweit dieser dem Bundesgericht erlaubt, in der Sache selbst zu entscheiden, sind in diesen Fällen nicht anwendbar.

Art. 100 Abs. 6 und 111 Abs. 3 zweiter Satz

Aufgehoben

---

[87] SR **291**
[88] SR **272**

3. Zivilgesetzbuch[89]

Art. 10, 28c–28f, 28l Abs. 3 und 4, 110, 112 Abs. 3, 113, 116 und 117
Abs. 2
Aufgehoben

Vierter Abschnitt (Art. 135–149)
Aufgehoben

Art. 208 Abs. 2
Aufgehoben

Art. 230 Abs. 2
² Kann der Ehegatte diese Zustimmung nicht einholen oder wird sie ihm ohne triftigen Grund verweigert, so kann er das Gericht anrufen.

Art. 254 und 280–284
Aufgehoben

Art. 295 Abs. 1 Einleitungssatz
¹ Die Mutter kann spätestens bis ein Jahr nach der Geburt gegen den Vater oder dessen Erben auf Ersatz klagen:

Art. 598 Abs. 2
Aufgehoben

Art. 618 Abs. 1
¹ Können sich die Erben über den Anrechnungswert nicht verständigen, so wird er durch amtlich bestellte Sachverständige geschätzt.

---

[89] 90 SR **210**

Art. 712c Abs. 3

³ Die Einsprache ist unwirksam, wenn sie ohne wichtigen Grund erhoben worden ist.

Art. 961 Abs. 3

³ Über das Begehren entscheidet das Gericht und bewilligt, nachdem der Ansprecher seine Berechtigung glaubhaft gemacht hat, die Vormerkung, indem es deren Wirkung zeitlich und sachlich genau feststellt und nötigenfalls zur gerichtlichen Geltendmachung der Ansprüche eine Frist ansetzt.

Schlusstitel

Art. 54 Abs. 3

³ Soweit nicht die Zivilprozessordnung vom 19. Dezember 2008[90] anwendbar ist, regeln die Kantone das Verfahren.

4. Partnerschaftsgesetz vom 18. Juni 2004[91]

3. Abschnitt (Art. 35)
Aufgehoben

5. Obligationenrecht[92]

Art. 97 Abs. 2

² Für die Vollstreckung gelten die Bestimmungen des Bundesgesetzes vom 11. April 1889[93] über Schuldbetreibung und Konkurs sowie der Zivilprozessordnung vom 19. Dezember 2008[94] (ZPO).

Art. 135 Ziff. 2

Die Verjährung wird unterbrochen:

---

[90] SR **272**
[91] SR **211.231**
[92] SR **220**
[93] SR **281.1**
[94] SR **272**

2. durch Schuldbetreibung, durch Schlichtungsgesuch, durch Klage oder Einrede vor einem staatlichen Gericht oder einem Schiedsgericht sowie durch Eingabe im Konkurs.

Art. 138 Abs. 1

¹ Wird die Verjährung durch Schlichtungsgesuch, Klage oder Einrede unterbrochen, so beginnt die Verjährung von Neuem zu laufen, wenn der Rechtsstreit vor der befassten Instanz abgeschlossen ist.

Art. 139
Aufgehoben

Art. 193

¹ Die Voraussetzungen und Wirkungen der Streitverkündung richten sich nach der ZPO[95].

2. Verfahren
a. Streitverkündung

² Ist die Streitverkündung ohne Veranlassung des Verkäufers unterblieben, so wird dieser von der Verpflichtung zur Gewährleistung insoweit befreit, als er zu beweisen vermag, dass bei rechtzeitig erfolgter Streitverkündung ein günstigeres Ergebnis des Prozesses zu erlangen gewesen wäre.

Art. 259i

Das Verfahren richtet sich nach der ZPO[96].

c. Verfahren

Art. 273 Randtitel und Abs. 4 und 5

⁴ Das Verfahren vor der Schlichtungsbehörde richtet sich nach der ZPO[97].

C. Fristen und Verfahren

⁵ Weist die zuständige Behörde ein Begehren des Mieters betreffend Anfechtung der Kündigung ab, so prüft sie von Amtes wegen, ob das Mietverhältnis erstreckt werden kann.

---

[95] SR **272**
[96] SR **272**
[97] SR **272**

Vierter Abschnitt (Art. 274–274g)
Aufgehoben

Art. 276a Abs. 2

² Im Übrigen gilt das Obligationenrecht mit Ausnahme der Bestimmungen über die Pacht von Wohn- und Geschäftsräumen.

Art. 301

Q. Verfahren Das Verfahren richtet sich nach der ZPO[98].

Art. 331e Abs. 6

⁶ Werden Ehegatten vor Eintritt eines Vorsorgefalles geschieden, so gilt der Vorbezug als Freizügigkeitsleistung und wird nach den Artikeln 122 und 123 des Zivilgesetzbuches[99], nach Artikel 280 ZPO[100] und Artikel 22 des Freizügigkeitsgesetzes vom 17. Dezember 1993[101] geteilt. Die gleiche Regelung gilt bei gerichtlicher Auflösung einer eingetragenen Partnerschaft.

Art. 343
Aufgehoben

Art. 396 Abs. 3

³ Einer besonderen Ermächtigung bedarf der Beauftragte, wenn es sich darum handelt, einen Vergleich abzuschliessen, ein Schiedsgericht anzunehmen, wechselrechtliche Verbindlichkeiten einzugehen, Grundstücke zu veräussern oder zu belasten oder Schenkungen zu machen.

Art. 697 Abs. 4

⁴ Wird die Auskunft oder die Einsicht ungerechtfertigterweise verweigert, so ordnet das Gericht sie auf Antrag an.

---

[98] SR **272**
[99] SR **210**
[100] SR **272**
[101] SR **831.42**

Art. 697h Abs. 2 zweiter Satz, 706a Abs. 3, 756 Abs. 2, 957 Abs. 4 und 963

Aufgehoben

Art. 1165 Abs. 3 und 4

³ Entspricht der Schuldner diesem Begehren nicht, so kann das Gericht die Gesuchsteller ermächtigen, von sich aus eine Gläubigerversammlung einzuberufen. Zwingend zuständig ist das Gericht am gegenwärtigen oder letzten Sitz des Schuldners in der Schweiz.

⁴ Hat oder hatte der Schuldner nur eine Niederlassung in der Schweiz, so ist das Gericht am Ort dieser Niederlassung zwingend zuständig.

6. Bundesgesetz vom 28. März 1905[102] über die Haftpflicht der Eisenbahn- und Dampfschifffahrtsunternehmungen und der Schweizerischen Post

Art. 20 und 22

Aufgehoben

7. Bundesgesetz vom 4. Oktober 1985[103] über die landwirtschaftliche Pacht

Art. 1 Abs. 4

⁴ Soweit dieses Gesetz nicht anwendbar ist oder keine besondern Vorschriften enthält, gilt das Obligationenrecht, mit Ausnahme der Bestimmungen über die Pacht von Wohn- und Geschäftsräumen und über die Hinterlegung des Pachtzinses.

Art. 47 Verfahren

Soweit dieses Gesetz das verwaltungsrechtliche Verfahren nicht regelt, ordnen es die Kantone; für zivilrechtliche Klagen gelten

---

[102] SR **221.112.742**
[103] SR **221.213.2**

die Bestimmungen der Zivilprozessordnung vom 19. Dezember 2008[104].

Art. 48
Aufgehoben

8. Versicherungsvertragsgesetz vom 2. April 1908[105]

Art. 13 Abs. 1
Aufgehoben

9. Urheberrechtsgesetz vom 9. Oktober 1992[106]

Art. 64
Aufgehoben

Art. 65   Vorsorgliche Massnahmen

Ersucht eine Person um die Anordnung vorsorglicher Massnahmen, so kann sie insbesondere verlangen, dass das Gericht Massnahmen anordnet:

a. zur Beweissicherung;
b. zur Ermittlung der Herkunft widerrechtlich hergestellter oder in Verkehr gebrachter Gegenstände;
c. zur Wahrung des bestehenden Zustandes; oder
d. zur vorläufigen Vollstreckung von Unterlassungs- und Beseitigungsansprüchen.

---

[104] SR ...; BBl **2009** 21
[105] SR **221.229.1**
[106] SR **231.1**

10. Markenschutzgesetz vom 28. August 1992[107]

Art. 42

Wer an einem Verwaltungsverfahren nach diesem Gesetz beteiligt ist und in der Schweiz keinen Wohnsitz oder Sitz hat, muss eine hier niedergelassene Vertretung bestellen.

Art. 58
Aufgehoben

Art. 59   Vorsorgliche Massnahmen

Ersucht eine Person um die Anordnung vorsorglicher Massnahmen, so kann sie insbesondere verlangen, dass das Gericht Massnahmen anordnet:
 a. zur Beweissicherung;
 b. zur Ermittlung der Herkunft widerrechtlich mit der Marke oder der Herkunftsangabe versehener Gegenstände;
 c. zur Wahrung des bestehenden Zustandes; oder
 d. zur vorläufigen Vollstreckung von Unterlassungs- und Beseitigungsansprüchen.

11. Designgesetz vom 5. Oktober 2001[108]

Art. 18

Wer an einem Verwaltungsverfahren nach diesem Gesetz beteiligt ist und in der Schweiz keinen Wohnsitz oder Sitz hat, muss eine hier niedergelassene Vertretung bestellen.

Art. 37
Aufgehoben

---

[107] SR **232.11**
[108] SR **232.12**

Art. 38 Vorsorgliche Massnahmen

Ersucht eine Person um die Anordnung vorsorglicher Massnahmen, so kann sie insbesondere verlangen, dass das Gericht Massnahmen anordnet:

  a. zur Beweissicherung;
  b. zur Ermittlung der Herkunft widerrechtlich hergestellter Gegenstände;
  c. zur Wahrung des bestehenden Zustandes; oder
  d. zur vorläufigen Vollstreckung von Unterlassungs- und Beseitigungsansprüchen.

12. Patentgesetz vom 25. Juni 1954[109]

Art. 13 Abs. 1 Einleitungssätze

¹ Wer in der Schweiz keinen Wohnsitz hat, muss einen Vertreter mit Zustelldomizil in der Schweiz bestellen, der ihn in Verfahren nach diesem Gesetz vor den Verwaltungsbehörden vertritt. Keiner Vertretung bedürfen jedoch:

Art. 73 Abs. 2 und 76
Aufgehoben

Art. 77

Vorsorgliche Massnahmen

Ersucht eine Person um die Anordnung vorsorglicher Massnahmen, so kann sie insbesondere verlangen, dass das Gericht anordnet:

  a. eine genaue Beschreibung:
     1. der angeblich widerrechtlich angewendeten Verfahren,
     2. der hergestellten Erzeugnisse und der zur Herstellung dienenden Einrichtungen und Geräte; oder
  b. die Beschlagnahme dieser Gegenstände.

Art. 79 und 80
Aufgehoben

---

[109] SR **232.14**

Anhang 1 ZPO

13. Sortenschutzgesetz vom 20. März 1975[110]

Art. 3   Auslandswohnsitz
Wer in der Schweiz weder Wohnsitz noch Sitz hat, muss eine in der Schweiz niedergelassene Vertretung bestellen, die ihn in Verfahren nach diesem Gesetz vor den Verwaltungsbehörden vertritt.

Art. 39, 40 und 42
Aufgehoben

Art. 43   Vorsorgliche Massnahmen
Ersucht eine Person um die Anordnung vorsorglicher Massnahmen, so kann sie insbesondere verlangen, dass das Gericht Massnahmen anordnet:
a. zur Beweissicherung;
b. zur Ermittlung der Herkunft von Material, das mit der Sortenbezeichnung einer in der Schweiz geschützten Sorte versehen ist;
c. zur Wahrung des bestehenden Zustandes; oder
d. zur vorläufigen Vollstreckung von Unterlassungs- und Beseitigungsansprüchen.

14. Bundesgesetz vom 19. Juni 1992[111] **über den Datenschutz**

Art. 15   Rechtsansprüche
¹ Klagen zum Schutz der Persönlichkeit richten sich nach den Artikeln 28, 28a sowie 28l des Zivilgesetzbuchs[112]. Die klagende Partei kann insbesondere verlangen, dass die Datenbearbeitung gesperrt wird, keine Daten an Dritte bekannt gegeben oder die Personendaten berichtigt oder vernichtet werden.
² Kann weder die Richtigkeit noch die Unrichtigkeit von Personendaten dargetan werden, so kann die klagende Partei verlan-

---
[110] SR **232.16**
[111] SR **235.1**
[112] SR **210**

gen, dass bei den Daten ein entsprechender Vermerk angebracht wird.

³ Die klagende Partei kann zudem verlangen, dass die Berichtigung, die Vernichtung, die Sperre, namentlich die Sperre der Bekanntgabe an Dritte, der Vermerk über die Bestreitung oder das Urteil Dritten mitgeteilt oder veröffentlicht wird.

⁴ Über Klagen zur Durchsetzung des Auskunftsrechts entscheidet das Gericht im vereinfachten Verfahren nach der Zivilprozessordnung vom 19. Dezember 2008[113].

15. Bundesgesetz vom 19. Dezember 1986[114] gegen den unlauteren Wettbewerb

Gliederungstitel vor Art. 9

2. Abschnitt: Prozessrechtliche Bestimmungen

Art. 9 Sachüberschrift
Klageberechtigung

Art. 10 Sachüberschrift
Klageberechtigung von Kunden und Organisationen sowie des Bundes

Gliederungstitel vor Art. 12
Aufgehoben

Art. 12, 13, 13a Abs. 2, 14 und 15
Aufgehoben

16. Kartellgesetz vom 6. Oktober 1995[115]

Art. 14, 16 und 17
Aufgehoben

---

[113] SR **241**
[114] SR **241**
[115] SR **251**

17. Bundesgesetz vom 11. April 1889[116] über Schuldbetreibung und Konkurs

Ersatz von Ausdrücken

[1] In Artikel 8a Absatz 3 Buchstabe a wird der Ausdruck «Urteils» durch «gerichtlichen Entscheids» ersetzt.

[2] In den Artikeln 153a Absatz 2, 271 Absatz 1 Ziffer 4 und 279 Absätze 2 und 4 wird der Ausdruck «Urteil» durch «Entscheid» ersetzt, unter allfälliger Anpassung der grammatischen Form.

Art. 15 Abs. 4 und 5

[4] *Aufgehoben*

[5] Er koordiniert die elektronische Kommunikation zwischen den Betreibungs- und Konkursämtern, den Grundbuch- und Handelsregisterämtern, den Gerichten und dem Publikum.

Art. 25 und 29

Aufgehoben

Art. 31

Für die Berechnung, die Einhaltung und den Lauf der Fristen gelten die Bestimmungen der Zivilprozessordnung vom 19. Dezember 2008[117] (ZPO), sofern dieses Gesetz nichts anderes bestimmt.

A. Fristen
1. Im Allgemeinen

Art. 32 Abs. 1, 2 und 3

[1] *Aufgehoben*

[2] Eine Frist ist auch dann gewahrt, wenn vor ihrem Ablauf ein unzuständiges Betreibungs- oder Konkursamt angerufen wird; dieses überweist die Eingabe unverzüglich dem zuständigen Amt.

[3] *Aufgehoben*

---

[116] SR **281.1**
[117] SR **272**

Art. 33a

A^bis. Elektronische Eingaben

¹ Eingaben können den Betreibungs- und Konkursämtern und den Aufsichtsbehörden elektronisch eingereicht werden.

² Das Dokument, das die Eingabe und die Beilagen enthält, muss mit einer anerkannten elektronischen Signatur der Absenderin oder des Absenders versehen sein. Der Bundesrat bestimmt die Einzelheiten.

³ Die Betreibungs- und Konkursämter und die Aufsichtsbehörden können verlangen, dass die Eingabe und die Beilagen in Papierform nachgereicht wird.

Art. 34

B. Zustellung
1. Schriftlich und elektronisch

¹ Die Zustellung von Mitteilungen, Verfügungen und Entscheiden der Betreibungs- und Konkursämter sowie der Aufsichtsbehörden erfolgen durch eingeschriebene Postsendung oder auf andere Weise gegen Empfangsbestätigung, sofern dieses Gesetz nichts anderes bestimmt.

² Mit dem Einverständnis der betroffenen Person kann die Zustellung elektronisch erfolgen. Der Bundesrat bestimmt die Einzelheiten.

Art. 56

A. Grundsätze

¹ Ausser im Arrestverfahren oder wenn es sich um unaufschiebbare Massnahmen zur Erhaltung von Vermögensgegenständen handelt, dürfen Betreibungshandlungen nicht vorgenommen werden:

a. in den geschlossenen Zeiten, nämlich zwischen 20 Uhr und 7 Uhr sowie an Sonntagen und staatlich anerkannten Feiertagen;

b. während der Betreibungsferien, nämlich:
   1. vom siebten Tag vor Ostern bis und mit dem siebten Tag nach Ostern,
   2. vom 15. Juli bis und mit dem 15. August,
   3. vom 18. Dezember bis und mit dem 2. Januar;

c. gegen einen Schuldner, dem der Rechtsstillstand (Art. 57–62) gewährt ist.

² In der Wechselbetreibung gibt es keine Betreibungsferien.

Art. 79

Ein Gläubiger, gegen dessen Betreibung Rechtsvorschlag erhoben worden ist, hat seinen Anspruch im Zivilprozess oder im Verwaltungsverfahren geltend zu machen. Er kann die Fortsetzung der Betreibung nur aufgrund eines vollstreckbaren Entscheids erwirken, der den Rechtsvorschlag ausdrücklich beseitigt.

D. Beseitigung des Rechtsvorschlages
1. Im Zivilprozess oder im Verwaltungsverfahren

Art. 80 Abs. 1 sowie 2 Einleitungssatz und Ziff. 1bis, 2 und 3

¹ Beruht die Forderung auf einem vollstreckbaren gerichtlichen Entscheid, so kann der Gläubiger beim Richter die Aufhebung des Rechtsvorschlags (definitive Rechtsöffnung) verlangen.

² Gerichtlichen Entscheiden gleichgestellt sind:

1bis. vollstreckbare öffentliche Urkunden nach den Artikeln 347–352 ZPO[118];
2. Verfügungen schweizerischer Verwaltungsbehörden;
3. Aufgehoben

Art. 81

¹ Beruht die Forderung auf einem vollstreckbaren Entscheid eines schweizerischen Gerichts oder einer schweizerischen Verwaltungsbehörde, so wird die definitive Rechtsöffnung erteilt, wenn nicht der Betriebene durch Urkunden beweist, dass die Schuld seit Erlass des Entscheids getilgt oder gestundet worden ist, oder die Verjährung anruft.

b. Einwendungen

² Beruht die Forderung auf einer vollstreckbaren öffentlichen Urkunde, so kann der Betriebene weitere Einwendungen gegen die Leistungspflicht geltend machen, sofern sie sofort beweisbar sind.

³ Ist ein Entscheid in einem andern Staat ergangen, so kann der Betriebene überdies die Einwendungen geltend machen, die im betreffenden Staatsvertrag oder, wenn ein solcher fehlt, im Bun-

---

[118] SR **272**

desgesetz vom 18. Dezember 1987[119] über das Internationale Privatrecht vorgesehen sind.

Art. 85a Randtitel und Abs. 4

2. Im ordentlichen und im vereinfachten Verfahren

[4] Aufgehoben

Art. 86 Abs. 1

[1] Wurde der Rechtsvorschlag unterlassen oder durch Rechtsöffnung beseitigt, so kann derjenige, welcher infolgedessen eine Nichtschuld bezahlt hat, innerhalb eines Jahres nach der Zahlung auf dem Prozesswege den bezahlten Betrag zurückfordern.

Art. 109 Abs. 4 zweiter Satz, 111 Abs. 5 zweiter Satz und 148 Abs. 2

Aufgehoben

Art. 174

4. Beschwerde

[1] Der Entscheid des Konkursgerichts kann innert zehn Tagen mit Beschwerde nach der ZPO[120] angefochten werden. Die Parteien können dabei neue Tatsachen geltend machen, wenn diese vor dem erstinstanzlichen Entscheid eingetreten sind.

[2] Die Rechtsmittelinstanz kann die Konkurseröffnung aufheben, wenn der Schuldner seine Zahlungsfähigkeit glaubhaft macht und durch Urkunden beweist, dass inzwischen:

1. die Schuld, einschliesslich der Zinsen und Kosten, getilgt ist;
2. der geschuldete Betrag bei der Rechtsmittelinstanz zuhanden des Gläubigers hinterlegt ist; oder
3. der Gläubiger auf die Durchführung des Konkurses verzichtet.

[3] Wird der Beschwerde aufschiebende Wirkung gewährt, sind zum Schutz der Gläubiger die notwendigen vorsorglichen Massnahmen zu treffen.

---

[119] SR **291**
[120] SR **272**

Art. 185

¹ Der Entscheid über die Bewilligung des Rechtsvorschlages kann innert fünf Tagen mit Beschwerde nach der ZPO[121] angefochten werden.

7. Rechtsmitte

Art. 250 Abs. 3

Aufgehoben

Art. 265a Abs. 1 und 4

¹ Erhebt der Schuldner Rechtsvorschlag mit der Begründung, er sei nicht zu neuem Vermögen gekommen, so legt das Betreibungsamt den Rechtsvorschlag dem Richter des Betreibungsortes vor. Dieser hört die Parteien an und entscheidet; gegen den Entscheid ist kein Rechtsmittel zulässig.

⁴ Der Schuldner und der Gläubiger können innert 20 Tagen nach der Eröffnung des Entscheides über den Rechtsvorschlag beim Richter des Betreibungsortes Klage auf Bestreitung oder Feststellung des neuen Vermögens einreichen.

Art. 278 Abs. 3

³ Der Einspracheentscheid kann mit Beschwerde nach der ZPO[122] angefochten werden. Vor der Rechtsmittelinstanz können neue Tatsachen geltend gemacht werden.

Art. 284 dritter Satz

… Über streitige Fälle entscheidet der Richter.

Art. 294 Randtitel sowie Abs. 3 und 4

³ Der Schuldner und der gesuchstellende Gläubiger können den Entscheid des Nachlassgerichts mit Beschwerde nach der ZPO[123] anfechten.

2. Ladung, Entscheid und Beschwerde

⁴ Soweit der Entscheid die Ernennung des Sachwalters betrifft, ist jeder Gläubiger zur Beschwerde legitimiert.

---

[121] SR **272**
[122] SR **272**
[123] SR **272**

Anhang 1 ZPO

Art. 307

3. Beschwerde — Der Entscheid über den Nachlassvertrag kann mit Beschwerde nach der ZPO[124] angefochten werden.

Art. 340 Randtitel sowie Abs. 1 und 3

3. Beschwerde — [1] Der Schuldner und jeder Gläubiger können den Entscheid mit Beschwerde nach der ZPO[125] anfechten.

[3] Eine vom Nachlassgericht bewilligte Notstundung besitzt Wirksamkeit bis zum endgültigen Entscheid der Rechtsmittelinstanz.

Art. 348 Abs. 2 zweiter Satz

[2] ... Das Nachlassgericht entscheidet nach Vornahme der allfällig noch notwendigen Erhebungen auf Grund der Akten, ebenso die Rechtsmittelinstanz im Fall der Beschwerde. ...

18. Bundesgesetz vom 18. Dezember 1987[126] über das Internationale Privatrecht

Art. 10

IX. Vorsorgliche Massnahmen — Zuständig zur Anordnung vorsorglicher Massnahmen sind:
a. die schweizerischen Gerichte oder Behörden, die in der Hauptsache zuständig sind; oder
b. die schweizerischen Gerichte und Behörden am Ort, an dem die Massnahme vollstreckt werden soll.

Art. 11

X. Rechtshilfe
1. Vermittlung der Rechtshilfe — Die Rechtshilfe zwischen der Schweiz und anderen Staaten wird durch das Bundesamt für Justiz vermittelt.

Art. 11a

2. Anwendbares Recht — [1] Rechtshilfehandlungen, die in der Schweiz durchzuführen sind, werden nach schweizerischem Recht vorgenommen.

---

[124] SR **272**
[125] SR **272**
[126] SR **291**

² Auf Begehren der ersuchenden Behörde können auch ausländische Verfahrensformen angewendet oder berücksichtigt werden, wenn es für die Durchsetzung eines Rechtsanspruchs im Ausland notwendig ist und nicht wichtige Gründe auf Seiten des Betroffenen entgegenstehen.

³ Die schweizerischen Gerichte oder Behörden können Urkunden nach einer Form des ausländischen Rechts ausstellen oder einem Gesuchsteller die eidesstattliche Erklärung abnehmen, wenn eine Form nach schweizerischem Recht im Ausland nicht anerkannt wird und deshalb ein schützenswerter Rechtsanspruch dort nicht durchgesetzt werden könnte.

⁴ Bei Rechtshilfeersuchen um Zustellung oder um Beweiserhebung in die Schweiz und aus der Schweiz ist die Haager Übereinkunft vom 1. März 1954[127] betreffend Zivilprozessrecht anwendbar.

Art. 11b

Der Kostenvorschuss und die Sicherheit für die Parteientschädigung richten sich nach der Zivilprozessordnung vom 19. Dezember 2008[128] (ZPO).

3. Kostenvorschuss und Sicherheit für die Parteientschädigung

Art. 11c

Den Personen mit Wohnsitz im Ausland wird die unentgeltliche Rechtspflege unter den gleichen Voraussetzungen gewährt wie den Personen mit Wohnsitz in der Schweiz.

4. Unentgeltliche Rechtspflege

Art. 12

Aufgehoben

Art. 151 Abs. 4

⁴ Für Stimmrechtssuspendierungsklagen nach dem Börsengesetz vom 24. März 1995[129] sind die schweizerischen Gerichte am Sitz der Zielgesellschaft zuständig.

---

[127] SR **0.274.12**
[128] SR **272**
[129] SR **954.1**

Art. 176 Abs. 2

² Die Parteien können die Geltung dieses Kapitels durch eine ausdrückliche Erklärung in der Schiedsvereinbarung oder in einer späteren Übereinkunft ausschliessen und die Anwendung des dritten Teils der ZPO[130] vereinbaren.

Art. 179 Abs. 2

² Fehlt eine solche Vereinbarung, so kann der Richter am Sitz des Schiedsgerichts angerufen werden; er wendet sinngemäss die Bestimmungen der ZPO[131] über die Ernennung, Abberufung oder Ersetzung der Mitglieder des Schiedsgerichts an.

19. Kernenergiehaftpflichtgesetz vom 18. März 1983[132]

Art. 23 und 25

Aufgehoben

Art. 26 Abs. 1

¹ Das Gericht stellt den Sachverhalt von Amtes wegen fest. Es ist an die Begehren der Parteien nicht gebunden.

20. Kernenergiehaftpflichtgesetz vom 13. Juni 2008[133]

Art. 21

Aufgehoben

Art. 22 Abs. 1

¹ Das Gericht stellt den Sachverhalt von Amtes wegen fest. Es ist an die Begehren der Parteien nicht gebunden.

---

[130] SR **272**
[131] SR **272**
[132] SR **732.44**
[133] SR ...; BBl **2008** 5339 5341

21. Strassenverkehrsgesetz vom 19. Dezember 1958[134]

Art. 86
Aufgehoben

22. Bundesgesetz vom 28. September 1923[135] über das Schiffsregister

Art. 37 und 52
Aufgehoben

23. Bundesgesetz vom 3. Oktober 1975[136] über die Binnenschifffahrt

7. Kapitel (Art. 39)
Aufgehoben

24. Seeschifffahrtsgesetz vom 23. September 1953[137]

Art. 16
Aufgehoben

25. Luftfahrtgesetz vom 21. Dezember 1948[138]

Art. 67 und 82–84
Aufgehoben

---

[134] SR **741.01**
[135] SR **747.11**
[136] SR **747.201**
[137] SR **747.30**
[138] SR **748.0**

26. Bundesgesetz vom 7. Oktober 1959[139] über das Luftfahrzeugbuch

Gliederungstitel vor Art. 61

Fünfter Abschnitt: Strafbestimmungen

Art. 61 und 62
Aufgehoben

27. Mitwirkungsgesetz vom 17. Dezember 1993[140]

Art. 15 Abs. 3
Aufgehoben

28. Arbeitsvermittlungsgesetz vom 6. Oktober 1989[141]

2. Kapitel 3. Abschnitt (Art. 10) und 3. Kapitel 3. Abschnitt (Art. 23)
Aufgehoben

29. Bundesgesetz vom 25. Juni 1982[142] über die berufliche Alters-, Hinterlassenen- und Invalidenvorsorge

Art. 30c Abs. 6

[6] Werden Ehegatten vor Eintritt eines Vorsorgefalles geschieden, so gilt der Vorbezug als Freizügigkeitsleistung und wird nach den Artikeln 122 und 123 des Zivilgesetzbuches[143], nach Artikel 280 der Zivilprozessordnung vom 19. Dezember 2008[144] und Artikel 22 FZG[145] geteilt.

---

[139] SR **748.217.1**
[140] SR **822.14**
[141] SR **823.11**
[142] SR **831.40**
[143] SR **210**
[144] SR **272**
[145] SR **831.42**

30. Freizügigkeitsgesetz vom 17. Dezember 1993[146]

Art. 22 Abs. 1

¹ Bei Ehescheidung werden die für die Ehedauer zu ermittelnden Austrittsleistungen nach den Artikeln 122 und 123 des Zivilgesetzbuches[147] (ZGB) sowie den Artikeln 280 und 281 der Zivilprozessordnung vom 19. Dezember 2008[148] (ZPO) geteilt; die Artikel 3–5 sind auf den zu übertragenden Betrag sinngemäss anwendbar.

Art. 25a Abs. 1

¹ Können sich die Ehegatten über die bei der Ehescheidung zu übertragende Austrittsleistung (Art. 122, 123 ZGB[149]) nicht einigen, so hat das am Ort der Scheidung nach Artikel 73 Absatz 1 des BVG[150] zuständige Gericht gestützt auf den vom Scheidungsgericht bestimmten Teilungsschlüssel die Teilung von Amtes wegen durchzuführen, nachdem ihm die Streitsache überwiesen worden ist (Art. 281 Abs. 3 ZPO[151]).

31. Versicherungsaufsichtsgesetz vom 17. Dezember 2004[152]

Art. 85 Abs. 2 und 3
Aufgehoben

---

[146] SR **831.42**
[147] SR **210**
[148] SR **272**
[149] SR **210**
[150] SR **831.40**
[151] SR **272**
[152] SR **961.01**

Anhang 2
(Art. 403)

Koordinationsbestimmungen

1. Koordination der Zivilprozessordnung mit dem neuen Kernenergiehaftpflichtgesetz

Unabhängig davon, ob das Kernenergiehaftpflichtgesetz vom 13. Juni 2008[153] (neues KHG) oder die Zivilprozessordnung vom 19. Dezember 2008 (ZPO) zuerst in Kraft tritt, wird mit Inkrafttreten des später in Kraft tretenden Gesetzes sowie bei gleichzeitigem Inkrafttreten die ZPO wie folgt geändert:

Art. 5 Abs. 1 Bst. e

¹ Das kantonale Recht bezeichnet das Gericht, welches als einzige kantonale Instanz zuständig ist für:
   e. Streitigkeiten nach dem Kernenergiehaftpflichtgesetz vom 13. Juni 2008[154];

Art. 38a   Nuklearschäden

¹ Für Klagen aus nuklearen Ereignissen ist zwingend das Gericht des Kantons zuständig, auf dessen Gebiet das Ereignis eingetreten ist.

² Kann dieser Kanton nicht mit Sicherheit bestimmt werden, so ist zwingend das Gericht des Kantons zuständig, in welchem die Kernanlage des haftpflichtigen Inhabers gelegen ist.

³ Bestehen nach diesen Regeln mehrere Gerichtsstände, so ist zwingend das Gericht des Kantons zuständig, der die engste Verbindung zum Ereignis aufweist und am meisten von seinen Auswirkungen betroffen ist.

---

[153] SR **732.44**; BBl **2008** 5341
[154] SR **732.44**; BBl **2008** 5341

2. Koordination von Ziffer 19 des Anhangs 1 mit dem neuen KHG

Unabhängig davon, ob das neue KHG[155] oder die ZPO zuerst in Kraft tritt, wird mit Inkrafttreten des später in Kraft tretenden Gesetzes sowie bei gleichzeitigem Inkrafttreten Ziffer 19 des Anhangs 1 der ZPO gegenstandslos und das neue KHG wird gemäss Ziffer 20 des Anhangs 1 der ZPO geändert.

3. Koordination mit der Änderung vom 19. Dezember 2008 des ZGB (Erwachsenenschutz, Personenrecht und Kindesrecht)

Unabhängig davon, ob die Änderung vom 19. Dezember 2008[156] des ZGB (Erwachsenenschutz, Personenrecht und Kindesrecht) oder die ZPO zuerst in Kraft tritt, wird mit Inkrafttreten des später in Kraft tretenden Gesetzes sowie bei gleichzeitigem Inkrafttreten die ZPO wie folgt geändert:

Art. 69 Abs. 2

² Das Gericht benachrichtigt die Erwachsenen- und Kindesschutzbehörde, wenn es Schutzmassnahmen für geboten hält.

Art. 160 Abs. 2 erster Satz

² Über die Mitwirkungspflicht einer minderjährigen Person entscheidet das Gericht nach seinem Ermessen. ...

Art. 165 Abs. 1 Bst. e

¹ Jede Mitwirkung können verweigern:
   e. die für eine Partei zur Vormundschaft oder zur Beistandschaft eingesetzte Person.

Art. 249 Bst. a und b

Das summarische Verfahren gilt insbesondere für folgende Angelegenheiten:

---

[155] SR **732.44**; BBl **2008** 5341
[156] SR **210**; BBl **2009** 141

a. Personenrecht:
   1. Fristansetzung zur Genehmigung von Rechtsgeschäften einer minderjährigen Person oder einer Person unter umfassender Beistandschaft (Art. 19*a* ZGB),
   2. Anspruch auf Gegendarstellung (Art. 28*l* ZGB),
   3. Verschollenerklärung (Art. 35–38 ZGB),
   4. Bereinigung einer Eintragung im Zivilstandsregister (Art. 42 ZGB);
b. Aufgehoben

Art. 299 Abs. 2 Bst. b

² Es prüft die Anordnung der Vertretung insbesondere, wenn:
   b. die Kindesschutzbehörde oder ein Elternteil eine Vertretung beantragen;

Inhaltsübersicht SchKG

1. Titel:	**Allgemeine Bestimmungen**	169
I.	Organisation	169
II.	Verschiedene Vorschriften	178
2. Titel:	**Schuldbetreibung**	181
I.	Arten der Schuldbetreibung	181
II.	Ort der Betreibung	184
III.	Geschlossene Zeiten, Betreibungsferien und Rechtsstillstand	186
IV.	Zustellung der Betreibungsurkunden	190
V.	Anhebung der Betreibung	192
VI.	Betreibung eines in Gütergemeinschaft lebenden Ehegatten	193
VII.	Betreibung bei gesetzlicher Vertretung oder Beistandschaft	194
VIII.	Zahlungsbefehl und Rechtsvorschlag	195
3. Titel:	**Betreibung auf Pfändung**	202
I.	Pfändung	202
II.	Verwertung	214
4. Titel:	**Betreibung auf Pfandverwertung**	226
5. Titel:	**Betreibung auf Konkurs**	230
I.	Ordentliche Konkursbetreibung	230
II.	Wechselbetreibung	235
III.	Konkurseröffnung ohne vorgängige Betreibung	239
IV.	Widerruf des Konkurses	240
6. Titel:	**Konkursrecht**	241
I.	Wirkungen des Konkurses auf das Vermögen des Schuldners	241

II.	Wirkungen des Konkurses auf die Rechte der Gläubiger	244

7. Titel: Konkursverfahren — 251

I.	Feststellung der Konkursmasse und Bestimmung des Verfahrens	251
II.	Schuldenruf	256
III.	Verwaltung	257
IV.	Erwahrung der Konkursforderungen. Kollokation der Gläubiger	260
V.	Verwertung	262
VI.	Verteilung	265
VII.	Schluss des Konkursverfahrens	268

8. Titel: Arrest — 269

9. Titel: Besondere Bestimmungen über Miete und Pacht — 273

9. Titel[bis]: Besondere Bestimmungen bei Trustverhältnissen — 274

10. Titel: Anfechtung — 275

11. Titel: Nachlassverfahren — 278

I.	Nachlassstundung	278
II.	Allgemeine Bestimmungen über den Nachlassvertrag	283
III.	Ordentlicher Nachlassvertrag	286
IV.	Nachlassvertrag mit Vermögensabtretung	287
V.	Nachlassvertrag im Konkurs	293
VI.	Einvernehmliche private Schuldenbereinigung	293

12. Titel: Notstundung — 294

13. Titel: Schlussbestimmungen 300

I. Schlussbestimmungen der Änderung vom 16. Dezember 1994 301

II. Schlussbestimmung zur Änderung vom 24. März 2000 302

III. Schlussbestimmung der Änderung vom 19. Dezember 2003 302

IV. Schlussbestimmung zur Änderung vom 17. Juni 2005 302

Bundesgesetz
über Schuldbetreibung und Konkurs
(SchKG)

vom 11. April 1889 (Stand am 1. Januar 2010)

Die Bundesversammlung der Schweizerischen Eidgenossenschaft,

gestützt auf Artikel 64 der Bundesverfassung,

beschliesst:

1. Titel: Allgemeine Bestimmungen
I. Organisation

Art. 1

¹ Das Gebiet jedes Kantons bildet für die Durchführung der Schuldbetreibungen und der Konkurse einen oder mehrere Kreise. — A. Betreibungs- und Konkurskreise

² Die Kantone bestimmen die Zahl und die Grösse dieser Kreise.

³ Ein Konkurskreis kann mehrere Betreibungskreise umfassen.

Art. 2

¹ In jedem Betreibungskreis besteht ein Betreibungsamt, das vom Betreibungsbeamten geleitet wird. — B. Betreibungs- und Konkursämter 1. Organisation

² In jedem Konkurskreis besteht ein Konkursamt, das vom Konkursbeamten geleitet wird.

³ Jeder Betreibungs- und Konkursbeamte hat einen Stellvertreter, der ihn ersetzt, wenn er in Ausstand tritt oder an der Leitung des Amtes verhindert ist.

⁴ Das Betreibungs- und das Konkursamt können zusammengelegt und vom gleichen Beamten geleitet werden.

Art. 3 SchKG

⁵ Die Kantone bestimmen im Übrigen die Organisation der Betreibungs- und der Konkursämter.

Art. 3

2. Besoldung

Die Besoldung der Betreibungs- und der Konkursbeamten sowie ihrer Stellvertreter ist Sache der Kantone.

Art. 4

C. Rechtshilfe

¹ Die Betreibungs- und die Konkursämter nehmen auf Verlangen von Ämtern, ausseramtlichen Konkursverwaltungen, Sachwaltern und Liquidatoren eines andern Kreises Amtshandlungen vor.

² Mit Zustimmung des örtlich zuständigen Amtes können Betreibungs- und Konkursämter, ausseramtliche Konkursverwaltungen, Sachwalter und Liquidatoren auch ausserhalb ihres Kreises Amtshandlungen vornehmen. Für die Zustellung von Betreibungsurkunden anders als durch die Post sowie für die Pfändung, die öffentliche Versteigerung und den Beizug der Polizei ist jedoch allein das Amt am Ort zuständig, wo die Handlung vorzunehmen ist.

Art. 5

D. Haftung
1. Grundsatz

¹ Der Kanton haftet für den Schaden, den die Beamten und Angestellten, ihre Hilfspersonen, die ausseramtlichen Konkursverwaltungen, die Sachwalter, die Liquidatoren, die Aufsichts- und Gerichtsbehörden sowie die Polizei bei der Erfüllung der Aufgaben, die ihnen dieses Gesetz zuweist, widerrechtlich verursachen.

² Der Geschädigte hat gegenüber dem Fehlbaren keinen Anspruch.

³ Für den Rückgriff des Kantons auf die Personen, die den Schaden verursacht haben, ist das kantonale Recht massgebend.

⁴ Wo die Schwere der Verletzung es rechtfertigt, besteht zudem Anspruch auf Genugtuung.

Art. 6

¹ Der Anspruch auf Schadenersatz verjährt in einem Jahr von dem Tage hinweg, an welchem der Geschädigte von der Schädigung Kenntnis erlangt hat, jedenfalls aber mit dem Ablauf von zehn Jahren von dem Tage der Schädigung an gerechnet.

² Wird jedoch der Schadenersatzanspruch aus einer strafbaren Handlung hergeleitet, für die das Strafrecht eine längere Verjährung vorschreibt, so gilt diese auch für ihn.

2. Verjährung

Art. 7

Wird eine Schadenersatzklage mit widerrechtlichem Verhalten der oberen kantonalen Aufsichtsbehörden oder des oberen kantonalen Nachlassgerichts begründet, so ist das Bundesgericht als einzige Instanz zuständig.

3. Zuständigkeit des Bundesgerichts

Art. 8

¹ Die Betreibungs- und die Konkursämter führen über ihre Amtstätigkeiten sowie die bei ihnen eingehenden Begehren und Erklärungen Protokoll; sie führen die Register.

² Die Protokolle und Register sind bis zum Beweis des Gegenteils für ihren Inhalt beweiskräftig.

³ Das Betreibungsamt berichtigt einen fehlerhaften Eintrag von Amtes wegen oder auf Antrag einer betroffenen Person.

E. Protokolle und Register 1. Führung, Beweiskraft und Berichtigung

Art. 8*a*

¹ Jede Person, die ein Interesse glaubhaft macht, kann die Protokolle und Register der Betreibungs- und der Konkursämter einsehen und sich Auszüge daraus geben lassen.

² Ein solches Interesse ist insbesondere dann glaubhaft gemacht, wenn das Auskunftsgesuch in unmittelbarem Zusammenhang mit dem Abschluss oder der Abwicklung eines Vertrages erfolgt.

³ Die Ämter geben Dritten von einer Betreibung keine Kenntnis, wenn:

a. die Betreibung nichtig ist oder aufgrund einer Beschwerde oder eines gerichtlichen Entscheids aufgehoben worden ist;

2. Einsichtsrecht

b. der Schuldner mit einer Rückforderungsklage obsiegt hat;
c. der Gläubiger die Betreibung zurückgezogen hat.

⁴ Das Einsichtsrecht Dritter erlischt fünf Jahre nach Abschluss des Verfahrens. Gerichts- und Verwaltungsbehörden können im Interesse eines Verfahrens, das bei ihnen hängig ist, weiterhin Auszüge verlangen.

Art. 9

F. Aufbewahrung von Geld oder Wertsachen

Die Betreibungs- und die Konkursämter haben Geldsummen, Wertpapiere und Wertsachen, über welche nicht binnen drei Tagen nach dem Eingange verfügt wird, der Depositenanstalt zu übergeben.

Art. 10

G. Ausstandspflicht

¹ Die Beamten und Angestellten der Betreibungs- und der Konkursämter sowie die Mitglieder der Aufsichtsbehörden dürfen keine Amtshandlungen vornehmen:
1. in eigener Sache;
2. in Sachen ihrer Ehegatten, eingetragenen Partnerinnen oder Partner oder von Personen, mit denen sie eine faktische Lebensgemeinschaft führen;

2bis. in Sachen von Verwandten und Verschwägerten in gerader Linie oder bis zum dritten Grade in der Seitenlinie;
3. in Sachen einer Person, deren gesetzliche Vertreter, Bevollmächtigte oder Angestellte sie sind;
4. in Sachen, in denen sie aus anderen Gründen befangen sein könnten.

² Der Betreibungs- oder der Konkursbeamte, der in Ausstand treten muss, übermittelt ein an ihn gerichtetes Begehren sofort seinem Stellvertreter und benachrichtigt davon den Gläubiger durch uneingeschriebenen Brief.

Art. 11

Die Beamten und Angestellten der Betreibungs- und der Konkursämter dürfen über die vom Amt einzutreibenden Forderungen oder die von ihm zu verwertenden Gegenstände keine Rechtsgeschäfte auf eigene Rechnung abschliessen. Rechtshandlungen, die gegen diese Vorschrift verstossen, sind nichtig.

H. Verbotene Rechtsgeschäfte

Art. 12

¹ Das Betreibungsamt hat Zahlungen für Rechnung des betreibenden Gläubigers entgegenzunehmen.
² Die Schuld erlischt durch die Zahlung an das Betreibungsamt.

I. Zahlungen an das Betreibungsamt

Art. 13

¹ Zur Überwachung der Betreibungs- und der Konkursämter hat jeder Kanton eine Aufsichtsbehörde zu bezeichnen.
² Die Kantone können überdies für einen oder mehrere Kreise untere Aufsichtsbehörden bestellen.

K. Aufsichtsbehörden
1. Kantonale
a. Bezeichnung

Art. 14

¹ Die Aufsichtsbehörde hat die Geschäftsführung jedes Amtes alljährlich mindestens einmal zu prüfen.
² Gegen einen Beamten oder Angestellten können folgende Disziplinarmassnahmen getroffen werden:
 1. Rüge;
 2. Geldbusse bis zu 1000 Franken;
 3. Amtseinstellung für die Dauer von höchstens sechs Monaten;
 4. Amtsentsetzung.

b. Geschäftsprüfung und Disziplinarmassnahmen

Art. 15

¹ Der Bundesrat übt die Oberaufsicht über das Schuldbetreibungs- und Konkurswesen aus und sorgt für die gleichmässige Anwendung dieses Gesetzes.

2. Bundesrat

² Er erlässt die zur Vollziehung dieses Gesetzes erforderlichen Verordnungen und Reglemente.

³ Er kann an die kantonalen Aufsichtsbehörden Weisungen erlassen und von denselben jährliche Berichte verlangen.

⁴ ...

⁵ Er koordiniert die elektronische Kommunikation zwischen den Betreibungs- und Konkursämtern, den Grundbuch- und Handelsregisterämtern, den Gerichten und dem Publikum.

Art. 16

L. Gebühren

¹ Der Bundesrat setzt den Gebührentarif fest.

² Die im Betreibungs- und Konkursverfahren errichteten Schriftstücke sind stempelfrei.

Art. 17

M. Beschwerde
1. An die Aufsichtsbehörde

¹ Mit Ausnahme der Fälle, in denen dieses Gesetz den Weg der gerichtlichen Klage vorschreibt, kann gegen jede Verfügung eines Betreibungs- oder eines Konkursamtes bei der Aufsichtsbehörde wegen Gesetzesverletzung oder Unangemessenheit Beschwerde geführt werden.

² Die Beschwerde muss binnen zehn Tagen seit dem Tage, an welchem der Beschwerdeführer von der Verfügung Kenntnis erhalten hat, angebracht werden.

³ Wegen Rechtsverweigerung oder Rechtsverzögerung kann jederzeit Beschwerde geführt werden.

⁴ Das Amt kann bis zu seiner Vernehmlassung die angefochtene Verfügung in Wiedererwägung ziehen. Trifft es eine neue Verfügung, so eröffnet es sie unverzüglich den Parteien und setzt die Aufsichtsbehörde in Kenntnis.

Art. 18

2. An die obere Aufsichtsbehörde

¹ Der Entscheid einer unteren Aufsichtsbehörde kann innert zehn Tagen nach der Eröffnung an die obere kantonale Aufsichtsbehörde weitergezogen werden.

² Wegen Rechtsverweigerung oder Rechtsverzögerung kann gegen eine untere Aufsichtsbehörde jederzeit bei der oberen kantonalen Aufsichtsbehörde Beschwerde geführt werden.

Art. 19

Die Beschwerde an das Bundesgericht richtet sich nach dem Bundesgerichtsgesetz vom 17. Juni 2005.

3. An das Bundesgericht

Art. 20

Bei der Wechselbetreibung betragen die Fristen für Anhebung der Beschwerde und Weiterziehung derselben bloss fünf Tage; die Behörde hat die Beschwerde binnen fünf Tagen zu erledigen.

4. Beschwerdefristen bei Wechselbetreibung

Art. 20*a*

¹ ...

² Für das Verfahren vor den kantonalen Aufsichtsbehörden gelten die folgenden Bestimmungen:

5. Verfahren vor kantonalen Aufsichtsbehörden

1. Die Aufsichtsbehörden haben sich in allen Fällen, in denen sie in dieser Eigenschaft handeln, als solche und gegebenenfalls als obere oder untere Aufsichtsbehörde zu bezeichnen.
2. Die Aufsichtsbehörde stellt den Sachverhalt von Amtes wegen fest. Sie kann die Parteien zur Mitwirkung anhalten und braucht auf deren Begehren nicht einzutreten, wenn sie die notwendige und zumutbare Mitwirkung verweigern.
3. Die Aufsichtsbehörde würdigt die Beweise frei; unter Vorbehalt von Artikel 22 darf sie nicht über die Anträge der Parteien hinausgehen.
4. Der Beschwerdeentscheid wird begründet, mit einer Rechtsmittelbelehrung versehen und den Parteien, dem betroffenen Amt und allfälligen weiteren Beteiligten schriftlich eröffnet.
5. Die Verfahren sind kostenlos. Bei böswilliger oder mutwilliger Prozessführung können einer Partei oder ihrem Ver-

treter Bussen bis zu 1500 Franken sowie Gebühren und Auslagen auferlegt werden.

³ Im Übrigen regeln die Kantone das Verfahren.

Art. 21

6. Beschwerdeentscheid

Die Behörde, welche eine Beschwerde begründet erklärt, verfügt die Aufhebung oder die Berichtigung der angefochtenen Handlung; sie ordnet die Vollziehung von Handlungen an, deren Vornahme der Beamte unbegründetermassen verweigert oder verzögert.

Art. 22

N. Nichtige Verfügungen

¹ Verstossen Verfügungen gegen Vorschriften, die im öffentlichen Interesse oder im Interesse von am Verfahren nicht beteiligten Personen erlassen worden sind, so sind sie nichtig. Unabhängig davon, ob Beschwerde geführt worden ist, stellen die Aufsichtsbehörden von Amtes wegen die Nichtigkeit einer Verfügung fest.

² Das Amt kann eine nichtige Verfügung durch Erlass einer neuen Verfügung ersetzen. Ist bei der Aufsichtsbehörde ein Verfahren im Sinne von Absatz 1 hängig, so steht dem Amt diese Befugnis bis zur Vernehmlassung zu.

Art. 23

O. Kantonale Ausführungsbestimmungen
1. Richterliche Behörden

Die Kantone bezeichnen die richterlichen Behörden, welche für die in diesem Gesetze dem Richter zugewiesenen Entscheidungen zuständig sind.

Art. 24

2. Depositenanstalten

Die Kantone bezeichnen die Anstalten, welche gehalten sind, in den in diesem Gesetze vorgesehenen Fällen Depositen anzunehmen (Depositenanstalten). Sie haften für die von diesen Anstalten verwahrten Depositen.

Art. 25

...

Art. 26

¹ Die Kantone können, soweit nicht Bundesrecht anwendbar ist, an die fruchtlose Pfändung und die Konkurseröffnung öffentlich-rechtliche Folgen (wie Unfähigkeit zur Bekleidung öffentlicher Ämter, zur Ausübung bewilligungspflichtiger Berufe und Tätigkeiten) knüpfen. Ausgeschlossen sind die Einstellung im Stimmrecht und im aktiven Wahlrecht sowie die Publikation der Verlustscheine.

² Die Rechtsfolgen sind aufzuheben, wenn der Konkurs widerrufen wird, wenn sämtliche Verlustscheingläubiger befriedigt oder ihre Forderungen verjährt sind.

³ Kommt als einziger Gläubiger der Ehegatte, die eingetragene Partnerin oder der eingetragene Partner des Schuldners zu Verlust, so dürfen keine öffentlich-rechtlichen Folgen der fruchtlosen Pfändung oder des Konkurses ausgesprochen werden.

4. Öffentlich-rechtliche Folgen der fruchtlosen Pfändung und des Konkurses

Art. 27

¹ Die Kantone können die gewerbsmässige Vertretung der am Zwangsvollstreckungsverfahren Beteiligten regeln. Sie können insbesondere:

1. vorschreiben, dass Personen, die diese Tätigkeit ausüben wollen, ihre berufliche Fähigkeit und ihre Ehrenhaftigkeit nachweisen müssen;
2. eine Sicherheitsleistung verlangen;
3. die Entschädigungen für die gewerbsmässige Vertretung festlegen.

² Wer in einem Kanton zur gewerbsmässigen Vertretung zugelassen ist, kann die Zulassung in jedem Kanton verlangen, sofern seine berufliche Fähigkeit und seine Ehrenhaftigkeit in angemessener Weise geprüft worden sind.

5. Gewerbsmässige Vertretung

Art. 28 SchKG

³ Niemand kann verpflichtet werden, einen gewerbsmässigen Vertreter zu bestellen. Die Kosten der Vertretung dürfen nicht dem Schuldner überbunden werden.

Art. 28

P. Bekanntmachung der kantonalen Organisation

¹ Die Kantone geben dem Bundesrat die Betreibungs- und Konkurskreise, die Organisation der Betreibungs- und der Konkursämter sowie die Behörden an, die sie in Ausführung dieses Gesetzes bezeichnet haben.

² Der Bundesrat sorgt für angemessene Bekanntmachung dieser Angaben.

Art. 29

...

Art. 30

R. Besondere Vollstreckungsverfahren

¹ Dieses Gesetz gilt nicht für die Zwangsvollstreckung gegen Kantone, Bezirke und Gemeinden, soweit darüber besondere eidgenössische oder kantonale Vorschriften bestehen.

² Vorbehalten bleiben ferner die Bestimmungen anderer Bundesgesetze über besondere Zwangsvollstreckungsverfahren.

Art. 30*a*

S. Völkerrechtliche Verträge und internationales Privatrecht

Die völkerrechtlichen Verträge und die Bestimmungen des Bundesgesetzes vom 18. Dezember 1987 über das Internationale Privatrecht (IPRG) sind vorbehalten.

II. Verschiedene Vorschriften

Art. 31

A. Fristen
1. Im Allgemeinen

Für die Berechnung, die Einhaltung und den Lauf der Fristen gelten die Bestimmungen der Zivilprozessordnung vom 19. Dezember 2008 (ZPO), sofern dieses Gesetz nichts anderes bestimmt.

Art. 32

¹ ...

² Eine Frist ist auch dann gewahrt, wenn vor ihrem Ablauf ein unzuständiges Betreibungs- oder Konkursamt angerufen wird; dieses überweist die Eingabe unverzüglich dem zuständigen Amt.

³ ...

⁴ Bei schriftlichen Eingaben, die an verbesserlichen Fehlern leiden, ist Gelegenheit zur Verbesserung zu geben.

2. Einhaltung

Art. 33

¹ Die in diesem Gesetze aufgestellten Fristen können durch Vertrag nicht abgeändert werden.

² Wohnt ein am Verfahren Beteiligter im Ausland oder ist er durch öffentliche Bekanntmachung anzusprechen, so kann ihm eine längere Frist eingeräumt oder eine Frist verlängert werden.

³ Ein am Verfahren Beteiligter kann darauf verzichten, die Nichteinhaltung einer Frist geltend zu machen, wenn diese ausschliesslich in seinem Interesse aufgestellt ist.

⁴ Wer durch ein unverschuldetes Hindernis davon abgehalten worden ist, innert Frist zu handeln, kann die Aufsichtsbehörde oder die in der Sache zuständige richterliche Behörde um Wiederherstellung der Frist ersuchen. Er muss, vom Wegfall des Hindernisses an, in der gleichen Frist wie der versäumten ein begründetes Gesuch einreichen und die versäumte Rechtshandlung bei der zuständigen Behörde nachholen.

3. Änderung und Wiederherstellung

Art. 33a

¹ Eingaben können den Betreibungs- und Konkursämtern und den Aufsichtsbehörden elektronisch eingereicht werden.

² Das Dokument, das die Eingabe und die Beilagen enthält, muss mit einer anerkannten elektronischen Signatur der Absenderin oder des Absenders versehen sein. Der Bundesrat bestimmt die Einzelheiten.

A^{bis}. Elektronische Eingaben

Art. 34 SchKG

³ Die Betreibungs- und Konkursämter und die Aufsichtsbehörden können verlangen, dass die Eingabe und die Beilagen in Papierform nachgereicht wird.

Art. 34

B. Zustellung
1. Schriftlich und elektronisch

¹ Die Zustellung von Mitteilungen, Verfügungen und Entscheiden der Betreibungs- und Konkursämter sowie der Aufsichtsbehörden erfolgen durch eingeschriebene Postsendung oder auf andere Weise gegen Empfangsbestätigung, sofern dieses Gesetz nichts anderes bestimmt.

² Mit dem Einverständnis der betroffenen Person kann die Zustellung elektronisch erfolgen. Der Bundesrat bestimmt die Einzelheiten.

Art. 35

2. Durch öffentliche Bekanntmachung

¹ Die öffentlichen Bekanntmachungen erfolgen im Schweizerischen Handelsamtsblatt und im betreffenden kantonalen Amtsblatt. Für die Berechnung von Fristen und für die Feststellung der mit der Bekanntmachung verbundenen Rechtsfolgen ist die Veröffentlichung im Schweizerischen Handelsamtsblatt massgebend.

² Wenn die Verhältnisse es erfordern, kann die Bekanntmachung auch durch andere Blätter oder auf dem Wege des öffentlichen Ausrufs geschehen.

Art. 36

C. Aufschiebende Wirkung

Eine Beschwerde, Weiterziehung oder Berufung hat nur auf besondere Anordnung der Behörde, an welche sie gerichtet ist, oder ihres Präsidenten aufschiebende Wirkung. Von einer solchen Anordnung ist den Parteien sofort Kenntnis zu geben.

Art. 37

D. Begriffe

¹ Der Ausdruck «Grundpfand» im Sinne dieses Gesetzes umfasst: Die Grundpfandverschreibung, den Schuldbrief, die Gült, die Grundpfandrechte des bisherigen Rechtes, die Grundlast und

jedes Vorzugsrecht auf bestimmte Grundstücke, sowie das Pfandrecht an der Zugehör eines Grundstücks.

² Der Ausdruck «Faustpfand» begreift auch die Viehverpfändung, das Retentionsrecht und das Pfandrecht an Forderungen und anderen Rechten.

³ Der Ausdruck «Pfand» umfasst sowohl das Grundpfand als das Fahrnispfand.

2. Titel: Schuldbetreibung
I. Arten der Schuldbetreibung

Art. 38

¹ Auf dem Wege der Schuldbetreibung werden die Zwangsvollstreckungen durchgeführt, welche auf eine Geldzahlung oder eine Sicherheitsleistung gerichtet sind.

² Die Schuldbetreibung beginnt mit der Zustellung des Zahlungsbefehles und wird entweder auf dem Wege der Pfändung oder der Pfandverwertung oder des Konkurses fortgesetzt.

³ Der Betreibungsbeamte bestimmt, welche Betreibungsart anwendbar ist.

A. Gegenstand der Schuldbetreibung und Betreibungsarten

Art. 39

¹ Die Betreibung wird auf dem Weg des Konkurses, und zwar als «Ordentliche Konkursbetreibung» (Art. 159–176) oder als «Wechselbetreibung» (Art. 177–189), fortgesetzt, wenn der Schuldner in einer der folgenden Eigenschaften im Handelsregister eingetragen ist:

1. als Inhaber einer Einzelfirma (Art. 934 und 935 OR);
2. als Mitglied einer Kollektivgesellschaft (Art. 554 OR);
3. als unbeschränkt haftendes Mitglied einer Kommanditgesellschaft (Art. 596 OR);
4. als Mitglied der Verwaltung einer Kommanditaktiengesellschaft (Art. 765 OR);

B. Konkursbetreibung
1. Anwendungsbereich

5. ...
6. als Kollektivgesellschaft (Art. 552 OR);
7. als Kommanditgesellschaft (Art. 594 OR);
8. als Aktien- oder Kommanditaktiengesellschaft (Art. 620 und 764 OR);
9. als Gesellschaft mit beschränkter Haftung (Art. 772 OR);
10. als Genossenschaft (Art. 828 OR);
11. als Verein (Art. 60 ZGB);
12. als Stiftung (Art. 80 ZGB);
13. Investmentgesellschaft mit variablem Kapital (Art. 36 Kollektivanlagengesetz vom 23. Juni 2006, KAG);
14. Kommanditgesellschaft für kollektive Kapitalanlagen (Art. 98 KAG).

[2] ...

[3] Die Eintragung äussert ihre Wirkung erst mit dem auf die Bekanntmachung im Schweizerischen Handelsamtsblatt folgenden Tage.

Art. 40

2. Wirkungsdauer des Handelsregistereintrages

[1] Die Personen, welche im Handelsregister eingetragen waren, unterliegen, nachdem die Streichung durch das Schweizerische Handelsamtsblatt bekanntgemacht worden ist, noch während sechs Monaten der Konkursbetreibung.

[2] Stellt der Gläubiger vor Ablauf dieser Frist das Fortsetzungsbegehren oder verlangt er den Erlass eines Zahlungsbefehls für die Wechselbetreibung, so wird die Betreibung auf dem Weg des Konkurses fortgesetzt.

Art. 41

C. Betreibung auf Pfandverwertung

[1] Für pfandgesicherte Forderungen wird die Betreibung, auch gegen die der Konkursbetreibung unterliegenden Schuldner, durch Verwertung des Pfandes (Art. 151–158) fortgesetzt.

[1bis] Wird für eine pfandgesicherte Forderung Betreibung auf Pfändung oder Konkurs eingeleitet, so kann der Schuldner mit

Beschwerde (Art. 17) verlangen, dass der Gläubiger vorerst das Pfand in Anspruch nehme.

² Für grundpfandgesicherte Zinse oder Annuitäten kann jedoch nach der Wahl des Gläubigers entweder die Pfandverwertung oder, je nach der Person des Schuldners, die Betreibung auf Pfändung oder auf Konkurs stattfinden. Vorbehalten bleiben ferner die Bestimmungen über die Wechselbetreibung (Art. 177 Abs. 1).

Art. 42

¹ In allen andern Fällen wird die Betreibung auf dem Weg der Pfändung (Art. 89–150) fortgesetzt.

² Wird ein Schuldner ins Handelsregister eingetragen, so sind die hängigen Fortsetzungsbegehren dennoch durch Pfändung zu vollziehen, solange über ihn nicht der Konkurs eröffnet ist.

D. Betreibung auf Pfändung

Art. 43

Die Konkursbetreibung ist in jedem Fall ausgeschlossen für:
1. Steuern, Abgaben, Gebühren, Sporteln, Bussen und andere im öffentlichen Recht begründete Leistungen an öffentliche Kassen oder an Beamte;

1bis. Prämien der obligatorischen Unfallversicherung;

2. periodische familienrechtliche Unterhalts- und Unterstützungsbeiträge sowie Unterhaltsbeiträge nach dem Partnerschaftsgesetz vom 18. Juni 2004;
3. Ansprüche auf Sicherheitsleistung.

E. Ausnahmen von der Konkursbetreibung

Art. 44

Die Verwertung von Gegenständen, welche auf Grund strafrechtlicher oder fiskalischer Gesetze mit Beschlag belegt sind, geschieht nach den zutreffenden eidgenössischen oder kantonalen Gesetzesbestimmungen.

F. Vorbehalt besonderer Bestimmungen
1. Verwertung beschlagnahmter Gegenstände

Art. 45 SchKG

Art. 45

2. Forderungen der Pfandleihanstalten

Für die Geltendmachung von Forderungen der Pfandleihanstalten gilt Artikel 910 des Zivilgesetzbuches (ZGB).

II. Ort der Betreibung

Art. 46

A. Ordentlicher Betreibungsort

¹ Der Schuldner ist an seinem Wohnsitze zu betreiben.

² Die im Handelsregister eingetragenen juristischen Personen und Gesellschaften sind an ihrem Sitze, nicht eingetragene juristische Personen am Hauptsitze ihrer Verwaltung zu betreiben.

³ Für die Schulden aus einer Gemeinderschaft kann in Ermangelung einer Vertretung jeder der Gemeinder am Orte der gemeinsamen wirtschaftlichen Tätigkeit betrieben werden.

⁴ Die Gemeinschaft der Stockwerkeigentümer ist am Ort der gelegenen Sache zu betreiben.

Art. 47

...

Art. 48

B. Besondere Betreibungsorte
1. Betreibungsort des Aufenthaltes

Schuldner, welche keinen festen Wohnsitz haben, können da betrieben werden, wo sie sich aufhalten.

Art. 49

2. Betreibungsort der Erbschaft

Die Erbschaft kann, solange die Teilung nicht erfolgt, eine vertragliche Gemeinderschaft nicht gebildet oder eine amtliche Liquidation nicht angeordnet ist, in der auf den Verstorbenen anwendbaren Betreibungsart an dem Ort betrieben werden, wo der Erblasser zur Zeit seines Todes betrieben werden konnte.

Art. 50

¹ Im Auslande wohnende Schuldner, welche in der Schweiz eine Geschäftsniederlassung besitzen, können für die auf Rechnung der letztern eingegangenen Verbindlichkeiten am Sitze derselben betrieben werden.

² Im Auslande wohnende Schuldner, welche in der Schweiz zur Erfüllung einer Verbindlichkeit ein Spezialdomizil gewählt haben, können für diese Verbindlichkeit am Orte desselben betrieben werden.

3. Betreibungsort des im Ausland wohnenden Schuldners

Art. 51

¹ Haftet für die Forderung ein Faustpfand, so kann die Betreibung entweder dort, wo sie nach den Artikeln 46–50 stattzufinden hat, oder an dem Ort, wo sich das Pfand oder dessen wertvollster Teil befindet, eingeleitet werden.

² Für grundpfandgesicherte Forderungen findet die Betreibung nur dort statt, wo das verpfändete Grundstück liegt. Wenn die Betreibung sich auf mehrere, in verschiedenen Betreibungskreisen gelegene Grundstücke bezieht, ist dieselbe in demjenigen Kreise zu führen, in welchem der wertvollste Teil der Grundstücke sich befindet.

4. Betreibungsort der gelegenen Sache

Art. 52

Ist für eine Forderung Arrest gelegt, so kann die Betreibung auch dort eingeleitet werden, wo sich der Arrestgegenstand befindet. Die Konkursandrohung und die Konkurseröffnung können jedoch nur dort erfolgen, wo ordentlicherweise die Betreibung stattzufinden hat.

5. Betreibungsort des Arrestes

Art. 53

Verändert der Schuldner seinen Wohnsitz, nachdem ihm die Pfändung angekündigt oder nachdem ihm die Konkursandrohung oder der Zahlungsbefehl zur Wechselbetreibung zugestellt worden ist, so wird die Betreibung am bisherigen Orte fortgesetzt.

C. Betreibungsort bei Wohnsitzwechsel

Art. 54

D. Konkursort bei flüchtigem Schuldner

Gegen einen flüchtigen Schuldner wird der Konkurs an dessen letztem Wohnsitze eröffnet.

Art. 55

E. Einheit des Konkurses

Der Konkurs kann in der Schweiz gegen den nämlichen Schuldner gleichzeitig nur an einem Orte eröffnet sein. Er gilt dort als eröffnet, wo er zuerst erkannt wird.

III. Geschlossene Zeiten, Betreibungsferien und Rechtsstillstand

Art. 56

A. Grundsätze und Begriffe

Ausser im Arrestverfahren oder wenn es sich um unaufschiebbare Massnahmen zur Erhaltung von Vermögensgegenständen handelt, dürfen Betreibungshandlungen nicht vorgenommen werden:
1. in den geschlossenen Zeiten, nämlich zwischen 20 Uhr und 7 Uhr sowie an Sonntagen und staatlich anerkannten Feiertagen;
2. während der Betreibungsferien, nämlich sieben Tage vor und sieben Tage nach Ostern und Weihnachten sowie vom 15. Juli bis zum 31. Juli; in der Wechselbetreibung gibt es keine Betreibungsferien;
3. gegen einen Schuldner, dem der Rechtsstillstand (Art. 57–62) gewährt ist.

Art. 57

B. Rechtsstillstand
1. Wegen Militär-, Zivil- oder Schutzdienst
a. Dauer

[1] Für einen Schuldner, der sich im Militär-, Zivil- oder Schutzdienst befindet, besteht während der Dauer des Dienstes Rechtsstillstand.

[2] Hat der Schuldner vor der Entlassung oder Beurlaubung mindestens 30 Tage ohne wesentlichen Unterbruch Dienst geleistet,

so besteht der Rechtsstillstand auch noch während der zwei auf die Entlassung oder Beurlaubung folgenden Wochen.

³ Für periodische familienrechtliche Unterhalts- und Unterstützungsbeiträge kann der Schuldner auch während des Rechtsstillstandes betrieben werden.

⁴ Schuldner, die aufgrund eines Arbeitsverhältnisses zum Bund oder zum Kanton Militär- oder Schutzdienst leisten, geniessen keinen Rechtsstillstand.

Art. 57*a*

¹ Kann eine Betreibungshandlung nicht vorgenommen werden, weil der Schuldner sich im Militär-, Zivil- oder Schutzdienst befindet, so sind die zu seinem Haushalt gehörenden erwachsenen Personen und, bei Zustellung der Betreibungsurkunden in einem geschäftlichen Betrieb, die Arbeitnehmer oder gegebenenfalls der Arbeitgeber bei Straffolge (Art. 324 Ziff. 5 StGB) verpflichtet, dem Beamten die Dienstadresse und das Geburtsjahr des Schuldners mitzuteilen. b. Auskunftspflicht Dritter

¹ᵇⁱˢ Der Betreibungsbeamte macht die Betroffenen auf ihre Pflichten und auf die Straffolge bei deren Verletzung aufmerksam.

² Die zuständige Kommandostelle gibt dem Betreibungsamt auf Anfrage die Entlassung oder Beurlaubung des Schuldners bekannt.

³ ...

Art. 57*b*

¹ Gegenüber einem Schuldner, der wegen Militär-, Zivil- oder Schutzdienstes Rechtsstillstand geniesst, verlängert sich die Haftung des Grundpfandes für die Zinse der Grundpfandschuld (Art. 818 Abs. 1 Ziff. 3 ZGB) um die Dauer des Rechtsstillstandes. c. Haftung des Grundpfandes

² In der Betreibung auf Pfandverwertung ist der Zahlungsbefehl auch während des Rechtsstillstandes zuzustellen, wenn dieser drei Monate gedauert hat.

Art. 57c

d. Güterverzeichnis

¹ Gegenüber einem Schuldner, der wegen Militär-, Zivil- oder Schutzdienstes Rechtsstillstand geniesst, kann der Gläubiger für die Dauer des Rechtsstillstandes verlangen, dass das Betreibungsamt ein Güterverzeichnis mit den in Artikel 164 bezeichneten Wirkungen aufnimmt. Der Gläubiger hat indessen den Bestand seiner Forderung und ihre Gefährdung durch Handlungen des Schuldners oder Dritter glaubhaft zu machen, die auf eine Begünstigung einzelner Gläubiger zum Nachteil anderer oder auf eine allgemeine Benachteiligung der Gläubiger hinzielen.

² Die Aufnahme des Güterverzeichnisses kann durch Sicherstellung der Forderung des antragstellenden Gläubigers abgewendet werden.

Art. 57d

e. Aufhebung durch den Richter

Der Rechtsstillstand wegen Militär- oder Schutzdienstes kann vom Rechtsöffnungsrichter auf Antrag eines Gläubigers allgemein oder für einzelne Forderungen mit sofortiger Wirkung aufgehoben werden, wenn der Gläubiger glaubhaft macht, dass:

1. dass der Schuldner Vermögenswerte dem Zugriff der Gläubiger entzogen hat oder dass er Anstalten trifft, die auf eine Begünstigung einzelner Gläubiger zum Nachteil anderer oder auf eine allgemeine Benachteiligung der Gläubiger hinzielen, oder
2. der Schuldner, sofern er freiwillig Militär- oder Schutzdienst leistet, zur Erhaltung seiner wirtschaftlichen Existenz des Rechtsstillstandes nicht bedarf, oder
3. der Schuldner freiwillig Militär- oder Schutzdienst leistet, um sich seinen Verpflichtungen zu entziehen.

Art. 57*e*

Die Bestimmungen über den Rechtsstillstand finden auch auf Personen und Gesellschaften Anwendung, deren gesetzlicher Vertreter sich im Militär-, Zivil- oder Schutzdienst befindet, solange sie nicht in der Lage sind, einen andern Vertreter zu bestellen.

f. Militär-, Zivil- oder Schutzdienst des gesetzlichen Vertreters

Art. 58

Für einen Schuldner, dessen Ehegatte, dessen eingetragene Partnerin oder eingetragener Partner, dessen Verwandter oder Verschwägerter in gerader Linie oder dessen Hausgenosse gestorben ist, besteht vom Todestag an während zwei Wochen Rechtsstillstand.

2. Wegen Todesfalles

Art. 59

¹ In der Betreibung für Erbschaftsschulden besteht vom Todestage des Erblassers an während der zwei folgenden Wochen sowie während der für Antritt oder Ausschlagung der Erbschaft eingeräumten Überlegungsfrist Rechtsstillstand.

² Eine zu Lebzeiten des Erblassers angehobene Betreibung kann gegen die Erbschaft gemäss Artikel 49 fortgesetzt werden.

³ Gegen die Erben kann sie nur dann fortgesetzt werden, wenn es sich um eine Betreibung auf Pfandverwertung handelt oder wenn in einer Betreibung auf Pfändung die in den Artikeln 110 und 111 angegebenen Fristen für die Teilnahme der Pfändung bereits abgelaufen sind.

3. In der Betreibung für Erbschaftsschulden

Art. 60

Wird ein Verhafteter betrieben, welcher keinen Vertreter hat, so setzt ihm der Betreibungsbeamte eine Frist zur Bestellung eines solchen, sofern nicht von Gesetzes wegen der Vormundschaftsbehörde die Ernennung obliegt. Während dieser Frist besteht für den Verhafteten Rechtsstillstand.

4. Wegen Verhaftung

Art. 61

5. Wegen schwerer Erkrankung

Einem schwerkranken Schuldner kann der Betreibungsbeamte für eine bestimmte Zeit Rechtsstillstand gewähren.

Art. 62

6. Bei Epidemien oder Landesunglück

Im Falle einer Epidemie oder eines Landesunglücks sowie in Kriegszeiten kann der Bundesrat oder mit seiner Zustimmung die Kantonsregierung für ein bestimmtes Gebiet oder für bestimmte Teile der Bevölkerung den Rechtsstillstand beschliessen.

Art. 63

C. Wirkungen auf den Fristenlauf

Betreibungsferien und Rechtsstillstand hemmen den Fristenlauf nicht. Fällt jedoch für den Schuldner, den Gläubiger oder den Dritten das Ende einer Frist in die Zeit der Betreibungsferien oder des Rechtsstillstandes, so wird die Frist bis zum dritten Tag nach deren Ende verlängert. Bei der Berechnung der Frist von drei Tagen werden Samstag und Sonntag sowie staatlich anerkannte Feiertage nicht mitgezählt.

IV. Zustellung der Betreibungsurkunden

Art. 64

A. An natürliche Personen

[1] Die Betreibungsurkunden werden dem Schuldner in seiner Wohnung oder an dem Orte, wo er seinen Beruf auszuüben pflegt, zugestellt. Wird er daselbst nicht angetroffen, so kann die Zustellung an eine zu seiner Haushaltung gehörende erwachsene Person oder an einen Angestellten geschehen.

[2] Wird keine der erwähnten Personen angetroffen, so ist die Betreibungsurkunde zuhanden des Schuldners einem Gemeinde- oder Polizeibeamten zu übergeben.

Art. 65

¹ Ist die Betreibung gegen eine juristische Person oder eine Gesellschaft gerichtet, so erfolgt die Zustellung an den Vertreter derselben. Als solcher gilt:

1. für eine Gemeinde, einen Kanton oder die Eidgenossenschaft der Präsident der vollziehenden Behörde oder die von der vollziehenden Behörde bezeichnete Dienststelle;
2. für eine Aktiengesellschaft, eine Kommanditaktiengesellschaft, eine Gesellschaft mit beschränkter Haftung, eine Genossenschaft oder einen im Handelsregister eingetragenen Verein jedes Mitglied der Verwaltung oder des Vorstandes sowie jeder Direktor oder Prokurist;
3. für eine anderweitige juristische Person der Präsident der Verwaltung oder der Verwalter;
4. für eine Kollektivgesellschaft oder Kommanditgesellschaft jeder zur Vertretung der Gesellschaft befugte Gesellschafter und jeder Prokurist.

² Werden die genannten Personen in ihrem Geschäftslokale nicht angetroffen, so kann die Zustellung auch an einen andern Beamten oder Angestellten erfolgen.

³ Ist die Betreibung gegen eine unverteilte Erbschaft gerichtet, so erfolgt die Zustellung an den für die Erbschaft bestellten Vertreter oder, wenn ein solcher nicht bekannt ist, an einen der Erben.

B. An juristische Personen, Gesellschaften und unverteilte Erbschaften

Art. 66

¹ Wohnt der Schuldner nicht am Orte der Betreibung, so werden die Betreibungsurkunden der von ihm daselbst bezeichneten Person oder in dem von ihm bestimmten Lokale abgegeben.

² Mangels einer solchen Bezeichnung erfolgt die Zustellung durch Vermittlung des Betreibungsamtes des Wohnortes oder durch die Post.

³ Wohnt der Schuldner im Ausland, so erfolgt die Zustellung durch die Vermittlung der dortigen Behörden oder, soweit völkerrechtliche Verträge dies vorsehen oder wenn der Empfängerstaat zustimmt, durch die Post.

C. Bei auswärtigem Wohnsitz des Schuldners oder bei Unmöglichkeit der Zustellung

⁴ Die Zustellung wird durch öffentliche Bekanntmachung ersetzt, wenn:
1. der Wohnort des Schuldners unbekannt ist;
2. der Schuldner sich beharrlich der Zustellung entzieht;
3. der Schuldner im Ausland wohnt und die Zustellung nach Absatz 3 nicht innert angemessener Frist möglich ist.

⁵ ...

V. Anhebung der Betreibung

Art. 67

A. Betreibungsbegehren

¹ Das Betreibungsbegehren ist schriftlich oder mündlich an das Betreibungsamt zu richten. Dabei sind anzugeben:
1. der Name und Wohnort des Gläubigers und seines allfälligen Bevollmächtigten sowie, wenn der Gläubiger im Auslande wohnt, das von demselben in der Schweiz gewählte Domizil. Im Falle mangelnder Bezeichnung wird angenommen, dieses Domizil befinde sich im Lokal des Betreibungsamtes;
2. der Name und Wohnort des Schuldners und gegebenenfalls seines gesetzlichen Vertreters; bei Betreibungsbegehren gegen eine Erbschaft ist anzugeben, an welche Erben die Zustellung zu erfolgen hat;
3. die Forderungssumme oder die Summe, für welche Sicherheit verlangt wird, in gesetzlicher Schweizerwährung; bei verzinslichen Forderungen der Zinsfuss und der Tag, seit welchem der Zins gefordert wird;
4. die Forderungsurkunde und deren Datum; in Ermangelung einer solchen der Grund der Forderung.

² Für eine pfandgesicherte Forderung sind ausserdem die in Artikel 151 vorgesehenen Angaben zu machen.

³ Der Eingang des Betreibungsbegehrens ist dem Gläubiger auf Verlangen gebührenfrei zu bescheinigen.

Art. 68

¹ Der Schuldner trägt die Betreibungskosten. Dieselben sind vom Gläubiger vorzuschiessen. Wenn der Vorschuss nicht geleistet ist, kann das Betreibungsamt unter Anzeige an den Gläubiger die Betreibungshandlung einstweilen unterlassen.

² Der Gläubiger ist berechtigt, von den Zahlungen des Schuldners die Betreibungskosten vorab zu erheben.

B. Betreibungskosten

VI. Betreibung eines in Gütergemeinschaft lebenden Ehegatten

Art. 68*a*

¹ Wird ein in Gütergemeinschaft lebender Ehegatte betrieben, so sind der Zahlungsbefehl und alle übrigen Betreibungsurkunden auch dem andern Ehegatten zuzustellen; das Betreibungsamt holt diese Zustellung unverzüglich nach, wenn erst im Laufe des Verfahrens geltend gemacht wird, dass der Schuldner der Gütergemeinschaft untersteht.

² Jeder Ehegatte kann Rechtsvorschlag erheben.

³ ...

A. Zustellung der Betreibungsurkunden. Rechtsvorschlag

Art. 68*b*

¹ Jeder Ehegatte kann im Widerspruchsverfahren (Art. 106–109) geltend machen, dass ein gepfändeter Wert zum Eigengut des Ehegatten des Schuldners gehört.

² Beschränkt sich die Betreibung neben dem Eigengut auf den Anteil des Schuldners am Gesamtgut, so kann sich überdies jeder Ehegatte im Widerspruchsverfahren (Art. 106–109) der Pfändung von Gegenständen des Gesamtgutes widersetzen.

³ Wird die Betreibung auf Befriedigung aus dem Eigengut und dem Anteil am Gesamtgut fortgesetzt, so richten sich die Pfändung und die Verwertung des Anteils am Gesamtgut nach Arti-

B. Besondere Bestimmungen

kel 132; vorbehalten bleibt eine Pfändung des künftigen Erwerbseinkommens des betriebenen Ehegatten (Art. 93).

⁴ Der Anteil eines Ehegatten am Gesamtgut kann nicht versteigert werden.

⁵ Die Aufsichtsbehörde kann beim Richter die Anordnung der Gütertrennung verlangen.

VII. Betreibung bei gesetzlicher Vertretung oder Beistandschaft

Art. 68c

1. Schuldner unter elterlicher Gewalt oder Vormundschaft

¹ Steht der Schuldner unter elterlicher Gewalt oder unter Vormundschaft, so werden die Betreibungsurkunden dem gesetzlichen Vertreter zugestellt; hat er keinen gesetzlichen Vertreter, so werden sie der zuständigen Vormundschaftsbehörde zugestellt.

² Stammt die Forderung jedoch aus einem bewilligten Geschäftsbetrieb oder steht sie im Zusammenhang mit der Verwaltung des Arbeitsverdienstes oder des freien Vermögens (Art. 321 Abs. 2, 323 Abs. 1, 412, 414 ZGB), so werden die Betreibungsurkunden dem Schuldner und dem gesetzlichen Vertreter zugestellt.

³ Hat der Schuldner einen Verwaltungsbeirat (Art. 395 Abs. 2 ZGB) und verlangt der Gläubiger nicht nur aus den Einkünften, sondern auch aus dem Vermögen Befriedigung, so werden die Betreibungsurkunden dem Schuldner und dem Beirat zugestellt.

Art. 68d

2. Schuldner unter Beistandschaft

Hat der Schuldner einen Beistand und wurde die Ernennung veröffentlicht oder dem Betreibungsamt mitgeteilt (Art. 397 ZGB), so werden die Betreibungsurkunden zugestellt:
1. bei einer Beistandschaft nach Artikel 325 ZGB dem Beistand und dem Inhaber der elterlichen Gewalt;
2. bei einer Beistandschaft nach den Artikeln 392–394 ZGB dem Schuldner und dem Beistand.

Art. 68*e*

Haftet der Schuldner nur mit dem freien Vermögen, so kann im Widerspruchsverfahren (Art. 106–109) geltend gemacht werden, ein gepfändeter Wert gehöre nicht dazu.

3. Haftungsbeschränkung

VIII. Zahlungsbefehl und Rechtsvorschlag

Art. 69

¹ Nach Empfang des Betreibungsbegehrens erlässt das Betreibungsamt den Zahlungsbefehl.

A. Zahlungsbefehl
1. Inhalt

² Der Zahlungsbefehl enthält:
1. die Angaben des Betreibungsbegehrens;
2. die Aufforderung, binnen 20 Tagen den Gläubiger für die Forderung samt Betreibungskosten zu befriedigen oder, falls die Betreibung auf Sicherheitsleistung geht, sicherzustellen;
3. die Mitteilung, dass der Schuldner, welcher die Forderung oder einen Teil derselben oder das Recht, sie auf dem Betreibungswege geltend zu machen, bestreiten will, innerhalb zehn Tagen nach Zustellung des Zahlungsbefehls dem Betreibungsamte dies zu erklären (Rechtsvorschlag zu erheben) hat;
4. die Androhung, dass, wenn der Schuldner weder dem Zahlungsbefehl nachkommt, noch Rechtsvorschlag erhebt, die Betreibung ihren Fortgang nehmen werde.

Art. 70

¹ Der Zahlungsbefehl wird doppelt ausgefertigt. Die eine Ausfertigung ist für den Schuldner, die andere für den Gläubiger bestimmt. Lauten die beiden Urkunden nicht gleich, so ist die dem Schuldner zugestellte Ausfertigung massgebend.

2. Ausfertigung

² Werden Mitschuldner gleichzeitig betrieben, so wird jedem ein besonderer Zahlungsbefehl zugestellt.

Art. 71

3. Zeitpunkt der Zustellung

¹ Der Zahlungsbefehl wird dem Schuldner nach Eingang des Betreibungsbegehrens zugestellt.

² Wenn gegen den nämlichen Schuldner mehrere Betreibungsbegehren vorliegen, so sind die sämtlichen Zahlungsbefehle gleichzeitig zuzustellen.

³ In keinem Falle darf einem später eingegangenen Begehren vor einem frühern Folge gegeben werden.

Art. 72

4. Form der Zustellung

¹ Die Zustellung geschieht durch den Betreibungsbeamten, einen Angestellten des Amtes oder durch die Post.

² Bei der Abgabe hat der Überbringer auf beiden Ausfertigungen zu bescheinigen, an welchem Tage und an wen die Zustellung erfolgt ist.

Art. 73

B. Vorlage der Beweismittel

¹ Auf Verlangen des Schuldners wird der Gläubiger aufgefordert, innerhalb der Bestreitungsfrist die Beweismittel für seine Forderung beim Betreibungsamt zur Einsicht vorzulegen.

² Kommt der Gläubiger dieser Aufforderung nicht nach, so wird der Ablauf der Bestreitungsfrist dadurch nicht gehemmt. In einem nachfolgenden Rechtsstreit berücksichtigt jedoch der Richter beim Entscheid über die Prozesskosten den Umstand, dass der Schuldner die Beweismittel nicht hat einsehen können.

Art. 74

C. Rechtsvorschlag
1. Frist und Form

¹ Will der Betriebene Rechtsvorschlag erheben, so hat er dies sofort dem Überbringer des Zahlungsbefehls oder innert zehn Tagen nach der Zustellung dem Betreibungsamt mündlich oder schriftlich zu erklären.

² Bestreitet der Betriebene die Forderung nur teilweise, so hat er den bestrittenen Betrag genau anzugeben; unterlässt er dies, so gilt die ganze Forderung als bestritten.

³ Die Erklärung des Rechtsvorschlags ist dem Betriebenen auf Verlangen gebührenfrei zu bescheinigen.

Art. 75

¹ Der Rechtsvorschlag bedarf keiner Begründung. Wer ihn trotzdem begründet, verzichtet damit nicht auf weitere Einreden. 2. Begründung

² Bestreitet der Schuldner, zu neuem Vermögen gekommen zu sein (Art. 265, 265*a*), so hat er dies im Rechtsvorschlag ausdrücklich zu erklären; andernfalls ist diese Einrede verwirkt.

³ Vorbehalten bleiben die Bestimmungen über den nachträglichen Rechtsvorschlag (Art. 77) und über den Rechtsvorschlag in der Wechselbetreibung (Art. 179 Abs. 1).

Art. 76

¹ Der Inhalt des Rechtsvorschlags wird dem Betreibenden auf der für ihn bestimmten Ausfertigung des Zahlungsbefehls mitgeteilt; erfolgte kein Rechtsvorschlag, so ist dies auf derselben vorzumerken. 3. Mitteilung an den Gläubiger

² Diese Ausfertigung wird dem Betreibenden unmittelbar nach dem Rechtsvorschlag, und wenn ein solcher nicht erfolgt ist, sofort nach Ablauf der Bestreitungsfrist zugestellt.

Art. 77

¹ Wechselt während des Betreibungsverfahrens der Gläubiger, so kann der Betriebene einen Rechtsvorschlag noch nachträglich bis zur Verteilung oder Konkurseröffnung anbringen. 4. Nachträglicher Rechtsvorschlag bei Gläubigerwechsel

² Der Betriebene muss den Rechtsvorschlag innert zehn Tagen, nachdem er vom Gläubigerwechsel Kenntnis erhalten hat, beim Richter des Betreibungsortes schriftlich und begründet anbringen und die Einreden gegen den neuen Gläubiger glaubhaft machen.

³ Der Richter kann bei Empfang des Rechtsvorschlags die vorläufige Einstellung der Betreibung verfügen; er entscheidet über die Zulassung des Rechtsvorschlages nach Einvernahme der Parteien.

⁴ Wird der nachträgliche Rechtsvorschlag bewilligt, ist aber bereits eine Pfändung vollzogen worden, so setzt das Betreibungsamt dem Gläubiger eine Frist von zehn Tagen an, innert der er auf Anerkennung seiner Forderung klagen kann. Nutzt er die Frist nicht, so fällt die Pfändung dahin.

⁵ Das Betreibungsamt zeigt dem Schuldner jeden Gläubigerwechsel an.

Art. 78

5. Wirkungen

¹ Der Rechtsvorschlag bewirkt die Einstellung der Betreibung.

² Bestreitet der Schuldner nur einen Teil der Forderung, so kann die Betreibung für den unbestrittenen Betrag fortgesetzt werden.

Art. 79

D. Beseitigung des Rechtsvorschlages
1. Im Zivilprozess oder im Verwaltungsverfahren

Ein Gläubiger, gegen dessen Betreibung Rechtsvorschlag erhoben worden ist, hat seinen Anspruch im Zivilprozess oder im Verwaltungsverfahren geltend zu machen. Er kann die Fortsetzung der Betreibung nur aufgrund eines vollstreckbaren Entscheids erwirken, der den Rechtsvorschlag ausdrücklich beseitigt.

Art. 80

2. Durch definitive Rechtsöffnung
a. Rechtsöffnungstitel

¹ Beruht die Forderung auf einem vollstreckbaren gerichtlichen Entscheid, so kann der Gläubiger beim Richter die Aufhebung des Rechtsvorschlags (definitive Rechtsöffnung) verlangen.

² Gerichtlichen Entscheiden gleichgestellt sind:

1. gerichtliche Vergleiche und gerichtliche Schuldanerkennungen;

1bis vollstreckbare öffentliche Urkunden nach den Artikeln 347–352 ZPO;

2. Verfügungen schweizerischer Verwaltungsbehörden;

3. ...

4. die endgültigen Entscheide der Kontrollorgane, die in Anwendung von Artikel 16 Absatz 1 des Bundesgesetzes vom

17. Juni 2005 gegen die Schwarzarbeit getroffen werden und die Kontrollkosten zum Inhalt haben.

Art. 81

¹ Beruht die Forderung auf einem vollstreckbaren Entscheid eines schweizerischen Gerichts oder einer schweizerischen Verwaltungsbehörde, so wird die definitive Rechtsöffnung erteilt, wenn nicht der Betriebene durch Urkunden beweist, dass die Schuld seit Erlass des Entscheids getilgt oder gestundet worden ist, oder die Verjährung anruft.

² Beruht die Forderung auf einer vollstreckbaren öffentlichen Urkunde, so kann der Betriebene weitere Einwendungen gegen die Leistungspflicht geltend machen, sofern sie sofort beweisbar sind.

³ Ist ein Entscheid in einem andern Staat ergangen, so kann der Betriebene überdies die Einwendungen geltend machen, die im betreffenden Staatsvertrag oder, wenn ein solcher fehlt, im Bundesgesetz vom 18. Dezember 1987 über das Internationale Privatrecht vorgesehen sind, sofern nicht ein schweizerisches Gericht bereits über diese Einwendungen entschieden hat.

b. Einwendungen

Art. 82

¹ Beruht die Forderung auf einer durch öffentliche Urkunde festgestellten oder durch Unterschrift bekräftigten Schuldanerkennung, so kann der Gläubiger die provisorische Rechtsöffnung verlangen.

² Der Richter spricht dieselbe aus, sofern der Betriebene nicht Einwendungen, welche die Schuldanerkennung entkräften, sofort glaubhaft macht.

3. Durch provisorische Rechtsöffnung
a. Voraussetzungen

Art. 83

¹ Der Gläubiger, welchem die provisorische Rechtsöffnung erteilt ist, kann nach Ablauf der Zahlungsfrist, je nach der Person des Schuldners, die provisorische Pfändung verlangen oder nach

b. Wirkungen

Massgabe des Artikels 162 die Aufnahme des Güterverzeichnisses beantragen.

² Der Betriebene kann indessen innert 20 Tagen nach der Rechtsöffnung auf dem Weg des ordentlichen Prozesses beim Gericht des Betreibungsortes auf Aberkennung der Forderung klagen.

³ Unterlässt er dies oder wird die Aberkennungsklage abgewiesen, so werden die Rechtsöffnung sowie gegebenenfalls die provisorische Pfändung definitiv.

⁴ Zwischen der Erhebung und der gerichtlichen Erledigung der Aberkennungsklage steht die Frist nach Artikel 165 Absatz 2 still. Das Konkursgericht hebt indessen die Wirkungen des Güterverzeichnisses auf, wenn die Voraussetzungen zu dessen Anordnung nicht mehr gegeben sind.

Art. 84

4. Rechtsöffnungsverfahren

¹ Der Richter des Betreibungsortes entscheidet über Gesuche um Rechtsöffnung.

² Er gibt dem Betriebenen sofort nach Eingang des Gesuches Gelegenheit zur mündlichen oder schriftlichen Stellungnahme und eröffnet danach innert fünf Tagen seinen Entscheid.

Art. 85

E. Richterliche Aufhebung oder Einstellung der Betreibung
1. Im summarischen Verfahren

Beweist der Betriebene durch Urkunden, dass die Schuld samt Zinsen und Kosten getilgt oder gestundet ist, so kann er jederzeit beim Gericht des Betreibungsortes im ersteren Fall die Aufhebung, im letzteren Fall die Einstellung der Betreibung verlangen.

Art. 85*a*

2. Im ordentlichen und im vereinfachten Verfahren

¹ Der Betriebene kann jederzeit vom Gericht des Betreibungsortes feststellen lassen, dass die Schuld nicht oder nicht mehr besteht oder gestundet ist.

² Nach Eingang der Klage hört das Gericht die Parteien an und würdigt die Beweismittel; erscheint ihm die Klage als sehr wahrscheinlich begründet, so stellt es die Betreibung vorläufig ein:

1. in der Betreibung auf Pfändung oder auf Pfandverwertung vor der Verwertung oder, wenn diese bereits stattgefunden hat, vor der Verteilung;
2. in der Betreibung auf Konkurs nach der Zustellung der Konkursandrohung.

³ Heisst das Gericht die Klage gut, so hebt es die Betreibung auf oder stellt sie ein.

⁴ ...

Art. 86

¹ Wurde der Rechtsvorschlag unterlassen oder durch Rechtsöffnung beseitigt, so kann derjenige, welcher infolgedessen eine Nichtschuld bezahlt hat, innerhalb eines Jahres nach der Zahlung auf dem Prozesswege den bezahlten Betrag zurückfordern.

² Die Rückforderungsklage kann nach der Wahl des Klägers entweder beim Gerichte des Betreibungsortes oder dort angehoben werden, wo der Beklagte seinen ordentlichen Gerichtsstand hat.

³ In Abweichung von Artikel 63 des Obligationenrechts (OR) ist dieses Rückforderungsrecht von keiner andern Voraussetzung als dem Nachweis der Nichtschuld abhängig.

F. Rückforderungsklage

Art. 87

Für den Zahlungsbefehl in der Betreibung auf Pfandverwertung gelten die besondern Bestimmungen der Artikel 151–153, für den Zahlungsbefehl und den Rechtsvorschlag in der Wechselbetreibung diejenigen der Artikel 178–189.

G. Betreibung auf Pfandverwertung und Wechselbetreibung

IX. Fortsetzung der Betreibung

Art. 88

¹ Ist die Betreibung nicht durch Rechtsvorschlag oder durch gerichtlichen Entscheid eingestellt worden, so kann der Gläubi-

ger frühestens 20 Tage nach der Zustellung des Zahlungsbefehls das Fortsetzungsbegehren stellen.

² Dieses Recht erlischt ein Jahr nach der Zustellung des Zahlungsbefehls. Ist Rechtsvorschlag erhoben worden, so steht diese Frist zwischen der Einleitung und der Erledigung eines dadurch veranlassten Gerichts- oder Verwaltungsverfahrens still.

³ Der Eingang des Fortsetzungsbegehrens wird dem Gläubiger auf Verlangen gebührenfrei bescheinigt.

⁴ Eine Forderungssumme in fremder Währung kann auf Begehren des Gläubigers nach dem Kurs am Tage des Fortsetzungsbegehrens erneut in die Landeswährung umgerechnet werden.

3. Titel: Betreibung auf Pfändung
I. Pfändung

Art. 89

A. Vollzug
1. Zeitpunkt

Unterliegt der Schuldner der Betreibung auf Pfändung, so hat das Betreibungsamt nach Empfang des Fortsetzungsbegehrens unverzüglich die Pfändung zu vollziehen oder durch das Betreibungsamt des Ortes, wo die zu pfändenden Vermögensstücke liegen, vollziehen zu lassen.

Art. 90

2. Ankündigung

Dem Schuldner wird die Pfändung spätestens am vorhergehenden Tage unter Hinweis auf die Bestimmung des Artikels 91 angekündigt.

Art. 91

3. Pflichten des Schuldners und Dritter

¹ Der Schuldner ist bei Straffolge verpflichtet:
1. der Pfändung beizuwohnen oder sich dabei vertreten zu lassen (Art. 323 Ziff. 1 StGB);
2. seine Vermögensgegenstände, einschliesslich derjenigen, welche sich nicht in seinem Gewahrsam befinden, sowie

seine Forderungen und Rechte gegenüber Dritten anzugeben, soweit dies zu einer genügenden Pfändung nötig ist (Art. 163 Ziff. 1 und 323 Ziff. 2 StGB).

² Bleibt der Schuldner ohne genügende Entschuldigung der Pfändung fern und lässt er sich auch nicht vertreten, so kann ihn das Betreibungsamt durch die Polizei vorführen lassen.

³ Der Schuldner muss dem Beamten auf Verlangen Räumlichkeiten und Behältnisse öffnen. Der Beamte kann nötigenfalls die Polizeigewalt in Anspruch nehmen.

⁴ Dritte, die Vermögensgegenstände des Schuldners verwahren oder bei denen dieser Guthaben hat, sind bei Straffolge (Art. 324 Ziff. 5 StGB) im gleichen Umfang auskunftspflichtig wie der Schuldner.

⁵ Behörden sind im gleichen Umfang auskunftspflichtig wie der Schuldner.

⁶ Das Betreibungsamt macht die Betroffenen auf ihre Pflichten und auf die Straffolgen ausdrücklich aufmerksam.

Art. 92

¹ Unpfändbar sind:

4. Unpfändbare Vermögenswerte

1. die dem Schuldner und seiner Familie zum persönlichen Gebrauch dienenden Gegenstände wie Kleider, Effekten, Hausgeräte, Möbel oder andere bewegliche Sachen, soweit sie unentbehrlich sind;
1*a*. Tiere, die im häuslichen Bereich und nicht zu Vermögens- oder Erwerbszwecken gehalten werden;
2. die religiösen Erbauungsbücher und Kultusgegenstände;
3. die Werkzeuge, Gerätschaften, Instrumente und Bücher, soweit sie für den Schuldner und seine Familie zur Ausübung des Berufs notwendig sind;
4. nach der Wahl des Schuldners entweder zwei Milchkühe oder Rinder, oder vier Ziegen oder Schafe, sowie Kleintiere nebst dem zum Unterhalt und zur Streu auf vier Monate erforderlichen Futter und Stroh, soweit die Tiere für die Ernährung des Schuldners und seiner Familie oder zur Aufrechterhaltung seines Betriebes unentbehrlich sind;

5. die dem Schuldner und seiner Familie für die zwei auf die Pfändung folgenden Monate notwendigen Nahrungs- und Feuerungsmittel oder die zu ihrer Anschaffung erforderlichen Barmittel oder Forderungen;
6. die Bekleidungs-, Ausrüstungs- und Bewaffnungsgegenstände, das Dienstpferd und der Sold eines Angehörigen der Armee, das Taschengeld einer zivildienstleistenden Person sowie die Bekleidungs- und Ausrüstungsgegenstände und die Entschädigung eines Schutzdienstpflichtigen;
7. das Stammrecht der nach den Artikeln 516–520 OR bestellten Leibrenten;
8. Fürsorgeleistungen und die Unterstützungen von Seiten der Hilfs-, Kranken- und Fürsorgekassen, Sterbefallvereine und ähnlicher Anstalten;
9. Renten, Kapitalabfindung und andere Leistungen, die dem Opfer oder seinen Angehörigen für Körperverletzung, Gesundheitsstörung oder Tötung eines Menschen ausgerichtet werden, soweit solche Leistungen Genugtuung, Ersatz für Heilungskosten oder für die Anschaffung von Hilfsmitteln darstellen;

9a. die Renten gemäss Artikel 20 des Bundesgesetzes vom 20. Dezember 1946 über die Alters- und Hinterlassenenversicherung oder gemäss Artikel 50 des Bundesgesetzes vom 19. Juni 1959 über die Invalidenversicherung, die Leistungen gemäss Artikel 12 des Bundesgesetzes vom 19. März 1965 über Ergänzungsleistungen zur Alters-, Hinterlassenen- und Invalidenversicherung sowie die Leistungen der Familienausgleichskassen;
10. Ansprüche auf Vorsorge- und Freizügigkeitsleistungen gegen eine Einrichtung der beruflichen Vorsorge vor Eintritt der Fälligkeit;
11. Vermögenswerte eines ausländischen Staates oder einer ausländischen Zentralbank, die hoheitlichen Zwecken dienen.

[2] Gegenstände, bei denen von vornherein anzunehmen ist, dass der Überschuss des Verwertungserlöses über die Kosten so

gering wäre, dass sich eine Wegnahme nicht rechtfertigt, dürfen nicht gepfändet werden. Sie sind aber mit der Schätzungssumme in der Pfändungsurkunde vorzumerken.

³ Gegenstände nach Absatz 1 Ziffern 1–3 von hohem Wert sind pfändbar; sie dürfen dem Schuldner jedoch nur weggenommen werden, sofern der Gläubiger vor der Wegnahme Ersatzgegenstände von gleichem Gebrauchswert oder den für ihre Anschaffung erforderlichen Betrag zur Verfügung stellt.

⁴ Vorbehalten bleiben die besonderen Bestimmungen über die Unpfändbarkeit des Bundesgesetzes vom 2. April 1908 über den Versicherungsvertrag (Art. 79 Abs. 2 und 80 VVG), des Urheberrechtsgesetzes vom 9. Oktober 1992 (Art. 18 URG) und des Strafgesetzbuches (Art. 378 Abs. 2 StGB).

Art. 93

¹ Erwerbseinkommen jeder Art, Nutzniessungen und ihre Erträge, Leibrenten sowie Unterhaltsbeiträge, Pensionen und Leistungen jeder Art, die einen Erwerbsausfall oder Unterhaltsanspruch abgelten, namentlich Renten und Kapitalabfindungen, die nicht nach Artikel 92 unpfändbar sind, können so weit gepfändet werden, als sie nach dem Ermessen des Betreibungsbeamten für den Schuldner und seine Familie nicht unbedingt notwendig sind.

5. Beschränkt pfändbares Einkommen

² Solches Einkommen kann längstens für die Dauer eines Jahres gepfändet werden; die Frist beginnt mit dem Pfändungsvollzug. Nehmen mehrere Gläubiger an der Pfändung teil, so läuft die Frist von der ersten Pfändung an, die auf Begehren eines Gläubigers der betreffenden Gruppe (Art. 110 und 111) vollzogen worden ist.

³ Erhält das Amt während der Dauer einer solchen Pfändung Kenntnis davon, dass sich die für die Bestimmung des pfändbaren Betrages massgebenden Verhältnisse geändert haben, so passt es die Pfändung den neuen Verhältnissen an.

Art. 94

6. Pfändung von Früchten vor der Ernte

¹ Hängende und stehende Früchte können nicht gepfändet werden:
1. auf den Wiesen vor dem 1. April;
2. auf den Feldern vor dem 1. Juni;
3. in den Rebgeländen vor dem 20. August.

² Eine vor oder an den bezeichneten Tagen vorgenommene Veräusserung der Ernte ist dem pfändenden Gläubiger gegenüber ungültig.

³ Die Rechte der Grundpfandgläubiger auf die hängenden und stehenden Früchte als Bestandteile der Pfandsache bleiben vorbehalten, jedoch nur unter der Voraussetzung, dass der Grundpfandgläubiger selbst die Betreibung auf Verwertung des Grundpfandes eingeleitet hat, bevor die Verwertung der gepfändeten Früchte stattfindet.

Art. 95

7. Reihenfolge der Pfändung a. Im allgemeinen

¹ In erster Linie wird das bewegliche Vermögen mit Einschluss der Forderungen und der beschränkt pfändbaren Ansprüche (Art. 93) gepfändet. Dabei fallen zunächst die Gegenstände des täglichen Verkehrs in die Pfändung; entbehrlichere Vermögensstücke werden jedoch vor den weniger entbehrlichen gepfändet.

² Das unbewegliche Vermögen wird nur gepfändet, soweit das bewegliche zur Deckung der Forderung nicht ausreicht.

³ In letzter Linie werden Vermögensstücke gepfändet, auf welche ein Arrest gelegt ist, oder welche vom Schuldner als dritten Personen zugehörig bezeichnet oder von dritten Personen beansprucht werden.

⁴ Wenn Futtervorräte gepfändet werden, sind auf Verlangen des Schuldners auch Viehstücke in entsprechender Anzahl zu pfänden.

⁴bis Der Beamte kann von dieser Reihenfolge abweichen, soweit es die Verhältnisse rechtfertigen oder wenn Gläubiger und Schuldner es gemeinsam verlangen.

⁵ Im übrigen soll der Beamte, soweit tunlich, die Interessen des Gläubigers sowohl als des Schuldners berücksichtigen.

Art. 95*a*

Forderungen des Schuldners gegen seinen Ehegatten, seine eingetragene Partnerin oder seinen eingetragenen Partner werden nur gepfändet, soweit sein übriges Vermögen nicht ausreicht.

b. Forderungen gegen den Ehegatten, die eingetragene Partnerin oder den eingetragenen Partner

Art. 96

¹ Der Schuldner darf bei Straffolge (Art. 169 StGB) ohne Bewilligung des Betreibungsbeamten nicht über die gepfändeten Vermögensstücke verfügen. Der pfändende Beamte macht ihn darauf und auf die Straffolge ausdrücklich aufmerksam.

² Verfügungen des Schuldners sind ungültig, soweit dadurch die aus der Pfändung den Gläubigern erwachsenen Rechte verletzt werden, unter Vorbehalt der Wirkungen des Besitzerwerbes durch gutgläubige Dritte.

B. Wirkungen der Pfändung

Art. 97

¹ Der Beamte schätzt die gepfändeten Gegenstände, nötigenfalls mit Zuziehung von Sachverständigen.

² Es wird nicht mehr gepfändet als nötig ist, um die pfändenden Gläubiger für ihre Forderungen samt Zinsen und Kosten zu befriedigen.

C. Schätzung. Umfang der Pfändung

Art. 98

¹ Geld, Banknoten, Inhaberpapiere, Wechsel und andere indossable Papiere, Edelmetalle und andere Kostbarkeiten werden vom Betreibungsamt verwahrt.

² Andere bewegliche Sachen können einstweilen in den Händen des Schuldners oder eines dritten Besitzers gelassen werden gegen die Verpflichtung, dieselben jederzeit zur Verfügung zu halten.

³ Auch diese Sachen sind indessen in amtliche Verwahrung zu nehmen oder einem Dritten zur Verwahrung zu übergeben, wenn

D. Sicherungsmassnahmen
1. Bei beweglichen Sachen

der Betreibungsbeamte es für angemessen erachtet oder der Gläubiger glaubhaft macht, dass dies zur Sicherung seiner durch die Pfändung begründeten Rechte geboten ist.

⁴ Die Besitznahme durch das Betreibungsamt ist auch dann zulässig, wenn ein Dritter Pfandrecht an der Sache hat. Gelangt dieselbe nicht zur Verwertung, so wird sie dem Pfandgläubiger zurückgegeben.

Art. 99

2. Bei Forderungen

Bei der Pfändung von Forderungen oder Ansprüchen, für welche nicht eine an den Inhaber oder an Order lautende Urkunde besteht, wird dem Schuldner des Betriebenen angezeigt, dass er rechtsgültig nur noch an das Betreibungsamt leisten könne.

Art. 100

3. Bei andern Rechten, Forderungseinzug

Das Betreibungsamt sorgt für die Erhaltung der gepfändeten Rechte und erhebt Zahlung für fällige Forderungen.

Art. 101

4. Bei Grundstücken
a. Vormerkung im Grundbuch

¹ Die Pfändung eines Grundstücks hat die Wirkung einer Verfügungsbeschränkung. Das Betreibungsamt teilt sie dem Grundbuchamt unter Angabe des Zeitpunktes und des Betrages, für den sie erfolgt ist, zum Zwecke der Vormerkung unverzüglich mit. Ebenso sind die Teilnahme neuer Gläubiger an der Pfändung und der Wegfall der Pfändung mitzuteilen.

² Die Vormerkung wird gelöscht, wenn das Verwertungsbegehren nicht innert zwei Jahren nach der Pfändung gestellt wird.

Art. 102

b. Früchte und Erträgnisse

¹ Die Pfändung eines Grundstückes erfasst unter Vorbehalt der den Grundpfandgläubigern zustehenden Rechte auch dessen Früchte und sonstige Erträgnisse.

² Das Betreibungsamt hat den Grundpfandgläubigern sowie gegebenenfalls den Mietern oder Pächtern von der erfolgten Pfändung Kenntnis zu geben.

³ Es sorgt für die Verwaltung und Bewirtschaftung des Grundstücks.

Art. 103

¹ Das Betreibungsamt sorgt für das Einheimsen der Früchte (Art. 94 und 102).   c. Einheimsen der Früchte

² Im Falle des Bedürfnisses sind die Früchte zum Unterhalt des Schuldners und seiner Familie in Anspruch zu nehmen.

Art. 104

Wird ein Niessbrauch oder ein Anteil an einer unverteilten Erbschaft, an Gesellschaftsgut oder an einem andern Gemeinschaftsvermögen gepfändet, so zeigt das Betreibungsamt die Pfändung den beteiligten Dritten an.   5. Bei Gemeinschaftsrechten

Art. 105

Der Gläubiger hat dem Betreibungsamt auf Verlangen die Kosten der Aufbewahrung und des Unterhalts gepfändeter Vermögensstücke vorzuschiessen.   6. Kosten für Aufbewahrung und Unterhalt

Art. 106

¹ Wird geltend gemacht, einem Dritten stehe am gepfändeten Gegenstand das Eigentum, ein Pfandrecht oder ein anderes Recht zu, das der Pfändung entgegensteht oder im weitern Verlauf des Vollstreckungsverfahrens zu berücksichtigen ist, so merkt das Betreibungsamt den Anspruch des Dritten in der Pfändungsurkunde vor oder zeigt ihn, falls die Urkunde bereits zugestellt ist, den Parteien besonders an.   E. Ansprüche Dritter (Widerspruchsverfahren) 1. Vormerkung und Mitteilung

² Dritte können ihre Ansprüche anmelden, solange der Erlös aus der Verwertung des gepfändeten Gegenstandes noch nicht verteilt ist.

³ Nach der Verwertung kann der Dritte die Ansprüche, die ihm nach Zivilrecht bei Diebstahl, Verlust oder sonstigem Abhandenkommen einer beweglichen Sache (Art. 934 und 935 ZGB) oder bei bösem Glauben des Erwerbers (Art. 936 und 974 Abs. 3

ZGB) zustehen, ausserhalb des Betreibungsverfahrens geltend machen. Als öffentliche Versteigerung im Sinne von Artikel 934 Absatz 2 ZGB gilt dabei auch der Freihandverkauf nach Artikel 130 dieses Gesetzes.

Art. 107

2. Durchsetzung
a. Bei ausschliesslichem Gewahrsam des Schuldners

¹ Schuldner und Gläubiger können den Anspruch des Dritten beim Betreibungsamt bestreiten, wenn sich der Anspruch bezieht auf:

1. eine bewegliche Sache im ausschliesslichen Gewahrsam des Schuldners;
2. eine Forderung oder ein anderes Recht, sofern die Berechtigung des Schuldners wahrscheinlicher ist als die des Dritten;
3. ein Grundstück, sofern er sich nicht aus dem Grundbuch ergibt.

² Das Betreibungsamt setzt ihnen dazu eine Frist von zehn Tagen.

³ Auf Verlangen des Schuldners oder des Gläubigers wird der Dritte aufgefordert, innerhalb der Bestreitungsfrist seine Beweismittel beim Betreibungsamt zur Einsicht vorzulegen. Artikel 73 Absatz 2 gilt sinngemäss.

⁴ Wird der Anspruch des Dritten nicht bestritten, so gilt er in der betreffenden Betreibung als anerkannt.

⁵ Wird der Anspruch bestritten, so setzt das Betreibungsamt dem Dritten eine Frist von 20 Tagen, innert der er gegen den Bestreitenden auf Feststellung seines Anspruchs klagen kann. Reicht er keine Klage ein, so fällt der Anspruch in der betreffenden Betreibung ausser Betracht.

Art. 108

b. Bei Gewahrsam oder Mitgewahrsam des Dritten

¹ Gläubiger und Schuldner können gegen den Dritten auf Aberkennung seines Anspruchs klagen, wenn sich der Anspruch bezieht auf:

1. eine bewegliche Sache im Gewahrsam oder Mitgewahrsam des Dritten;
2. eine Forderung oder ein anderes Recht, sofern die Berechtigung des Dritten wahrscheinlicher ist als diejenige des Schuldners;
3. ein Grundstück, sofern er sich aus dem Grundbuch ergibt.

² Das Betreibungsamt setzt ihnen dazu eine Frist von 20 Tagen.

³ Wird keine Klage eingereicht, so gilt der Anspruch in der betreffenden Betreibung als anerkannt.

⁴ Auf Verlangen des Gläubigers oder des Schuldners wird der Dritte aufgefordert, innerhalb der Klagefrist seine Beweismittel beim Betreibungsamt zur Einsicht vorzulegen. Artikel 73 Absatz 2 gilt sinngemäss.

Art. 109

¹ Beim Gericht des Betreibungsortes sind einzureichen: c. Gerichtsstand
1. Klagen nach Artikel 107 Absatz 5;
2. Klagen nach Artikel 108 Absatz 1, sofern der Beklagte Wohnsitz im Ausland hat.

² Richtet sich die Klage nach Artikel 108 Absatz 1 gegen einen Beklagten mit Wohnsitz in der Schweiz, so ist sie an dessen Wohnsitz einzureichen.

³ Bezieht sich der Anspruch auf ein Grundstück, so ist die Klage in jedem Fall beim Gericht des Ortes einzureichen, wo das Grundstück oder sein wertvollster Teil liegt.

⁴ Das Gericht zeigt dem Betreibungsamt den Eingang und die Erledigung der Klage an.

⁵ Bis zur Erledigung der Klage bleibt die Betreibung in Bezug auf die streitigen Gegenstände eingestellt, und die Fristen für Verwertungsbegehren (Art. 116) stehen still.

Art. 110

¹ Gläubiger, die das Fortsetzungsbegehren innerhalb von 30 Tagen nach dem Vollzug einer Pfändung stellen, nehmen an der Pfändung teil. Die Pfändung wird jeweils so weit ergänzt, als F. Pfändungsanschluss 1. Im allgemeinen

dies zur Deckung sämtlicher Forderungen einer solchen Gläubigergruppe notwendig ist.

² Gläubiger, die das Fortsetzungsbegehren erst nach Ablauf der 30-tägigen Frist stellen, bilden in der gleichen Weise weitere Gruppen mit gesonderter Pfändung.

³ Bereits gepfändete Vermögensstücke können neuerdings gepfändet werden, jedoch nur so weit, als deren Erlös nicht den Gläubigern, für welche die vorgehende Pfändung stattgefunden hat, auszurichten sein wird.

Art. 111

2. Privilegierter Anschluss

¹ An der Pfändung können ohne vorgängige Betreibung innert 40 Tagen nach ihrem Vollzug teilnehmen:
1. der Ehegatte, die eingetragene Partnerin oder der eingetragene Partner des Schuldners;
2. die Kinder, Mündel und Verbeiständeten des Schuldners für Forderungen aus dem elterlichen oder vormundschaftlichen Verhältnis;
3. die mündigen Kinder und die Grosskinder des Schuldners für die Forderungen aus den Artikeln 334 und 334bis ZGB;
4. der Pfründer des Schuldners für seine Ersatzforderung nach Artikel 529 OR.

² Die Personen nach Absatz 1 Ziffern 1 und 2 können ihr Recht nur geltend machen, wenn die Pfändung während der Dauer der Ehe, der eingetragenen Partnerschaft, des elterlichen oder vormundschaftlichen Verhältnisses oder innert eines Jahres nach deren Ende erfolgt ist; die Dauer eines Prozess- oder Betreibungsverfahrens wird dabei nicht mitberechnet. Anstelle der Kinder, Mündel und Verbeiständeten kann auch die Vormundschaftsbehörde die Anschlusserklärung abgeben.

³ Soweit dem Betreibungsamt anschlussberechtigte Personen bekannt sind, teilt es diesen die Pfändung durch uneingeschriebenen Brief mit.

⁴ Das Betreibungsamt gibt dem Schuldner und den Gläubigern von einem solchen Anspruch Kenntnis und setzt ihnen eine Frist von zehn Tagen zur Bestreitung.

⁵ Wird der Anspruch bestritten, so findet die Teilnahme nur mit dem Recht einer provisorischen Pfändung statt, und der Ansprecher muss innert 20 Tagen beim Gericht des Betreibungsortes klagen; nutzt er die Frist nicht, so fällt seine Teilnahme dahin.

Art. 112

¹ Über jede Pfändung wird eine mit der Unterschrift des vollziehenden Beamten oder Angestellten zu versehende Urkunde (Pfändungsurkunde) aufgenommen. Dieselbe bezeichnet den Gläubiger und den Schuldner, den Betrag der Forderung, Tag und Stunde der Pfändung, die gepfändeten Vermögensstücke samt deren Schätzung sowie, gegebenenfalls, die Ansprüche Dritter.

² Werden Gegenstände gepfändet, auf welche bereits ein Arrest gelegt ist, so wird die Teilnahme des Arrestgläubigers an der Pfändung (Art. 281) vorgemerkt.

³ Ist nicht genügendes oder gar kein pfändbares Vermögen vorhanden, so wird dieser Umstand in der Pfändungsurkunde festgestellt.

G. Pfändungsurkunde
1. Aufnahme

Art. 113

Nehmen neue Gläubiger an einer Pfändung teil oder wird eine Pfändung ergänzt, so wird dies in der Pfändungsurkunde nachgetragen.

2. Nachträge

Art. 114

Das Betreibungsamt stellt den Gläubigern und dem Schuldner nach Ablauf der 30-tägigen Teilnahmefrist unverzüglich eine Abschrift der Pfändungsurkunde zu.

3. Zustellung an Gläubiger und Schuldner

Art. 115

¹ War kein pfändbares Vermögen vorhanden, so bildet die Pfändungsurkunde den Verlustschein im Sinne des Artikels 149.

² War nach der Schätzung des Beamten nicht genügendes Vermögen vorhanden, so dient die Pfändungsurkunde dem Gläubi-

4. Pfändungsurkunde als Verlustschein

ger als provisorischer Verlustschein und äussert als solcher die in den Artikeln 271 Ziffer 5 und 285 bezeichneten Rechtswirkungen.

³ Der provisorische Verlustschein verleiht dem Gläubiger ferner das Recht, innert der Jahresfrist nach Artikel 88 Absatz 2 die Pfändung neu entdeckter Vermögensgegenstände zu verlangen. Die Bestimmungen über den Pfändungsanschluss (Art. 110 und 111) sind anwendbar.

II. Verwertung

...

Art. 116

A. Verwertungsbegehren
1. Frist

¹ Der Gläubiger kann die Verwertung der gepfändeten beweglichen Vermögensstücke sowie der Forderungen und der andern Rechte frühestens einen Monat und spätestens ein Jahr, diejenige der gepfändeten Grundstücke frühestens sechs Monate und spätestens zwei Jahre nach der Pfändung verlangen.

² Ist künftiger Lohn gepfändet worden, und hat der Arbeitgeber gepfändete Beträge bei deren Fälligkeit nicht abgeliefert, so kann die Verwertung des Anspruches auf diese Beträge innert 15 Monaten nach der Pfändung verlangt werden.

³ Ist die Pfändung wegen Teilnahme mehrerer Gläubiger ergänzt worden, so laufen diese Fristen von der letzten erfolgreichen Ergänzungspfändung an.

Art. 117

2. Berechtigung

¹ Das Recht, die Verwertung zu verlangen, steht in einer Gläubigergruppe jedem einzelnen Teilnehmer zu.

² Gläubiger, welche Vermögensstücke gemäss Artikel 110 Absatz 3 nur für den Mehrerlös gepfändet haben, können gleichfalls deren Verwertung verlangen.

Art. 118

Ein Gläubiger, dessen Pfändung eine bloss provisorische ist, kann die Verwertung nicht verlangen. Inzwischen laufen für ihn die Fristen des Artikels 116 nicht.

3. Bei provisorischer Pfändung

Art. 119

¹ Die gepfändeten Vermögensstücke werden nach den Artikeln 122–143a verwertet.

² Die Verwertung wird eingestellt, sobald der Erlös den Gesamtbetrag der Forderungen erreicht, für welche die Pfändung provisorisch oder endgültig ist. Artikel 144 Absatz 5 ist vorbehalten.

4. Wirkungen

Art. 120

Das Betreibungsamt benachrichtigt den Schuldner binnen drei Tagen von dem Verwertungsbegehren.

5. Anzeige an den Schuldner

Art. 121

Wenn binnen der gesetzlichen Frist das Verwertungsbegehren nicht gestellt oder zurückgezogen und nicht erneuert wird, so erlischt die Betreibung.

…

6. Erlöschen der Betreibung

Art. 122

¹ Bewegliche Sachen und Forderungen werden vom Betreibungsamt frühestens zehn Tage und spätestens zwei Monate nach Eingang des Begehrens verwertet.

² Die Verwertung hängender oder stehender Früchte darf ohne Zustimmung des Schuldners nicht vor der Reife stattfinden.

B. Verwertung von beweglichen Sachen und Forderungen
1. Fristen
a. Im allgemeinen

Art. 123

¹ Macht der Schuldner glaubhaft, dass er die Schuld ratenweise tilgen kann, und verpflichtet er sich zu regelmässigen und angemessenen Abschlagzahlungen an das Betreibungsamt, so kann

b. Aufschub der Verwertung

Art. 124 SchKG

der Betreibungsbeamte nach Erhalt der ersten Rate die Verwertung um höchstens zwölf Monate hinausschieben.

² Bei Betreibungen für Forderungen der ersten Klasse (Art. 219 Abs. 4) kann die Verwertung um höchstens sechs Monate aufgeschoben werden.

³ Der Betreibungsbeamte setzt die Höhe und die Verfalltermine der Abschlagszahlungen fest; er hat dabei die Verhältnisse des Schuldners wie des Gläubigers zu berücksichtigen.

⁴ Der Aufschub verlängert sich um die Dauer eines allfälligen Rechtsstillstandes. In diesem Fall werden nach Ablauf des Rechtsstillstandes die Raten und ihre Fälligkeit neu festgesetzt.

⁵ Der Betreibungsbeamte ändert seine Verfügung von Amtes wegen oder auf Begehren des Gläubigers oder des Schuldners, soweit die Umstände es erfordern. Der Aufschub fällt ohne weiteres dahin, wenn eine Abschlagszahlung nicht rechtzeitig geleistet wird.

Art. 124

c. Vorzeitige Verwertung

¹ Auf Begehren des Schuldners kann die Verwertung stattfinden, auch wenn der Gläubiger noch nicht berechtigt ist, dieselbe zu verlangen.

² Der Betreibungsbeamte kann jederzeit Gegenstände verwerten, die schneller Wertverminderung ausgesetzt sind, einen kostspieligen Unterhalt erfordern oder unverhältnismässig hohe Aufbewahrungskosten verursachen.

Art. 125

2. Versteigerung
a. Vorbereitung

¹ Die Verwertung geschieht auf dem Wege der öffentlichen Steigerung. Ort, Tag und Stunde derselben werden vorher öffentlich bekanntgemacht.

² Die Art der Bekanntmachung sowie die Art und Weise, der Ort und der Tag der Steigerung werden vom Betreibungsbeamten so bestimmt, dass dadurch die Interessen der Beteiligten bestmögliche Berücksichtigung finden. Die Bekanntmachung durch das Amtsblatt ist in diesem Falle nicht geboten.

³ Haben der Schuldner, der Gläubiger und die beteiligten Dritten in der Schweiz einen bekannten Wohnort oder einen Vertreter, so teilt ihnen das Betreibungsamt wenigstens drei Tage vor der Versteigerung deren Zeit und Ort durch uneingeschriebenen Brief mit.

Art. 126

¹ Der Verwertungsgegenstand wird dem Meistbietenden nach dreimaligem Aufruf zugeschlagen, sofern das Angebot den Betrag allfälliger dem betreibenden Gläubiger im Range vorgehender pfandgesicherter Forderungen übersteigt. *b. Zuschlag, Deckungsprinzip*

² Erfolgt kein solches Angebot, so fällt die Betreibung in Hinsicht auf diesen Gegenstand dahin.

Art. 127

Ist von vorneherein anzunehmen, dass der Zuschlag gemäss Artikel 126 nicht möglich sein wird, so kann der Betreibungsbeamte auf Antrag des betreibenden Gläubigers von der Verwertung absehen und einen Verlustschein ausstellen. *c. Verzicht auf die Verwertung*

Art. 128

Gegenstände aus Edelmetall dürfen nicht unter ihrem Metallwert zugeschlagen werden. *d. Gegenstände aus Edelmetall*

Art. 129

¹ Die Versteigerung geschieht gegen Barzahlung. *e. Zahlungsmodus und Folgen des Zahlungsverzuges*

² Der Betreibungsbeamte kann jedoch einen Zahlungstermin von höchstens 20 Tagen gestatten. Die Übergabe findet in jedem Falle nur gegen Erlegung des Kaufpreises statt.

³ Wird die Zahlung nicht rechtzeitig geleistet, so hat das Betreibungsamt eine neue Steigerung anzuordnen, auf die Artikel 126 Anwendung findet.

⁴ Der frühere Ersteigerer und seine Bürgen haften für den Ausfall und allen weitern Schaden. Der Zinsverlust wird hierbei zu fünf vom Hundert berechnet.

Art. 130

3. Freihandverkauf

An die Stelle der Versteigerung kann der freihändige Verkauf treten:
1. wenn alle Beteiligten ausdrücklich damit einverstanden sind;
2. wenn Wertpapiere oder andere Gegenstände, die einen Markt- oder Börsenpreis haben, zu verwerten sind und der angebotene Preis dem Tageskurse gleichkommt;
3. wenn bei Gegenständen aus Edelmetall, für die bei der Versteigerung die Angebote den Metallwert nicht erreichen, dieser Preis angeboten wird;
4. im Falle des Artikels 124 Absatz 2.

Art. 131

4. Forderungsüberweisung

[1] Geldforderungen des Schuldners, welche keinen Markt- oder Börsenpreis haben, werden, wenn sämtliche pfändende Gläubiger es verlangen, entweder der Gesamtheit der Gläubiger oder einzelnen von ihnen für gemeinschaftliche Rechnung zum Nennwert an Zahlungs Statt angewiesen. In diesem Falle treten die Gläubiger bis zur Höhe ihrer Forderungen in die Rechte des betriebenen Schuldners ein.

[2] Sind alle pfändenden Gläubiger einverstanden, so können sie oder einzelne von ihnen, ohne Nachteil für ihre Rechte gegenüber dem betriebenen Schuldner, gepfändete Ansprüche im eigenen Namen sowie auf eigene Rechnung und Gefahr geltend machen. Sie bedürfen dazu der Ermächtigung des Betreibungsamtes. Das Ergebnis dient zur Deckung der Auslagen und der Forderungen derjenigen Gläubiger, welche in dieser Weise vorgegangen sind. Ein Überschuss ist an das Betreibungsamt abzuliefern.

Art. 132

5. Besondere Verwertungsverfahren

[1] Sind Vermögensbestandteile anderer Art zu verwerten, wie eine Nutzniessung oder ein Anteil an einer unverteilten Erbschaft, an einer Gemeinderschaft, an Gesellschaftsgut oder an

einem andern gemeinschaftlichen Vermögen, so ersucht der Betreibungsbeamte die Aufsichtsbehörde um Bestimmung des Verfahrens.

² Die gleiche Regel gilt für die Verwertung von Erfindungen, von Sortenschutzrechten, von gewerblichen Mustern und Modellen, von Fabrik- und Handelsmarken und von Urheberrechten.

³ Die Aufsichtsbehörde kann nach Anhörung der Beteiligten die Versteigerung anordnen oder die Verwertung einem Verwalter übertragen oder eine andere Vorkehrung treffen.

Art. 132*a*

¹ Die Verwertung kann nur durch Beschwerde gegen den Zuschlag oder den Abschluss des Freihandverkaufs angefochten werden.

6. Anfechtung der Verwertung

² Die Beschwerdefrist von Artikel 17 Absatz 2 beginnt, wenn der Beschwerdeführer von der angefochtenen Verwertungshandlung Kenntnis erhalten hat und der Anfechtungsgrund für ihn erkennbar geworden ist.

³ Das Beschwerderecht erlischt ein Jahr nach der Verwertung.

…

Art. 133

¹ Grundstücke werden vom Betreibungsamt frühestens einen Monat und spätestens drei Monate nach Eingang des Verwertungsbegehrens öffentlich versteigert.

C. Verwertung der Grundstücke
1. Frist

² Auf Begehren des Schuldners und mit ausdrücklicher Zustimmung sämtlicher Pfändungs- und Grundpfandgläubiger kann die Verwertung stattfinden, auch wenn noch kein Gläubiger berechtigt ist, sie zu verlangen.

Art. 134

¹ Die Steigerungsbedingungen sind vom Betreibungsamte in ortsüblicher Weise aufzustellen und so einzurichten, dass sich ein möglichst günstiges Ergebnis erwarten lässt.

2. Steigerungsbedingungen
a. Auflegung

² Dieselben werden mindestens zehn Tage vor der Steigerung im Lokal des Betreibungsamtes zu jedermanns Einsicht aufgelegt.

Art. 135

b. Inhalt

¹ Die Steigerungsbedingungen bestimmen, dass Grundstücke mit allen darauf haftenden Belastungen (Dienstbarkeiten, Grundlasten, Grundpfandrechten und vorgemerkten persönlichen Rechten) versteigert werden und damit verbundene persönliche Schuldpflichten auf den Erwerber übergehen. Der Schuldner einer überbundenen Schuld aus Grundpfandverschreibung oder aus Schuldbrief wird frei, wenn ihm der Gläubiger nicht innert einem Jahr nach dem Zuschlag erklärt, ihn beibehalten zu wollen (Art. 832 ZGB). Fällige grundpfandgesicherte Schulden werden nicht überbunden, sondern vorweg aus dem Erlös bezahlt.

² Die Steigerungsbedingungen stellen ferner fest, welche Kosten dem Erwerber obliegen.

Art. 136

c. Zahlungsmodus

¹ Die Versteigerung geschieht gegen Barzahlung oder unter Gewährung eines Zahlungstermins von höchstens sechs Monaten.

² ...

Art. 137

d. Zahlungsfrist

Wenn ein Zahlungstermin gewährt wird, bleibt das Grundstück bis zur Zahlung der Kaufsumme auf Rechnung und Gefahr des Erwerbers in der Verwaltung des Betreibungsamtes. Ohne dessen Bewilligung darf inzwischen keine Eintragung in das Grundbuch vorgenommen werden. Überdies kann sich das Betreibungsamt für den gestundeten Kaufpreis besondere Sicherheiten ausbedingen.

Art. 138

¹ Die Steigerung wird mindestens einen Monat vorher öffentlich bekanntgemacht.

² Die Bekanntmachung enthält:
1. Ort, Tag und Stunde der Steigerung;
2. die Angabe des Tages, von welchem an die Steigerungsbedingungen aufliegen;
3. die Aufforderung an die Pfandgläubiger und alle übrigen Beteiligten, dem Betreibungsamt innert 20 Tagen ihre Ansprüche am Grundstück, insbesondere für Zinsen und Kosten, einzugeben. In dieser Aufforderung ist anzukündigen, dass sie bei Nichteinhalten dieser Frist am Ergebnis der Verwertung nur teilhaben, soweit ihre Rechte im Grundbuch eingetragen sind.

³ Eine entsprechende Aufforderung wird auch an die Besitzer von Dienstbarkeiten gerichtet, soweit noch kantonales Recht zur Anwendung kommt.

3. Versteigerung
a. Bekanntmachung, Anmeldung der Rechte

Art. 139

Das Betreibungsamt stellt dem Gläubiger, dem Schuldner, einem allfälligen dritten Eigentümer des Grundstücks und allen im Grundbuch eingetragenen Beteiligten ein Exemplar der Bekanntmachung durch uneingeschriebenen Brief zu, wenn sie einen bekannten Wohnsitz oder einen Vertreter haben.

b. Anzeige an die Beteiligten

Art. 140

¹ Vor der Versteigerung ermittelt der Betreibungsbeamte die auf dem Grundstück ruhenden Lasten (Dienstbarkeiten, Grundlasten, Grundpfandrechte und vorgemerkte persönliche Rechte) anhand der Eingaben der Berechtigten und eines Auszuges aus dem Grundbuch.

² Er stellt den Beteiligten das Verzeichnis der Lasten zu und setzt ihnen gleichzeitig eine Bestreitungsfrist von zehn Tagen. Die Artikel 106–109 sind anwendbar.

c. Lastenbereinigung, Schätzung

³ Ausserdem ordnet der Betreibungsbeamte eine Schätzung des Grundstückes an und teilt deren Ergebnis den Beteiligten mit.

Art. 141

d. Aussetzen der Versteigerung

¹ Ist ein in das Lastenverzeichnis aufgenommener Anspruch streitig, so ist die Versteigerung bis zum Austrag der Sache auszusetzen, sofern anzunehmen ist, dass der Streit die Höhe des Zuschlagspreises beeinflusst oder durch eine vorherige Versteigerung andere berechtigte Interessen verletzt werden.

² Besteht lediglich Streit über die Zugehöreigenschaft oder darüber, ob die Zugehör nur einzelnen Pfandgläubigern verpfändet sei, so kann die Versteigerung des Grundstückes samt der Zugehör gleichwohl stattfinden.

Art. 142

e. Doppelaufruf

¹ Ist ein Grundstück ohne Zustimmung des vorgehenden Grundpfandgläubigers mit einer Dienstbarkeit, einer Grundlast oder einem vorgemerkten persönlichen Recht belastet und ergibt sich der Vorrang des Pfandrechts aus dem Lastenverzeichnis, so kann der Grundpfandgläubiger innert zehn Tagen nach Zustellung des Lastenverzeichnisses den Aufruf sowohl mit als auch ohne die Last verlangen.

² Ergibt sich der Vorrang des Pfandrechts nicht aus dem Lastenverzeichnis, so wird dem Begehren um Doppelaufruf nur stattgegeben, wenn der Inhaber des betroffenen Rechts den Vorrang anerkannt hat oder der Grundpfandgläubiger innert zehn Tagen nach Zustellung des Lastenverzeichnisses am Ort der gelegenen Sache Klage auf Feststellung des Vorranges einreicht.

³ Reicht das Angebot für das Grundstück mit der Last zur Befriedigung des Gläubigers nicht aus und erhält er ohne sie bessere Deckung, so kann er die Löschung der Last im Grundbuch verlangen. Bleibt nach seiner Befriedigung ein Überschuss, so ist dieser in erster Linie bis zur Höhe des Wertes der Last zur Entschädigung des Berechtigten zu verwenden.

Art. 142*a*

Die Bestimmungen über den Zuschlag und das Deckungsprinzip (Art. 126) sowie über den Verzicht auf die Verwertung (Art. 127) sind anwendbar.

4. Zuschlag. Deckungsprinzip. Verzicht auf die Verwertung

Art. 143

¹ Erfolgt die Zahlung nicht rechtzeitig, so wird der Zuschlag rückgängig gemacht, und das Betreibungsamt ordnet sofort eine neue Versteigerung an. Artikel 126 ist anwendbar.

² Der frühere Ersteigerer und seine Bürgen haften für den Ausfall und allen weitern Schaden. Der Zinsverlust wird hierbei zu fünf vom Hundert berechnet.

5. Folgen des Zahlungsverzuges

Art. 143*a*

Für die Verwertung von Grundstücken gelten im Übrigen die Artikel 123 und 132*a*.

6. Ergänzende Bestimmungen

Art. 143*b*

¹ An die Stelle der Versteigerung kann der freihändige Verkauf treten, wenn alle Beteiligten damit einverstanden sind und mindestens der Schätzungspreis angeboten wird.

² Der Verkauf darf nur nach durchgeführten Lastenbereinigungsverfahren im Sinne von Artikel 138 Absatz 2 Ziffer 3 und Absatz 3 und Artikel 140 sowie in entsprechender Anwendung der Artikel 135–137 erfolgen.

…

7. Freihandverkauf

Art. 144

¹ Die Verteilung findet statt, sobald alle in einer Pfändung enthaltenen Vermögensstücke verwertet sind.

² Es können schon vorher Abschlagsverteilungen vorgenommen werden.

D. Verteilung
1. Zeitpunkt. Art der Vornahme

Art. 145 SchKG

³ Aus dem Erlös werden vorweg die Kosten für die Verwaltung, die Verwertung, die Verteilung und gegebenenfalls die Beschaffung eines Ersatzgegenstandes (Art. 92 Abs. 3) bezahlt.

⁴ Der Reinerlös wird den beteiligten Gläubigern bis zur Höhe ihrer Forderungen, einschliesslich des Zinses bis zum Zeitpunkt der letzten Verwertung und der Betreibungskosten (Art. 68), ausgerichtet.

⁵ Die auf Forderungen mit provisorischer Pfändung entfallenden Beträge werden einstweilen bei der Depositenanstalt hinterlegt.

Art. 145

2. Nachpfändung

¹ Deckt der Erlös den Betrag der Forderungen nicht, so vollzieht das Betreibungsamt unverzüglich eine Nachpfändung und verwertet die Gegenstände möglichst rasch. Ein besonderes Begehren eines Gläubigers ist nicht nötig, und das Amt ist nicht an die ordentlichen Fristen gebunden.

² Ist inzwischen eine andere Pfändung durchgeführt worden, so werden die daraus entstandenen Rechte durch die Nachpfändung nicht berührt.

³ Die Bestimmungen über den Pfändungsanschluss (Art. 110 und 111) sind anwendbar.

Art. 146

3. Kollokationsplan und Verteilungsliste
a. Rangfolge der Gläubiger

¹ Können nicht sämtliche Gläubiger befriedigt werden, so erstellt das Betreibungsamt den Plan für die Rangordnung der Gläubiger (Kollokationsplan) und die Verteilungsliste.

² Die Gläubiger erhalten den Rang, den sie nach Artikel 219 im Konkurs des Schuldners einnehmen würden. Anstelle der Konkurseröffnung ist der Zeitpunkt des Fortsetzungsbegehrens massgebend.

Art. 147

b. Auflegung

Der Kollokationsplan und die Verteilungsliste werden beim Betreibungsamt aufgelegt. Diese benachrichtigt die Beteiligten davon und stellt jedem Gläubiger einen seine Forderung betreffenden Auszug zu.

Art. 148

¹ Will ein Gläubiger die Forderung oder den Rang eines andern Gläubigers bestreiten, so muss er gegen diesen innert 20 Tagen nach Empfang des Auszuges beim Gericht des Betreibungsortes Kollokationsklage erheben.

² ...

³ Heisst das Gericht die Klage gut, so weist es den nach der Verteilungsliste auf den Beklagten entfallenden Anteil am Verwertungserlös dem Kläger zu, soweit dies zur Deckung seines in der Verteilungsliste ausgewiesenen Verlustes und der Prozesskosten nötig ist. Ein allfälliger Überschuss verbleibt dem Beklagten.

c. Anfechtung durch Klage

Art. 149

¹ Jeder Gläubiger, der an der Pfändung teilgenommen hat, erhält für den ungedeckten Betrag seiner Forderung einen Verlustschein. Der Schuldner erhält ein Doppel des Verlustscheins.

¹bis Das Betreibungsamt stellt den Verlustschein aus, sobald die Höhe des Verlustes feststeht.

² Der Verlustschein gilt als Schuldanerkennung im Sinne des Artikels 82 und gewährt dem Gläubiger die in den Artikel 271 Ziffer 5 und 285 erwähnten Rechte.

³ Der Gläubiger kann während sechs Monaten nach Zustellung des Verlustscheines ohne neuen Zahlungsbefehl die Betreibung fortsetzen.

⁴ Der Schuldner hat für die durch den Verlustschein verurkundete Forderung keine Zinsen zu zahlen. Mitschuldner, Bürgen und sonstige Rückgriffsberechtigte, welche an Schuldners Statt Zinsen bezahlen müssen, können ihn nicht zum Ersatze derselben anhalten.

⁵ ...

4. Verlustschein
a. Ausstellung und Wirkung

Art. 149*a*

b. Verjährung und Löschung

¹ Die durch den Verlustschein verurkundete Forderung verjährt 20 Jahre nach der Ausstellung des Verlustscheines; gegenüber den Erben des Schuldners jedoch verjährt sie spätestens ein Jahr nach Eröffnung des Erbganges.

² Der Schuldner kann die Forderung jederzeit durch Zahlung an das Betreibungsamt, welches den Verlustschein ausgestellt hat, tilgen. Das Amt leitet den Betrag an den Gläubiger weiter oder hinterlegt ihn gegebenenfalls bei der Depositenstelle.

³ Nach der Tilgung wird der Eintrag des Verlustscheines in den Registern gelöscht. Die Löschung wird dem Schuldner auf Verlangen bescheinigt.

Art. 150

5. Herausgabe der Forderungsurkunde

¹ Sofern die Forderung eines Gläubigers vollständig gedeckt wird, hat derselbe die Forderungsurkunde zu quittieren und dem Betreibungsbeamten zuhanden des Schuldners herauszugeben.

² Wird eine Forderung nur teilweise gedeckt, so behält der Gläubiger die Urkunde; das Betreibungsamt hat auf derselben zu bescheinigen oder durch die zuständige Beamtung bescheinigen zu lassen, für welchen Betrag die Forderung noch zu Recht besteht.

³ Bei Grundstückverwertungen veranlasst das Betreibungsamt die erforderlichen Löschungen und Änderungen von Dienstbarkeiten, Grundlasten, Grundpfandrechten und vorgemerkten persönlichen Rechten im Grundbuch.

4. Titel: Betreibung auf Pfandverwertung

Art. 151

A. Betreibungsbegehren

¹ Wer für eine durch Pfand (Art. 37) gesicherte Forderung Betreibung einleitet, hat im Betreibungsbegehren zusätzlich zu den in Artikel 67 aufgezählten Angaben den Pfandgegenstand zu bezeichnen. Ferner sind im Begehren gegebenenfalls anzugeben:

a. der Name des Dritten, der das Pfand bestellt oder den Pfandgegenstand zu Eigentum erworben hat;
b. die Verwendung des verpfändeten Grundstücks als Familienwohnung (Art. 169 ZGB) oder als gemeinsame Wohnung (Art. 14 des Partnerschaftsgesetzes vom 18. Juni 2004) des Schuldners oder des Dritten.

² Betreibt ein Gläubiger aufgrund eines Faustpfandes, an dem ein Dritter ein nachgehendes Pfandrecht hat (Art. 886 ZGB), so muss er diesen von der Einleitung der Betreibung benachrichtigen.

Art. 152

¹ Nach Empfang des Betreibungsbegehrens erlässt das Betreibungsamt einen Zahlungsbefehl nach Artikel 69, jedoch mit folgenden Besonderheiten:

B. Zahlungsbefehl
1. Inhalt. Anzeige an Mieter und Pächter

1. Die dem Schuldner anzusetzende Zahlungsfrist beträgt einen Monat, wenn es sich um ein Faustpfand, sechs Monate, wenn es sich um ein Grundpfand handelt.
2. Die Androhung lautet dahin, dass, wenn der Schuldner weder dem Zahlungsbefehle nachkommt, noch Rechtsvorschlag erhebt, das Pfand verwertet werde.

² Bestehen auf dem Grundstück Miet- oder Pachtverträge und verlangt der betreibende Pfandgläubiger die Ausdehnung der Pfandhaft auf die Miet- oder Pachtzinsforderungen (Art. 806 ZGB), so teilt das Betreibungsamt den Mietern oder Pächtern die Anhebung der Betreibung mit und weist sie an, die fällig werdenden Miet- oder Pachtzinse an das Betreibungsamt zu bezahlen.

Art. 153

¹ Die Ausfertigung des Zahlungsbefehls erfolgt gemäss Artikel 70.

2. Ausfertigung. Stellung des Dritteigentümers des Pfandes

² Das Betreibungsamt stellt auch folgenden Personen einen Zahlungsbefehl zu:

a. dem Dritten, der das Pfand bestellt oder den Pfandgegenstand zu Eigentum erworben hat;
b. dem Ehegatten, der eingetragenen Partnerin oder dem eingetragenen Partner des Schuldners oder des Dritten, falls das verpfändete Grundstück als Familienwohnung (Art. 169 ZGB) oder als gemeinsame Wohnung (Art. 14 des Partnerschaftsgesetzes vom 18. Juni 2004) dient.

Der Dritte und der Ehegatte können Rechtsvorschlag erheben wie der Schuldner.

[2bis] Die in Absatz 2 genannten Personen können Rechtsvorschlag erheben wie der Schuldner.

[3] Hat der Dritte das Ablösungsverfahren eingeleitet (Art. 828 und 829 ZGB), so kann das Grundstück nur verwertet werden, wenn der betreibende Gläubiger nach Beendigung dieses Verfahrens dem Betreibungsamt nachweist, dass ihm für die in Betreibung gesetzte Forderung noch ein Pfandrecht am Grundstück zusteht.

[4] Im Übrigen finden mit Bezug auf Zahlungsbefehl und Rechtsvorschlag die Bestimmungen der Artikel 71–86 Anwendung.

Art. 153a

C. Rechtsvorschlag. Widerruf der Anzeige an Mieter und Pächter

[1] Wird Rechtsvorschlag erhoben, so kann der Gläubiger innert zehn Tagen nach der Mitteilung des Rechtsvorschlages Rechtsöffnung verlangen oder auf Anerkennung der Forderung oder Feststellung des Pfandrechts klagen.

[2] Wird der Gläubiger im Rechtsöffnungsverfahren abgewiesen, so kann er innert zehn Tagen nach Eröffnung des Entscheids Klage erheben.

[3] Hält er diese Fristen nicht ein, so wird die Anzeige an Mieter und Pächter widerrufen.

Art. 154

D. Verwertungsfristen

[1] Der Gläubiger kann die Verwertung eines Faustpfandes frühestens einen Monat und spätestens ein Jahr, die Verwertung eines Grundpfandes frühestens sechs Monate und spätestens zwei

Jahre nach der Zustellung des Zahlungsbefehls verlangen. Ist Rechtsvorschlag erhoben worden, so stehen diese Fristen zwischen der Einleitung und der Erledigung eines dadurch veranlassten gerichtlichen Verfahrens still.

² Wenn binnen der gesetzlichen Frist das Verwertungsbegehren nicht gestellt oder zurückgezogen und nicht erneuert wird, so erlischt die Betreibung.

Art. 155

¹ Hat der Gläubiger das Verwertungsbegehren gestellt, so sind die Artikel 97 Absatz 1, 102 Absatz 3, 103 und 106–109 auf das Pfand sinngemäss anwendbar.

E. Verwertungsverfahren
1. Einleitung

² Das Betreibungsamt benachrichtigt den Schuldner binnen drei Tagen von dem Verwertungsbegehren.

Art. 156

¹ Für die Verwertung gelten die Artikel 122–143*b*. Die Steigerungsbedingungen (Art. 135) bestimmen jedoch, dass der Anteil am Zuschlagspreis, der dem betreibenden Pfandgläubiger zukommt, in Geld zu bezahlen ist, wenn die Beteiligten nichts anderes vereinbaren. Sie bestimmen ferner, dass die Belastung des Grundstücks, die zugunsten des Betreibenden bestand, im Grundbuch gelöscht wird.

2. Durchführung

² Vom Grundeigentümer zu Faustpfand begebene Eigentümer- oder Inhabertitel werden im Falle separater Verwertung auf den Betrag des Erlöses herabgesetzt.

Art. 157

¹ Aus dem Pfanderlös werden vorweg die Kosten für die Verwaltung, die Verwertung und die Verteilung bezahlt.

3. Verteilung

² Der Reinerlös wird den Pfandgläubigern bis zur Höhe ihrer Forderungen einschliesslich des Zinses bis zum Zeitpunkt der letzten Verwertung und der Betreibungskosten ausgerichtet.

³ Können nicht sämtliche Pfandgläubiger befriedigt werden, so setzt der Betreibungsbeamte, unter Berücksichtigung des Arti-

Art. 158

4. Pfandausfallschein

¹ Konnte das Pfand wegen ungenügenden Angeboten (Art. 126 und 127) nicht verwertet werden oder deckt der Erlös die Forderung nicht, so stellt das Betreibungsamt dem betreibenden Pfandgläubiger einen Pfandausfallschein aus.

² Nach Zustellung dieser Urkunde kann der Gläubiger die Betreibung, je nach der Person des Schuldners, auf dem Wege der Pfändung oder des Konkurses führen, sofern es sich nicht um eine Gült oder andere Grundlast handelt. Betreibt er binnen Monatsfrist, so ist ein neuer Zahlungsbefehl nicht erforderlich.

³ Der Pfandausfallschein gilt als Schuldanerkennung im Sinne von Artikel 82.

5. Titel: Betreibung auf Konkurs
I. Ordentliche Konkursbetreibung

Art. 159

A. Konkursandrohung
1. Zeitpunkt

Unterliegt der Schuldner der Konkursbetreibung, so droht ihm das Betreibungsamt nach Empfang des Fortsetzungsbegehrens unverzüglich den Konkurs an.

Art. 160

2. Inhalt
¹ Die Konkursandrohung enthält:

¹ die Angaben des Betreibungsbegehrens;

² das Datum des Zahlungsbefehls;

³ die Anzeige, dass der Gläubiger nach Ablauf von 20 Tagen das Konkursbegehren stellen kann;

⁴ die Mitteilung, dass der Schuldner, welcher die Zulässigkeit der Konkursbetreibung bestreiten will, innert zehn Tagen bei der Aufsichtsbehörde Beschwerde zu führen hat (Art. 17).

⁵ Der Schuldner wird zugleich daran erinnert, dass er berechtigt ist, einen Nachlassvertrag vorzuschlagen.

Art. 161

¹ Für die Zustellung der Konkursandrohung gilt Artikel 72.   3. Zustellung

² Ein Doppel derselben wird dem Gläubiger zugestellt, sobald die Zustellung an den Schuldner erfolgt ist.

³ ...

Art. 162

Das für die Eröffnung des Konkurses zuständige Gericht (Konkursgericht) hat auf Verlangen des Gläubigers, sofern es zu dessen Sicherung geboten erscheint, die Aufnahme eines Verzeichnisses aller Vermögensbestandteile des Schuldners (Güterverzeichnis) anzuordnen.   B. Güterverzeichnis
1. Anordnung

Art. 163

¹ Das Betreibungsamt nimmt das Güterverzeichnis auf. Es darf damit erst beginnen, wenn die Konkursandrohung zugestellt ist; ausgenommen sind die Fälle nach den Artikeln 83 Absatz 1 und 183.   2. Vollzug

² Die Artikel 90–92 finden entsprechende Anwendung.

Art. 164

¹ Der Schuldner ist bei Straffolge (Art. 169 StGB) verpflichtet, dafür zu sorgen, dass die aufgezeichneten Vermögensstücke erhalten bleiben oder durch gleichwertige ersetzt werden; er darf jedoch davon so viel verbrauchen, als nach dem Ermessen des Betreibungsbeamten zu seinem und seiner Familie Lebensunterhalt erforderlich ist.   3. Wirkungen
a. Pflichten des Schuldners

² Der Betreibungsbeamte macht den Schuldner auf seine Pflichten und auf die Straffolge ausdrücklich aufmerksam.

Art. 165

b. Dauer

¹ Die durch das Güterverzeichnis begründete Verpflichtung des Schuldners wird vom Betreibungsbeamten aufgehoben, wenn sämtliche betreibende Gläubiger einwilligen.

² Sie erlischt von Gesetzes wegen vier Monate nach der Erstellung des Verzeichnisses.

Art. 166

C. Konkursbegehren
1. Frist

¹ Nach Ablauf von 20 Tagen seit der Zustellung der Konkursandrohung kann der Gläubiger unter Vorlegung dieser Urkunde und des Zahlungsbefehls beim Konkursgerichte das Konkursbegehren stellen.

² Dieses Recht erlischt 15 Monate nach der Zustellung des Zahlungsbefehls. Ist Rechtsvorschlag erhoben worden, so steht diese Frist zwischen der Einleitung und der Erledigung eines dadurch veranlassten gerichtlichen Verfahrens still.

Art. 167

2. Rückzug

Zieht der Gläubiger das Konkursbegehren zurück, so kann er es vor Ablauf eines Monats nicht erneuern.

Art. 168

3. Konkursverhandlung

Ist das Konkursbegehren gestellt, so wird den Parteien wenigstens drei Tage vorher die gerichtliche Verhandlung angezeigt. Es steht denselben frei, vor Gericht zu erscheinen, sei es persönlich, sei es durch Vertretung.

Art. 169

4. Haftung für die Konkurskosten

¹ Wer das Konkursbegehren stellt, haftet für die Kosten, die bis und mit der Einstellung des Konkurses mangels Aktiven (Art. 230) oder bis zum Schuldenruf (Art. 232) entstehen.

² Das Gericht kann von dem Gläubiger einen entsprechenden Kostenvorschuss verlangen.

Art. 170

Das Gericht kann sofort nach Anbringung des Konkursbegehrens die zur Wahrung der Rechte der Gläubiger notwendigen vorsorglichen Anordnungen treffen.

5. Vorsorgliche Anordnungen

Art. 171

Das Gericht entscheidet ohne Aufschub, auch in Abwesenheit der Parteien. Es spricht die Konkurseröffnung aus, sofern nicht einer der in den Artikeln 172–173*a* erwähnten Fälle vorliegt.

D. Entscheid des Konkursgerichts
1. Konkurseröffnung

Art. 172

Das Gericht weist das Konkursbegehren ab:
1. wenn die Konkursandrohung von der Aufsichtsbehörde aufgehoben ist;
2. wenn dem Schuldner die Wiederherstellung einer Frist (Art. 33 Abs. 4) oder ein nachträglicher Rechtsvorschlag (Art. 77) bewilligt worden ist;
3. wenn der Schuldner durch Urkunden beweist, dass die Schuld, Zinsen und Kosten inbegriffen, getilgt ist oder dass der Gläubiger ihm Stundung gewährt hat.

2. Abweisung des Konkursbegehrens

Art. 173

¹ Wird von der Aufsichtsbehörde infolge einer Beschwerde oder vom Gericht gemäss Artikel 85 oder 85*a* Absatz 2 die Einstellung der Betreibung verfügt, so setzt das Gericht den Entscheid über den Konkurs aus.

² Findet das Gericht von sich aus, dass im vorangegangenen Verfahren eine nichtige Verfügung (Art. 22 Abs. 1) erlassen wurde, so setzt es den Entscheid ebenfalls aus und überweist den Fall der Aufsichtsbehörde.

³ Der Beschluss der Aufsichtsbehörde wird dem Konkursgerichte mitgeteilt. Hierauf erfolgt das gerichtliche Erkenntnis.

a. Wegen Einstellung der Betreibung oder Nichtigkeitsgründen
3. Aussetzung des Entscheides

Art. 173a

b. Wegen Einreichung eines Gesuches um Nachlass- oder Notstundung oder von Amtes wegen

¹ Hat der Schuldner oder ein Gläubiger ein Gesuch um Bewilligung einer Nachlassstundung oder einer Notstundung anhängig gemacht, so kann das Gericht den Entscheid über den Konkurs aussetzen.

² Das Gericht kann den Entscheid über den Konkurs auch von Amtes wegen aussetzen, wenn Anhaltspunkte für das Zustandekommen eines Nachlassvertrages bestehen; es überweist die Akten dem Nachlassrichter.

³ Bewilligt der Nachlassrichter die Stundung nicht, so eröffnet der Konkursrichter den Konkurs.

Art. 173b

3bis. Verfahren bei Banken

Betrifft das Konkursbegehren eine Bank oder einen Effektenhändler, so überweist das Konkursgericht die Akten an die Eidgenössische Finanzmarktaufsicht; diese verfährt nach den Artikeln 25–37g des Bankengesetzes vom 8. November 1934.

Art. 174

4. Beschwerde

¹ Der Entscheid des Konkursgerichts kann innert zehn Tagen mit Beschwerde nach der ZPO angefochten werden. Die Parteien können dabei neue Tatsachen geltend machen, wenn diese vor dem erstinstanzlichen Entscheid eingetreten sind.

² Die Rechtsmittelinstanz kann die Konkurseröffnung aufheben, wenn der Schuldner seine Zahlungsfähigkeit glaubhaft macht und durch Urkunden beweist, dass inzwischen:

1. die Schuld, einschliesslich der Zinsen und Kosten, getilgt ist;
2. der geschuldete Betrag bei der Rechtsmittelinstanz zuhanden des Gläubigers hinterlegt ist; oder
3. der Gläubiger auf die Durchführung des Konkurses verzichtet.

³ Wird der Beschwerde aufschiebende Wirkung gewährt, sind zum Schutz der Gläubiger die notwendigen vorsorglichen Massnahmen zu treffen.

Art. 175

¹ Der Konkurs gilt von dem Zeitpunkte an als eröffnet, in welchem er erkannt wird.

² Das Gericht stellt diesen Zeitpunkt im Konkurserkenntnis fest.

E. Zeitpunkt der Konkurseröffnung

Art. 176

¹ Das Gericht teilt dem Betreibungs-, dem Konkurs-, dem Handelsregister- und dem Grundbuchamt unverzüglich mit:
  1. die Konkurseröffnung;
  2. den Widerruf des Konkurses;
  3. den Schluss des Konkurses;
  4. Verfügungen, in denen es einem Rechtsmittel aufschiebende Wirkung erteilt;
  5. vorsorgliche Anordnungen.

² Der Konkurs ist spätestens zwei Tage nach Eröffnung im Grundbuch anzumerken.

F. Mitteilung der gerichtlichen Entscheide

II. Wechselbetreibung

Art. 177

¹ Für Forderungen, die sich auf einen Wechsel oder Check gründen, kann, auch wenn sie pfandgesichert sind, beim Betreibungsamte die Wechselbetreibung verlangt werden, sofern der Schuldner der Konkursbetreibung unterliegt.

² Der Wechsel oder Check ist dem Betreibungsamte zu übergeben.

A. Voraussetzungen

Art. 178

¹ Sind die Voraussetzungen der Wechselbetreibung vorhanden, so stellt das Betreibungsamt dem Schuldner unverzüglich einen Zahlungsbefehl zu.

² Der Zahlungsbefehl enthält:
  1. die Angaben des Betreibungsbegehrens;

B. Zahlungsbefehl

2. die Aufforderung, den Gläubiger binnen fünf Tagen für die Forderung samt Betreibungskosten zu befriedigen;
3. die Mitteilung, dass der Schuldner Rechtsvorschlag erheben (Art. 179) oder bei der Aufsichtsbehörde Beschwerde wegen Missachtung des Gesetzes führen kann (Art. 17 und 20);
4. den Hinweis, dass der Gläubiger das Konkursbegehren stellen kann, wenn der Schuldner dem Zahlungsbefehl nicht nachkommt, obwohl er keinen Rechtsvorschlag erhoben hat oder sein Rechtsvorschlag beseitigt worden ist (Art. 188).

[3] Die Artikel 70 und 72 sind anwendbar.

Art. 179

C. Rechtsvorschlag
1. Frist und Form

[1] Der Schuldner kann beim Betreibungsamt innert fünf Tagen nach Zustellung des Zahlungsbefehls schriftlich Rechtsvorschlag erheben; dabei muss er darlegen, dass eine der Voraussetzungen nach Artikel 182 erfüllt ist. Auf Verlangen bescheinigt ihm das Betreibungsamt die Einreichung des Rechtsvorschlags gebührenfrei.

[2] Mit der im Rechtsvorschlag gegebenen Begründung verzichtet der Schuldner nicht auf weitere Einreden nach Artikel 182.

[3] Artikel 33 Absatz 4 ist nicht anwendbar.

Art. 180

2. Mitteilung an den Gläubiger

[1] Der Inhalt des Rechtsvorschlags wird dem Betreibenden auf der für ihn bestimmten Ausfertigung des Zahlungsbefehls mitgeteilt; wurde ein Rechtsvorschlag nicht eingegeben, so wird dies in derselben vorgemerkt.

[2] Diese Ausfertigung wird dem Betreibenden sofort nach Eingabe des Rechtsvorschlags oder, falls ein solcher nicht erfolgte, unmittelbar nach Ablauf der Eingabefrist zugestellt.

Art. 181

Das Betreibungsamt legt den Rechtsvorschlag unverzüglich dem Gericht des Betreibungsortes vor. Dieses lädt die Parteien vor und entscheidet, auch in ihrer Abwesenheit, innert zehn Tagen nach Erhalt des Rechtsvorschlages.

3. Vorlage an das Gericht

Art. 182

Das Gericht bewilligt den Rechtsvorschlag:

1. wenn durch Urkunden bewiesen wird, dass die Schuld an den Inhaber des Wechsels oder Checks bezahlt oder durch denselben nachgelassen oder gestundet ist;
2. wenn Fälschung des Titels glaubhaft gemacht wird;
3. wenn eine aus dem Wechselrechte hervorgehende Einrede begründet erscheint;
4. wenn eine andere nach Artikel 1007 OR zulässige Einrede geltend gemacht wird, die glaubhaft erscheint; in diesem Falle muss jedoch die Forderungssumme in Geld oder Wertschriften hinterlegt oder eine gleichwertige Sicherheit geleistet werden.

4. Bewilligung

Art. 183

[1] Verweigert das Gericht die Bewilligung des Rechtsvorschlages, so kann es vorsorgliche Massnahmen treffen, insbesondere die Aufnahme des Güterverzeichnisses gemäss den Artikeln 162–165 anordnen.

[2] Das Gericht kann nötigenfalls auch dem Gläubiger eine Sicherheitsleistung auferlegen.

5. Verweigerung. Vorsorgliche Massnahmen

Art. 184

[1] Der Entscheid über die Bewilligung des Rechtsvorschlags wird den Parteien sofort eröffnet.

[2] Ist der Rechtsvorschlag nur nach Hinterlegung des streitigen Betrages bewilligt worden, so wird der Gläubiger aufgefordert, binnen zehn Tagen die Klage auf Zahlung anzuheben. Kommt

6. Eröffnung des Entscheides. Klagefrist bei Hinterlegung

Art. 185 SchKG

der Gläubiger dieser Aufforderung nicht nach, so wird die Hinterlage zurückgegeben.

Art. 185

7. Rechtsmittel Der Entscheid über die Bewilligung des Rechtsvorschlages kann innert fünf Tagen mit Beschwerde nach der ZPO angefochten werden.

Art. 186

8. Wirkungen des bewilligten Rechtsvorschlages Ist der Rechtsvorschlag bewilligt, so wird die Betreibung eingestellt; der Gläubiger hat zur Geltendmachung seines Anspruchs den ordentlichen Prozessweg zu betreten.

Art. 187

D. Rückforderungsklage Wer infolge der Unterlassung oder Nichtbewilligung eines Rechtsvorschlags eine Nichtschuld bezahlt hat, kann das Rückforderungsrecht nach Massgabe des Artikels 86 ausüben.

Art. 188

E. Konkursbegehren [1] Ist ein Rechtsvorschlag nicht eingegeben, oder ist er beseitigt, nichtsdestoweniger aber dem Zahlungsbefehle nicht genügt worden, so kann der Gläubiger unter Vorlegung des Forderungstitels und des Zahlungsbefehls sowie, gegebenenfalls, des Gerichtsentscheides, das Konkursbegehren stellen.

[2] Dieses Recht erlischt mit Ablauf eines Monats seit der Zustellung des Zahlungsbefehls. Hat der Schuldner einen Rechtsvorschlag eingegeben, so fällt die Zeit zwischen der Eingabe desselben und dem Entscheid über dessen Bewilligung sowie, im Falle der Bewilligung, die Zeit zwischen der Anhebung und der gerichtlichen Erledigung der Klage nicht in Berechnung.

Art. 189

F. Entscheid des Konkursgerichts [1] Das Gericht zeigt den Parteien Ort, Tag und Stunde der Verhandlung über das Konkursbegehren an. Es entscheidet, auch in

Abwesenheit der Parteien, innert zehn Tagen nach Einreichung des Begehrens.

² Die Artikel 169, 170, 172 Ziffer 3, 173, 173*a*, 175 und 176 sind anwendbar.

III. Konkurseröffnung ohne vorgängige Betreibung

Art. 190

¹ Ein Gläubiger kann ohne vorgängige Betreibung beim Gerichte die Konkurseröffnung verlangen:
1. gegen jeden Schuldner, dessen Aufenthaltsort unbekannt ist oder der die Flucht ergriffen hat, um sich seinen Verbindlichkeiten zu entziehen, oder der betrügerische Handlungen zum Nachteile der Gläubiger begangen oder zu begehen versucht oder bei einer Betreibung auf Pfändung Bestandteile seines Vermögens verheimlicht hat;
2. gegen einen der Konkursbetreibung unterliegenden Schuldner, der seine Zahlungen eingestellt hat;
3. im Falle des Artikels 309.

A. Auf Antrag eines Gläubigers

² Der Schuldner wird, wenn er in der Schweiz wohnt oder in der Schweiz einen Vertreter hat, mit Ansetzung einer kurzen Frist vor Gericht geladen und einvernommen.

Art. 191

¹ Der Schuldner kann die Konkurseröffnung selber beantragen, indem er sich beim Gericht zahlungsunfähig erklärt.

B. Auf Antrag des Schuldners

² Der Richter eröffnet den Konkurs, wenn keine Aussicht auf eine Schuldenbereinigung nach den Artikeln 333 ff. besteht.

Art. 192

Gegen Aktiengesellschaften, Kommanditaktiengesellschaften, Gesellschaften mit beschränkter Haftung und Genossenschaften kann der Konkurs ohne vorgängige Betreibung in den Fällen

C. Gegen Kapitalgesellschaften und Genossenschaften

eröffnet werden, die OR vorsieht (Art. 725a, 764 Abs. 2, 817, 903 OR).

Art. 193

D. Gegen eine ausgeschlagene oder überschuldete Erbschaft

¹ Die zuständige Behörde benachrichtigt das Konkursgericht, wenn:
1. alle Erben die Erbschaft ausgeschlagen haben oder die Ausschlagung zu vermuten ist (Art. 566 ff. und 573 ZGB);
2. eine Erbschaft, für welche die amtliche Liquidation verlangt oder angeordnet worden ist, sich als überschuldet erweist (Art. 597 ZGB).

² In diesen Fällen ordnet das Gericht die konkursamtliche Liquidation an.

³ Auch ein Gläubiger oder ein Erbe kann die konkursamtliche Liquidation verlangen.

Art. 194

E. Verfahren

¹ Die Artikel 169, 170 und 173a–176 sind auf die ohne vorgängige Betreibung erfolgten Konkurseröffnungen anwendbar. Bei Konkurseröffnung nach Artikel 192 ist jedoch Artikel 169 nicht anwendbar.

² Die Mitteilung an das Handelsregisteramt (Art. 176) unterbleibt, wenn der Schuldner nicht der Konkursbetreibung unterliegt.

IV. Widerruf des Konkurses

Art. 195

A. Im allgemeinen

¹ Das Konkursgericht widerruft den Konkurs und gibt dem Schuldner das Verfügungsrecht über sein Vermögen zurück, wenn:
1. er nachweist, dass sämtliche Forderungen getilgt sind;
2. er von jedem Gläubiger eine schriftliche Erklärung vorlegt, dass dieser seine Konkurseingabe zurückzieht; oder

3. ein Nachlassvertrag zustandegekommen ist.

² Der Widerruf des Konkurses kann vom Ablauf der Eingabefrist an bis zum Schlusse des Verfahrens verfügt werden.

³ Der Widerruf des Konkurses wird öffentlich bekanntgemacht.

Art. 196

Die konkursamtliche Liquidation einer ausgeschlagenen Erbschaft wird überdies eingestellt, wenn vor Schluss des Verfahrens ein Erbberechtigter den Antritt der Erbschaft erklärt und für die Bezahlung der Schulden hinreichende Sicherheit leistet.

B. Bei ausgeschlagener Erbschaft

6. Titel: Konkursrecht
I. Wirkungen des Konkurses auf das Vermögen des Schuldners

Art. 197

¹ Sämtliches pfändbare Vermögen, das dem Schuldner zur Zeit der Konkurseröffnung gehört, bildet, gleichviel wo es sich befindet, eine einzige Masse (Konkursmasse), die zur gemeinsamen Befriedigung der Gläubiger dient.

A. Konkursmasse
1. Im allgemeinen

² Vermögen, das dem Schuldner vor Schluss des Konkursverfahrens anfällt, gehört gleichfalls zur Konkursmasse.

Art. 198

Vermögensstücke, an denen Pfandrechte haften, werden, unter Vorbehalt des den Pfandgläubigern gesicherten Vorzugsrechtes, zur Konkursmasse gezogen.

2. Pfandgegenstände

Art. 199

¹ Gepfändete Vermögensstücke, deren Verwertung im Zeitpunkte der Konkurseröffnung noch nicht stattgefunden hat, und Arrestgegenstände fallen in die Konkursmasse.

3. Gepfändete und arrestierte Vermögenswerte

² Gepfändete Barbeträge, abgelieferte Beträge bei Forderungs- und Einkommenspfändung sowie der Erlös bereits verwerteter Vermögensstücke werden jedoch nach den Artikeln 144–150 verteilt, sofern die Fristen für den Pfändungsanschluss (Art. 110 und 111) abgelaufen sind; ein Überschuss fällt in die Konkursmasse.

Art. 200

4. Anfechtungsansprüche

Zur Konkursmasse gehört ferner alles, was nach Massgabe der Artikel 214 und 285–292 Gegenstand der Anfechtungsklage ist.

Art. 201

5. Inhaber- und Ordrepapiere

Wenn sich in den Händen des Schuldners ein Inhaberpapier oder ein Ordrepapier befindet, welches ihm bloss zur Einkassierung oder als Deckung für eine bestimmt bezeichnete künftige Zahlung übergeben oder indossiert worden ist, so kann derjenige, welcher das Papier übergeben oder indossiert hat, die Rückgabe desselben verlangen.

Art. 202

6. Erlös aus fremden Sachen

Wenn der Schuldner eine fremde Sache verkauft und zur Zeit der Konkurseröffnung den Kaufpreis noch nicht erhalten hat, so kann der bisherige Eigentümer gegen Vergütung dessen, was der Schuldner darauf zu fordern hat, Abtretung der Forderung gegen den Käufer oder die Herausgabe des inzwischen von der Konkursverwaltung eingezogenen Kaufpreises verlangen.

Art. 203

7. Rücknahmerecht des Verkäufers

¹ Wenn eine Sache, welche der Schuldner gekauft und noch nicht bezahlt hat, an ihn abgesendet, aber zur Zeit der Konkurseröffnung noch nicht in seinen Besitz übergegangen ist, so kann der Verkäufer die Rückgabe derselben verlangen, sofern nicht die Konkursverwaltung den Kaufpreis bezahlt.

² Das Rücknahmerecht ist jedoch ausgeschlossen, wenn die Sache vor der öffentlichen Bekanntmachung des Konkurses von

einem gutgläubigen Dritten auf Grund eines Frachtbriefes, Konnossements oder Ladescheines zu Eigentum oder Pfand erworben worden ist.

Art. 204

¹ Rechtshandlungen, welche der Schuldner nach der Konkurseröffnung in Bezug auf Vermögensstücke, die zur Konkursmasse gehören, vornimmt, sind den Konkursgläubigern gegenüber ungültig.

B. Verfügungsunfähigkeit des Schuldners

² Hat jedoch der Schuldner vor der öffentlichen Bekanntmachung des Konkurses einen von ihm ausgestellten eigenen oder einen auf ihn gezogenen Wechsel bei Verfall bezahlt, so ist diese Zahlung gültig, sofern der Wechselinhaber von der Konkurseröffnung keine Kenntnis hatte und im Falle der Nichtzahlung den wechselrechtlichen Regress gegen Dritte mit Erfolg hätte ausüben können.

Art. 205

¹ Forderungen, welche zur Konkursmasse gehören, können nach Eröffnung des Konkurses nicht mehr durch Zahlung an den Schuldner getilgt werden; eine solche Zahlung bewirkt den Konkursgläubigern gegenüber nur insoweit Befreiung, als das Geleistete in die Konkursmasse gelangt ist.

C. Zahlungen an den Schuldner

² Erfolgte jedoch die Zahlung vor der öffentlichen Bekanntmachung des Konkurses, so ist der Leistende von der Schuldpflicht befreit, wenn ihm die Eröffnung des Konkurses nicht bekannt war.

Art. 206

¹ Alle gegen den Schuldner hängigen Betreibungen sind aufgehoben, und neue Betreibungen für Forderungen, die vor der Konkurseröffnung entstanden sind, können während des Konkursverfahrens nicht eingeleitet werden. Ausgenommen sind Betreibungen auf Verwertung von Pfändern, die von Dritten bestellt worden sind.

D. Betreibungen gegen den Schuldner

² Betreibungen für Forderungen, die nach der Konkurseröffnung entstanden sind, werden während des Konkursverfahrens durch Pfändung oder Pfandverwertung fortgesetzt.

³ Während des Konkursverfahrens kann der Schuldner keine weitere Konkurseröffnung wegen Zahlungsunfähigkeit beantragen (Art. 191).

Art. 207

E. Einstellung von Zivilprozessen und Verwaltungsverfahren

¹ Mit Ausnahme dringlicher Fälle werden Zivilprozesse, in denen der Schuldner Partei ist und die den Bestand der Konkursmasse berühren, eingestellt. Sie können im ordentlichen Konkursverfahren frühestens zehn Tage nach der zweiten Gläubigerversammlung, im summarischen Konkursverfahren frühestens 20 Tage nach der Auflegung des Kollokationsplanes wieder aufgenommen werden.

² Unter den gleichen Voraussetzungen können Verwaltungsverfahren eingestellt werden.

³ Während der Einstellung stehen die Verjährungs- und die Verwirkungsfristen still.

⁴ Diese Bestimmung bezieht sich nicht auf Entschädigungsklagen wegen Ehr- und Körperverletzungen oder auf familienrechtliche Prozesse.

II. Wirkungen des Konkurses auf die Rechte der Gläubiger

Art. 208

A. Fälligkeit der Schuldverpflichtungen

¹ Die Konkurseröffnung bewirkt gegenüber der Konkursmasse die Fälligkeit sämtlicher Schuldverpflichtungen des Schuldners mit Ausnahme derjenigen, die durch seine Grundstücke pfandrechtlich gedeckt sind. Der Gläubiger kann neben der Hauptforderung die Zinsen bis zum Eröffnungstage und die Betreibungskosten geltend machen.

² Von noch nicht verfallenen unverzinslichen Forderungen wird der Zwischenzins (Diskonto) zu fünf vom Hundert in Abzug gebracht.

Art. 209

¹ Mit der Eröffnung des Konkurses hört gegenüber dem Schuldner der Zinsenlauf auf.

² Für pfandgesicherte Forderungen läuft jedoch der Zins bis zur Verwertung weiter, soweit der Pfanderlös den Betrag der Forderung und des bis zur Konkurseröffnung aufgelaufenen Zinses übersteigt.

B. Zinsenlauf

Art. 210

¹ Forderungen unter aufschiebender Bedingung werden im Konkurs zum vollen Betrag zugelassen; der Gläubiger ist jedoch zum Bezug des auf ihn entfallenden Anteils an der Konkursmasse nicht berechtigt, solange die Bedingung nicht erfüllt ist.

² Für Leibrentenforderungen gilt Artikel 518 Absatz 3 OR.

C. Bedingte Forderungen

Art. 211

¹ Forderungen, welche nicht eine Geldzahlung zum Gegenstande haben, werden in Geldforderungen von entsprechendem Werte umgewandelt.

² Die Konkursverwaltung hat indessen das Recht, zweiseitige Verträge, die zur Zeit der Konkurseröffnung nicht oder nur teilweise erfüllt sind, anstelle des Schuldners zu erfüllen. Der Vertragspartner kann verlangen, dass ihm die Erfüllung sichergestellt werde.

²ᵇⁱˢ Das Recht der Konkursverwaltung nach Absatz 2 ist jedoch ausgeschlossen bei Fixgeschäften (Art. 108 Ziff. 3 OR[1)]) sowie bei Finanztermin-, Swap- und Optionsgeschäften, wenn der Wert der vertraglichen Leistungen im Zeitpunkt der Konkurseröffnung aufgrund von Markt- oder Börsenpreisen bestimmbar ist. Konkursverwaltung und Vertragspartner haben je das Recht, die Differenz zwischen dem vereinbarten Wert der vertraglichen

D. Umwandlung von Forderungen

Leistungen und deren Marktwert im Zeitpunkt der Konkurseröffnung geltend zu machen.

³ Vorbehalten bleiben die Bestimmungen anderer Bundesgesetze über die Auflösung von Vertragsverhältnissen im Konkurs sowie die Bestimmungen über den Eigentumsvorbehalt (Art. 715 und 716 ZGB).

Art. 212

E. Rücktrittsrecht des Verkäufers

Ein Verkäufer, welcher dem Schuldner die verkaufte Sache vor der Konkurseröffnung übertragen hat, kann nicht mehr von dem Vertrage zurücktreten und die übergebene Sache zurückfordern, auch wenn er sich dies ausdrücklich vorbehalten hat.

Art. 213

F. Verrechnung
1. Zulässigkeit

¹ Ein Gläubiger kann seine Forderung mit einer Forderung, welche dem Schuldner ihm gegenüber zusteht, verrechnen.

² Die Verrechnung ist jedoch ausgeschlossen:
1. wenn ein Schuldner des Konkursiten erst nach der Konkurseröffnung dessen Gläubiger wird, es sei denn, er habe eine vorher eingegangene Verpflichtung erfüllt oder eine für die Schuld des Schuldners als Pfand haftende Sache eingelöst, an der ihm das Eigentum oder ein beschränktes dingliches Recht zusteht (Art. 110 Ziff. 1 OR);
2. wenn ein Gläubiger des Schuldners erst nach der Konkurseröffnung Schuldner desselben oder der Konkursmasse wird.
3. ...

³ Die Verrechnung mit Forderungen aus Inhaberpapieren ist zulässig, wenn und soweit der Gläubiger nachweist, dass er sie in gutem Glauben vor der Konkurseröffnung erworben hat.

⁴ Im Konkurs einer Kommanditgesellschaft, einer Aktiengesellschaft, einer Kommanditaktiengesellschaft, einer Gesellschaft mit beschränkter Haftung oder einer Genossenschaft können nicht voll einbezahlte Beträge der Kommanditsumme oder des

Gesellschaftskapitals sowie statutarische Beiträge an die Genossenschaft nicht verrechnet werden.

Art. 214

Die Verrechnung ist anfechtbar, wenn ein Schuldner des Konkursiten vor der Konkurseröffnung, aber in Kenntnis von der Zahlungsunfähigkeit des Konkursiten, eine Forderung an denselben erworben hat, um sich oder einem andern durch die Verrechnung unter Beeinträchtigung der Konkursmasse einen Vorteil zuzuwenden.

2. Anfechtbarkeit

Art. 215

¹ Forderungen aus Bürgschaften des Schuldners können im Konkurse geltend gemacht werden, auch wenn sie noch nicht fällig sind.

² Die Konkursmasse tritt für den von ihr bezahlten Betrag in die Rechte des Gläubigers gegenüber dem Hauptschuldner und den Mitbürgen ein (Art. 507 OR). Wenn jedoch auch über den Hauptschuldner oder einen Mitbürgen der Konkurs eröffnet wird, so finden die Artikel 216 und 217 Anwendung.

G. Mitverpflichtungen des Schuldners
1. Bürgschaften

Art. 216

¹ Wenn über mehrere Mitverpflichtete gleichzeitig der Konkurs eröffnet ist, so kann der Gläubiger in jedem Konkurse seine Forderung im vollen Betrage geltend machen.

² Ergeben die Zuteilungen aus den verschiedenen Konkursmassen mehr als den Betrag der ganzen Forderung, so fällt der Überschuss nach Massgabe der unter den Mitverpflichteten bestehenden Rückgriffsrechte an die Massen zurück.

³ Solange der Gesamtbetrag der Zuteilungen den vollen Betrag der Forderung nicht erreicht, haben die Massen wegen der geleisteten Teilzahlungen keinen Rückgriff gegeneinander.

2. Gleichzeitiger Konkurs über mehrere Mitverpflichtete

Art. 217

3. Teilzahlungen von Mitverpflichteten

¹ Ist ein Gläubiger von einem Mitverpflichteten des Schuldners für seine Forderung teilweise befriedigt worden, so wird gleichwohl im Konkurse des letztern die Forderung in ihrem vollen ursprünglichen Betrage aufgenommen, gleichviel, ob der Mitverpflichtete gegen den Schuldner rückgriffsberechtigt ist oder nicht.

² Das Recht zur Eingabe der Forderung im Konkurse steht dem Gläubiger und dem Mitverpflichteten zu.

³ Der auf die Forderung entfallende Anteil an der Konkursmasse kommt dem Gläubiger bis zu seiner vollständigen Befriedigung zu. Aus dem Überschusse erhält ein rückgriffsberechtigter Mitverpflichteter den Betrag, den er bei selbständiger Geltendmachung des Rückgriffsrechtes erhalten würde. Der Rest verbleibt der Masse.

Art. 218

4. Konkurs von Kollektiv- und Kommanditgesellschaften und ihren Teilhabern

¹ Wenn über eine Kollektivgesellschaft und einen Teilhaber derselben gleichzeitig der Konkurs eröffnet ist, so können die Gesellschaftsgläubiger im Konkurse des Teilhabers nur den im Konkurse der Gesellschaft unbezahlt gebliebenen Rest ihrer Forderungen geltend machen. Hinsichtlich der Zahlung dieser Restschuld durch die einzelnen Gesellschafter gelten die Bestimmungen der Artikel 216 und 217.

² Wenn über einen Teilhaber, nicht aber gleichzeitig über die Gesellschaft der Konkurs eröffnet ist, so können die Gesellschaftsgläubiger im Konkurse des Teilhabers ihre Forderungen im vollen Betrage geltend machen. Der Konkursmasse stehen die durch Artikel 215 der Konkursmasse eines Bürgen gewährten Rückgriffsrechte zu.

³ Die Absätze 1 und 2 gelten sinngemäss für unbeschränkt haftende Teilhaber einer Kommanditgesellschaft.

Art. 219

¹ Die pfandgesicherten Forderungen werden aus dem Ergebnisse der Verwertung der Pfänder vorweg bezahlt.

² Hafteten mehrere Pfänder für die nämliche Forderung, so werden die daraus erlösten Beträge im Verhältnisse ihrer Höhe zur Deckung der Forderung verwendet.

³ Der Rang der Grundpfandgläubiger und der Umfang der pfandrechtlichen Sicherung für Zinse und andere Nebenforderungen bestimmt sich nach den Vorschriften über das Grundpfand.

⁴ Die nicht pfandgesicherten Forderungen sowie der ungedeckte Betrag der pfandgesicherten Forderungen werden in folgender Rangordnung aus dem Erlös der ganzen übrigen Konkursmasse gedeckt:

H. Rangordnung der Gläubiger

Erste Klasse
   a. Die Forderungen von Arbeitnehmern aus dem Arbeitsverhältnis, die in den letzten sechs Monaten vor der Konkurseröffnung entstanden oder fällig geworden sind, sowie die Forderungen wegen vorzeitiger Auflösung des Arbeitsverhältnisses infolge Konkurses des Arbeitgebers und die Rückforderungen von Kautionen.
   b. Die Ansprüche der Versicherten nach dem Bundesgesetz vom 20. März 1981 über die Unfallversicherung sowie aus der nicht obligatorischen beruflichen Vorsorge und die Forderungen von Personalvorsorgeeinrichtungen gegenüber den angeschlossenen Arbeitgebern.
   c. Die familienrechtlichen Unterhalts- und Unterstützungsansprüche sowie die Unterhaltsbeiträge nach dem Partnerschaftsgesetz vom 18. Juni 2004, die in den letzten sechs Monaten vor der Konkurseröffnung entstanden und durch Geldzahlungen zu erfüllen sind.

Zweite Klasse
   a. Die Forderungen von Personen, deren Vermögen kraft elterlicher Gewalt dem Schuldner anvertraut war, für alles, was derselbe ihnen in dieser Eigenschaft schuldig geworden ist.

Dieses Vorzugsrecht gilt nur dann, wenn der Konkurs während der elterlichen Verwaltung oder innert einem Jahr nach ihrem Ende veröffentlicht worden ist.

b. Die Beitragsforderungen nach dem Bundesgesetz vom 20. Dezember 1946 über die Alters- und Hinterlassenenversicherung, dem Bundesgesetz vom 19. Juni 1959 über die Invalidenversicherung, dem Bundesgesetz vom 20. März 1981 über die Unfallversicherung, dem Erwerbsersatzgesetz vom 25. September 1952 und dem Arbeitslosenversicherungsgesetz vom 25. Juni 1982.

c. Die Prämien- und Kostenbeteiligungsforderungen der sozialen Krankenversicherung.

d. Die Beiträge an die Familienausgleichskasse.

e. Die Steuerforderungen nach dem Mehrwertsteuergesetz vom 12. Juni 2009 mit Ausnahme der Forderungen aus Leistungen, die von Gesetzes wegen oder aufgrund behördlicher Anordnung erfolgen.

Dritte Klasse
Alle übrigen Forderungen.

⁵ Bei den in der ersten und zweiten Klasse gesetzten Fristen werden nicht mitberechnet:

1. die Dauer eines vorausgegangenen Nachlassverfahrens;
2. die Dauer eines Konkursaufschubes nach den Artikeln 725*a*, 764, 817 oder 903 OR;
3. die Dauer eines Prozesses über die Forderung;
4. bei der konkursamtlichen Liquidation einer Erbschaft die Zeit zwischen dem Todestag und der Anordnung der Liquidation.

Art. 220

I. Verhältnis der Rangklassen

¹ Die Gläubiger der nämlichen Klasse haben unter sich gleiches Recht.

² Die Gläubiger einer nachfolgenden Klasse haben erst dann Anspruch auf den Erlös, wenn die Gläubiger der vorhergehenden Klasse befriedigt sind.

7. Titel: Konkursverfahren
I. Feststellung der Konkursmasse und Bestimmung des Verfahrens

Art. 221

[1] Sofort nach Empfang des Konkurserkenntnisses schreitet das Konkursamt zur Aufnahme des Inventars über das zur Konkursmasse gehörende Vermögen und trifft die zur Sicherung desselben erforderlichen Massnahmen.

A. Inventaraufnahme

[2] ...

Art. 222

[1] Der Schuldner ist bei Straffolge verpflichtet, dem Konkursamt alle seine Vermögensgegenstände anzugeben und zur Verfügung zu stellen (Art. 163 Ziff. 1 und 323 Ziff. 4 StGB).

B. Auskunfts- und Herausgabepflicht

[2] Ist der Schuldner gestorben oder flüchtig, so obliegen allen erwachsenen Personen, die mit ihm in gemeinsamem Haushalt gelebt haben, unter Straffolge dieselben Pflichten (Art. 324 Ziff. 1 StGB).

[3] Die nach den Absätzen 1 und 2 Verpflichteten müssen dem Beamten auf Verlangen die Räumlichkeiten und Behältnisse öffnen. Der Beamte kann nötigenfalls die Polizeigewalt in Anspruch nehmen.

[4] Dritte, die Vermögensgegenstände des Schuldners verwahren oder bei denen dieser Guthaben hat, sind bei Straffolge im gleichen Umfang auskunfts- und herausgabepflichtig wie der Schuldner (Art. 324 Ziff. 5 StGB).

[5] Behörden sind im gleichen Umfang auskunftspflichtig wie der Schuldner.

[6] Das Konkursamt macht die Betroffenen auf ihre Pflichten und auf die Straffolgen ausdrücklich aufmerksam.

Art. 223

C. Sicherungsmassnahmen

¹ Magazine, Warenlager, Werkstätten, Wirtschaften u.dgl. sind vom Konkursamte sofort zu schliessen und unter Siegel zu legen, falls sie nicht bis zur ersten Gläubigerversammlung unter genügender Aufsicht verwaltet werden können.

² Bares Geld, Wertpapiere, Geschäfts- und Hausbücher sowie sonstige Schriften von Belang nimmt das Konkursamt in Verwahrung.

³ Alle übrigen Vermögensstücke sollen, solange sie nicht im Inventar verzeichnet sind, unter Siegel gelegt sein; die Siegel können nach der Aufzeichnung neu angelegt werden, wenn das Konkursamt es für nötig erachtet.

⁴ Das Konkursamt sorgt für die Aufbewahrung der Gegenstände, die sich ausserhalb der vom Schuldner benützten Räumlichkeiten befinden.

Art. 224

D. Kompetenzstücke

Die in Artikel 92 bezeichneten Vermögensteile werden dem Schuldner zur freien Verfügung überlassen, aber gleichwohl im Inventar aufgezeichnet.

Art. 225

E. Rechte Dritter
1. An Fahrnis

Sachen, welche als Eigentum dritter Personen bezeichnet oder von dritten Personen als ihr Eigentum beansprucht werden, sind unter Vormerkung dieses Umstandes gleichwohl im Inventar aufzuzeichnen.

Art. 226

2. An Grundstücken

Die im Grundbuch eingetragenen Rechte Dritter an Grundstücken des Schuldners werden von Amtes wegen im Inventar vorgemerkt.

Art. 227

In dem Inventar wird der Schätzungswert jedes Vermögensstückes verzeichnet.

F. Schätzung

Art. 228

¹ Das Inventar wird dem Schuldner mit der Aufforderung vorgelegt, sich über dessen Vollständigkeit und Richtigkeit zu erklären.

² Die Erklärung des Schuldners wird in das Inventar aufgenommen und ist von ihm zu unterzeichnen.

G. Erklärung des Schuldners zum Inventar

Art. 229

¹ Der Schuldner ist bei Straffolge (Art. 323 Ziff. 5 StGB) verpflichtet, während des Konkursverfahrens zur Verfügung der Konkursverwaltung zu stehen; er kann dieser Pflicht nur durch besondere Erlaubnis enthoben werden. Nötigenfalls wird er mit Hilfe der Polizeigewalt zur Stelle gebracht. Die Konkursverwaltung macht ihn darauf und auf die Straffolge ausdrücklich aufmerksam.

² Die Konkursverwaltung kann dem Schuldner, namentlich wenn sie ihn anhält, zu ihrer Verfügung zu bleiben, einen billigen Unterhaltsbeitrag gewähren.

³ Die Konkursverwaltung bestimmt, unter welchen Bedingungen und wie lange der Schuldner und seine Familie in der bisherigen Wohnung verbleiben dürfen, sofern diese zur Konkursmasse gehört.

H. Mitwirkung und Unterhalt des Schuldners

Art. 230

1. Im allgemeinen

¹ Reicht die Konkursmasse voraussichtlich nicht aus, um die Kosten für ein summarisches Verfahren zu decken, so verfügt das Konkursgericht auf Antrag des Konkursamtes die Einstellung des Konkursverfahrens.

² Das Konkursamt macht die Einstellung öffentlich bekannt. In der Publikation weist es darauf hin, dass das Verfahren geschlos-

I. Einstellung des Konkursverfahrens mangels Aktiven

sen wird, wenn nicht innert zehn Tagen ein Gläubiger die Durchführung des Konkursverfahrens verlangt und die festgelegte Sicherheit für den durch die Konkursmasse nicht gedeckten Teil der Kosten leistet.

³ Nach der Einstellung des Konkursverfahrens kann der Schuldner während zwei Jahren auch auf Pfändung betrieben werden.

⁴ Die vor der Konkurseröffnung eingeleiteten Betreibungen leben nach der Einstellung des Konkurses wieder auf. Die Zeit zwischen der Eröffnung und der Einstellung des Konkurses wird dabei für alle Fristen dieses Gesetzes nicht mitberechnet.

Art. 230*a*

2. Bei ausgeschlagener Erbschaft und bei juristischen Personen

¹ Wird die konkursamtliche Liquidation einer ausgeschlagenen Erbschaft mangels Aktiven eingestellt, so können die Erben die Abtretung der zum Nachlass gehörenden Aktiven an die Erbengemeinschaft oder an einzelne Erben verlangen, wenn sie sich bereit erklären, die persönliche Schuldpflicht für die Pfandforderungen und die nicht gedeckten Liquidationskosten zu übernehmen. Macht keiner der Erben von diesem Recht Gebrauch, so können es die Gläubiger und nach ihnen Dritte, die ein Interesse geltend machen, ausüben.

² Befinden sich in der Konkursmasse einer juristischen Person verpfändete Werte und ist der Konkurs mangels Aktiven eingestellt worden, so kann jeder Pfandgläubiger trotzdem beim Konkursamt die Verwertung seines Pfandes verlangen. Das Amt setzt dafür eine Frist.

³ Kommt kein Abtretungsvertrag im Sinne von Absatz 1 zustande und verlangt kein Gläubiger fristgemäss die Verwertung seines Pfandes, so werden die Aktiven nach Abzug der Kosten mit den darauf haftenden Lasten, jedoch ohne die persönliche Schuldpflicht, auf den Staat übertragen, wenn die zuständige kantonale Behörde die Übertragung nicht ablehnt.

⁴ Lehnt die zuständige kantonale Behörde die Übertragung ab, so verwertet das Konkursamt die Aktiven.

Art. 231

K. Summarisches Konkursverfahren

¹ Das Konkursamt beantragt dem Konkursgericht das summarische Verfahren, wenn es feststellt, dass:
1. aus dem Erlös der inventarisierten Vermögenswerte die Kosten des ordentlichen Konkursverfahrens voraussichtlich nicht gedeckt werden können; oder
2. die Verhältnisse einfach sind.

² Teilt das Gericht die Ansicht des Konkursamtes, so wird der Konkurs im summarischen Verfahren durchgeführt, sofern nicht ein Gläubiger vor der Verteilung des Erlöses das ordentliche Verfahren verlangt und für die voraussichtlich ungedeckten Kosten hinreichende Sicherheit leistet.

³ Das summarische Konkursverfahren wird nach den Vorschriften über das ordentliche Verfahren durchgeführt, vorbehältlich folgender Ausnahmen:
1. Gläubigerversammlungen werden in der Regel nicht einberufen. Erscheint jedoch aufgrund besonderer Umstände eine Anhörung der Gläubiger als wünschenswert, so kann das Konkursamt diese zu einer Versammlung einladen oder einen Gläubigerbeschluss auf dem Zirkularweg herbeiführen.
2. Nach Ablauf der Eingabefrist (Art. 232 Abs. 2 Ziff. 2) führt das Konkursamt die Verwertung durch; es berücksichtigt dabei Artikel 256 Absätze 2–4 und wahrt die Interessen der Gläubiger bestmöglich. Grundstücke darf es erst verwerten, wenn das Lastenverzeichnis erstellt ist.
3. Das Konkursamt bezeichnet die Kompetenzstücke im Inventar und legt dieses zusammen mit dem Kollokationsplan auf.
4. Die Verteilungsliste braucht nicht aufgelegt zu werden.

II. Schuldenruf

Art. 232

A. Öffentliche Bekanntmachung

¹ Das Konkursamt macht die Eröffnung des Konkurses öffentlich bekannt, sobald feststeht, ob dieser im ordentlichen oder im summarischen Verfahren durchgeführt wird.

² Die Bekanntmachung enthält:
1. die Bezeichnung des Schuldners und seines Wohnortes sowie des Zeitpunktes der Konkurseröffnung;
2. die Aufforderung an die Gläubiger des Schuldners und an alle, die Ansprüche auf die in seinem Besitz befindlichen Vermögensstücke haben, ihre Forderungen oder Ansprüche samt Beweismitteln (Schuldscheine. Buchauszüge usw.) innert einem Monat nach der Bekanntmachung dem Konkursamt einzugeben;
3. die Aufforderung an die Schuldner des Konkursiten, sich innert der gleichen Frist beim Konkursamt zu melden, sowie den Hinweis auf die Straffolge bei Unterlassung (Art. 324 Ziff. 2 StGB);
4. die Aufforderung an Personen, die Sachen des Schuldners als Pfandgläubiger oder aus anderen Gründen besitzen, diese Sachen innert der gleichen Frist dem Konkursamt zur Verfügung zu stellen, sowie den Hinweis auf die Straffolge bei Unterlassung (Art. 324 Ziff. 3 StGB) und darauf, dass das Vorzugsrecht erlischt, wenn die Meldung ungerechtfertigt unterbleibt;
5. die Einladung zu einer ersten Gläubigerversammlung, die spätestens 20 Tage nach der öffentlichen Bekanntmachung stattfinden muss und der auch Mitschuldner und Bürgen des Schuldners sowie Gewährspflichtige beiwohnen können;
6. den Hinweis, dass für Beteiligte, die im Ausland wohnen, das Konkursamt als Zustellungsort gilt, solange sie nicht einen anderen Zustellungsort in der Schweiz bezeichnen.

Art. 233

Jedem Gläubiger, dessen Name und Wohnort bekannt sind, stellt das Konkursamt ein Exemplar der Bekanntmachung mit uneingeschriebenem Brief zu.

B. Spezialanzeige an die Gläubiger

Art. 234

Hat vor der Liquidation einer ausgeschlagenen Erbschaft oder in einem Nachlassverfahren vor dem Konkurs bereits ein Schuldenruf stattgefunden, so setzt das Konkursamt die Eingabefrist auf zehn Tage fest und gibt in der Bekanntmachung an, dass bereits angemeldete Gläubiger keine neue Eingabe machen müssen.

C. Besondere Fälle

III. Verwaltung

Art. 235

¹ In der ersten Gläubigerversammlung leitet ein Konkursbeamter die Verhandlungen und bildet mit zwei von ihm bezeichneten Gläubigern das Büro.

² Das Büro entscheidet über die Zulassung von Personen, welche, ohne besonders eingeladen zu sein, an den Verhandlungen teilnehmen wollen.

³ Die Versammlung ist beschlussfähig, wenn wenigstens der vierte Teil der bekannten Gläubiger anwesend oder vertreten ist. Sind vier oder weniger Gläubiger anwesend oder vertreten, so kann gültig verhandelt werden, sofern dieselben wenigstens die Hälfte der bekannten Gläubiger ausmachen.

⁴ Die Versammlung beschliesst mit der absoluten Mehrheit der stimmenden Gläubiger. Bei Stimmengleichheit hat der Vorsitzende den Stichentscheid. Wird die Berechnung der Stimmen beanstandet, so entscheidet das Büro.

A. Erste Gläubigerversammlung
1. Konstituierung und Beschlussfähigkeit

Art. 236

Ist die Versammlung nicht beschlussfähig, so stellt das Konkursamt dies fest. Es orientiert die anwesenden Gläubiger über den

2. Beschlussunfähigkeit

Bestand der Masse und verwaltet diese bis zur zweiten Gläubigerversammlung.

Art. 237

3. Befugnisse
a. Einsetzung von Konkursverwaltung und Gläubigerausschuss

¹ Ist die Gläubigerversammlung beschlussfähig, so erstattet ihr das Konkursamt Bericht über die Aufnahme des Inventars und den Bestand der Masse.

² Die Versammlung entscheidet, ob sie das Konkursamt oder eine oder mehrere von ihr zu wählende Personen als Konkursverwaltung einsetzen wolle.

³ Im einen wie im andern Fall kann die Versammlung aus ihrer Mitte einen Gläubigerausschuss wählen; dieser hat, sofern die Versammlung nichts anderes beschliesst, folgende Aufgaben:

1. Beaufsichtigung der Geschäftsführung der Konkursverwaltung, Begutachtung der von dieser vorgelegten Fragen, Einspruch gegen jede den Interessen der Gläubiger zuwiderlaufende Massregel;
2. Ermächtigung zur Fortsetzung des vom Gemeinschuldner betriebenen Handels oder Gewerbes mit Festsetzung der Bedingungen;
3. Genehmigung von Rechnungen, Ermächtigung zur Führung von Prozessen sowie zum Abschluss von Vergleichen und Schiedsverträgen;
4. Erhebung von Widerspruch gegen Konkursforderungen, welche die Verwaltung zugelassen hat;
5. Anordnung von Abschlagsverteilungen an die Konkursgläubiger im Laufe des Konkursverfahrens.

Art. 238

b. Beschlüsse über dringliche Fragen

¹ Die Gläubigerversammlung kann über Fragen, deren Erledigung keinen Aufschub duldet, Beschlüsse fassen, insbesondere über die Fortsetzung des Gewerbes oder Handels des Gemeinschuldners, über die Frage, ob Werkstätten, Magazine oder Wirtschaftsräume des Gemeinschuldners offen bleiben sollen,

über die Fortsetzung schwebender Prozesse, über die Vornahme von freihändigen Verkäufen.

² Wenn der Gemeinschuldner einen Nachlassvertrag vorschlägt, kann die Gläubigerversammlung die Verwertung einstellen.

Art. 239

¹ Gegen Beschlüsse der Gläubigerversammlung kann innert fünf Tagen bei der Aufsichtsbehörde Beschwerde geführt werden.

² Die Aufsichtsbehörde entscheidet innerhalb kurzer Frist, nach Anhörung des Konkursamtes und, wenn sie es für zweckmässig erachtet, des Beschwerdeführers und derjenigen Gläubiger, die einvernommen zu werden verlangen.

4. Beschwerde

Art. 240

Die Konkursverwaltung hat alle zur Erhaltung und Verwertung der Masse gehörenden Geschäfte zu besorgen; sie vertritt die Masse vor Gericht.

B. Konkursverwaltung
1. Aufgaben im Allgemeinen

Art. 241

Die Artikel 8–11, 13, 14 Absatz 2 Ziffern 1, 2 und 4 sowie die Artikel 17–19, 34 und 35 gelten auch für die ausseramtliche Konkursverwaltung.

2. Stellung der ausseramtlichen Konkursverwaltung

Art. 242

¹ Die Konkursverwaltung trifft eine Verfügung über die Herausgabe von Sachen, welche von einem Dritten beansprucht werden.

² Hält die Konkursverwaltung den Anspruch für unbegründet, so setzt sie dem Dritten eine Frist von 20 Tagen, innert der er beim Richter am Konkursort Klage einreichen kann. Hält er diese Frist nicht ein, so ist der Anspruch verwirkt.

³ Beansprucht die Masse bewegliche Sachen, die sich im Gewahrsam oder Mitgewahrsam eines Dritten befinden, oder Grundstücke, die im Grundbuch auf den Namen eines Dritten

3. Aussonderung und Admassierung

eingetragen sind, als Eigentum des Schuldners, so muss sie gegen den Dritten klagen.

Art. 243

4. Forderungseinzug. Notverkauf

¹ Unbestrittene fällige Guthaben der Masse werden von der Konkursverwaltung, nötigenfalls auf dem Betreibungswege, eingezogen.

² Die Konkursverwaltung verwertet ohne Aufschub Gegenstände, die schneller Wertverminderung ausgesetzt sind, einen kostspieligen Unterhalt erfordern oder unverhältnismässig hohe Aufbewahrungskosten verursachen. Zudem kann sie anordnen, dass Wertpapiere und andere Gegenstände, die einen Börsen- oder einen Marktpreis haben, sofort verwertet werden.

³ Die übrigen Bestandteile der Masse werden verwertet, nachdem die zweite Gläubigerversammlung stattgefunden hat.

IV. Erwahrung der Konkursforderungen. Kollokation der Gläubiger

Art. 244

A. Prüfung der eingegebenen Forderungen

Nach Ablauf der Eingabefrist prüft die Konkursverwaltung die eingegebenen Forderungen und macht die zu ihrer Erwahrung nötigen Erhebungen. Sie holt über jede Konkurseingabe die Erklärung des Gemeinschuldners ein.

Art. 245

B. Entscheid

Die Konkursverwaltung entscheidet über die Anerkennung der Forderungen. Sie ist hierbei an die Erklärung des Gemeinschuldners nicht gebunden.

Art. 246

C. Aufnahme von Amtes wegen

Die aus dem Grundbuch ersichtlichen Forderungen werden samt dem laufenden Zins in die Konkursforderungen aufgenommen, auch wenn sie nicht eingegeben worden sind.

Art. 247

¹ Innert 60 Tagen nach Ablauf der Eingabefrist erstellt die Konkursverwaltung den Plan für die Rangordnung der Gläubiger (Kollokationsplan, Art. 219 und 220).

² Gehört zur Masse ein Grundstück, so erstellt sie innert der gleichen Frist ein Verzeichnis der darauf ruhenden Lasten (Pfandrechte, Dienstbarkeiten, Grundlasten und vorgemerkte persönliche Rechte). Das Lastenverzeichnis bildet Bestandteil des Kollokationsplanes.

³ Ist ein Gläubigerausschuss ernannt worden, so unterbreitet ihm die Konkursverwaltung den Kollokationsplan und das Lastenverzeichnis zur Genehmigung; Änderungen kann der Ausschuss innert zehn Tagen anbringen.

⁴ Die Aufsichtsbehörde kann die Fristen dieses Artikels wenn nötig verlängern.

D. Kollokationsplan
1. Erstellung

Art. 248

Im Kollokationsplan werden auch die abgewiesenen Forderungen, mit Angabe des Abweisungsgrundes, vorgemerkt.

2. Abgewiesene Forderungen

Art. 249

¹ Der Kollokationsplan wird beim Konkursamte zur Einsicht aufgelegt.

² Die Konkursverwaltung macht die Auflage öffentlich bekannt.

³ Jedem Gläubiger, dessen Forderung ganz oder teilweise abgewiesen worden ist oder welcher nicht den beanspruchten Rang erhalten hat, wird die Auflage des Kollokationsplanes und die Abweisung seiner Forderung besonders angezeigt.

3. Auflage und Spezialanzeigen

Art. 250

¹ Ein Gläubiger, der den Kollokationsplan anfechten will, weil seine Forderung ganz oder teilweise abgewiesen oder nicht im beanspruchten Rang zugelassen worden ist, muss innert 20 Tagen nach der öffentlichen Auflage des Kollokationsplanes beim Richter am Konkursort gegen die Masse klagen.

4. Kollokationsklage

² Will er die Zulassung eines anderen Gläubigers oder dessen Rang bestreiten, so muss er die Klage gegen den Gläubiger richten. Heisst der Richter die Klage gut, so dient der Betrag, um den der Anteil des Beklagten an der Konkursmasse herabgesetzt wird, zur Befriedigung des Klägers bis zur vollen Deckung seiner Forderung einschliesslich der Prozesskosten. Ein Überschuss wird nach dem berichtigten Kollokationsplan verteilt.
³ ...

Art. 251

5. Verspätete Konkurseingaben

¹ Verspätete Konkurseingaben können bis zum Schlusse des Konkursverfahrens angebracht werden.

² Der Gläubiger hat sämtliche durch die Verspätung verursachten Kosten zu tragen und kann zu einem entsprechenden Vorschusse angehalten werden.

³ Auf Abschlagsverteilungen, welche vor seiner Anmeldung stattgefunden haben, hat derselbe keinen Anspruch.

⁴ Hält die Konkursverwaltung eine verspätete Konkurseingabe für begründet, so ändert sie den Kollokationsplan ab und macht die Abänderung öffentlich bekannt.

⁵ Der Artikel 250 ist anwendbar.

V. Verwertung

Art. 252

A. Zweite Gläubigerversammlung
1. Einladung

¹ Nach der Auflage des Kollokationsplanes lädt die Konkursverwaltung die Gläubiger, deren Forderungen nicht bereits rechtskräftig abgewiesen sind, zu einer zweiten Versammlung ein. Die Einladung muss mindestens 20 Tage vor der Versammlung verschickt werden.

² Soll in dieser Versammlung über einen Nachlassvertrag verhandelt werden, so wird dies in der Einladung angezeigt.

³ Ein Mitglied der Konkursverwaltung führt in der Versammlung den Vorsitz. Der Artikel 235 Absätze 3 und 4 findet entsprechende Anwendung.

Art. 253

¹ Die Konkursverwaltung erstattet der Gläubigerversammlung einen umfassenden Bericht über den Gang der Verwaltung und über den Stand der Aktiven und Passiven.

² Die Versammlung beschliesst über die Bestätigung der Konkursverwaltung und, gegebenen Falles, des Gläubigerausschusses und ordnet unbeschränkt alles Weitere für die Durchführung des Konkurses an.

2. Befugnisse

Art. 254

Ist die Versammlung nicht beschlussfähig, so stellt die Konkursverwaltung dies fest und orientiert die anwesenden Gläubiger über den Stand der Masse. Die bisherige Konkursverwaltung und der Gläubigerausschuss bleiben bis zum Schluss des Verfahrens im Amt.

3. Beschlussunfähigkeit

Art. 255

Weitere Gläubigerversammlungen werden einberufen, wenn ein Viertel der Gläubiger oder der Gläubigerausschuss es verlangt oder wenn die Konkursverwaltung es für notwendig hält.

B. Weitere Gläubigerversammlungen

Art. 255a

¹ In dringenden Fällen, oder wenn eine Gläubigerversammlung nicht beschlussfähig gewesen ist, kann die Konkursverwaltung den Gläubigern Anträge auf dem Zirkularweg stellen. Ein Antrag ist angenommen, wenn die Mehrheit der Gläubiger ihm innert der angesetzten Frist ausdrücklich oder stillschweigend zustimmt.

² Sind der Konkursverwaltung nicht alle Gläubiger bekannt, so kann sie ihre Anträge zudem öffentlich bekannt machen.

C. Zirkularbeschluss

Art. 256

¹ Die zur Masse gehörenden Vermögensgegenstände werden auf Anordnung der Konkursverwaltung öffentlich versteigert oder, falls die Gläubiger es beschliessen, freihändig verkauft.

D. Verwertungsmodus

² Verpfändete Vermögensstücke dürfen nur mit Zustimmung der Pfandgläubiger anders als durch Verkauf an öffentlicher Steigerung verwertet werden.

³ Vermögensgegenstände von bedeutendem Wert und Grundstücke dürfen nur freihändig verkauft werden, wenn die Gläubiger vorher Gelegenheit erhalten haben, höhere Angebote zu machen.

⁴ Anfechtungsansprüche nach den Artikeln 286–288 dürfen weder versteigert noch sonstwie veräussert werden.

Art. 257

E. Versteigerung
1. Öffentliche Bekanntmachung

¹ Ort, Tag und Stunde der Steigerung werden öffentlich bekanntgemacht.

² Sind Grundstücke zu verwerten, so erfolgt die Bekanntmachung mindestens einen Monat vor dem Steigerungstage und es wird in derselben der Tag angegeben, von welchem an die Steigerungsbedingungen beim Konkursamte zur Einsicht aufgelegt sein werden.

³ Den Grundpfandgläubigern werden Exemplare der Bekanntmachung, mit Angabe der Schatzungssumme, besonders zugestellt.

Art. 258

2. Zuschlag

¹ Der Verwertungsgegenstand wird nach dreimaligem Aufruf dem Meistbietenden zugeschlagen.

² Für die Verwertung eines Grundstücks gilt Artikel 142 Absätze 1 und 3. Die Gläubiger können zudem beschliessen, dass für die erste Versteigerung ein Mindestangebot festgesetzt wird.

Art. 259

3. Steigerungsbedingungen

Für die Steigerungsbedingungen gelten die Artikel 128, 129, 132*a*, 134–137 und 143 sinngemäss. An die Stelle des Betreibungsamtes tritt die Konkursverwaltung.

Art. 260

¹ Jeder Gläubiger ist berechtigt, die Abtretung derjenigen Rechtsansprüche der Masse zu verlangen, auf deren Geltendmachung die Gesamtheit der Gläubiger verzichtet.

² Das Ergebnis dient nach Abzug der Kosten zur Deckung der Forderungen derjenigen Gläubiger, an welche die Abtretung stattgefunden hat, nach dem unter ihnen bestehenden Range. Der Überschuss ist an die Masse abzuliefern.

³ Verzichtet die Gesamtheit der Gläubiger auf die Geltendmachung und verlangt auch kein Gläubiger die Abtretung, so können solche Ansprüche nach Artikel 256 verwertet werden.

F. Abtretung von Rechtsansprüchen

VI. Verteilung

Art. 261

Nach Eingang des Erlöses der ganzen Konkursmasse und nachdem der Kollokationsplan in Rechtskraft erwachsen ist, stellt die Konkursverwaltung die Verteilungsliste und die Schlussrechnung auf.

A. Verteilungsliste und Schlussrechnung

Art. 262

¹ Sämtliche Kosten für Eröffnung und Durchführung des Konkurses sowie für die Aufnahme eines Güterverzeichnisses werden vorab gedeckt.

² Aus dem Erlös von Pfandgegenständen werden nur die Kosten ihrer Inventur, Verwaltung und Verwertung gedeckt.

B. Verfahrenskosten

Art. 263

¹ Die Verteilungsliste und die Schlussrechnung werden während zehn Tagen beim Konkursamte aufgelegt.

² Die Auflegung wird jedem Gläubiger unter Beifügung eines seinen Anteil betreffenden Auszuges angezeigt.

C. Auflage von Verteilungsliste und Schlussrechnung

Art. 264

D. Verteilung

¹ Sofort nach Ablauf der Auflegungsfrist schreitet die Konkursverwaltung zur Verteilung.

² Die Bestimmungen des Artikels 150 finden entsprechende Anwendung.

³ Die den Forderungen unter aufschiebender Bedingung oder mit ungewisser Verfallzeit zukommenden Anteile werden bei der Depositenanstalt hinterlegt.

Art. 265

E. Verlustschein
1. Inhalt und Wirkungen

¹ Bei der Verteilung erhält jeder Gläubiger für den ungedeckt bleibenden Betrag seiner Forderung einen Verlustschein. In demselben wird angegeben, ob die Forderung vom Gemeinschuldner anerkannt oder bestritten worden ist. Im ersteren Falle gilt der Verlustschein als Schuldanerkennung im Sinne des Artikels 82.

² Der Verlustschein berechtigt zum Arrest und hat die in den Artikeln 149 Absatz 4 und 149*a* bezeichneten Rechtswirkungen. Jedoch kann gestützt auf ihn eine neue Betreibung nur eingeleitet werden, wenn der Schuldner zu neuem Vermögen gekommen ist. Als neues Vermögen gelten auch Werte, über die der Schuldner wirtschaftlich verfügt.

³ …

Art. 265*a*

2. Feststellung des neuen Vermögens

¹ Erhebt der Schuldner Rechtsvorschlag mit der Begründung, er sei nicht zu neuem Vermögen gekommen, so legt das Betreibungsamt den Rechtsvorschlag dem Richter des Betreibungsortes vor. Dieser hört die Parteien an und entscheidet; gegen den Entscheid ist kein Rechtsmittel zulässig.

² Der Richter bewilligt den Rechtsvorschlag, wenn der Schuldner seine Einkommens- und Vermögensverhältnisse darlegt und glaubhaft macht, dass er nicht zu neuem Vermögen gekommen ist.

³ Bewilligt der Richter den Rechtsvorschlag nicht, so stellt er den Umfang des neuen Vermögens fest (Art. 265 Abs. 2). Vermögenswerte Dritter, über die der Schuldner wirtschaftlich verfügt, kann der Richter pfändbar erklären, wenn das Recht des Dritten auf einer Handlung beruht, die der Schuldner in der dem Dritten erkennbaren Absicht vorgenommen hat, die Bildung neuen Vermögens zu vereiteln.

⁴ Der Schuldner und der Gläubiger können innert 20 Tagen nach der Eröffnung des Entscheides über den Rechtsvorschlag beim Richter des Betreibungsortes Klage auf Bestreitung oder Feststellung des neuen Vermögens einreichen.

Art. 265*b*

Widersetzt sich der Schuldner einer Betreibung, indem er bestreitet, neues Vermögen zu besitzen, so kann er während der Dauer dieser Betreibung nicht selbst die Konkurseröffnung (Art. 191) beantragen.

3. Ausschluss der Konkurseröffnung auf Antrag des Schuldners

Art. 266

¹ Abschlagsverteilungen können vorgenommen werden, sobald die Frist zur Anfechtung des Kollokationsplanes abgelaufen ist.

² Artikel 263 gilt sinngemäss.

F. Abschlagsverteilungen

Art. 267

Die Forderungen derjenigen Gläubiger, welche am Konkurse nicht teilgenommen haben, unterliegen denselben Beschränkungen wie diejenigen, für welche ein Verlustschein ausgestellt worden ist.

G. Nicht eingegebene Forderungen

VII. Schluss des Konkursverfahrens

Art. 268

A. Schlussbericht und Entscheid des Konkursgerichtes

¹ Nach der Verteilung legt die Konkursverwaltung dem Konkursgerichte einen Schlussbericht vor.

² Findet das Gericht, dass das Konkursverfahren vollständig durchgeführt sei, so erklärt es dasselbe für geschlossen.

³ Gibt die Geschäftsführung der Verwaltung dem Gerichte zu Bemerkungen Anlass, so bringt es dieselben der Aufsichtsbehörde zur Kenntnis.

⁴ Das Konkursamt macht den Schluss des Konkursverfahrens öffentlich bekannt.

Art. 269

B. Nachträglich entdeckte Vermögenswerte

¹ Werden nach Schluss des Konkursverfahrens Vermögensstücke entdeckt, welche zur Masse gehörten, aber nicht zu derselben gezogen wurden, so nimmt das Konkursamt dieselben in Besitz und besorgt ohne weitere Förmlichkeit die Verwertung und die Verteilung des Erlöses an die zu Verlust gekommenen Gläubiger nach deren Rangordnung.

² Auf gleiche Weise verfährt das Konkursamt mit hinterlegten Beträgen, die frei werden oder nach zehn Jahren nicht bezogen worden sind.

³ Handelt es sich um einen zweifelhaften Rechtsanspruch, so bringt das Konkursamt den Fall durch öffentliche Bekanntmachung oder briefliche Mitteilung zur Kenntnis der Konkursgläubiger, und es finden die Bestimmungen des Artikels 260 entsprechende Anwendung.

Art. 270

C. Frist für die Durchführung des Konkurses

¹ Das Konkursverfahren soll innert einem Jahr nach der Eröffnung des Konkurses durchgeführt sein.

² Diese Frist kann nötigenfalls durch die Aufsichtsbehörde verlängert werden.

8. Titel: Arrest

Art. 271

¹ Der Gläubiger kann für eine fällige Forderung, soweit diese nicht durch ein Pfand gedeckt ist, Vermögensstücke des Schuldners, die sich in der Schweiz befinden, mit Arrest belegen lassen:

1. wenn der Schuldner keinen festen Wohnsitz hat;
2. wenn der Schuldner in der Absicht, sich der Erfüllung seiner Verbindlichkeiten zu entziehen, Vermögensgegenstände beiseite schafft, sich flüchtig macht oder Anstalten zur Flucht trifft;
3. wenn der Schuldner auf der Durchreise begriffen ist oder zu den Personen gehört, welche Messen und Märkte besuchen, für Forderungen, die ihrer Natur nach sofort zu erfüllen sind;
4. wenn der Schuldner nicht in der Schweiz wohnt, kein anderer Arrestgrund gegeben ist, die Forderung aber einen genügenden Bezug zur Schweiz aufweist oder auf einer Schuldanerkennung im Sinne von Artikel 82 Absatz 1 beruht;
5. wenn der Gläubiger gegen den Schuldner einen provisorischen oder einen definitiven Verlustschein besitzt.
6. wenn der Gläubiger gegen den Schuldner einen definitiven Rechtsöffnungstitel besitzt.

A. Arrestgründe

² In den unter den Ziffern 1 und 2 genannten Fällen kann der Arrest auch für eine nicht verfallene Forderung verlangt werden; derselbe bewirkt gegenüber dem Schuldner die Fälligkeit der Forderung.

³ Im unter Absatz 1 Ziffer 6 genannten Fall entscheidet das Gericht bei ausländischen Entscheiden, die nach dem Übereinkommen vom 30. Oktober 2007 über die gerichtliche Zuständigkeit und die Anerkennung und Vollstreckung von Entscheidungen in Zivil- und Handelssachen zu vollstrecken sind, auch über deren Vollstreckbarkeit.

Art. 272

B. Arrestbewilligung

¹ Der Arrest wird vom Gericht am Betreibungsort oder am Ort, wo die Vermögensgegenstände sich befinden, bewilligt, wenn der Gläubiger glaubhaft macht, dass:
1. seine Forderung besteht;
2. ein Arrestgrund vorliegt;
3. Vermögensgegenstände vorhanden sind, die dem Schuldner gehören.

² Wohnt der Gläubiger im Ausland und bezeichnet er keinen Zustellungsort in der Schweiz, so ist das Betreibungsamt Zustellungsort.

Art. 273

C. Haftung für Arrestschaden

¹ Der Gläubiger haftet sowohl dem Schuldner als auch Dritten für den aus einem ungerechtfertigten Arrest erwachsenden Schaden. Der Richter kann ihn zu einer Sicherheitsleistung verpflichten.

² Die Schadenersatzklage kann auch beim Richter des Arrestortes eingereicht werden.

Art. 274

D. Arrestbefehl

¹ Das Gericht beauftragt den Betreibungsbeamten oder einen anderen Beamten oder Angestellten mit dem Vollzug des Arrestes und stellt ihm den Arrestbefehl zu.

² Der Arrestbefehl enthält:
1. den Namen und den Wohnort des Gläubigers und seines allfälligen Bevollmächtigten und des Schuldners;
2. die Angabe der Forderung, für welche der Arrest gelegt wird;
3. die Angabe des Arrestgrundes;
4. die Angabe der mit Arrest zu belegenden Gegenstände;
5. den Hinweis auf die Schadenersatzpflicht des Gläubigers und, gegebenen Falles, auf die ihm auferlegte Sicherheitsleistung.

Art. 275

Die Artikel 91–109 über die Pfändung gelten sinngemäss für den Arrestvollzug.

E. Arrestvollzug

Art. 276

¹ Der mit dem Vollzug betraute Beamte oder Angestellte verfasst die Arresturkunde, indem er auf dem Arrestbefehl die Vornahme des Arrestes mit Angabe der Arrestgegenstände und ihrer Schätzung bescheinigt, und übermittelt dieselbe sofort dem Betreibungsamte.

² Das Betreibungsamt stellt dem Gläubiger und dem Schuldner sofort eine Abschrift der Arresturkunde zu und benachrichtigt Dritte, die durch den Arrest in ihren Rechten betroffen werden.

F. Arresturkunde

Art. 277

Die Arrestgegenstände werden dem Schuldner zur freien Verfügung überlassen, sofern er Sicherheit leistet, dass im Falle der Pfändung oder der Konkurseröffnung die Arrestgegenstände oder an ihrer Stelle andere Vermögensstücke von gleichem Werte vorhanden sein werden. Die Sicherheit ist durch Hinterlegung, durch Solidarbürgschaft oder durch eine andere gleichwertige Sicherheit zu leisten.

G. Sicherheitsleistung des Schuldners

Art. 278

¹ Wer durch einen Arrest in seinen Rechten betroffen ist, kann innert zehn Tagen, nachdem er von dessen Anordnung Kenntnis erhalten hat, beim Gericht Einsprache erheben.

² Das Gericht gibt den Beteiligten Gelegenheit zur Stellungnahme und entscheidet ohne Verzug.

³ Der Einspracheentscheid kann mit Beschwerde nach der ZPO angefochten werden. Vor der Rechtsmittelinstanz können neue Tatsachen geltend gemacht werden.

⁴ Einsprache und Beschwerde hemmen die Wirkung des Arrestes nicht.

H. Einsprache gegen den Arrestbefehl

Art. 279

I. Arrestprosequierung

¹ Hat der Gläubiger nicht schon vor der Bewilligung des Arrestes Betreibung eingeleitet oder Klage eingereicht, so muss er dies innert zehn Tagen nach Zustellung der Arresturkunde tun.

² Erhebt der Schuldner Rechtsvorschlag, so muss der Gläubiger innert zehn Tagen, nachdem ihm das Gläubigerdoppel des Zahlungsbefehls zugestellt worden ist, Rechtsöffnung verlangen oder Klage auf Anerkennung seiner Forderung einreichen. Wird er im Rechtsöffnungsverfahren abgewiesen, so muss er die Klage innert zehn Tagen nach Eröffnung des Entscheids einreichen.

³ Hat der Schuldner keinen Rechtsvorschlag erhoben, so muss der Gläubiger innert 20 Tagen, nachdem ihm das Gläubigerdoppel des Zahlungsbefehls zugestellt worden ist, das Fortsetzungsbegehren stellen. Wird der Rechtsvorschlag nachträglich beseitigt, so beginnt die Frist mit der rechtskräftigen Beseitigung des Rechtsvorschlags. Die Betreibung wird, je nach der Person des Schuldners, auf dem Weg der Pfändung oder des Konkurses fortgesetzt.

⁴ Hat der Gläubiger seine Forderung ohne vorgängige Betreibung gerichtlich eingeklagt, so muss er die Betreibung innert zehn Tagen nach Eröffnung des Entscheids einleiten.

⁵ Die Fristen dieses Artikels laufen nicht:
  1. während des Einspracheverfahrens und bei Weiterziehung des Einsprachenentscheides;
  2. während des Verfahrens auf Vollstreckbarerklärung nach dem Übereinkommen vom 30. Oktober 2007 über die gerichtliche Zuständigkeit und die Anerkennung und Vollstreckung von Entscheidungen in Zivil- und Handelssachen und bei Weiterziehung des Entscheides über die Vollstreckbarerklärung.

Art. 280

K. Dahinfallen

Der Arrest fällt dahin, wenn der Gläubiger:
  1. die Fristen nach Artikel 279 nicht einhält;

2. die Klage oder die Betreibung zurückzieht oder erlöschen lässt; oder
3. mit seiner Klage vom Gericht endgültig abgewiesen wird.

Art. 281

¹ Werden nach Ausstellung des Arrestbefehls die Arrestgegenstände von einem andern Gläubiger gepfändet, bevor der Arrestgläubiger selber das Pfändungsbegehren stellen kann, so nimmt der letztere von Rechtes wegen provisorisch an der Pfändung teil.

² Der Gläubiger kann die vom Arreste herrührenden Kosten aus dem Erlöse der Arrestgegenstände vorwegnehmen.

³ Im Übrigen begründet der Arrest kein Vorzugsrecht.

L. Provisorischer Pfändungsanschluss

9. Titel: Besondere Bestimmungen über Miete und Pacht

Art. 282

...

Art. 283

¹ Vermieter und Verpächter von Geschäftsräumen können, auch wenn die Betreibung nicht angehoben ist, zur einstweiligen Wahrung ihres Retentionsrechtes (Art. 268 ff. und 299*c* OR) die Hilfe des Betreibungsamtes in Anspruch nehmen.

² Ist Gefahr im Verzuge, so kann die Hilfe der Polizei oder der Gemeindebehörde nachgesucht werden.

³ Das Betreibungsamt nimmt ein Verzeichnis der dem Retentionsrecht unterliegenden Gegenstände auf und setzt dem Gläubiger eine Frist zur Anhebung der Betreibung auf Pfandverwertung an.

Retentionsverzeichnis

Art. 284 SchKG

Art. 284

Rückschaffung von Gegenständen

Wurden Gegenstände heimlich oder gewaltsam fortgeschafft, so können dieselben in den ersten zehn Tagen nach der Fortschaffung mit Hilfe der Polizeigewalt in die vermieteten oder verpachteten Räumlichkeiten zurückgebracht werden. Rechte gutgläubiger Dritter bleiben vorbehalten. Über streitige Fälle entscheidet der Richter.

9. Titel[bis]: Besondere Bestimmungen bei Trustverhältnissen

Art. 284a

A. Betreibung für Schulden eines Trustvermögens

[1] Haftet für die Schuld das Vermögen eines Trusts im Sinne von Kapitel 9a des Bundesgesetzes vom 18. Dezember 1987 über das Internationale Privatrecht (IPRG), so ist die Betreibung gegen einen Trustee als Vertreter des Trusts zu richten.

[2] Betreibungsort ist der Sitz des Trusts nach Artikel 21 Absatz 3 IPRG. Befindet sich der bezeichnete Ort der Verwaltung nicht in der Schweiz, so ist der Trust an dem Ort zu betreiben, an dem er tatsächlich verwaltet wird.

[3] Die Betreibung wird auf Konkurs fortgesetzt. Der Konkurs ist auf das Trustvermögen beschränkt.

Art. 284b

B. Konkurs eines Trustees

Im Konkurs eines Trustees wird nach Abzug seiner Ansprüche gegen das Trustvermögen dieses aus der Konkursmasse ausgeschieden.

10. Titel: Anfechtung

Art. 285

¹ Mit der Anfechtung sollen Vermögenswerte der Zwangsvollstreckung zugeführt werden, die ihr durch eine Rechtshandlung nach den Artikeln 286–288 entzogen worden sind.

A. Zweck. Aktivlegitimation

² Zur Anfechtung sind berechtigt:
1. jeder Gläubiger, der einen provisorischen oder definitiven Pfändungsverlustschein erhalten hat;
2. die Konkursverwaltung oder, nach Massgabe der Artikel 260 und 269 Absatz 3, jeder einzelne Konkursgläubiger.

Art. 286

¹ Anfechtbar sind mit Ausnahme üblicher Gelegenheitsgeschenke alle Schenkungen und unentgeltlichen Verfügungen, die der Schuldner innerhalb des letzten Jahres vor der Pfändung oder Konkurseröffnung vorgenommen hat.

B. Arten
1. Schenkungsanfechtung

² Den Schenkungen sind gleichgestellt:
1. Rechtsgeschäfte, bei denen der Schuldner eine Gegenleistung angenommen hat, die zu seiner eigenen Leistung in einem Missverhältnisse steht;
2. Rechtsgeschäfte, durch die der Schuldner für sich oder für einen Dritten eine Leibrente, eine Pfrund, eine Nutzniessung oder ein Wohnrecht erworben hat.

Art. 287

¹ Die folgenden Rechtshandlungen sind anfechtbar, wenn der Schuldner sie innerhalb des letzten Jahres vor der Pfändung oder Konkurseröffnung vorgenommen hat und im Zeitpunkt der Vornahme bereits überschuldet war:

2. Überschuldungsanfechtung

1. Bestellung von Sicherheiten für bereits bestehende Verbindlichkeiten, zu deren Sicherstellung der Schuldner nicht schon früher verpflichtet war;
2. Tilgung einer Geldschuld auf andere Weise als durch Barschaft oder durch anderweitige übliche Zahlungsmittel;

3. Zahlung einer nicht verfallenen Schuld.

² Die Anfechtung ist indessen ausgeschlossen, wenn der Begünstigte beweist, dass er die Überschuldung des Schuldners nicht gekannt hat und auch nicht hätte kennen müssen.

³ Die Anfechtung ist insbesondere ausgeschlossen, wenn Effekten, Bucheffekten oder andere an einem repräsentativen Markt gehandelte Finanzinstrumente als Sicherheit bestellt wurden und der Schuldner sich bereits früher:

1. verpflichtet hat, die Sicherheit bei Änderungen im Wert der Sicherheit oder im Betrag der gesicherten Verbindlichkeit aufzustocken; oder
2. das Recht einräumen liess, eine Sicherheit durch eine Sicherheit gleichen Werts zu ersetzen.

Art. 288

3. Absichtsanfechtung

Anfechtbar sind endlich alle Rechtshandlungen, welche der Schuldner innerhalb der letzten fünf Jahre vor der Pfändung oder Konkurseröffnung in der dem andern Teile erkennbaren Absicht vorgenommen hat, seine Gläubiger zu benachteiligen oder einzelne Gläubiger zum Nachteil anderer zu begünstigen.

Art. 288*a*

4. Berechnung der Fristen

Bei den Fristen der Artikel 286–288 werden nicht mitberechnet:
1. die Dauer eines vorausgegangenen Nachlassverfahrens;
2. die Dauer eines Konkursaufschubes nach den Artikeln 725*a*, 764, 817 oder 903 OR;
3. bei der konkursamtlichen Liquidation einer Erbschaft die Zeit zwischen dem Todestag und der Anordnung der Liquidation;
4. die Dauer der vorausgegangenen Betreibung.

Art. 289

C. Anfechtungsklage
1. Gerichtsstand

Die Anfechtungsklage ist beim Richter am Wohnsitz des Beklagten einzureichen. Hat der Beklagte keinen Wohnsitz in der

Schweiz, so kann die Klage beim Richter am Ort der Pfändung oder des Konkurses eingereicht werden.

Art. 290

Die Anfechtungsklage richtet sich gegen die Personen, die mit dem Schuldner die anfechtbaren Rechtsgeschäfte abgeschlossen haben oder von ihm in anfechtbarer Weise begünstigt worden sind, sowie gegen ihre Erben oder andere Gesamtnachfolger und gegen bösgläubige Dritte. Die Rechte gutgläubiger Dritter werden durch die Anfechtungsklage nicht berührt.

2. Passivlegitimation

Art. 291

¹ Wer durch eine anfechtbare Rechtshandlung Vermögen des Schuldners erworben hat, ist zur Rückgabe desselben verpflichtet. Die Gegenleistung ist zu erstatten, soweit sie sich noch in den Händen des Schuldners befindet oder dieser durch sie bereichert ist. Darüber hinaus kann ein Anspruch nur als Forderung gegen den Schuldner geltend gemacht werden.
² Bestand die anfechtbare Rechtshandlung in der Tilgung einer Forderung, so tritt dieselbe mit der Rückerstattung des Empfangenen wieder in Kraft.
³ Der gutgläubige Empfänger einer Schenkung ist nur bis zum Betrag seiner Bereicherung zur Rückerstattung verpflichtet.

D. Wirkung

Art. 292

Das Anfechtungsrecht ist verwirkt:
1. nach Ablauf von zwei Jahren seit Zustellung des Pfändungsverlustscheins (Art. 285 Abs. 2 Ziff. 1);
2. nach Ablauf von zwei Jahren seit der Konkurseröffnung (Art. 285 Abs. 2 Ziff. 2).

E. Verwirkung

11. Titel: Nachlassverfahren
I. Nachlassstundung

Art. 293

A. Bewilligungsverfahren
1. Gesuch; vorsorgliche Massnahmen

¹ Ein Schuldner, der einen Nachlassvertrag erlangen will, muss dem Nachlassrichter ein begründetes Gesuch und den Entwurf eines Nachlassvertrages einreichen. Er hat dem Gesuch eine Bilanz und eine Betriebsrechnung oder entsprechende Unterlagen beizulegen, aus denen seine Vermögens-, Ertrags- oder Einkommenslage ersichtlich ist, sowie ein Verzeichnis seiner Geschäftsbücher, wenn er verpflichtet ist, solche zu führen (Art. 957 OR).

² Ein Gläubiger, der ein Konkursbegehren stellen kann, ist befugt, beim Nachlassrichter ebenfalls mit einem begründeten Gesuch die Eröffnung des Nachlassverfahrens zu verlangen.

³ Nach Eingang des Gesuchs um Nachlassstundung oder nach Aussetzung des Konkurserkenntnisses von Amtes wegen (Art. 173*a* Abs. 2) trifft der Nachlassrichter unverzüglich die zur Erhaltung des schuldnerischen Vermögens notwendigen Anordnungen. In begründeten Fällen kann er die Nachlassstundung für einstweilen höchstens zwei Monate provisorisch bewilligen, einen provisorischen Sachwalter ernennen und diesen mit der Prüfung der Vermögens-, Ertrags- oder Einkommenslage des Schuldners und der Aussicht auf Sanierung beauftragen.

⁴ Auf die provisorisch bewilligte Nachlassstundung finden die Artikel 296, 297 und 298 Anwendung.

Art. 294

2. Ladung, Entscheid und Beschwerde

¹ Liegt ein Gesuch um Nachlassstundung vor oder werden provisorische Massnahmen angeordnet, so lädt der Nachlassrichter den Schuldner und den antragstellenden Gläubiger unverzüglich zur Verhandlung vor. Er kann auch andere Gläubiger anhören oder vom Schuldner die Vorlage einer detaillierten Bilanz und einer Betriebsrechnung oder entsprechender Unterlagen sowie das Verzeichnis seiner Bücher verlangen.

² Sobald der Nachlassrichter im Besitz der notwendigen Unterlagen ist, entscheidet er möglichst rasch über die Bewilligung der Nachlassstundung; er berücksichtigt dabei namentlich die Vermögens-, Ertrags- oder Einkommenslage des Schuldners und die Aussichten auf einen Nachlassvertrag.

³ Der Schuldner und der gesuchstellende Gläubiger können den Entscheid des Nachlassgerichts mit Beschwerde nach der ZPO anfechten.

⁴ Soweit der Entscheid die Ernennung des Sachwalters betrifft, ist jeder Gläubiger zur Beschwerde legitimiert.

Art. 295

¹ Besteht Aussicht auf einen Nachlassvertrag, so gewährt der Nachlassrichter dem Schuldner die Nachlassstundung für vier bis sechs Monate und ernennt einen oder mehrere Sachwalter. Die Dauer der provisorisch gewährten Stundung wird nicht angerechnet.

3. Bewilligung und Dauer der Nachlassstundung. Ernennung und Aufgaben des Sachwalters

² Der Sachwalter:
   a. überwacht die Handlungen des Schuldners;
   b. erfüllt die in den Artikeln 298–302 und 304 bezeichneten Aufgaben;
   c. erstattet auf Anordnung des Nachlassrichters Zwischenberichte und orientiert die Gläubiger über den Verlauf der Stundung.

³ Auf die Geschäftsführung des Sachwalters sind die Artikel 8, 10, 11, 14, 17–19, 34 und 35 sinngemäss anwendbar.

⁴ Auf Antrag des Sachwalters kann die Stundung auf zwölf, in besonders komplexen Fällen auf höchstens 24 Monate verlängert werden. Bei einer Verlängerung über zwölf Monate hinaus sind die Gläubiger anzuhören.

⁵ Die Stundung kann auf Antrag des Sachwalters vorzeitig widerrufen werden, wenn dies zur Erhaltung des schuldnerischen Vermögens erforderlich ist, oder wenn der Nachlassvertrag offensichtlich nicht abgeschlossen werden kann. Der Schuldner und die Gläubiger sind anzuhören. Die Artikel 307–309 gelten sinngemäss.

Art. 296

4. Öffentliche Bekanntmachung

Die Bewilligung der Stundung wird öffentlich bekanntgemacht und dem Betreibungsamt sowie dem Grundbuchamt unverzüglich mitgeteilt. Die Nachlassstundung ist spätestens zwei Tage nach Bewilligung im Grundbuch anzumerken.

Art. 297

B. Wirkungen der Stundung
1. Auf die Rechte der Gläubiger

[1] Während der Stundung kann gegen den Schuldner eine Betreibung weder eingeleitet noch fortgesetzt werden. Verjährungs- und Verwirkungsfristen stehen still. Für gepfändete Vermögensstücke gilt Artikel 199 Absatz 2 sinngemäss.

[2] Auch während der Stundung sind folgende Betreibungen zulässig:
1. die Betreibung auf Pfändung für die Forderungen der ersten Klasse (Art. 219 Abs. 4);
2. die Betreibung auf Pfandverwertung für grundpfandgesicherte Forderungen; die Verwertung des Grundpfandes bleibt dagegen ausgeschlossen.

[3] Mit der Bewilligung der Stundung hört gegenüber dem Schuldner der Zinsenlauf für alle nicht pfandgesicherten Forderungen auf, sofern der Nachlassvertrag nichts anderes bestimmt.

[4] Für die Verrechnung gelten die Artikel 213–214*a*. An die Stelle der Konkurseröffnung tritt die Bekanntmachung der Stundung, gegebenenfalls des vorausgegangenen Konkursaufschubes nach den Artikeln 725*a*, 764, 817 und 903 OR.

Art. 298

2. Auf die Verfügungsbefugnis des Schuldners

[1] Der Schuldner kann seine Geschäftstätigkeit unter Aufsicht des Sachwalters fortsetzen. Der Nachlassrichter kann jedoch anordnen, dass gewisse Handlungen rechtsgültig nur unter Mitwirkung des Sachwalters vorgenommen werden können, oder den Sachwalter ermächtigen, die Geschäftsführung anstelle des Schuldners zu übernehmen.

[2] Ohne Ermächtigung des Nachlassrichters können während der Stundung nicht mehr in rechtsgültiger Weise Teile des Anlage-

vermögens veräussert oder belastet, Pfänder bestellt, Bürgschaften eingegangen oder unentgeltliche Verfügungen getroffen werden.

³ Handelt der Schuldner dieser Bestimmung oder den Weisungen des Sachwalters zuwider, so kann der Nachlassrichter auf Anzeige des Sachwalters dem Schuldner die Verfügungsbefugnis über sein Vermögen entziehen oder die Stundung widerrufen. Der Schuldner und die Gläubiger sind anzuhören. Die Artikel 307–309 sind anwendbar.

Art. 299

¹ Der Sachwalter nimmt sofort nach seiner Ernennung ein Inventar über sämtliche Vermögensbestandteile des Schuldners auf und schätzt sie.

² Der Sachwalter legt den Gläubigern die Verfügung über die Pfandschätzung zur Einsicht auf; er teilt sie vor der Gläubigerversammlung den Pfandgläubigern und dem Schuldner schriftlich mit.

³ Jeder Beteiligte kann innert zehn Tagen beim Nachlassrichter gegen Vorschuss der Kosten eine neue Pfandschätzung verlangen. Hat ein Gläubiger eine Neuschätzung beantragt, so kann er vom Schuldner nur dann Ersatz der Kosten beanspruchen, wenn die frühere Schätzung wesentlich abgeändert wurde.

C. Besondere Aufgaben des Sachwalters
1. Inventaraufnahme und Pfandschätzung

Art. 300

¹ Der Sachwalter fordert durch öffentliche Bekanntmachung (Art. 35 und 296) die Gläubiger auf, ihre Forderungen binnen 20 Tagen einzugeben, mit der Androhung, dass sie im Unterlassungsfall bei den Verhandlungen über den Nachlassvertrag nicht stimmberechtigt sind. Jedem Gläubiger, dessen Name und Wohnort bekannt sind, stellt der Sachwalter ein Exemplar der Bekanntmachung durch uneingeschriebenen Brief zu.

² Der Sachwalter holt die Erklärung des Schuldners über die eingegebenen Forderungen ein.

2. Schuldenruf

Art. 301

3. Einberufung der Gläubigerversammlung

¹ Sobald der Entwurf des Nachlassvertrages erstellt ist, beruft der Sachwalter durch öffentliche Bekanntmachung eine Gläubigerversammlung ein mit dem Hinweis, dass die Akten während 20 Tagen vor der Versammlung eingesehen werden können. Die öffentliche Bekanntmachung muss mindestens einen Monat vor der Versammlung erfolgen.

² Artikel 300 Absatz 1 Satz 2 ist anwendbar.

Art. 302

D. Gläubigerversammlung

¹ In der Gläubigerversammlung leitet der Sachwalter die Verhandlungen; er erstattet Bericht über die Vermögens-, Ertrags- oder Einkommenslage des Schuldners.

² Der Schuldner ist gehalten, der Versammlung beizuwohnen, um ihr auf Verlangen Aufschlüsse zu erteilen.

³ Der Entwurf des Nachlassvertrags wird den versammelten Gläubigern zur unterschriftlichen Genehmigung vorgelegt.

⁴ …

Art. 303

E. Rechte gegen Mitverpflichtete

¹ Ein Gläubiger, welcher dem Nachlassvertrag nicht zugestimmt hat, wahrt sämtliche Rechte gegen Mitschuldner, Bürgen und Gewährspflichtige (Art. 216).

² Ein Gläubiger, welcher dem Nachlassvertrag zugestimmt hat, wahrt seine Rechte gegen die genannten Personen, sofern er ihnen mindestens zehn Tage vor der Gläubigerversammlung deren Ort und Zeit mitgeteilt und ihnen die Abtretung seiner Forderung gegen Zahlung angeboten hat (Art. 114, 147, 501 OR).

³ Der Gläubiger kann auch, unbeschadet seiner Rechte, Mitschuldner, Bürgen und Gewährspflichtige ermächtigen, an seiner Stelle über den Beitritt zum Nachlassvertrag zu entscheiden.

Art. 304

¹ Vor Ablauf der Stundung unterbreitet der Sachwalter dem Nachlassrichter alle Aktenstücke. Er orientiert in seinem Bericht über bereits erfolgte Zustimmungen und empfiehlt die Bestätigung oder Ablehnung des Nachlassvertrages.

² Der Nachlassrichter trifft beförderlich seinen Entscheid.

³ Ort und Zeit der Verhandlung werden öffentlich bekanntgemacht. Den Gläubigern ist dabei anzuzeigen, dass sie ihre Einwendungen gegen den Nachlassvertrag in der Verhandlung anbringen können.

F. Sachwalterbericht; öffentliche Bekanntmachung der Verhandlung vor dem Nachlassgericht

II. Allgemeine Bestimmungen über den Nachlassvertrag

Art. 305

¹ Der Nachlassvertrag ist angenommen, wenn ihm bis zum Bestätigungsentscheid die Mehrheit der Gläubiger, die zugleich mindestens zwei Drittel des Gesamtbetrages der Forderungen vertreten, oder ein Viertel der Gläubiger, die aber mindestens drei Viertel des Gesamtbetrages der Forderungen vertreten, zugestimmt hat.

² Die privilegierten Gläubiger, der Ehegatte, die eingetragene Partnerin oder der eingetragene Partner des Schuldners werden weder für ihre Person noch für ihre Forderung mitgerechnet. Pfandgesicherte Forderungen zählen nur zu dem Betrag mit, der nach der Schätzung des Sachwalters ungedeckt ist.

³ Der Nachlassrichter entscheidet, ob und zu welchem Betrage bedingte Forderungen und solche mit ungewisser Verfallzeit sowie bestrittene Forderungen mitzuzählen sind. Dem gerichtlichen Entscheide über den Rechtsbestand der Forderungen wird dadurch nicht vorgegriffen.

A. Annahme durch die Gläubiger

Art. 306

B. Bestätigungsentscheid
1. Voraussetzungen

[1] ...

[2] Die Bestätigung des Nachlassvertrages wird an folgende Voraussetzungen geknüpft:
1. Die angebotene Summe muss in richtigem Verhältnis zu den Möglichkeiten des Schuldners stehen; bei deren Beurteilung kann der Nachlassrichter auch Anwartschaften des Schuldners berücksichtigen.

1bis. Bei einem Nachlassvertrag mit Vermögensabtretung (Art. 317 Abs. 1) muss das Verwertungsergebnis oder die vom Dritten angebotene Summe höher erscheinen als der Erlös, der im Konkurs voraussichtlich erzielt würde.

2. Der Vollzug des Nachlassvertrages, die vollständige Befriedigung der angemeldeten privilegierten Gläubiger sowie die Erfüllung der während der Stundung mit Zustimmung des Sachwalters eingegangenen Verbindlichkeiten müssen hinlänglich sichergestellt sein, soweit nicht einzelne Gläubiger ausdrücklich auf die Sicherstellung ihrer Forderung verzichten.

[3] Der Nachlassrichter kann eine ungenügende Regelung auf Antrag eines Beteiligten oder von Amtes wegen ergänzen.

Art. 306*a*

2. Einstellung der Verwertung von Grundpfändern

[1] Der Nachlassrichter kann auf Begehren des Schuldners die Verwertung eines als Pfand haftenden Grundstückes für eine vor Einleitung des Nachlassverfahrens entstandene Forderung auf höchstens ein Jahr nach Bestätigung des Nachlassvertrages einstellen, sofern nicht mehr als ein Jahreszins der Pfandschuld aussteht. Der Schuldner muss indessen glaubhaft machen, dass er das Grundstück zum Betrieb seines Gewerbes nötig hat und dass er durch die Verwertung in seiner wirtschaftlichen Existenz gefährdet würde.

[2] Den betroffenen Pfandgläubigern ist vor der Verhandlung über die Bestätigung des Nachlassvertrages (Art. 304) Gelegenheit zur schriftlichen Vernehmlassung zu geben; sie sind zur Gläubi-

gerversammlung (Art. 302) und zur Verhandlung vor dem Nachlassrichter persönlich vorzuladen.

³ Die Einstellung der Verwertung fällt von Gesetzes wegen dahin, wenn der Schuldner das Pfand freiwillig veräussert, wenn er in Konkurs gerät oder wenn er stirbt.

⁴ Der Nachlassrichter widerruft die Einstellung der Verwertung auf Antrag eines betroffenen Gläubigers und nach Anhörung des Schuldners, wenn der Gläubiger glaubhaft macht, dass:

1. der Schuldner sie durch unwahre Angaben gegenüber dem Nachlassrichter erwirkt hat; oder
2. der Schuldner zu neuem Vermögen oder Einkommen gelangt ist, woraus er die Schuld, für die er betrieben ist, ohne Gefährdung seiner wirtschaftlichen Existenz bezahlen kann; oder
3. durch die Verwertung des Grundpfandes die wirtschaftliche Existenz des Schuldners nicht mehr gefährdet wird.

Art. 307

Der Entscheid über den Nachlassvertrag kann mit Beschwerde nach der ZPO angefochten werden. 3. Beschwerde

Art. 308

¹ Der Entscheid wird, sobald er rechtskräftig ist, öffentlich bekanntgemacht und dem Betreibungsamt sowie dem Grundbuchamt mitgeteilt. Er wird auch dem Handelsregisteramt mitgeteilt, wenn ein im Handelsregister eingetragener Schuldner einen Nachlassvertrag mit Vermögensabtretung erwirkt hat. 4. Öffentliche Bekanntmachung

² Mit der öffentlichen Bekanntmachung des Entscheides fallen die Wirkungen der Stundung dahin.

Art. 309

Wird der Nachlassvertrag abgelehnt oder die Nachlassstundung widerrufen (Art. 295 Abs. 5 und 298 Abs. 3), so kann jeder Gläubiger binnen 20 Tagen seit der Bekanntmachung über jeden Schuldner die sofortige Konkurseröffnung verlangen. C. Wirkungen 1. Ablehnung

Art. 310

2. Bestätigung
a. Verbindlichkeit für die Gläubiger

¹ Der bestätigte Nachlassvertrag ist für sämtliche Gläubiger verbindlich, deren Forderungen entweder vor der Bekanntmachung der Stundung oder seither ohne Zustimmung des Sachwalters entstanden sind. Ausgenommen sind die Pfandgläubiger für den durch das Pfand gedeckten Forderungsbetrag.

² Die während der Stundung mit Zustimmung des Sachwalters eingegangenen Verbindlichkeiten verpflichten in einem Nachlassvertrag mit Vermögensabtretung oder in einem nachfolgenden Konkurs die Masse.

Art. 311

b. Dahinfallen der Betreibungen

Mit der Bestätigung des Nachlassvertrages fallen alle vor der Stundung gegen den Schuldner eingeleiteten Betreibungen mit Ausnahme derjenigen auf Pfandverwertung dahin; Artikel 199 Absatz 2 gilt sinngemäss.

Art. 312

c. Nichtigkeit von Nebenversprechen

Jedes Versprechen, durch welches der Schuldner einem Gläubiger mehr zusichert als ihm gemäss Nachlassvertrag zusteht, ist nichtig (Art. 20 OR).

Art. 313

D. Widerruf des Nachlassvertrages

¹ Jeder Gläubiger kann beim Nachlassrichter den Widerruf eines auf unredliche Weise zustandegekommenen Nachlassvertrages verlangen (Art. 20, 28, 29 OR).

² Die Artikel 307–309 finden sinngemässe Anwendung.

III. Ordentlicher Nachlassvertrag

Art. 314

A. Inhalt

¹ Im Nachlassvertrag ist anzugeben, wieweit die Gläubiger auf ihre Forderungen verzichten und wie die Verpflichtungen des Schuldners erfüllt und allenfalls sichergestellt werden.

² Dem ehemaligen Sachwalter oder einem Dritten können zur Durchführung und zur Sicherstellung der Erfüllung des Nachlassvertrages Überwachungs-, Geschäftsführungs- und Liquidationsbefugnisse übertragen werden.

Art. 315

¹ Der Nachlassrichter setzt bei der Bestätigung des Nachlassvertrages den Gläubigern mit bestrittenen Forderungen eine Frist von 20 Tagen zur Einreichung der Klage am Ort des Nachlassverfahrens, unter Androhung des Verlustes der Sicherstellung der Dividende im Unterlassungsfall. *B. Bestrittene Forderungen*

² Der Schuldner hat auf Anordnung des Nachlassrichters die auf bestrittene Forderungen entfallenden Beträge bis zur Erledigung des Prozesses bei der Depositenanstalt zu hinterlegen.

Art. 316

¹ Wird einem Gläubiger gegenüber der Nachlassvertrag nicht erfüllt, so kann er beim Nachlassrichter für seine Forderung die Aufhebung des Nachlassvertrages verlangen, ohne seine Rechte daraus zu verlieren. *C. Aufhebung des Nachlassvertrages gegenüber einem Gläubiger*

² Artikel 307 findet sinngemäss Anwendung.

IV. Nachlassvertrag mit Vermögensabtretung

Art. 317

¹ Durch den Nachlassvertrag mit Vermögensabtretung kann den Gläubigern das Verfügungsrecht über das schuldnerische Vermögen eingeräumt oder dieses Vermögen einem Dritten ganz oder teilweise abgetreten werden. *A. Begriff*

² Die Gläubiger üben ihre Rechte durch die Liquidatoren und durch einen Gläubigerausschuss aus. Diese werden von der Versammlung gewählt, die sich zum Nachlassvertrag äussert. Sachwalter können Liquidatoren sein.

Art. 318

B. Inhalt

¹ Der Nachlassvertrag enthält Bestimmungen über:
1. den Verzicht der Gläubiger auf den bei der Liquidation oder durch den Erlös aus der Abtretung des Vermögens nicht gedeckten Forderungsbetrag oder die genaue Ordnung eines Nachforderungsrechts;
2. die Bezeichnung der Liquidatoren und der Mitglieder des Gläubigerausschusses sowie die Abgrenzung der Befugnisse derselben;
3. die Art und Weise der Liquidation, soweit sie nicht im Gesetz geordnet ist; wird das Vermögen an einen Dritten abgetreten, die Art und die Sicherstellung der Durchführung dieser Abtretung;
4. die neben den amtlichen Blättern für die Gläubiger bestimmten Publikationsorgane.

² Wird nicht das gesamte Vermögen des Schuldners in das Verfahren einbezogen, so ist im Nachlassvertrag eine genaue Ausscheidung vorzunehmen.

Art. 319

C. Wirkungen der Bestätigung

¹ Mit der rechtskräftigen Bestätigung des Nachlassvertrages mit Vermögensabtretung erlöschen das Verfügungsrecht des Schuldners und die Zeichnungsbefugnis der bisher Berechtigten.

² Ist der Schuldner im Handelsregister eingetragen, so ist seiner Firma der Zusatz «in Nachlassliquidation» beizufügen. Die Masse kann unter dieser Firma für nicht vom Nachlassvertrag betroffene Verbindlichkeiten betrieben werden.

³ Die Liquidatoren haben alle zur Erhaltung und Verwertung der Masse sowie zur allfälligen Übertragung des abgetretenen Vermögens gehörenden Geschäfte vorzunehmen.

⁴ Die Liquidatoren vertreten die Masse vor Gericht. Artikel 242 gilt sinngemäss.

Art. 320

¹ Die Liquidatoren unterstehen der Aufsicht und Kontrolle des Gläubigerausschusses.

² Gegen die Anordnungen der Liquidatoren über die Verwertung der Aktiven kann binnen zehn Tagen seit Kenntnisnahme beim Gläubigerausschuss Einsprache erhoben und gegen die bezüglichen Verfügungen des Gläubigerausschusses bei der Aufsichtsbehörde Beschwerde geführt werden.

³ Im übrigen gelten für die Geschäftsführung der Liquidatoren die Artikel 8–11, 14, 34 und 35 sinngemäss.

D. Stellung der Liquidatoren

Art. 321

¹ Zur Feststellung der am Liquidationsergebnis teilnehmenden Gläubiger und ihrer Rangstellung wird ohne nochmaligen Schuldenruf gestützt auf die Geschäftsbücher des Schuldners und die erfolgten Eingaben von den Liquidatoren ein Kollokationsplan erstellt und zur Einsicht der Gläubiger aufgelegt.

² Die Artikel 244–251 gelten sinngemäss.

E. Feststellung der teilnahmeberechtigten Gläubiger

Art. 322

¹ Die Aktiven werden in der Regel durch Eintreibung oder Verkauf der Forderungen, durch freihändigen Verkauf oder öffentliche Versteigerung der übrigen Vermögenswerte einzeln oder gesamthaft verwertet.

² Die Liquidatoren bestimmen im Einverständnis mit dem Gläubigerausschuss die Art und den Zeitpunkt der Verwertung.

F. Verwertung
1. Im allgemeinen

Art. 323

Mit Ausnahme der Fälle, in denen das Vermögen einem Dritten abgetreten wurde, können Grundstücke, auf denen Pfandrechte lasten, freihändig nur mit Zustimmung der Pfandgläubiger verkauft werden, deren Forderungen durch den Kaufpreis nicht gedeckt sind. Andernfalls sind die Grundstücke durch öffentliche Versteigerung zu verwerten (Art. 134–137, 142, 143, 257 und

2. Verpfändete Grundstücke

258). Für Bestand und Rang der auf den Grundstücken haftenden Belastungen (Dienstbarkeiten, Grundlasten, Grundpfandrechte und vorgemerkte persönliche Rechte) ist der Kollokationsplan massgebend (Art. 321).

Art. 324

3. Faustpfänder

¹ Die Pfandgläubiger mit Faustpfandrechten sind nicht verpflichtet, ihr Pfand an die Liquidatoren abzuliefern. Sie sind, soweit keine im Nachlassvertrag enthaltene Stundung entgegensteht, berechtigt, die Faustpfänder in dem ihnen gut scheinenden Zeitpunkt durch Betreibung auf Pfandverwertung zu liquidieren oder, wenn sie dazu durch den Pfandvertrag berechtigt waren, freihändig oder börsenmässig zu verwerten.

² Erfordert es jedoch das Interesse der Masse, dass ein Pfand verwertet wird, so können die Liquidatoren dem Pfandgläubiger eine Frist von mindestens sechs Monaten setzen, innert der er das Pfand verwerten muss. Sie fordern ihn gleichzeitig auf, ihnen das Pfand nach unbenutztem Ablauf der für die Verwertung gesetzten Frist abzuliefern, und weisen ihn auf die Straffolge (Art. 324 Ziff. 4 StGB) sowie darauf hin, dass sein Vorzugsrecht erlischt, wenn er ohne Rechtfertigung das Pfand nicht abliefert.

Art. 325

4. Abtretung von Ansprüchen an die Gläubiger

Verzichten Liquidatoren und Gläubigerausschuss auf die Geltendmachung eines bestrittenen oder schwer einbringlichen Anspruches, der zum Massevermögen gehört, wie namentlich eines Anfechtungsanspruches oder einer Verantwortlichkeitsklage gegen Organe oder Angestellte des Schuldners, so haben sie davon die Gläubiger durch Rundschreiben oder öffentliche Bekanntmachung in Kenntnis zu setzen und ihnen die Abtretung des Anspruches zur eigenen Geltendmachung gemäss Artikel 260 anzubieten.

Art. 326

Vor jeder, auch bloss provisorischen, Abschlagszahlung haben die Liquidatoren den Gläubigern einen Auszug aus der Verteilungsliste zuzustellen und diese während zehn Tagen aufzulegen. Die Verteilungsliste unterliegt während der Auflagefrist der Beschwerde an die Aufsichtsbehörde.

G. Verteilung
1. Verteilungsliste

Art. 327

¹ Die Pfandgläubiger, deren Pfänder im Zeitpunkt der Auflage der vorläufigen Verteilungsliste schon verwertet sind, nehmen an einer Abschlagsverteilung mit dem tatsächlichen Pfandausfall teil. Dessen Höhe wird durch die Liquidatoren bestimmt, deren Verfügung nur durch Beschwerde gemäss Artikel 326 angefochten werden kann.

2. Pfandausfallforderungen

² Ist das Pfand bei der Auflegung der vorläufigen Verteilungsliste noch nicht verwertet, so ist der Pfandgläubiger mit der durch die Schätzung des Sachwalters festgestellten mutmasslichen Ausfallforderung zu berücksichtigen. Weist der Pfandgläubiger nach, dass der Pfanderlös unter der Schätzung geblieben ist, so hat er Anspruch auf entsprechende Dividende und Abschlagszahlung.

³ Soweit der Pfandgläubiger durch den Pfanderlös und allfällig schon bezogene Abschlagszahlungen auf dem geschätzten Ausfall eine Überdeckung erhalten hat, ist er zur Herausgabe verpflichtet.

Art. 328

Gleichzeitig mit der endgültigen Verteilungsliste ist auch eine Schlussrechnung, inbegriffen diejenige über die Kosten, aufzulegen.

3. Schlussrechnung

Art. 329

¹ Beträge, die nicht innert der von den Liquidatoren festzusetzenden Frist erhoben werden, sind bei der Depositenanstalt zu hinterlegen.

4. Hinterlegung

² Nach Ablauf von zehn Jahren nicht erhobene Beträge sind vom Konkursamt zu verteilen; Artikel 269 ist sinngemäss anwendbar.

Art. 330

H. Rechenschaftsbericht

¹ Die Liquidatoren erstellen nach Abschluss des Verfahrens einen Schlussbericht. Dieser muss dem Gläubigerausschuss zur Genehmigung unterbreitet, dem Nachlassrichter eingereicht und den Gläubigern zur Einsicht aufgelegt werden.

² Zieht sich die Liquidation über mehr als ein Jahr hin, so sind die Liquidatoren verpflichtet, auf Ende jedes Kalenderjahres einen Status über das liquidierte und das noch nicht verwertete Vermögen aufzustellen sowie einen Bericht über ihre Tätigkeit zu erstatten. Status und Bericht sind in den ersten zwei Monaten des folgenden Jahres durch Vermittlung des Gläubigerausschusses dem Nachlassrichter einzureichen und zur Einsicht der Gläubiger aufzulegen.

Art. 331

I. Anfechtung von Rechtshandlungen

¹ Die vom Schuldner vor der Bestätigung des Nachlassvertrages vorgenommenen Rechtshandlungen unterliegen der Anfechtung nach den Grundsätzen der Artikel 285–292.

² Massgebend für die Berechnung der Fristen ist anstelle der Pfändung oder Konkurseröffnung die Bewilligung der Nachlassstundung oder des Konkursaufschubes (Art. 725*a*, 764, 817 oder 903 OR), wenn ein solcher der Nachlassstundung vorausgegangen ist.

³ Soweit Anfechtungsansprüche der Masse zur ganzen oder teilweisen Abweisung von Forderungen führen, sind die Liquidatoren zur einredeweisen Geltendmachung befugt und verpflichtet.

V. Nachlassvertrag im Konkurs

Art. 332

¹ Wenn ein Schuldner, über welchen der Konkurs eröffnet ist, einen Nachlassvertrag vorschlägt, so begutachtet die Konkursverwaltung den Vorschlag zuhanden der Gläubigerversammlung. Die Verhandlung über denselben findet frühestens in der zweiten Gläubigerversammlung statt.

² Die Artikel 302–307 und 310–331 gelten sinngemäss. An die Stelle des Sachwalters tritt jedoch die Konkursverwaltung. Die Verwertung wird eingestellt, bis der Nachlassrichter über die Bestätigung des Nachlassvertrages entschieden hat.

³ Der Entscheid über den Nachlassvertrag wird der Konkursverwaltung mitgeteilt. Lautet derselbe auf Bestätigung, so beantragt die Konkursverwaltung beim Konkursgerichte den Widerruf des Konkurses.

VI. Einvernehmliche private Schuldenbereinigung

Art. 333

¹ Ein Schuldner, der nicht der Konkursbetreibung unterliegt, kann beim Nachlassrichter die Durchführung einer einvernehmlichen privaten Schuldenbereinigung beantragen.

1. Antrag des Schuldners

² Der Schuldner hat in seinem Gesuch seine Schulden sowie seine Einkommens- und Vermögensverhältnisse darzulegen.

Art. 334

¹ Erscheint eine Schuldenbereinigung mit den Gläubigern nicht von vornherein als ausgeschlossen, und sind die Kosten des Verfahrens sichergestellt, so gewährt der Nachlassrichter dem Schuldner eine Stundung von höchstens drei Monaten und ernennt einen Sachwalter.

2. Stundung. Ernennung eines Sachwalters

² Auf Antrag des Sachwalters kann die Stundung auf höchstens sechs Monate verlängert werden. Sie kann vorzeitig widerrufen

werden, wenn eine einvernehmliche Schuldenbereinigung offensichtlich nicht herbeigeführt werden kann.

³ Während der Stundung kann der Schuldner nur für periodische familienrechtliche Unterhalts- und Unterstützungsbeiträge betrieben werden. Die Fristen nach den Artikeln 88, 93 Absatz 2, 116 und 154 stehen still.

⁴ Der Entscheid des Nachlassrichters wird den Gläubigern mitgeteilt; Artikel 294 Absätze 3 und 4 gilt sinngemäss.

Art. 335

3. Aufgaben des Sachwalters

¹ Der Sachwalter unterstützt den Schuldner beim Erstellen eines Bereinigungsvorschlags. Der Schuldner kann darin seinen Gläubigern insbesondere eine Dividende anbieten oder sie um Stundung der Forderungen oder um andere Zahlungs- oder Zinserleichterungen ersuchen.

² Der Sachwalter führt mit den Gläubigern Verhandlungen über den Bereinigungsvorschlag des Schuldners.

³ Der Nachlassrichter kann den Sachwalter beauftragen, den Schuldner bei der Erfüllung der Vereinbarung zu überwachen.

Art. 336

4. Verhältnis zur Nachlassstundung

In einem nachfolgenden Nachlassverfahren wird die Dauer der Stundung nach den Artikeln 333 ff. auf die Dauer der Nachlassstundung angerechnet.

12. Titel: Notstundung

Art. 337

A. Anwendbarkeit

Die Bestimmungen dieses Titels können unter ausserordentlichen Verhältnissen, insbesondere im Falle einer andauernden wirtschaftlichen Krise, von der Kantonsregierung mit Zustimmung des Bundes für die von diesen Verhältnissen in Mitleidenschaft gezogenen Schuldner eines bestimmten Gebietes und auf eine bestimmte Dauer anwendbar erklärt werden.

Art. 338

¹ Ein Schuldner, der ohne sein Verschulden infolge der in Artikel 337 genannten Verhältnisse ausserstande ist, seine Verbindlichkeiten zu erfüllen, kann vom Nachlassrichter eine Notstundung von höchstens sechs Monaten verlangen, sofern die Aussicht besteht, dass er nach Ablauf dieser Stundung seine Gläubiger voll wird befriedigen können.

² Der Schuldner hat zu diesem Zwecke mit einem Gesuche an den Nachlassrichter die erforderlichen Nachweise über seine Vermögenslage zu erbringen und ein Verzeichnis seiner Gläubiger einzureichen; er hat ferner alle vom Nachlassrichter verlangten Aufschlüsse zu geben und die sonstigen Urkunden vorzulegen, die von ihm noch gefordert werden.

³ Unterliegt der Schuldner der Konkursbetreibung, so hat er überdies dem Gesuche eine Bilanz und seine Geschäftsbücher beizulegen.

⁴ Nach Einreichung des Gesuches kann der Nachlassrichter durch einstweilige Verfügung die hängigen Betreibungen einstellen, ausgenommen für die in Artikel 342 bezeichneten Forderungen. Er entscheidet, ob und wieweit die Zeit der Einstellung auf die Dauer der Notstundung anzurechnen ist.

B. Bewilligung
1. Voraussetzungen

Art. 339

¹ Der Nachlassrichter macht die allfällig noch notwendigen Erhebungen und ordnet sodann, wenn das Gesuch sich nicht ohne weiteres als unbegründet erweist, eine Verhandlung an, zu der sämtliche Gläubiger durch öffentliche Bekanntmachung eingeladen werden: nötigenfalls sind Sachverständige beizuziehen.

² Weist das vom Schuldner eingereichte Gläubigerverzeichnis nur eine verhältnismässig kleine Zahl von Gläubigern auf und wird es vom Nachlassrichter als glaubwürdig erachtet, so kann er von einer öffentlichen Bekanntmachung absehen und die Gläubiger, Bürgen und Mitschuldner durch persönliche Benachrichtigung vorladen.

2. Entscheid

³ Die Gläubiger können vor der Verhandlung die Akten einsehen und ihre Einwendungen gegen das Gesuch auch schriftlich anbringen.

⁴ Der Nachlassrichter trifft beförderlich seinen Entscheid. Er kann in der Stundungsbewilligung dem Schuldner die Leistung einer oder mehrerer Abschlagszahlungen auferlegen.

Art. 340

3. Beschwerde

¹ Der Schuldner und jeder Gläubiger können den Entscheid mit Beschwerde nach der ZPO anfechten.

² Zur Verhandlung sind der Schuldner und diejenigen Gläubiger vorzuladen, die an der erstinstanzlichen Verhandlung anwesend oder vertreten waren.

³ Eine vom Nachlassgericht bewilligte Notstundung besitzt Wirksamkeit bis zum endgültigen Entscheid der Rechtsmittelinstanz.

Art. 341

4. Sichernde Massnahmen

¹ Der Nachlassrichter ordnet spätestens bei Bewilligung der Notstundung die Aufnahme eines Güterverzeichnisses an. Für dieses gelten die Artikel 163 und 164 sinngemäss. Der Nachlassrichter kann weitere Verfügungen zur Wahrung der Rechte der Gläubiger treffen.

² Bei Bewilligung der Stundung kann er einen Sachwalter mit der Überwachung der Geschäftsführung des Schuldners beauftragen.

Art. 342

5. Mitteilung des Entscheides

Die Bewilligung der Stundung wird dem Betreibungsamt und, falls der Schuldner der Konkursbetreibung unterliegt, dem Konkursgerichte mitgeteilt. Sie wird öffentlich bekanntgemacht, sobald sie rechtskräftig geworden ist.

Art. 343

¹ Während der Dauer der Stundung können Betreibungen gegen den Schuldner angehoben und bis zur Pfändung oder Konkursandrohung fortgesetzt werden. Gepfändete Lohnbeträge sind auch während der Stundung einzufordern. Dasselbe gilt für Miet- und Pachtzinse, sofern auf Grund einer vor oder während der Stundung angehobenen Betreibung auf Pfandverwertung die Pfandhaft sich auf diese Zinse erstreckt. Dagegen darf einem Verwertungs- oder einem Konkursbegehren keine Folge gegeben werden.

² Die Fristen der Artikel 116, 154, 166, 188, 219, 286, 287 und 288 verlängern sich um die Dauer der Stundung. Ebenso erstreckt sich die Haftung des Grundpfandes für die Zinsen der Grundpfandschuld (Art. 818 Abs. 1 Ziff. 3 ZGB) um die Dauer der Stundung.

C. Wirkungen der Notstundung
1. Auf Betreibungen und Fristen

Art. 344

Dem Schuldner ist die Fortführung seines Geschäftes gestattet; doch darf er während der Dauer der Stundung keine Rechtshandlungen vornehmen, durch welche die berechtigten Interessen der Gläubiger beeinträchtigt oder einzelne Gläubiger zum Nachteil anderer begünstigt werden.

2. Auf die Verfügungsbefugnis des Schuldners
a. Im allgemeinen

Art. 345

¹ Der Nachlassrichter kann in der Stundungsbewilligung verfügen, dass die Veräusserung oder Belastung von Grundstücken, die Bestellung von Pfändern, das Eingehen von Bürgschaften, die Vornahme unentgeltlicher Verfügungen sowie die Leistung von Zahlungen auf Schulden, die vor der Stundung entstanden sind, rechtsgültig nur mit Zustimmung des Sachwalters oder, wenn kein solcher bestellt ist, des Nachlassrichters stattfinden kann. Diese Zustimmung ist jedoch nicht erforderlich für die Zahlung von Schulden der zweiten Klasse nach Artikel 219 Absatz 4 sowie für Abschlagszahlungen nach Artikel 339 Absatz 4.

b. Kraft Verfügung des Nachlassrichters

² Fügt der Nachlassrichter der Stundungsbewilligung diesen Vorbehalt bei, so ist er in die öffentliche Bekanntmachung aufzunehmen, und es ist die Stundung im Grundbuch als Verfügungsbeschränkung anzumerken.

Art. 346

3. Nicht betroffene Forderungen

¹ Die Stundung bezieht sich nicht auf Forderungen unter 100 Franken und auf Forderungen der ersten Klasse (Art. 219 Abs. 4).

² Doch ist für diese Forderungen während der Dauer der Stundung auch gegen den der Konkursbetreibung unterstehenden Schuldner nur die Betreibung auf Pfändung oder auf Pfandverwertung möglich.

Art. 347

D. Verlängerung

¹ Innerhalb der Frist nach Artikel 337 kann der Nachlassrichter auf Ersuchen des Schuldners die ihm gewährte Stundung für höchstens vier Monate verlängern, wenn die Gründe, die zu ihrer Bewilligung geführt haben, ohne sein Verschulden noch fortdauern.

² Der Schuldner hat zu diesem Zweck dem Nachlassrichter mit seinem Gesuch eine Ergänzung des Gläubigerverzeichnisses und, wenn er der Konkursbetreibung unterliegt, eine neue Bilanz einzureichen.

³ Der Nachlassrichter gibt den Gläubigern durch öffentliche Bekanntmachung von dem Verlängerungsbegehren Kenntnis und setzt ihnen eine Frist an, binnen welcher sie schriftlich Einwendungen gegen das Gesuch erheben können. Wurde ein Sachwalter bezeichnet, so ist er zum Bericht einzuladen.

⁴ Nach Ablauf der Frist trifft der Nachlassrichter seinen Entscheid. Dieser unterliegt der Weiterziehung wie die Notstundung und ist wie diese bekannt zu machen.

⁵ Das obere kantonale Nachlassgericht entscheidet auf Grund der Akten.

Art. 348

¹ Die Stundung ist auf Antrag eines Gläubigers oder des Sachwalters vom Nachlassrichter zu widerrufen: E. Widerruf
1. wenn der Schuldner die ihm auferlegten Abschlagszahlungen nicht pünktlich leistet;
2. wenn er den Weisungen des Sachwalters zuwiderhandelt oder die berechtigten Interessen der Gläubiger beeinträchtigt oder einzelne Gläubiger zum Nachteil anderer begünstigt;
3. wenn ein Gläubiger den Nachweis erbringt, dass die vom Schuldner dem Nachlassrichter gemachten Angaben falsch sind, oder dass er imstande ist, alle seine Verbindlichkeiten zu erfüllen.

² Über den Antrag ist der Schuldner mündlich oder schriftlich einzuvernehmen. Das Nachlassgericht entscheidet nach Vornahme der allfällig noch notwendigen Erhebungen auf Grund der Akten, ebenso die Rechtsmittelinstanz im Fall der Beschwerde. Der Widerruf der Stundung wird wie die Bewilligung bekanntgemacht.

³ Wird die Stundung nach Ziffer 2 oder 3 widerrufen, so kann weder eine Nachlassstundung noch eine weitere Notstundung bewilligt werden.

Art. 349

¹ Will der Schuldner während der Notstundung einen Nachlassvertrag vorschlagen, so ist der Nachlassvertragsentwurf mit allen Aktenstücken und mit dem Gutachten des Sachwalters vor Ablauf der Stundung einzureichen.   F. Verhältnis zur Nachlassstundung

² Nach Ablauf der Notstundung kann der Schuldner während eines halben Jahres weder eine Nachlassstundung noch eine weitere Notstundung verlangen.

³ Der Schuldner, der ein Gesuch um Notstundung zurückgezogen hat oder dessen Gesuch abgewiesen ist, kann vor Ablauf eines halben Jahres keine Notstundung mehr verlangen.

Art. 350

G. Verhältnis zum Konkursaufschub

¹ Ist einer Aktiengesellschaft eine Notstundung bewilligt worden, so darf ihr innerhalb eines Jahres seit deren Beendigung kein Konkursaufschub gemäss Artikel 725 OR gewährt werden.

² Hat der Richter einer Aktiengesellschaft auf Grund von Artikel 725 OR einen Konkursaufschub bewilligt, so darf ihr innerhalb eines Jahres seit dessen Beendigung keine Notstundung gewährt werden.

³ Diese Bestimmungen gelten auch beim Konkursaufschub der Kommanditaktiengesellschaft, der Gesellschaft mit beschränkter Haftung und der Genossenschaft (Art. 764, 817 und 903 OR).

13. Titel: Schlussbestimmungen

Art. 351

A. Inkrafttreten

¹ Dieses Gesetz tritt mit dem 1. Januar 1892 in Kraft.

² Der Artikel 333 tritt schon mit der Aufnahme des Gesetzes in die eidgenössische Gesetzessammlung in Kraft.

³ Mit dem Inkrafttreten dieses Gesetzes werden alle demselben entgegenstehenden Vorschriften sowohl eidgenössischer als auch kantonaler Gesetze, Verordnungen und Konkordate aufgehoben, soweit nicht durch die folgenden Artikel etwas anderes bestimmt wird.

Art. 352

B. Bekanntmachung

Der Bundesrat wird beauftragt, gemäss den Bestimmungen des Bundesgesetzes vom 17. Juni 1874 betreffend Volksabstimmung über Bundesgesetze und Bundesbeschlüsse, die Bekanntmachung dieses Gesetzes zu veranstalten.

I. Schlussbestimmungen der Änderung vom 16. Dezember 1994

Art. 1

Der Bundesrat, das Bundesgericht und die Kantone erlassen die Ausführungsbestimmungen.

A. Ausführungsbestimmungen

Art. 2

¹ Die Verfahrensvorschriften dieses Gesetzes und seine Ausführungsbestimmungen sind mit ihrem Inkrafttreten auf hängige Verfahren anwendbar, soweit sie mit ihnen vereinbar sind.

B. Übergangsbestimmungen

² Für die Länge von Fristen, die vor dem Inkrafttreten dieses Gesetzes zu laufen begonnen haben, gilt das bisherige Recht.

³ Die im bisherigen Recht enthaltenen Privilegien (Art. 146 und 219) gelten weiter, wenn vor dem Inkrafttreten dieses Gesetzes der Konkurs eröffnet oder die Pfändung vollzogen worden ist.

⁴ Der privilegierte Teil der Frauengutsforderung wird in folgenden Fällen in einer besonderen Klasse zwischen der zweiten und der dritten Klasse kolloziert:

    a. wenn die Ehegatten weiter unter Güterverbindung oder externer Gütergemeinschaft nach den Artikeln 211 und 224 ZGB in der Fassung von 1907 leben;

    b. wenn die Ehegatten unter Errungenschaftsbeteiligung nach Artikel 9*c* des Schlusstitels zum ZGB in der Fassung von 1984 leben.

⁵ Die Verjährung der vor Inkrafttreten dieses Gesetzes durch Verlustschein verurkundeten Forderungen beginnt mit dem Inkrafttreten dieses Gesetzes zu laufen.

Art. 3

Dieses Gesetz untersteht dem fakultativen Referendum.

C. Referendum

Art. 4

Der Bundesrat bestimmt das Inkrafttreten.

D. Inkrafttreten

II. Schlussbestimmung zur Änderung vom 24. März 2000

Die im bisherigen Recht enthaltenen Privilegien (Art. 146 und 219) gelten weiter, wenn vor dem Inkrafttreten dieses Gesetzes der Konkurs eröffnet, die Pfändung vollzogen oder die Nachlassstundung bewilligt worden ist.

III. Schlussbestimmung der Änderung vom 19. Dezember 2003

Die Privilegien des bisherigen Rechts gelten weiter, wenn vor dem Inkrafttreten dieser Änderung der Konkurs eröffnet, die Pfändung vollzogen oder die Nachlassstundung bewilligt worden ist.

IV. Schlussbestimmung zur Änderung vom 17. Juni 2005

Die Ausführungsverordnungen des Bundesgerichts bleiben in Kraft, soweit sie dem neuen Recht inhaltlich nicht widersprechen und solange der Bundesrat nichts anderes bestimmt.

Korrigendum zum IPRG-Gesetzestext

Aufgrund eines Versehens sind die nachstehenden massgeblichen Änderungen in der vorliegenden Druckversion nicht berücksichtigt worden. Wir entschuldigen uns für diesen sehr ärgerlichen Fehler in aller Form! Die Herausgeber

Art. 8a *(neuer zusätzlicher Artikel)*
[1] Richtet sich eine Klage gegen mehrere Streitgenossen, die nach diesem Gesetz in der Schweiz verklagt werden können, so ist das für eine beklagte Partei zuständige schweizerische Gericht für alle beklagten Parteien zuständig.

[2] Stehen mehrere Ansprüche gegen eine beklagte Partei, die nach diesem Gesetz in der Schweiz eingeklagt werden können, in einem sachlichen Zusammenhang, so ist jedes schweizerische Gericht zuständig, das für einen der Ansprüche zuständig ist.

Art. 8b *(neuer zusätzlicher Artikel)*
Für die Streitverkündung mit Klage ist das schweizerische Gericht des Hauptprozesses zuständig, sofern gegen die streitberufene Partei ein Gerichtsstand in der Schweiz nach diesem Gesetz besteht.

Art. 8c *(neuer zusätzlicher Artikel)*
Kann ein zivilrechtlicher Anspruch in einem Strafprozess adhäsionsweise geltend gemacht werden, so ist das mit dem Strafprozess befasste schweizerische Gericht auch für die zivilrechtliche Klage zuständig, sofern bezüglich dieser Klage ein Gerichtsstand in der Schweiz nach diesem Gesetz besteht.

Art. 98 *(neuer Gesetzestext Abs. 2)*
[2] Überdies sind die schweizerischen Gerichte am Ort der gelegenen Sache zuständig.

Art. 109
[3] [Aufgehoben]

Art. 113 *(neuer Gesetzestext ganzer Artikel)*
Ist die für den Vertrag charakteristische Leistung in der Schweiz zu erbringen, so kann auch beim schweizerischen Gericht am Erfüllungsort dieser Leistung geklagt werden.

Art. 129
[2] [Aufgehoben]

Art. 149 *(neuer Gesetzestext Abs. 2 Bst. a)*
[2] Eine ausländische Entscheidung wird ferner anerkannt:
    a. wenn sie eine vertragliche Leistung betrifft, im Staat der Erfüllung der charakteristischen Leistung ergangen ist und der Beklagte seinen Wohnsitz nicht in der Schweiz hatte;

Inhaltsübersicht IPRG

1. Kapitel:	**Gemeinsame Bestimmungen**	305
1. Abschnitt:	Geltungsbereich	305
2. Abschnitt:	Zuständigkeit	306
3. Abschnitt:	Anwendbares Recht	310
4. Abschnitt:	Wohnsitz, Sitz und Staatsangehörigkeit	312
5. Abschnitt:	Anerkennung und Vollstreckung ausländischer Entscheidungen	314
2. Kapitel: Natürliche Personen		317
3. Kapitel:	**Eherecht**	319
1. Abschnitt:	Eheschliessung	319
2. Abschnitt:	Wirkungen der Ehe im Allgemeinen	321
3. Abschnitt:	Ehegüterrecht	322
4. Abschnitt:	Scheidung und Trennung	325
Kapitel 3*a*:	**Eingetragene Partnerschaft**	328
4. Kapitel:	**Kindesrecht**	329
1. Abschnitt:	Entstehung des Kindesverhältnisses durch Abstammung	329
2. Abschnitt:	Anerkennung	330
3. Abschnitt:	Adoption	331
4. Abschnitt:	Wirkungen des Kindesverhältnisses	333
5. Kapitel:	**Vormundschaft und andere Schutzmassnahmen**	334
6. Kapitel:	**Erbrecht**	335
7. Kapitel:	**Sachenrecht**	339
7*a*. Kapitel: Intermediärverwahrte Wertpapiere		343

8. Kapitel:	**Immaterialgüterrecht**	344
9. Kapitel:	**Obligationenrecht**	345
1. Abschnitt:	Verträge	345
2. Abschnitt:	Ungerechtfertigte Bereicherung	351
3. Abschnitt:	Unerlaubte Handlungen	351
4. Abschnitt:	Gemeinsame Bestimmungen	356
5. Abschnitt:	Ausländische Entscheidungen	358
9*a*. Kapitel:	**Trusts**	359
10. Kapitel:	**Gesellschaftsrecht**	362
11. Kapitel:	**Konkurs und Nachlassvertrag**	371
12. Kapitel:	**Internationale Schiedsgerichtsbarkeit**	374
13. Kapitel:	**Schlussbestimmungen**	381
1. Abschnitt:	Aufhebung und Änderung des geltenden Bundesrechts	381
2. Abschnitt:	Übergangsbestimmungen	381
3. Abschnitt:	Referendum und Inkrafttreten	382

Bundesgesetz
über das Internationale Privatrecht
(IPRG)

vom 18. Dezember 1987 (Stand am 1. Januar 2011)

Die Bundesversammlung der Schweizerischen Eidgenossenschaft,

gestützt auf die Zuständigkeit des Bundes in auswärtigen Angelegenheiten[1]
und auf Artikel 64 der Bundesverfassung[2],
nach Einsicht in eine Botschaft des Bundesrates vom 10. November 1982[3],[4]

beschliesst:

1. Kapitel: Gemeinsame Bestimmungen
1. Abschnitt: Geltungsbereich

Art. 1

[1] Dieses Gesetz regelt im internationalen Verhältnis:
  a. die Zuständigkeit der schweizerischen Gerichte oder Behörden;
  b. das anzuwendende Recht;

A. Gegenstand der Schuldbetreibung und Betreibungsarten

AS **1988** 1776

[1] Dieser Zuständigkeitsumschreibung entspricht Art. 54 Abs. 1 der neuen Bundesver-fassung vom 18. April 1999 (SR **101**).

[2] [BS **1** 3]. Dieser Bestimmung entspricht Art. 122 der neuen Bundesverfassung vom 18. April 1999 (SR **101**).

[3] BBl **1983** I 263

[4] Fassung gemäss Anhang Ziff. 1 des BG vom 8. Okt. 1999 über die in die Schweiz entsandten Arbeitnehmerinnen und Arbeitnehmer, in Kraft seit 1. Juni 2004 (AS **2003** 1370; BBl **1999** 6128).

c. die Voraussetzungen der Anerkennung und Vollstreckung ausländischer Entscheidungen;
d. den Konkurs und den Nachlassvertrag;
e. die Schiedsgerichtsbarkeit.

² Völkerrechtliche Verträge sind vorbehalten.

2. Abschnitt: Zuständigkeit

Art. 2

I. Im Allgemeinen

Sieht dieses Gesetz keine besondere Zuständigkeit vor, so sind die schweizerischen Gerichte oder Behörden am Wohnsitz des Beklagten zuständig.

Art. 3

II. Notzuständigkeit

Sieht dieses Gesetz keine Zuständigkeit in der Schweiz vor und ist ein Verfahren im Ausland nicht möglich oder unzumutbar, so sind die schweizerischen Gerichte oder Behörden am Ort zuständig, mit dem der Sachverhalt einen genügenden Zusammenhang aufweist.

Art. 4

III. Arrestprosequierung

Sieht dieses Gesetz keine andere Zuständigkeit in der Schweiz vor, so kann die Klage auf Prosequierung des Arrestes am schweizerischen Arrestort erhoben werden.

Art. 5

IV. Gerichtsstandsvereinbarung

¹ Für einen bestehenden oder für einen zukünftigen Rechtsstreit über vermögensrechtliche Ansprüche aus einem bestimmten Rechtsverhältnis können die Parteien einen Gerichtsstand vereinbaren. Die Vereinbarung kann schriftlich, durch Telegramm, Telex, Telefax oder in einer anderen Form der Übermittlung, die den Nachweis der Vereinbarung durch Text ermöglicht, erfol-

gen. Geht aus der Vereinbarung nichts anderes hervor, so ist das vereinbarte Gericht ausschliesslich zuständig.

² Die Gerichtsstandsvereinbarung ist unwirksam, wenn einer Partei ein Gerichtsstand des schweizerischen Rechts missbräuchlich entzogen wird.

³ Das vereinbarte Gericht darf seine Zuständigkeit nicht ablehnen:

- a. wenn eine Partei ihren Wohnsitz, ihren gewöhnlichen Aufenthalt oder eine Niederlassung im Kanton des vereinbarten Gerichts hat, oder
- b. wenn nach diesem Gesetz auf den Streitgegenstand schweizerisches Recht anzuwenden ist.

Art. 6

In vermögensrechtlichen Streitigkeiten begründet die vorbehaltlose Einlassung die Zuständigkeit des angerufenen schweizerischen Gerichtes, sofern dieses nach Artikel 5 Absatz 3 seine Zuständigkeit nicht ablehnen kann.

V. Einlassung

Art. 7

Haben die Parteien über eine schiedsfähige Streitsache eine Schiedsvereinbarung getroffen, so lehnt das angerufene schweizerische Gericht seine Zuständigkeit ab, es sei denn:

VI. Schiedsvereinbarung

- a. der Beklagte habe sich vorbehaltlos auf das Verfahren eingelassen;
- b. das Gericht stelle fest, die Schiedsvereinbarung sei hinfällig, unwirksam oder nicht erfüllbar, oder
- c. das Schiedsgericht könne nicht bestellt werden aus Gründen, für die der im Schiedsverfahren Beklagte offensichtlich einzustehen hat.

Art. 8

VII. Widerklage

Das Gericht, bei dem die Hauptklage hängig ist, beurteilt auch die Widerklage, sofern zwischen Haupt- und Widerklage ein sachlicher Zusammenhang besteht.

Art. 9

VIII. Rechtshängigkeit

[1] Ist eine Klage über denselben Gegenstand zwischen denselben Parteien zuerst im Ausland hängig gemacht worden, so setzt das schweizerische Gericht das Verfahren aus, wenn zu erwarten ist, dass das ausländische Gericht in angemessener Frist eine Entscheidung fällt, die in der Schweiz anerkennbar ist.

[2] Zur Feststellung, wann eine Klage in der Schweiz hängig gemacht worden ist, ist der Zeitpunkt der ersten, für die Klageeinleitung notwendigen Verfahrenshandlung massgebend. Als solche genügt die Einleitung des Sühneverfahrens.

[3] Das schweizerische Gericht weist die Klage zurück, sobald ihm eine ausländische Entscheidung vorgelegt wird, die in der Schweiz anerkannt werden kann.

Art. 10[5]

IX. Vorsorgliche Massnahmen

Zuständig zur Anordnung vorsorglicher Massnahmen sind:
a. die schweizerischen Gerichte oder Behörden, die in der Hauptsache zuständig sind; oder
b. die schweizerischen Gerichte und Behörden am Ort, an dem die Massnahme vollstreckt werden soll.

---

[5] Fassung gemäss Anhang 1 Ziff. II 18 der Zivilprozessordnung vom 19. Dez. 2008, in Kraft seit 1. Jan. 2011 (AS **2010** 1739; BBl **2006** 7221).

Art. 11[6]

Die Rechtshilfe zwischen der Schweiz und anderen Staaten wird durch das Bundesamt für Justiz vermittelt.

X. Rechtshilfe
1. Vermittlung der Rechtshilfe

Art. 11*a*[7]

[1] Rechtshilfehandlungen, die in der Schweiz durchzuführen sind, werden nach schweizerischem Recht vorgenommen.

2. Anwendbares Recht

[2] Auf Begehren der ersuchenden Behörde können auch ausländische Verfahrensformen angewendet oder berücksichtigt werden, wenn es für die Durchsetzung eines Rechtsanspruchs im Ausland notwendig ist und nicht wichtige Gründe auf Seiten des Betroffenen entgegenstehen.

[3] Die schweizerischen Gerichte oder Behörden können Urkunden nach einer Form des ausländischen Rechts ausstellen oder einem Gesuchsteller die eidesstattliche Erklärung abnehmen, wenn eine Form nach schweizerischem Recht im Ausland nicht anerkannt wird und deshalb ein schützenswerter Rechtsanspruch dort nicht durchgesetzt werden könnte.

[4] Bei Rechtshilfeersuchen um Zustellung oder um Beweiserhebung in die Schweiz und aus der Schweiz ist die Haager Übereinkunft vom 1. März 1954[8] betreffend Zivilprozessrecht anwendbar.

---

[6] Fassung gemäss Anhang 1 Ziff. II 18 der Zivilprozessordnung vom 19. Dez. 2008, in Kraft seit 1. Jan. 2011 (AS **2010** 1739; BBl **2006** 7221).
[7] Eingefügt durch Anhang 1 Ziff. II 18 der Zivilprozessordnung vom 19. Dez. 2008, in Kraft seit 1. Jan. 2011 (AS **2010** 1739; BBl **2006** 7221).
[8] SR 0.274.12

Art. 11*b*[9]

3. Kostenvorschuss und Sicherheit für die Parteientschädi-gung

Der Kostenvorschuss und die Sicherheit für die Parteientschädigung richten sich nach der Zivilprozessordnung vom 19. Dezember 2008[10] (ZPO).

Art. 11c[11]

4. Unentgeltliche Rechtspflege

Den Personen mit Wohnsitz im Ausland wird die unentgeltliche Rechtspflege unter den gleichen Voraussetzungen gewährt wie den Personen mit Wohnsitz in der Schweiz.

Art. 12[12]

3. Abschnitt: Anwendbares Recht

Art. 13

I. Umfang der Verweisung

Die Verweisung dieses Gesetzes auf ein ausländisches Recht umfasst alle Bestimmungen, die nach diesem Recht auf den Sachverhalt anwendbar sind. Die Anwendbarkeit einer Bestimmung des ausländischen Rechts ist nicht allein dadurch ausgeschlossen, dass ihr ein öffentlichrechtlicher Charakter zugeschrieben wird.

Art. 14

II. Rück- und Weiterverweisung

¹ Sieht das anwendbare Recht eine Rückverweisung auf das schweizerische Recht oder eine Weiterverweisung auf ein ande-

---

[9] Eingefügt durch Anhang 1 Ziff. II 18 der Zivilprozessordnung vom 19. Dez. 2008, in Kraft seit 1. Jan. 2011 (AS **2010** 1739; BBl **2006** 7221).
[10] SR **272**
[11] Eingefügt durch Anhang 1 Ziff. II 18 der Zivilprozessordnung vom 19. Dez. 2008, in Kraft seit 1. Jan. 2011 (AS **2010** 1739; BBl **2006** 7221).
[12] Aufgehoben durch Anhang 1 Ziff. II 18 der Zivilprozessordnung vom 19. Dez. 2008, mit Wirkung seit 1. Jan. 2011 (AS **2010** 1739; BBl **2006** 7221).

res ausländisches Recht vor, so ist sie zu beachten, wenn dieses Gesetz sie vorsieht.

² In Fragen des Personen- oder Familienstandes ist die Rückverweisung auf das schweizerische Recht zu beachten.

Art. 15

¹ Das Recht, auf das dieses Gesetz verweist, ist ausnahmsweise nicht anwendbar, wenn nach den gesamten Umständen offensichtlich ist, dass der Sachverhalt mit diesem Recht in nur geringem, mit einem anderen Recht jedoch in viel engerem Zusammenhang steht. *III. Ausnahmeklausel*

² Diese Bestimmung ist nicht anwendbar, wenn eine Rechtswahl vorliegt.

Art. 16

¹ Der Inhalt des anzuwendenden ausländischen Rechts ist von Amtes wegen festzustellen. Dazu kann die Mitwirkung der Parteien verlangt werden. Bei vermögensrechtlichen Ansprüchen kann der Nachweis den Parteien überbunden werden. *IV. Feststellung ausländischen Rechts*

² Ist der Inhalt des anzuwendenden ausländischen Rechts nicht feststellbar, so ist schweizerisches Recht anzuwenden.

Art. 17

Die Anwendung von Bestimmungen eines ausländischen Rechts, ist ausgeschlossen, wenn sie zu einem Ergebnis führen würde, das mit dem schweizerischen Ordre public unvereinbar ist. *V. Vorbehaltsklausel*

Art. 18

Vorbehalten bleiben Bestimmungen des schweizerischen Rechts, die wegen ihres besonderen Zweckes, unabhängig von dem durch dieses Gesetz bezeichneten Recht, zwingend anzuwenden sind. *VI. Zwingende Anwendung des schweizerischen Rechts*

Art. 19

VII. Berücksichtigung zwingender Bestimmungen eines ausländischen Rechts

¹ Anstelle des Rechts, das durch dieses Gesetz bezeichnet wird, kann die Bestimmung eines andern Rechts, die zwingend angewandt sein will, berücksichtigt werden, wenn nach schweizerischer Rechtsauffassung schützenswerte und offensichtlich überwiegende Interessen einer Partei es gebieten und der Sachverhalt mit jenem Recht einen engen Zusammenhang aufweist.

² Ob eine solche Bestimmung zu berücksichtigen ist, beurteilt sich nach ihrem Zweck und den daraus sich ergebenden Folgen für eine nach schweizerischer Rechtsauffassung sachgerechte Entscheidung.

4. Abschnitt: Wohnsitz, Sitz und Staatsangehörigkeit

Art. 20

I. Wohnsitz, gewöhnlicher Aufenthalt und Niederlassung einer natürlichen Person

¹ Im Sinne dieses Gesetzes hat eine natürliche Person:
a. ihren Wohnsitz in dem Staat, in dem sie sich mit der Absicht dauernden Verbleibens aufhält;
b. ihren gewöhnlichen Aufenthalt in dem Staat, in dem sie während längerer Zeit lebt, selbst wenn diese Zeit zum vornherein befristet ist;
c. ihre Niederlassung in dem Staat, in dem sich der Mittelpunkt ihrer geschäftlichen Tätigkeit befindet.

² Niemand kann an mehreren Orten zugleich Wohnsitz haben. Hat eine Person nirgends einen Wohnsitz, so tritt der gewöhnliche Aufenthalt an die Stelle des Wohnsitzes. Die Bestimmungen des Zivilgesetzbuches[13] über Wohnsitz und Aufenthalt sind nicht anwendbar.

---

[13] SR **210**

Art. 21[14]

¹ Bei Gesellschaften und bei Trusts nach Artikel 149*a* gilt der Sitz als Wohnsitz.

² Als Sitz einer Gesellschaft gilt der in den Statuten oder im Gesellschaftsvertrag bezeichnete Ort. Fehlt eine solche Bezeichnung, so gilt als Sitz der Ort, an dem die Gesellschaft tatsächlich verwaltet wird.

³ Als Sitz eines Trusts gilt der in den Bestimmungen des Trusts schriftlich oder in anderer Form durch Text nachweisbar bezeichnete Ort seiner Verwaltung. Fehlt eine solche Bezeichnung, so gilt als Sitz der tatsächliche Ort seiner Verwaltung.

⁴ Die Niederlassung einer Gesellschaft oder eines Trusts befindet sich in dem Staat, in dem der Sitz liegt, oder in einem der Staaten, in dem sich eine Zweigniederlassung befindet.

II. Sitz und Niederlassung von Gesellschaften und Trusts

Art. 22

Die Staatsangehörigkeit einer natürlichen Person bestimmt sich nach dem Recht des Staates, zu dem die Staatsangehörigkeit in Frage steht.

III. Staatsangehörigkeit

Art. 23

¹ Besitzt eine Person neben der schweizerischen eine andere Staatsangehörigkeit, so ist für die Begründung eines Heimatgerichtsstandes ausschliesslich die schweizerische Staatsangehörigkeit massgebend.

² Besitzt eine Person mehrere Staatsangehörigkeiten, so ist, soweit dieses Gesetz nichts anderes vorsieht, für die Bestimmung des anwendbaren Rechts die Angehörigkeit zu dem Staat massgebend, mit dem die Person am engsten verbunden ist.

IV. Mehrfache Staatsangehörigkeit

---

[14] Fassung gemäss Art. 2 des BB vom 20. Dez. 2006 über die Genehmigung und Umsetzung des Haager Übereink. über das auf Trusts anzuwendende Recht und über ihre Anerkennung, in Kraft seit 1. Juli 2007 (AS **2007** 2849; BBl **2006** 551).

³ Ist die Staatsangehörigkeit einer Person Voraussetzung für die Anerkennung einer ausländischen Entscheidung in der Schweiz, so genügt die Beachtung einer ihrer Staatsangehörigkeiten.

Art. 24

V. Staatenlose und Flüchtlinge

¹ Eine Person gilt als staatenlos, wenn ihr diese Eigenschaft im Sinne des New Yorker Übereinkommens vom 28. September 1954[15] über die Rechtsstellung der Staatenlosen zukommt oder wenn ihre Beziehung zum Heimatstaat so gelockert ist, dass dies einer Staatenlosigkeit gleichkommt.

² Eine Person gilt als Flüchtling, wenn ihr diese Eigenschaft im Sinne des Asylgesetzes vom 5. Oktober 1979[16] zukommt.

³ Ist dieses Gesetz auf Staatenlose oder Flüchtlinge anzuwenden, so gilt der Wohnsitz an Stelle der Staatsangehörigkeit.

5. Abschnitt: Anerkennung und Vollstreckung ausländischer Entscheidungen

Art. 25

I. Anerkennung
1. Grundsatz

Eine ausländische Entscheidung wird in der Schweiz anerkannt:
  a. wenn die Zuständigkeit der Gerichte oder Behörden des Staates, in dem die Entscheidung ergangen ist, begründet war;
  b. wenn gegen die Entscheidung kein ordentliches Rechtsmittel mehr geltend gemacht werden kann oder wenn sie endgültig ist, und
  c. wenn kein Verweigerungsgrund im Sinne von Artikel 27 vorliegt.

---

[15] SR 0.142.40
[16] [AS **1980** 1718, **1986** 2062, **1987** 1674, **1990** 938 1587 Art. 3 Abs. 1, **1994** 1634 Ziff. I 8.1 2876, **1995** 146 Ziff. II 4356, **1997** 2372 2394, **1998** 1582. AS **1999** 2262 Art. 120 Bst. a]. Heute: BG vom 26. Juni 1998 (SR **142.31**).

Art. 26

Die Zuständigkeit ausländischer Behörden ist begründet:

2. Zuständigkeit ausländischer Behörden

a. wenn eine Bestimmung dieses Gesetzes sie vorsieht oder, falls eine solche fehlt, wenn der Beklagte seinen Wohnsitz im Urteilsstaat hatte;
b. wenn in vermögensrechtlichen Streitigkeiten die Parteien sich durch eine nach diesem Gesetz gültige Vereinbarung der Zuständigkeit der Behörde unterworfen haben, welche die Entscheidung getroffen hat;
c. wenn sich der Beklagte in einer vermögensrechtlichen Streitigkeit vorbehaltlos auf den Rechtsstreit eingelassen hat;
d. wenn im Falle einer Widerklage die Behörde, die die Entscheidung getroffen hat, für die Hauptklage zuständig war und zwischen Haupt- und Widerklage ein sachlicher Zusammenhang besteht.

Art. 27

¹ Eine im Ausland ergangene Entscheidung wird in der Schweiz nicht anerkannt, wenn die Anerkennung mit dem schweizerischen Ordre public offensichtlich unvereinbar wäre.

3. Verweigerungsgründe

² Eine im Ausland ergangene Entscheidung wird ebenfalls nicht anerkannt, wenn eine Partei nachweist:

a. dass sie weder nach dem Recht an ihrem Wohnsitz noch nach dem am gewöhnlichen Aufenthalt gehörig geladen wurde, es sei denn, sie habe sich vorbehaltlos auf das Verfahren eingelassen;
b. dass die Entscheidung unter Verletzung wesentlicher Grundsätze des schweizerischen Verfahrensrechts zustande gekommen ist, insbesondere dass ihr das rechtliche Gehör verweigert worden ist;
c. dass ein Rechtsstreit zwischen denselben Parteien und über denselben Gegenstand zuerst in der Schweiz eingeleitet oder in der Schweiz entschieden worden ist oder dass er in

einem Drittstaat früher entschieden worden ist und dieser Entscheid in der Schweiz anerkannt werden kann.

³ Im Übrigen darf die Entscheidung in der Sache selbst nicht nachgeprüft werden.

Art. 28

II. Vollstreckung

Eine nach den Artikeln 25–27 anerkannte Entscheidung wird auf Begehren der interessierten Partei für vollstreckbar erklärt.

Art. 29

III. Verfahren

¹ Das Begehren auf Anerkennung oder Vollstreckung ist an die zuständige Behörde des Kantons zu richten, in dem die ausländische Entscheidung geltend gemacht wird. Dem Begehren sind beizulegen:

    a. eine vollständige und beglaubigte Ausfertigung der Entscheidung;

    b. eine Bestätigung, dass gegen die Entscheidung kein ordentliches Rechtsmittel mehr geltend gemacht werden kann oder dass sie endgültig ist, und

    c. im Falle eines Abwesenheitsurteils eine Urkunde, aus der hervorgeht, dass die unterlegene Partei gehörig und so rechtzeitig geladen worden ist, dass sie die Möglichkeit gehabt hatte, sich zu verteidigen.

² Im Anerkennungs- und Vollstreckungsverfahren ist die Partei, die sich dem Begehren widersetzt, anzuhören; sie kann ihre Beweismittel geltend machen.

³ Wird eine Entscheidung vorfrageweise geltend gemacht, so kann die angerufene Behörde selber über die Anerkennung entscheiden.

Art. 30

IV. Gerichtlicher Vergleich

Die Artikel 25–29 gelten auch für den gerichtlichen Vergleich, sofern er in dem Staat, in dem er abgeschlossen worden ist, einer gerichtlichen Entscheidung gleichgestellt wird.

Art. 31

Die Artikel 25–29 gelten sinngemäss für die Anerkennung und Vollstreckung einer Entscheidung oder einer Urkunde der freiwilligen Gerichtsbarkeit.

V. Freiwillige Gerichtsbarkeit

Art. 32

[1] Eine ausländische Entscheidung oder Urkunde über den Zivilstand wird aufgrund einer Verfügung der kantonalen Aufsichtsbehörde in die Zivilstandsregister eingetragen.

[2] Die Eintragung wird bewilligt, wenn die Voraussetzungen der Artikel 25–27 erfüllt sind.

[3] Die betroffenen Personen sind vor der Eintragung anzuhören, wenn nicht feststeht, dass im ausländischen Urteilsstaat die verfahrensmässigen Rechte der Parteien hinreichend gewahrt worden sind.

VI. Eintragung in die Zivilstandsregister

2. Kapitel: Natürliche Personen

Art. 33

[1] Sieht dieses Gesetz nichts anderes vor, so sind für personenrechtliche Verhältnisse die schweizerischen Gerichte oder Behörden am Wohnsitz zuständig; sie wenden das Recht am Wohnsitz an.

[2] Für Ansprüche aus Persönlichkeitsverletzung gelten die Bestimmungen dieses Gesetzes über unerlaubte Handlungen (Art. 129 ff.).

I. Grundsatz

Art. 34

[1] Die Rechtsfähigkeit untersteht schweizerischem Recht.

[2] Beginn und Ende der Persönlichkeit unterstehen dem Recht des Rechtsverhältnisses, das die Rechtsfähigkeit voraussetzt.

II. Rechtsfähigkeit

Art. 35

III. Handlungsfähigkeit
1. Grundsatz

Die Handlungsfähigkeit untersteht dem Recht am Wohnsitz. Ein Wechsel des Wohnsitzes berührt die einmal erworbene Handlungsfähigkeit nicht.

Art. 36

2. Verkehrsschutz

[1] Wer ein Rechtsgeschäft vorgenommen hat, obwohl er nach dem Recht an seinem Wohnsitz handlungsunfähig war, kann sich auf seine Handlungsunfähigkeit nicht berufen, wenn er nach dem Recht des Staates, in dem er das Rechtsgeschäft vorgenommen hat, handlungsfähig gewesen wäre, es sei denn, die andere Partei habe seine Handlungsunfähigkeit gekannt oder hätte sie kennen müssen.

[2] Diese Bestimmung ist auf familien- und erbrechtliche Rechtsgeschäfte sowie auf Rechtsgeschäfte über dingliche Rechte an Grundstücken nicht anwendbar.

Art. 37

IV. Name
1. Grundsatz

[1] Der Name einer Person mit Wohnsitz in der Schweiz untersteht schweizerischem Recht; der Name einer Person mit Wohnsitz im Ausland untersteht dem Recht, auf welches das Kollisionsrecht des Wohnsitzstaates verweist.

[2] Eine Person kann jedoch verlangen, dass ihr Name dem Heimatrecht untersteht.

Art. 38

2. Namensänderung

[1] Für eine Namensänderung sind die schweizerischen Behörden am Wohnsitz des Gesuchstellers zuständig.

[2] Ein Schweizer Bürger ohne Wohnsitz in der Schweiz kann bei der Behörde seines Heimatkantons eine Namensänderung verlangen.

[3] Voraussetzungen und Wirkungen der Namensänderung unterstehen schweizerischem Recht.

Art. 39

Eine im Ausland erfolgte Namensänderung wird in der Schweiz anerkannt, wenn sie im Wohnsitz- oder im Heimatstaat des Gesuchstellers gültig ist.

3. Namensänderung im Ausland

Art. 40

Der Name wird nach den schweizerischen Grundsätzen über die Registerführung in die Zivilstandsregister eingetragen.

4. Eintragung in die Zivilstandsregister

Art. 41

¹ Für die Verschollenerklärung sind die schweizerischen Gerichte oder Behörden am letzten bekannten Wohnsitz der verschwundenen Person zuständig.

² Die schweizerischen Gerichte oder Behörden sind überdies für eine Verschollenerklärung zuständig, wenn hierfür ein schützenswertes Interesse besteht.

³ Voraussetzungen und Wirkungen der Verschollenerklärung unterstehen schweizerischem Recht.

V. Verschollenerklärung
1. Zuständigkeit und anwendbares Recht

Art. 42

Eine im Ausland ausgesprochene Verschollen- oder Todeserklärung wird in der Schweiz anerkannt, wenn sie im Staat des letzten bekannten Wohnsitzes oder im Heimatstaat der verschwundenen Person ergangen ist.

2. Verschollen- und Todeserklärung im Ausland

3. Kapitel: Eherecht
1. Abschnitt: Eheschliessung

Art. 43

¹ Die schweizerischen Behörden sind für die Eheschliessung zuständig, wenn die Braut oder der Bräutigam in der Schweiz Wohnsitz oder das Schweizer Bürgerrecht hat.

I. Zuständigkeit

² Ausländischen Brautleuten ohne Wohnsitz in der Schweiz kann durch die zuständige Behörde die Eheschliessung in der Schweiz auch bewilligt werden, wenn die Ehe im Wohnsitz- oder im Heimatstaat beider Brautleute anerkannt wird.

³ Die Bewilligung darf nicht allein deshalb verweigert werden, weil eine in der Schweiz ausgesprochene oder anerkannte Scheidung im Ausland nicht anerkannt wird.

Art. 44

II. Anwendbares Recht

¹ Die materiell-rechtlichen Voraussetzungen der Eheschliessung in der Schweiz unterstehen schweizerischem Recht.

² Sind die Voraussetzungen nach schweizerischem Recht nicht erfüllt, so kann die Ehe zwischen Ausländern geschlossen werden, wenn sie den Voraussetzungen des Heimatrechts eines der Brautleute entspricht.

³ Die Form der Eheschliessung in der Schweiz untersteht schweizerischem Recht.

Art. 45

III. Eheschliessung im Ausland

¹ Eine im Ausland gültig geschlossene Ehe wird in der Schweiz anerkannt.

² Sind Braut oder Bräutigam Schweizer Bürger oder haben beide Wohnsitz in der Schweiz, so wird die im Ausland geschlossene Ehe anerkannt, wenn der Abschluss nicht in der offenbaren Absicht ins Ausland verlegt worden ist, die Vorschriften des schweizerischen Rechts über die Eheungültigkeit zu umgehen.[17]

³ Eine im Ausland gültig geschlossene Ehe zwischen Personen gleichen Geschlechts wird in der Schweiz als eingetragene Partnerschaft anerkannt.[18]

---

[17] Fassung gemäss Anhang Ziff. 3 des BG vom 26. Juni 1998, in Kraft seit 1. Jan. 2000 (AS **1999** 1118; BBl **1996** I 1).

[18] Eingefügt durch Anhang Ziff. 17 des Partnerschaftsgesetzes vom 18. Juni 2004, in Kraft seit 1. Jan. 2007 (AS **2005** 5685; BBl **2003** 1288).

Art. 45a[19]

Unmündige mit Wohnsitz in der Schweiz werden mit der Eheschliessung in der Schweiz oder mit der Anerkennung der im Ausland geschlossenen Ehe mündig.

IV. Mündigkeit

2. Abschnitt: Wirkungen der Ehe im Allgemeinen

Art. 46

Für Klagen oder Massnahmen betreffend die ehelichen Rechte und Pflichten sind die schweizerischen Gerichte oder Behörden am Wohnsitz oder, wenn ein solcher fehlt, diejenigen am gewöhnlichen Aufenthalt eines der Ehegatten zuständig.

I. Zuständigkeit
1. Grundsatz

Art. 47

Haben die Ehegatten weder Wohnsitz noch gewöhnlichen Aufenthalt in der Schweiz und ist einer von ihnen Schweizer Bürger, so sind für Klagen oder Massnahmen betreffend die ehelichen Rechte und Pflichten die Gerichte oder Behörden am Heimatort zuständig, wenn es unmöglich oder unzumutbar ist, die Klage oder das Begehren am Wohnsitz oder am gewöhnlichen Aufenthalt eines der Ehegatten zu erheben.

2. Heimatzuständigkeit

Art. 48

[1] Die ehelichen Rechte und Pflichten unterstehen dem Recht des Staates, in dem die Ehegatten ihren Wohnsitz haben.

[2] Haben die Ehegatten ihren Wohnsitz nicht im gleichen Staat, so unterstehen die ehelichen Rechte und Pflichten dem Recht des Wohnsitzstaates, mit dem der Sachverhalt in engerem Zusammenhang steht.

II. Anwendbares Recht
1. Grundsatz

---

[19] Eingefügt durch Ziff. II 2 des BG vom 7. Okt. 1994, in Kraft seit 1. Jan. 1996 (AS **1995** 1126; BBl **1993** I 1169).

³ Sind nach Artikel 47 die schweizerischen Gerichte oder Behörden am Heimatort zuständig, so wenden sie schweizerisches Recht an.

Art. 49

2. Unterhaltspflicht

Für die Unterhaltspflicht zwischen Ehegatten gilt das Haager Übereinkommen vom 2. Oktober 1973[20] über das auf die Unterhaltspflichten anzuwendende Recht.

Art. 50

III. Ausländische Entscheidungen oder Massnahmen

Ausländische Entscheidungen oder Massnahmen über die ehelichen Rechte und Pflichten werden in der Schweiz anerkannt, wenn sie im Staat des Wohnsitzes oder des gewöhnlichen Aufenthaltes eines der Ehegatten ergangen sind.

3. Abschnitt: Ehegüterrecht

Art. 51

I. Zuständigkeit

Für Klagen oder Massnahmen betreffend die güterrechtlichen Verhältnisse sind zuständig:
  a. für die güterrechtliche Auseinandersetzung im Falle des Todes eines Ehegatten die schweizerischen Gerichte oder Behörden, die für die erbrechtliche Auseinandersetzung zuständig sind (Art. 86–89);
  b. für die güterrechtliche Auseinandersetzung im Falle einer gerichtlichen Auflösung oder Trennung der Ehe die schweizerischen Gerichte, die hierfür zuständig sind (Art. 59, 60, 63, 64);
  c. in den übrigen Fällen die schweizerischen Gerichte oder Behörden, die für Klagen oder Massnahmen betreffend die Wirkungen der Ehe zuständig sind (Art. 46, 47).

---

[20] SR 0.211.213.01

Art. 52

¹ Die güterrechtlichen Verhältnisse unterstehen dem von den Ehegatten gewählten Recht.

² Die Ehegatten können wählen zwischen dem Recht des Staates, in dem beide ihren Wohnsitz haben oder nach der Eheschliessung haben werden, und dem Recht eines ihrer Heimatstaaten. Artikel 23 Absatz 2 ist nicht anwendbar.

II. Anwendbares Recht
1. Rechtswahl
a. Grundsatz

Art. 53

¹ Die Rechtswahl muss schriftlich vereinbart sein oder sich eindeutig aus dem Ehevertrag ergeben. Im Übrigen untersteht sie dem gewählten Recht.

² Die Rechtswahl kann jederzeit getroffen oder geändert werden. Wird sie nach Abschluss der Ehe getroffen, so wirkt sie, wenn die Parteien nichts anderes vereinbaren, auf den Zeitpunkt der Eheschliessung zurück.

³ Das gewählte Recht bleibt anwendbar, bis die Ehegatten ein anderes Recht wählen oder die Rechtswahl aufheben.

b. Modalitäten

Art. 54

¹ Haben die Ehegatten keine Rechtswahl getroffen, so unterstehen die güterrechtlichen Verhältnisse:
  a. dem Recht des Staates, in dem beide gleichzeitig ihren Wohnsitz haben, oder, wenn dies nicht der Fall ist,
  b. dem Recht des Staates, in dem beide Ehegatten zuletzt gleichzeitig ihren Wohnsitz hatten.

² Hatten die Ehegatten nie gleichzeitig Wohnsitz im gleichen Staat, so ist ihr gemeinsames Heimatrecht anwendbar.

³ Hatten die Ehegatten nie gleichzeitig Wohnsitz im gleichen Staat und haben sie auch keine gemeinsame Staatsangehörigkeit, so gilt die Gütertrennung des schweizerischen Rechts.

2. Fehlen einer Rechtswahl
a. Grundsatz

Art. 55

b. Wandelbarkeit und Rückwirkung bei Wohnsitzwechsel

¹ Verlegen die Ehegatten ihren Wohnsitz von einem Staat in einen anderen, so ist das Recht des neuen Wohnsitzstaates rückwirkend auf den Zeitpunkt der Eheschliessung anzuwenden. Die Ehegatten können durch schriftliche Vereinbarung die Rückwirkung ausschliessen.

² Der Wohnsitzwechsel hat keine Wirkung auf das anzuwendende Recht, wenn die Parteien die Weitergeltung des früheren Rechts schriftlich vereinbart haben oder wenn zwischen ihnen ein Ehevertrag besteht.

Art. 56

3. Form des Ehevertrages

Der Ehevertrag ist formgültig, wenn er dem auf den Ehevertrag anwendbaren Recht oder dem Recht am Abschlussort entspricht.

Art. 57

4. Rechtsverhältnisse mit Dritten

¹ Die Wirkungen des Güterstandes auf das Rechtsverhältnis zwischen einem Ehegatten und einem Dritten unterstehen dem Recht des Staates, in dem dieser Ehegatte im Zeitpunkt der Entstehung des Rechtsverhältnisses seinen Wohnsitz hat.

² Hat der Dritte im Zeitpunkt der Entstehung des Rechtsverhältnisses das Recht, dem die güterrechtlichen Verhältnisse unterstanden, gekannt oder hätte er es kennen müssen, so ist dieses anzuwenden.

Art. 58

III. Ausländische Entscheidungen

¹ Ausländische Entscheidungen über güterrechtliche Verhältnisse werden in der Schweiz anerkannt:

a. wenn sie im Wohnsitzstaat des beklagten Ehegatten ergangen sind oder wenn sie dort anerkannt werden;
b. wenn sie im Wohnsitzstaat des klagenden Ehegatten ergangen sind oder dort anerkannt werden, vorausgesetzt, der beklagte Ehegatte hatte seinen Wohnsitz nicht in der Schweiz;

c. wenn sie im Staat, dessen Recht nach diesem Gesetz anwendbar ist, ergangen sind oder wenn sie dort anerkannt werden, oder
d. wenn sie Grundstücke betreffen und am Ort der gelegenen Sache ergangen sind oder dort anerkannt werden.

² Für Entscheidungen über güterrechtliche Verhältnisse, die im Zusammenhang mit Massnahmen zum Schutz der ehelichen Gemeinschaft oder infolge Tod, Nichtigerklärung, Scheidung oder Trennung ergangen sind, richtet sich die Anerkennung nach den Bestimmungen dieses Gesetzes über das Ehe-, Ehescheidungs- oder Erbrecht (Art. 50, 65 und 96).

4. Abschnitt: Scheidung und Trennung

Art. 59

Für Klagen auf Scheidung oder Trennung sind zuständig:
   a. die schweizerischen Gerichte am Wohnsitz des Beklagten;
   b. die schweizerischen Gerichte am Wohnsitz des Klägers, wenn dieser sich seit einem Jahr in der Schweiz aufhält oder wenn er Schweizer Bürger ist.

I. Zuständigkeit
1. Grundsatz

Art. 60

Haben die Ehegatten keinen Wohnsitz in der Schweiz und ist einer von ihnen Schweizer Bürger, so sind die Gerichte am Heimatort für Klagen auf Scheidung oder Trennung der Ehe zuständig, wenn es unmöglich oder unzumutbar ist, die Klage am Wohnsitz eines der Ehegatten zu erheben.

2. Heimatzuständigkeit

Art. 61

¹ Scheidung und Trennung unterstehen schweizerischem Recht.
² Haben die Ehegatten eine gemeinsame ausländische Staatsangehörigkeit und hat nur einer von ihnen Wohnsitz in der Schweiz, so ist ihr gemeinsames Heimatrecht anzuwenden.

II. Anwendbares Recht

³ Ist die Scheidung nach dem gemeinsamen ausländischen Heimatrecht nicht oder nur unter ausserordentlich strengen Bedingungen zulässig, so ist schweizerisches Recht anzuwenden, wenn einer der Ehegatten auch Schweizer Bürger ist oder sich seit zwei Jahren in der Schweiz aufhält.

⁴ Sind nach Artikel 60 die schweizerischen Gerichte am Heimatort zuständig, so wenden sie schweizerisches Recht an.

Art. 62

III. Vorsorgliche Massnahmen

¹ Das schweizerische Gericht, bei dem eine Scheidungs- oder Trennungsklage hängig ist, kann vorsorgliche Massnahmen treffen, sofern seine Unzuständigkeit zur Beurteilung der Klage nicht offensichtlich ist oder nicht rechtskräftig festgestellt wurde.

² Die vorsorglichen Massnahmen unterstehen schweizerischem Recht.

³ Die Bestimmungen dieses Gesetzes über die Unterhaltspflicht der Ehegatten (Art. 49), die Wirkungen des Kindesverhältnisses (Art. 82 und 83) und den Minderjährigenschutz (Art. 85) sind vorbehalten.

Art. 63

IV. Nebenfolgen

¹ Die für Klagen auf Scheidung oder Trennung zuständigen schweizerischen Gerichte sind auch für die Regelung der Nebenfolgen zuständig.

² Die Nebenfolgen der Scheidung oder Trennung unterstehen dem auf die Scheidung anzuwendenden Recht. Die Bestimmungen dieses Gesetzes über den Namen (Art. 37–40), die Unterhaltspflicht der Ehegatten (Art. 49), das eheliche Güterrecht (Art. 52–57), die Wirkungen des Kindesverhältnisses (Art. 82 und 83) und den Minderjährigenschutz (Art. 85) sind vorbehalten.

Art. 64

V. Ergänzung oder Abänderung einer Entscheidung

¹ Die schweizerischen Gerichte sind für Klagen auf Ergänzung oder Abänderung von Entscheidungen über die Scheidung oder die Trennung zuständig, wenn sie diese selbst ausgesprochen

haben oder wenn sie nach Artikel 59 oder 60 zuständig sind. Die Bestimmungen dieses Gesetzes über den Minderjährigenschutz (Art. 85) sind vorbehalten.

[2] Die Ergänzung oder Abänderung eines Trennungs- oder Scheidungsurteils untersteht dem auf die Scheidung anwendbaren Recht. Die Bestimmungen dieses Gesetzes über den Namen (Art. 37–40), die Unterhaltspflicht der Ehegatten (Art. 49), das eheliche Güterrecht (Art. 52–57), die Wirkungen des Kindesverhältnisses (Art. 82 und 83) und den Minderjährigenschutz (Art. 85) sind vorbehalten.

Art. 65

[1] Ausländische Entscheidungen über die Scheidung oder Trennung werden in der Schweiz anerkannt, wenn sie im Staat des Wohnsitzes, des gewöhnlichen Aufenthalts oder im Heimatstaat eines Ehegatten ergangen sind oder wenn sie in einem dieser Staaten anerkannt werden. VI. Ausländische Entscheidungen

[2] Ist jedoch die Entscheidung in einem Staat ergangen, dem kein oder nur der klagende Ehegatte angehört, so wird sie in der Schweiz nur anerkannt:

a. wenn im Zeitpunkt der Klageeinleitung wenigstens ein Ehegatte in diesem Staat Wohnsitz oder gewöhnlichen Aufenthalt hatte und der beklagte Ehegatte seinen Wohnsitz nicht in der Schweiz hatte;

b. wenn der beklagte Ehegatte sich der Zuständigkeit des ausländischen Gerichts vorbehaltlos unterworfen hat, oder

c. wenn der beklagte Ehegatte mit der Anerkennung der Entscheidung in der Schweiz einverstanden ist.

Kapitel 3a:[21] Eingetragene Partnerschaft

Art. 65a

I. Anwendung des dritten Kapitels

Die Bestimmungen des dritten Kapitels gelten für die eingetragene Partnerschaft sinngemäss, mit Ausnahme der Artikel 43 Absatz 2 und 44 Absatz 2.

Art. 65b

II. Zuständigkeit am Eintragungsort bei Auflösung

Haben die Partnerinnen oder Partner keinen Wohnsitz in der Schweiz und ist keine oder keiner von ihnen Schweizer Bürger, so sind für Klagen oder Begehren betreffend Auflösung der eingetragenen Partnerschaft die schweizerischen Gerichte am Eintragungsort zuständig, wenn es unmöglich oder unzumutbar ist, die Klage oder das Begehren am Wohnsitz einer der Personen zu erheben.

Art. 65c

III. Anwendbares Recht

[1] Kennt das nach den Bestimmungen des dritten Kapitels anwendbare Recht keine Regeln über die eingetragene Partnerschaft, so ist schweizerisches Recht anwendbar; vorbehalten bleibt Artikel 49.

[2] Zusätzlich zu den in Artikel 52 Absatz 2 bezeichneten Rechten können die Partnerinnen oder Partner das Recht des Staates wählen, in dem die Partnerschaft eingetragen worden ist.

Art. 65d

IV. Entscheidungen oder Massnahmen des Eintragungsstaats

Ausländische Entscheidungen oder Massnahmen werden in der Schweiz anerkannt, wenn:

    a. sie im Staat ergangen sind, in dem die Partnerschaft eingetragen worden ist; und

---

[21] Eingefügt durch Anhang Ziff. 17 des Partnerschaftsgesetzes vom 18. Juni 2004, in Kraft seit 1. Jan. 2007 (AS **2005** 5685; BBl **2003** 1288).

b. es unmöglich oder unzumutbar war, die Klage oder das Begehren in einem Staat zu erheben, dessen Zuständigkeit in der Schweiz gemäss den Bestimmungen des dritten Kapitels anerkannt ist.

4. Kapitel: Kindesrecht
1. Abschnitt: Entstehung des Kindesverhältnisses durch Abstammung

Art. 66

Für Klagen auf Feststellung oder Anfechtung des Kindesverhältnisses sind die schweizerischen Gerichte am gewöhnlichen Aufenthalt des Kindes oder am Wohnsitz der Mutter oder des Vaters zuständig.

I. Zuständigkeit
1. Grundsatz

Art. 67

Haben die Eltern keinen Wohnsitz und das Kind keinen gewöhnlichen Aufenthalt in der Schweiz, so sind die Gerichte am schweizerischen Heimatort der Mutter oder des Vaters für Klagen auf Feststellung oder Anfechtung des Kindesverhältnisses zuständig, wenn es unmöglich oder unzumutbar ist, die Klage am Wohnsitz der Mutter oder des Vaters oder am gewöhnlichen Aufenthalt des Kindes zu erheben.

2. Heimatzuständigkeit

Art. 68

[1] Die Entstehung des Kindesverhältnisses sowie dessen Feststellung oder Anfechtung unterstehen dem Recht am gewöhnlichen Aufenthalt des Kindes.

II. Anwendbares Recht
1. Grundsatz

[2] Haben jedoch weder die Mutter noch der Vater Wohnsitz im Staat des gewöhnlichen Aufenthaltes des Kindes, besitzen aber die Eltern und das Kind die gleiche Staatsangehörigkeit, so ist ihr gemeinsames Heimatrecht anzuwenden.

Art. 69 IPRG

Art. 69

2. Massgeblicher Zeitpunkt

¹ Für die Bestimmung des auf die Entstehung, Feststellung oder Anfechtung des Kindesverhältnisses anwendbaren Rechts ist der Zeitpunkt der Geburt massgebend.

² Bei gerichtlicher Feststellung oder Anfechtung des Kindesverhältnisses ist jedoch der Zeitpunkt der Klageerhebung massgebend, wenn ein überwiegendes Interesse des Kindes es erfordert.

Art. 70

III. Ausländische Entscheidungen

Ausländische Entscheidungen betreffend die Feststellung oder Anfechtung des Kindesverhältnisses werden in der Schweiz anerkannt, wenn sie im Staat des gewöhnlichen Aufenthaltes des Kindes, in dessen Heimatstaat oder im Wohnsitz- oder im Heimatstaat der Mutter oder des Vaters ergangen sind.

2. Abschnitt: Anerkennung

Art. 71

I. Zuständigkeit

¹ Für die Entgegennahme der Anerkennung sind die schweizerischen Behörden am Geburtsort oder am gewöhnlichen Aufenthalt des Kindes, sowie die Behörden am Wohnsitz oder am Heimatort der Mutter oder des Vaters zuständig.

² Erfolgt die Anerkennung im Rahmen eines gerichtlichen Verfahrens, in dem die Abstammung rechtserheblich ist, so kann auch der mit der Klage befasste Richter die Anerkennung entgegennehmen.

³ Für die Anfechtung der Anerkennung sind die gleichen Gerichte zuständig wie für die Feststellung oder Anfechtung des Kindesverhältnisses (Art. 66 und 67).

Art. 72

II. Anwendbares Recht

¹ Die Anerkennung in der Schweiz kann nach dem Recht am gewöhnlichen Aufenthalt des Kindes, nach dessen Heimatrecht,

nach dem Recht am Wohnsitz oder nach dem Heimatrecht der Mutter oder des Vaters erfolgen. Massgebend ist der Zeitpunkt der Anerkennung.

² Die Form der Anerkennung in der Schweiz untersteht schweizerischem Recht.

³ Die Anfechtung der Anerkennung untersteht schweizerischem Recht.

Art. 73

¹ Die im Ausland erfolgte Anerkennung eines Kindes wird in der Schweiz anerkannt, wenn sie nach dem Recht am gewöhnlichen Aufenthalt des Kindes, nach dessen Heimatrecht, nach dem Recht am Wohnsitz oder nach dem Heimatrecht der Mutter oder des Vaters gültig ist.

² Ausländische Entscheidungen über die Anfechtung einer Anerkennung werden in der Schweiz anerkannt, wenn sie in cinem der in Absatz 1 genannten Staaten ergangen sind.

III. Ausländische Anerkennung und Anfechtung der Anerkennung

Art. 74

Für die Anerkennung einer im Ausland erfolgten Legitimation gilt Artikel 73 sinngemäss.

IV. Legitimation

3. Abschnitt: Adoption

Art. 75

¹ Die schweizerischen Gerichte oder Behörden am Wohnsitz der adoptierenden Person oder der adoptierenden Ehegatten sind zuständig, die Adoption auszusprechen.

² Für die Anfechtung der Adoption sind die gleichen Gerichte zuständig wie für die Feststellung oder die Anfechtung des Kindesverhältnisses (Art. 66 und 67).

I. Zuständigkeit
1. Grundsatz

Art. 76

2. Heimatzuständigkeit

Haben die adoptierende Person oder die adoptierenden Ehegatten keinen Wohnsitz in der Schweiz und ist einer von ihnen Schweizer Bürger, so sind die Gerichte oder Behörden am Heimatort für die Adoption zuständig, wenn es unmöglich oder unzumutbar ist, die Adoption an ihrem Wohnsitz durchzuführen.

Art. 77

II. Anwendbares Recht

[1] Die Voraussetzungen der Adoption in der Schweiz unterstehen schweizerischem Recht.

[2] Zeigt sich, dass eine Adoption im Wohnsitz- oder im Heimatstaat der adoptierenden Person oder der adoptierenden Ehegatten nicht anerkannt und dem Kind daraus ein schwerwiegender Nachteil erwachsen würde, so berücksichtigt die Behörde auch die Voraussetzungen des Rechts des betreffenden Staates. Erscheint die Anerkennung auch dann nicht als gesichert, so darf die Adoption nicht ausgesprochen werden.

[3] Die Anfechtung einer in der Schweiz ausgesprochenen Adoption untersteht schweizerischem Recht. Eine im Ausland ausgesprochene Adoption kann in der Schweiz nur angefochten werden, wenn auch ein Anfechtungsgrund nach schweizerischem Recht vorliegt.

Art. 78

III. Ausländische Adoptionen und ähnliche Akte

[1] Ausländische Adoptionen werden in der Schweiz anerkannt, wenn sie im Staat des Wohnsitzes oder im Heimatstaat der adoptierenden Person oder der adoptierenden Ehegatten ausgesprochen worden sind.

[2] Ausländische Adoptionen oder ähnliche Akte, die von einem Kindesverhältnis im Sinne des schweizerischen Rechts wesentlich abweichende Wirkungen haben, werden in der Schweiz nur mit den Wirkungen anerkannt, die ihnen im Staat der Begründung zukommen.

4. Abschnitt: Wirkungen des Kindesverhältnisses

Art. 79

I. Zuständigkeit
1. Grundsatz

¹ Für Klagen betreffend die Beziehungen zwischen Eltern und Kind, insbesondere betreffend den Unterhalt des Kindes, sind die schweizerischen Gerichte am gewöhnlichen Aufenthalt des Kindes oder am Wohnsitz oder, wenn ein solcher fehlt, am gewöhnlichen Aufenthalt des beklagten Elternteils zuständig.

² Die Bestimmungen dieses Gesetzes über den Namen (Art. 33, 37–40), den Schutz Minderjähriger (Art. 85) und das Erbrecht (Art. 86–89) sind vorbehalten.

Art. 80

2. Heimatzuständigkeit

Hat weder das Kind noch der beklagte Elternteil Wohnsitz oder gewöhnlichen Aufenthalt in der Schweiz und ist einer von ihnen Schweizer Bürger, so sind die Gerichte am Heimatort zuständig.

Art. 81

3. Ansprüche Dritter

Die nach Artikel 79 und 80 zuständigen schweizerischen Gerichte entscheiden ebenfalls:
a. über Ansprüche von Behörden, die für den Unterhalt des Kindes Vorschuss geleistet haben;
b. über Ansprüche der Mutter auf Unterhalt und Ersatz der durch die Geburt entstandenen Kosten.

Art. 82

II. Anwendbares Recht
1. Grundsatz

¹ Die Beziehungen zwischen Eltern und Kind unterstehen dem Recht am gewöhnlichen Aufenthalt des Kindes.

² Haben jedoch weder die Mutter noch der Vater Wohnsitz im Staat des gewöhnlichen Aufenthaltes des Kindes, besitzen aber die Eltern und das Kind die gleiche Staatsangehörigkeit, so ist ihr gemeinsames Heimatrecht anzuwenden.

Art. 83 IPRG

³ Die Bestimmungen dieses Gesetzes über den Namen (Art. 33, 37–40), den Schutz Minderjähriger (Art. 85) und das Erbrecht (Art. 90–95) sind vorbehalten.

Art. 83

2. Unterhaltspflicht

¹ Für die Unterhaltspflicht zwischen Eltern und Kind gilt das Haager Übereinkommen vom 2. Oktober 1973[22] über das auf Unterhaltspflichten anzuwendende Recht.

² Soweit das Übereinkommen die Ansprüche der Mutter auf Unterhalt und Ersatz der durch die Geburt entstandenen Kosten nicht regelt, gilt es sinngemäss.

Art. 84

III. Ausländische Entscheidungen

¹ Ausländische Entscheidungen betreffend die Beziehungen zwischen Eltern und Kind werden in der Schweiz anerkannt, wenn sie im Staat ergangen sind, in dem das Kind seinen gewöhnlichen Aufenthalt oder der beklagte Elternteil seinen Wohnsitz oder gewöhnlichen Aufenthalt hat.

² Die Bestimmungen dieses Gesetzes über den Namen (Art. 39), den Schutz Minderjähriger (Art. 85) und das Erbrecht (Art. 96) sind vorbehalten.

5. Kapitel: Vormundschaft und andere Schutzmassnahmen

Art. 85[23]

¹ Für den Schutz von Kindern gilt in Bezug auf die Zuständigkeit der schweizerischen Gerichte oder Behörden, auf das anwendbare Recht sowie auf die Anerkennung und Vollstreckung auslän-

---

[22] SR 0.211.213.01
[23] Fassung gemäss Art. 15 des BG vom 21. Dez. 2007 über internationale Kindesentfüh-rung und die Haager Übereinkommen zum Schutz von Kindern und Erwachsenen, in Kraft seit 1. Juli 2009 (AS **2009** 3078; BBl **2007** 2595).

discher Entscheidungen oder Massnahmen das Haager Übereinkommen vom 19. Oktober 1996[24] über die Zuständigkeit, das anzuwendende Recht, die Anerkennung, Vollstreckung und Zusammenarbeit auf dem Gebiet der elterlichen Verantwortung und der Massnahmen zum Schutz von Kindern.

² Für den Schutz von Erwachsenen gilt in Bezug auf die Zuständigkeit der schweizerischen Gerichte oder Behörden, auf das anwendbare Recht sowie auf die Anerkennung und Vollstreckung ausländischer Entscheidungen oder Massnahmen das Haager Übereinkommen vom 13. Januar 2000[25] über den internationalen Schutz von Erwachsenen.

³ Die schweizerischen Gerichte oder Behörden sind ausserdem zuständig, wenn es für den Schutz einer Person oder von deren Vermögen unerlässlich ist.

⁴ Massnahmen, die in einem Staat ergangen sind, der nicht Vertragsstaat der in den Absätzen 1 und 2 erwähnten Übereinkommen ist, werden anerkannt, wenn sie im Staat des gewöhnlichen Aufenthalts des Kindes oder des Erwachsenen ergangen sind oder dort anerkannt werden.

6. Kapitel: Erbrecht

Art. 86

¹ Für das Nachlassverfahren und die erbrechtlichen Streitigkeiten sind die schweizerischen Gerichte oder Behörden am letzten Wohnsitz des Erblassers zuständig.

² Vorbehalten ist die Zuständigkeit des Staates, der für Grundstücke auf seinem Gebiet die ausschliessliche Zuständigkeit vorsieht.

I. Zuständigkeit
1. Grundsatz

---

[24] SR 0.211.231.011
[25] SR 0.211.232.1

Art. 87

2. Heimatzuständigkeit

¹ War der Erblasser Schweizer Bürger mit letztem Wohnsitz im Ausland, so sind die schweizerischen Gerichte oder Behörden am Heimatort zuständig, soweit sich die ausländische Behörde mit seinem Nachlass nicht befasst.

² Sie sind stets zuständig wenn ein Schweizer Bürger mit letztem Wohnsitz im Ausland sein in der Schweiz gelegenes Vermögen oder seinen gesamten Nachlass durch letztwillige Verfügung oder Erbvertrag der schweizerischen Zuständigkeit oder dem schweizerischen Recht unterstellt hat. Artikel 86 Absatz 2 ist vorbehalten.

Art. 88

3. Zuständigkeit am Ort der gelegenen Sache

¹ War der Erblasser Ausländer mit letztem Wohnsitz im Ausland, so sind die schweizerischen Gerichte oder Behörden am Ort der gelegenen Sache für den in der Schweiz gelegenen Nachlass zuständig, soweit sich die ausländischen Behörden damit nicht befassen.

² Befindet sich Vermögen an mehreren Orten, so sind die zuerst angerufenen schweizerischen Gerichte oder Behörden zuständig.

Art. 89

4. Sichernde Massnahmen

Hinterlässt der Erblasser mit letztem Wohnsitz im Ausland Vermögen in der Schweiz, so ordnen die schweizerischen Behörden am Ort der gelegenen Sache die zum einstweiligen Schutz der Vermögenswerte notwendigen Massnahmen an.

Art. 90

II. Anwendbares Recht
1. Letzter Wohnsitz in der Schweiz

¹ Der Nachlass einer Person mit letztem Wohnsitz in der Schweiz untersteht schweizerischem Recht.

² Ein Ausländer kann jedoch durch letztwillige Verfügung oder Erbvertrag den Nachlass einem seiner Heimatrechte unterstellen. Diese Unterstellung fällt dahin, wenn er im Zeitpunkt des Todes

diesem Staat nicht mehr angehört hat oder wenn er Schweizer Bürger geworden ist.

Art. 91

¹ Der Nachlass einer Person mit letztem Wohnsitz im Ausland untersteht dem Recht, auf welches das Kollisionsrecht des Wohnsitzstaates verweist. 2. Letzter Wohnsitz im Ausland

² Soweit nach Artikel 87 die schweizerischen Gerichte oder Behörden am Heimatort zuständig sind, untersteht der Nachlass eines Schweizers mit letztem Wohnsitz im Ausland schweizerischem Recht, es sei denn, der Erblasser habe in der letztwilligen Verfügung oder im Erbvertrag ausdrücklich das Recht an seinem letzten Wohnsitz vorbehalten.

Art. 92

¹ Das auf den Nachlass anwendbare Recht bestimmt, was zum Nachlass gehört, wer in welchem Umfang daran berechtigt ist, wer die Schulden des Nachlasses trägt, welche Rechtsbehelfe und Massnahmen zulässig sind und unter welchen Voraussetzungen sie angerufen werden können. 3. Umfang des Erbstatuts und Nachlassabwicklung

² Die Durchführung der einzelnen Massnahmen richtet sich nach dem Recht am Ort der zuständigen Behörde. Diesem Recht unterstehen namentlich die sichernden Massnahmen und die Nachlassabwicklung mit Einschluss der Willensvollstreckung.

Art. 93

¹ Für die Form der letztwilligen Verfügung gilt das Haager Übereinkommen vom 5. Oktober 1961[26] über das auf die Form letztwilliger Verfügungen anwendbare Recht. 4. Form

² Dieses Übereinkommen gilt sinngemäss auch für die Form anderer Verfügungen von Todes wegen.

---

[26] SR 0.211.312.1

Art. 94

5. Verfügungsfähigkeit

Eine Person kann von Todes wegen verfügen, wenn sie im Zeitpunkt der Verfügung nach dem Recht am Wohnsitz oder am gewöhnlichen Aufenthalt oder nach dem Recht eines ihrer Heimatstaaten verfügungsfähig ist.

Art. 95

6. Erbverträge und gegenseitige Verfügungen von Todes wegen

[1] Der Erbvertrag untersteht dem Recht am Wohnsitz des Erblassers zur Zeit des Vertragsabschlusses.

[2] Unterstellt ein Erblasser im Vertrag den ganzen Nachlass seinem Heimatrecht, so tritt dieses an die Stelle des Wohnsitzrechts.

[3] Gegenseitige Verfügungen von Todes wegen müssen dem Wohnsitzrecht jedes Verfügenden oder dem von ihnen gewählten gemeinsamen Heimatrecht entsprechen.

[4] Vorbehalten bleiben die Bestimmungen dieses Gesetzes über die Form und die Verfügungsfähigkeit (Art. 93 und 94).

Art. 96

III. Ausländische Entscheidungen, Massnahmen, Urkunden und Rechte

[1] Ausländische Entscheidungen, Massnahmen und Urkunden, die den Nachlass betreffen, sowie Rechte aus einem im Ausland eröffneten Nachlass werden in der Schweiz anerkannt:
   a. wenn sie im Staat des letzten Wohnsitzes des Erblassers oder im Staat, dessen Recht er gewählt hat, getroffen, ausgestellt oder festgestellt worden sind oder wenn sie in einem dieser Staaten anerkannt werden, oder
   b. wenn sie Grundstücke betreffen und in dem Staat, in dem sie liegen, getroffen, ausgestellt oder festgestellt worden sind oder wenn sie dort anerkannt werden.

[2] Beansprucht ein Staat für die in seinem Gebiet liegenden Grundstücke des Erblassers die ausschliessliche Zuständigkeit, so werden nur dessen Entscheidungen, Massnahmen und Urkunden anerkannt.

³ Sichernde Massnahmen des Staates, in dem Vermögen des Erblassers liegt, werden in der Schweiz anerkannt.

7. Kapitel: Sachenrecht

Art. 97

Für Klagen betreffend dingliche Rechte an Grundstücken in der Schweiz sind die Gerichte am Ort der gelegenen Sache ausschliesslich zuständig.

I. Zuständigkeit
1. Grundstücke

Art. 98

¹ Für Klagen betreffend dingliche Rechte an beweglichen Sachen sind die schweizerischen Gerichte am Wohnsitz oder, wenn ein solcher fehlt, diejenigen am gewöhnlichen Aufenthalt des Beklagten zuständig.

2. Bewegliche Sachen

² Hat der Beklagte in der Schweiz weder Wohnsitz noch gewöhnlichen Aufenthalt, so sind die schweizerischen Gerichte am Ort der gelegenen Sache zuständig.

Art. 98*a*[27]

Für Klagen auf Rückführung von Kulturgut nach Artikel 9 des Kulturgütertransfergesetzes vom 20. Juni 2003[28] ist das Gericht am Wohnsitz oder Sitz der beklagten Partei oder am Ort, an dem das Kulturgut sich befindet, zuständig.

3. Kulturgut

Art. 99

¹ Dingliche Rechte an Grundstücken unterstehen dem Recht am Ort der gelegenen Sache.

II. Anwendbares Recht
1. Grundstücke

---

[27] Eingefügt durch Art. 32 Ziff. 3 des Kulturgütertransfergesetzes vom 20. Juni 2003, in Kraft seit 1. Juni 2005 (AS **2005** 1869; BBl **2002** 535).
[28] SR 444.1

² Für Ansprüche aus Immissionen, die von einem Grundstück ausgehen, gelten die Bestimmungen dieses Gesetzes über unerlaubte Handlungen (Art. 138).

Art. 100

2. Bewegliche Sachen
a. Grundsatz

¹ Erwerb und Verlust dinglicher Rechte an beweglichen Sachen unterstehen dem Recht des Staates, in dem die Sache im Zeitpunkt des Vorgangs, aus dem der Erwerb oder der Verlust hergeleitet wird, liegt.

² Inhalt und Ausübung dinglicher Rechte an beweglichen Sachen unterstehen dem Recht am Ort der gelegenen Sache.

Art. 101

b. Sachen im Transit

Rechtsgeschäftlicher Erwerb und Verlust dinglicher Rechte an Sachen im Transit unterstehen dem Recht des Bestimmungsstaates.

Art. 102

c. Sachen, die in die Schweiz gelangen

¹ Gelangt eine bewegliche Sache in die Schweiz und ist der Erwerb oder der Verlust eines dinglichen Rechts an ihr nicht bereits im Ausland erfolgt, so gelten die im Ausland eingetretenen Vorgänge als in der Schweiz erfolgt.

² Gelangt eine bewegliche Sache in die Schweiz und ist an ihr im Ausland ein Eigentumsvorbehalt gültig begründet worden, der den Anforderungen des schweizerischen Rechts nicht genügt, so bleibt der Eigentumsvorbehalt in der Schweiz noch während drei Monaten gültig.

³ Dem gutgläubigen Dritten kann der Bestand eines solchen Eigentumsvorbehalts nicht entgegengehalten werden.

Art. 103

Der Eigentumsvorbehalt an einer zur Ausfuhr bestimmten beweglichen Sache untersteht dem Recht des Bestimmungsstaates.

d. Eigentumsvorbehalt an Sachen, die ausgeführt werden

Art. 104

¹ Die Parteien können den Erwerb und den Verlust dinglicher Rechte an beweglichen Sachen dem Recht des Abgangs- oder des Bestimmungsstaates oder dem Recht unterstellen, dem das zugrundeliegende Rechtsgeschäft untersteht.

² Die Rechtswahl kann Dritten nicht entgegengehalten werden.

e. Rechtswahl

Art. 105

¹ Die Verpfändung von Forderungen, Wertpapieren und anderen Rechten untersteht dem von den Parteien gewählten Recht. Die Rechtswahl kann Dritten nicht entgegengehalten werden.

² Fehlt eine Rechtswahl, so untersteht die Verpfändung von Forderungen und Wertpapieren dem Recht am gewöhnlichen Aufenthalt des Pfandgläubigers; die Verpfändung anderer Rechte untersteht dem auf diese anwendbaren Recht.

³ Dem Schuldner kann nur das Recht entgegengehalten werden, dem das verpfändete Recht untersteht.

3. Besondere Regeln a. Verpfändung von Forderungen, Wertpapieren und anderen Rechten

Art. 106

¹ Das in einem Warenpapier bezeichnete Recht bestimmt, ob das Papier die Ware vertritt. Ist im Papier kein Recht bezeichnet, so gilt das Recht des Staates, in dem der Aussteller seine Niederlassung hat.

² Vertritt ein Papier die Ware, so unterstehen die dinglichen Rechte am Papier und an der Ware dem Recht, das auf das Warenpapier als bewegliche Sache anwendbar ist.

³ Machen verschiedene Parteien dingliche Rechte an der Ware geltend, die einen unmittelbar, die anderen aufgrund eines Wa-

b. Warenpapiere

renpapiers, so entscheidet über den Vorrang das auf die Ware selbst anwendbare Recht.

Art. 107

c. Transportmittel

Die Bestimmungen anderer Gesetze über dingliche Rechte an Schiffen, Luftfahrzeugen und anderen Transportmitteln sind vorbehalten.

Art. 108

III. Ausländische Entscheidungen

¹ Ausländische Entscheidungen über dingliche Rechte an Grundstücken werden in der Schweiz anerkannt, wenn sie im Staat, in dem sie liegen, ergangen sind oder wenn sie dort anerkannt werden.

² Ausländische Entscheidungen über dingliche Rechte an beweglichen Sachen werden in der Schweiz anerkannt:
   a. wenn sie im Staat ergangen sind, in dem der Beklagte seinen Wohnsitz hat; oder
   b. wenn sie im Staat, in dem die Sache liegt, ergangen sind, sofern der Beklagte dort seinen gewöhnlichen Aufenthalt hatte.
   c. ...[29]

---

[29] Aufgehoben durch Art. 2 des BB vom 3. Okt. 2008 über die Genehmigung und die Umsetzung des Übereinkommens über die auf bestimmte Rechte an intermediärverwahrten Wertpapieren anzuwendende Rechtsordnung, mit Wirkung seit 1. Jan. 2010 (AS **2009** 6579; BBl **2006** 9315).

7*a*. Kapitel:[30] Intermediärverwahrte Wertpapiere

Art. 108*a*

Unter intermediärverwahrten Wertpapieren sind Wertpapiere zu verstehen, die bei einem Intermediär im Sinne des Haager Übereinkommens vom 5. Juli 2006[31] über die auf bestimmte Rechte an intermediärverwahrten Wertpapieren anzuwendende Rechtsordnung verwahrt werden.

I. Begriff

Art. 108*b*

¹ Für Klagen betreffend intermediärverwahrte Wertpapiere sind die schweizerischen Gerichte am Wohnsitz des Beklagten oder, wenn ein solcher fehlt, diejenigen an seinem gewöhnlichen Aufenthalt zuständig.

² Für Klagen betreffend intermediärverwahrte Wertpapiere aufgrund der Tätigkeit einer Niederlassung in der Schweiz sind überdies die Gerichte am Ort der Niederlassung zuständig.

II. Zuständigkeit

Art. 108*c*

Für intermediärverwahrte Wertpapiere gilt das Haager Übereinkommen vom 5. Juli 2006[32] über die auf bestimmte Rechte an intermediärverwahrten Wertpapieren anzuwendende Rechtsordnung.

III. Anwendbares Recht

Art. 108*d*

Ausländische Entscheidungen über intermediärverwahrte Wertpapiere werden in der Schweiz anerkannt, wenn sie:

IV. Ausländische Entscheidungen

---

[30] Eingefügt durch Art. 2 des BB vom 3. Okt. 2008 über die Genehmigung und die Umsetzung des Übereinkommens über die auf bestimmte Rechte an intermediärverwahrten Wertpapieren anzuwendende Rechtsordnung, in Kraft seit 1. Jan. 2010 (AS **2009** 6579; BBl **2006** 9315).
[31] SR **0.957.1**; BBl **2006** 9441
[32] SR **0.957.1**; BBl **2006** 9441

a. im Staat ergangen sind, in dem der Beklagte seinen Wohnsitz oder seinen gewöhnlichen Aufenthalt hatte; oder
b. im Staat ergangen sind, in dem der Beklagte seine Niederlassung hatte, und sie Ansprüche aus dem Betrieb dieser Niederlassung betreffen.

8. Kapitel: Immaterialgüterrecht

Art. 109[33]

I. Zuständigkeit

¹ Für Klagen betreffend die Gültigkeit oder die Eintragung von Immaterialgüterrechten in der Schweiz sind die schweizerischen Gerichte am Wohnsitz des Beklagten zuständig. Hat der Beklagte keinen Wohnsitz in der Schweiz, so sind die schweizerischen Gerichte am Geschäftssitz des im Register eingetragenen Vertreters oder, wenn ein solcher fehlt, diejenigen am Sitz der schweizerischen Registerbehörde zuständig.

² Für Klagen betreffend Verletzung von Immaterialgüterrechten sind die schweizerischen Gerichte am Wohnsitz des Beklagten oder, wenn ein solcher fehlt, diejenigen an seinem gewöhnlichen Aufenthaltsort zuständig. Überdies sind die schweizerischen Gerichte am Handlungs- und Erfolgsort sowie für Klagen aufgrund der Tätigkeit einer Niederlassung in der Schweiz die Gerichte am Ort der Niederlassung zuständig.

³ Können mehrere Beklagte in der Schweiz belangt werden und stützen sich die Ansprüche im Wesentlichen auf die gleichen Tatsachen und Rechtsgründe, so kann bei jedem zuständigen Richter gegen alle geklagt werden; der zuerst angerufene Richter ist ausschliesslich zuständig.

---

[33] Fassung gemäss Anhang Ziff. 5 des BG vom 22. Juni 2007, in Kraft seit 1. Juli 2008 (AS **2008** 2551; BBl **2006** 1).

Art. 110

¹ Immaterialgüterrechte unterstehen dem Recht des Staates, für den der Schutz der Immaterialgüter beansprucht wird.

² Für Ansprüche aus Verletzung von Immaterialgüterrechten können die Parteien nach Eintritt des schädigenden Ereignisses stets vereinbaren, dass das Recht am Gerichtsort anzuwenden ist.

³ Verträge über Immaterialgüterrechte unterstehen den Bestimmungen dieses Gesetzes über das auf obligationenrechtliche Verträge anzuwendende Recht (Art. 122).

II. Anwendbares Recht

Art. 111

¹ Ausländische Entscheidungen betreffend Immaterialgüterrechte werden in der Schweiz anerkannt, wenn sie:
  a. im Staat ergangen sind, in dem der Beklagte seinen Wohnsitz hatte; oder
  b. am Handlungs- oder Erfolgsort ergangen sind und der Beklagte keinen Wohnsitz in der Schweiz hatte.[34]

² Ausländische Entscheidungen betreffend Gültigkeit oder Eintragung von Immaterialgüterrechten werden nur anerkannt, wenn sie im Staat ergangen sind, für den der Schutz beansprucht wird, oder wenn sie dort anerkannt werden.

III. Ausländische Entscheidungen

9. Kapitel: Obligationenrecht
1. Abschnitt: Verträge

Art. 112

¹ Für Klagen aus Vertrag sind die schweizerischen Gerichte am Wohnsitz des Beklagten oder, wenn ein solcher fehlt, diejenigen an seinem gewöhnlichen Aufenthalt zuständig.

I. Zuständigkeit
1. Grundsatz

---

[34] Fassung gemäss Anhang Ziff. 5 des BG vom 22. Juni 2007, in Kraft seit 1. Juli 2008 (AS **2008** 2551; BBl **2006** 1).

² Für Klagen aufgrund der Tätigkeit einer Niederlassung in der Schweiz sind überdies die Gerichte am Ort der Niederlassung zuständig.

Art. 113

2. Erfüllungsort

Hat der Beklagte weder Wohnsitz oder gewöhnlichen Aufenthalt, noch eine Niederlassung in der Schweiz, ist aber die Leistung in der Schweiz zu erbringen, so kann beim schweizerischen Gericht am Erfüllungsort geklagt werden.

Art. 114

3. Verträge mit Konsumenten

¹ Für die Klagen eines Konsumenten aus einem Vertrag, der den Voraussetzungen von Artikel 120 Absatz 1 entspricht, sind nach Wahl des Konsumenten die schweizerischen Gerichte zuständig:

a. am Wohnsitz oder am gewöhnlichen Aufenthalt des Konsumenten, oder
b. am Wohnsitz des Anbieters oder, wenn ein solcher fehlt, an dessen gewöhnlichem Aufenthalt.

² Der Konsument kann nicht zum voraus auf den Gerichtsstand an seinem Wohnsitz oder an seinem gewöhnlichen Aufenthalt verzichten.

Art. 115

4. Arbeitsverträge

¹ Für Klagen aus Arbeitsvertrag sind die schweizerischen Gerichte am Wohnsitz des Beklagten oder am Ort zuständig, wo der Arbeitnehmer gewöhnlich seine Arbeit verrichtet.

² Für Klagen des Arbeitnehmers sind überdies die schweizerischen Gerichte an seinem Wohnsitz oder an seinem gewöhnlichen Aufenthalt zuständig.

³ Für Klagen bezüglich der auf die Arbeitsleistung anzuwendenden Arbeits- und Lohnbedingungen sind zudem die Schweizer Gerichte am Ort zuständig, an den der Arbeitnehmer für einen

begrenzten Zeitraum und zur Verrichtung auch nur eines Teils seiner Arbeit aus dem Ausland entsandt worden ist.[35]

Art. 116

¹ Der Vertrag untersteht dem von den Parteien gewählten Recht.
² Die Rechtswahl muss ausdrücklich sein oder sich eindeutig aus dem Vertrag oder aus den Umständen ergeben. Im Übrigen untersteht sie dem gewählten Recht.
³ Die Rechtswahl kann jederzeit getroffen oder geändert werden. Wird sie nach Vertragsabschluss getroffen oder geändert, so wirkt sie auf den Zeitpunkt des Vertragsabschlusses zurück. Die Rechte Dritter sind vorbehalten.

II. Anwendbares Recht
1. Im Allgemeinen
a. Rechtswahl

Art. 117

¹ Bei Fehlen einer Rechtswahl untersteht der Vertrag dem Recht des Staates, mit dem er am engsten zusammenhängt.
² Es wird vermutet, der engste Zusammenhang bestehe mit dem Staat, in dem die Partei, welche die charakteristische Leistung erbringen soll, ihren gewöhnlichen Aufenthalt hat oder, wenn sie den Vertrag aufgrund einer beruflichen oder gewerblichen Tätigkeit geschlossen hat, in dem sich ihre Niederlassung befindet.
³ Als charakteristische Leistung gilt namentlich:
  a. bei Veräusserungsverträgen die Leistung des Veräusserers;
  b. bei Gebrauchsüberlassungsverträgen die Leistung der Partei, die eine Sache oder ein Recht zum Gebrauch überlässt;
  c. bei Auftrag, Werkvertrag und ähnlichen Dienstleistungsverträgen die Dienstleistung;
  d. bei Verwahrungsverträgen die Leistung des Verwahrers;
  e. bei Garantie- oder Bürgschaftsverträgen die Leistung des Garanten oder des Bürgen.

b. Fehlen einer Rechtswahl

---

[35] Eingefügt durch Anhang Ziff. 1 des BG vom 8. Okt. 1999 über die in die Schweiz entsandten Arbeitnehmerinnen und Arbeitnehmer, in Kraft seit 1. Juni 2004 (AS **2003** 1370; BBl **1999** 6128).

Art. 118

2. Im Besonderen
a. Kauf beweglicher körperlicher Sachen

¹ Für den Kauf beweglicher körperlicher Sachen gilt das Haager Übereinkommen vom 15. Juni 1955[36] betreffend das auf internationale Kaufverträge über bewegliche körperliche Sachen anzuwendende Recht.

² Artikel 120 ist vorbehalten.

Art. 119

b. Grundstücke

¹ Verträge über Grundstücke oder deren Gebrauch unterstehen dem Recht des Staates, in dem sich die Grundstücke befinden.

² Eine Rechtswahl ist zulässig.

³ Die Form untersteht dem Recht des Staates, in dem sich das Grundstück befindet, es sei denn, dieses Recht lasse die Anwendung eines anderen Rechts zu. Für ein Grundstück in der Schweiz richtet sich die Form nach schweizerischem Recht.

Art. 120

c. Verträge mit Konsumenten

¹ Verträge über Leistungen des üblichen Verbrauchs, die für den persönlichen oder familiären Gebrauch des Konsumenten bestimmt sind und nicht im Zusammenhang mit der beruflichen oder gewerblichen Tätigkeit des Konsumenten stehen, unterstehen dem Recht des Staates, in dem der Konsument seinen gewöhnlichen Aufenthalt hat:

    a. wenn der Anbieter die Bestellung in diesem Staat entgegengenommen hat;

    b. wenn in diesem Staat dem Vertragsabschluss ein Angebot oder eine Werbung vorausgegangen ist und der Konsument in diesem Staat die zum Vertragsabschluss erforderlichen Rechtshandlungen vorgenommen hat, oder

    c. wenn der Anbieter den Konsumenten veranlasst hat, sich ins Ausland zu begeben und seine Bestellung dort abzugeben.

---

[36] SR 0.221.211.4

² Eine Rechtswahl ist ausgeschlossen.

Art. 121

¹ Der Arbeitsvertrag untersteht dem Recht des Staates, in dem der Arbeitnehmer gewöhnlich seine Arbeit verrichtet.

² Verrichtet der Arbeitnehmer seine Arbeit gewöhnlich in mehreren Staaten, so untersteht der Arbeitsvertrag dem Recht des Staates, in dem sich die Niederlassung oder, wenn eine solche fehlt, der Wohnsitz oder der gewöhnliche Aufenthalt des Arbeitgebers befindet.

³ Die Parteien können den Arbeitsvertrag dem Recht des Staates unterstellen, in dem der Arbeitnehmer seinen gewöhnlichen Aufenthalt hat oder in dem der Arbeitgeber seine Niederlassung, seinen Wohnsitz oder seinen gewöhnlichen Aufenthalt hat.

d. Arbeitsverträge

Art. 122

¹ Verträge über Immaterialgüterrechte unterstehen dem Recht des Staates, in dem derjenige, der das Immaterialgüterrecht überträgt oder die Benutzung an ihm einräumt, seinen gewöhnlichen Aufenthalt hat.

² Eine Rechtswahl ist zulässig.

³ Verträge zwischen Arbeitgebern und Arbeitnehmern über Rechte an Immaterialgütern, die der Arbeitnehmer im Rahmen der Erfüllung des Arbeitsvertrages geschaffen hat, unterstehen dem auf den Arbeitsvertrag anwendbaren Recht.

e. Verträge über Immaterialgüterrechte

Art. 123

Schweigt eine Partei auf einen Antrag zum Abschluss eines Vertrages, so kann sie sich für die Wirkungen des Schweigens auf das Recht des Staates berufen, in dem sie ihren gewöhnlichen Aufenthalt hat.

3. Gemeinsame Bestimmungen
a. Schweigen auf einen Antrag

Art. 124

b. Form

^{1} Der Vertrag ist formgültig, wenn er dem auf den Vertrag anwendbaren Recht oder dem Recht am Abschlussort entspricht.

^{2} Befinden sich die Parteien im Zeitpunkt des Vertragsabschlusses in verschiedenen Staaten, so genügt es, wenn die Form dem Recht eines dieser Staaten entspricht.

^{3} Schreibt das auf den Vertrag anwendbare Recht die Beachtung einer Form zum Schutz einer Partei vor, so richtet sich die Formgültigkeit ausschliesslich nach diesem Recht, es sei denn, dieses lasse die Anwendung eines anderen Rechts zu.

Art. 125

c. Erfüllungs- und Untersuchungsmodalitäten

Erfüllungs- und Untersuchungsmodalitäten unterstehen dem Recht des Staates, in dem sie tatsächlich erfolgen.

Art. 126

d. Stellvertretung

^{1} Bei rechtsgeschäftlicher Vertretung untersteht das Verhältnis zwischen dem Vertretenen und dem Vertreter dem auf ihren Vertrag anwendbaren Recht.

^{2} Die Voraussetzungen, unter denen eine Handlung des Vertreters den Vertretenen gegenüber dem Dritten verpflichtet, unterstehen dem Recht des Staates, in dem der Vertreter seine Niederlassung hat oder, wenn eine solche fehlt oder für den Dritten nicht erkennbar ist, dem Recht des Staates, in dem der Vertreter im Einzelfall hauptsächlich handelt.

^{3} Steht der Vertreter in einem Arbeitsverhältnis zum Vertretenen und besitzt er keine eigene Geschäftsniederlassung, so befindet sich der Ort seiner Niederlassung am Sitz des Vertretenen.

^{4} Das nach Absatz 2 anwendbare Recht gilt auch für das Verhältnis zwischen dem nicht ermächtigten Vertreter und dem Dritten.

2. Abschnitt: Ungerechtfertigte Bereicherung

Art. 127[37]

Für Klagen aus ungerechtfertigter Bereicherung sind die schweizerischen Gerichte am Wohnsitz des Beklagten oder, wenn ein solcher fehlt, diejenigen an seinem gewöhnlichen Aufenthaltsort zuständig. Überdies sind für Klagen aufgrund der Tätigkeit einer Niederlassung in der Schweiz die Gerichte am Ort der Niederlassung zuständig.

I. Zuständigkeit

Art. 128

[1] Ansprüche aus ungerechtfertigter Bereicherung unterstehen dem Recht, dem das bestehende oder das vermeintliche Rechtsverhältnis unterstellt ist, aufgrund dessen die Bereicherung stattgefunden hat.

[2] Besteht kein Rechtsverhältnis, so unterstehen die Ansprüche aus ungerechtfertigter Bereicherung dem Recht des Staates, in dem die Bereicherung eingetreten ist; die Parteien können vereinbaren, dass das Recht am Gerichtsort anzuwenden ist.

II. Anwendbares Recht

3. Abschnitt: Unerlaubte Handlungen

Art. 129[38]

[1] Für Klagen aus unerlaubter Handlung sind die schweizerischen Gerichte am Wohnsitz des Beklagten oder, wenn ein solcher fehlt, diejenigen an seinem gewöhnlichen Aufenthaltsort zuständig. Überdies sind die schweizerischen Gerichte am Handlungs- oder Erfolgsort sowie für Klagen aufgrund der Tätigkeit einer

I. Zuständigkeit
1. Grundsatz

---

[37] Fassung gemäss Anhang Ziff. 5 des BG vom 22. Juni 2007, in Kraft seit 1. Juli 2008 (AS **2008** 2551; BBl **2006** 1).
[38] Fassung gemäss Anhang Ziff. 5 des BG vom 22. Juni 2007, in Kraft seit 1. Juli 2008 (AS **2008** 2551; BBl **2006** 1).

Niederlassung in der Schweiz die Gerichte am Ort der Niederlassung zuständig.

² Können mehrere Beklagte in der Schweiz belangt werden und stützen sich die Ansprüche im Wesentlichen auf die gleichen Tatsachen und Rechtsgründe, so kann bei jedem zuständigen Richter gegen alle geklagt werden; der zuerst angerufene Richter ist ausschliesslich zuständig.

Art. 130

2. Im Besonderen

¹ Ist durch eine Kernanlage oder beim Transport vom Kernmaterialien Schaden verursacht worden, so sind die schweizerischen Gerichte des Ortes zuständig, an dem das schädigende Ereignis eingetreten ist.

² Kann dieser Ort nicht ermittelt werden, so sind:
- a. wenn der Inhaber einer Kernanlage haftet, die schweizerischen Gerichte des Ortes zuständig, in dem die Kernanlage gelegen ist;
- b. wenn der Inhaber einer Transportbewilligung haftet, die schweizerischen Gerichte des Ortes zuständig, an dem der Inhaber der Transportbewilligung seinen Wohnsitz oder sein Gerichtsdomizil hat.

³ Klagen zur Durchsetzung des Auskunftsrechts gegen den Inhaber einer Datensammlung können bei den in Artikel 129 genannten Gerichten oder bei den schweizerischen Gerichten am Ort, wo die Datensammlung geführt oder verwendet wird, eingereicht werden.[39]

Art. 131

3. Unmittelbares Forderungsrecht

Für Klagen aufgrund eines unmittelbaren Forderungsrechts gegen den Haftpflichtversicherer sind die schweizerischen Gerichte am Ort der Niederlassung des Versicherers oder diejenigen am Handlungs- oder am Erfolgsort zuständig.

---

[39] Eingefügt durch Anhang Ziff. 3 des BG vom 19. Juni 1992 über den Datenschutz, in Kraft seit 1. Juli 1993 (AS **1993** 1945; BBl **1988** II 413).

Art. 132

Die Parteien können nach Eintritt des schädigenden Ereignisses stets vereinbaren, dass das Recht am Gerichtsort anzuwenden ist.

II. Anwendbares Recht
1. Im Allgemeinen
a. Rechtswahl

Art. 133

¹ Haben Schädiger und Geschädigter ihren gewöhnlichen Aufenthalt im gleichen Staat, so unterstehen Ansprüche aus unerlaubter Handlung dem Recht dieses Staates.

b. Fehlen einer Rechtswahl

² Haben Schädiger und Geschädigter ihren gewöhnlichen Aufenthalt nicht im gleichen Staat, so ist das Recht des Staates anzuwenden, in dem die unerlaubte Handlung begangen worden ist. Tritt der Erfolg nicht in dem Staat ein, in dem die unerlaubte Handlung begangen worden ist, so ist das Recht des Staates anzuwenden, in dem der Erfolg eintritt, wenn der Schädiger mit dem Eintritt des Erfolges in diesem Staat rechnen musste.

³ Wird durch eine unerlaubte Handlung ein zwischen Schädiger und Geschädigtem bestehendes Rechtsverhältnis verletzt, so unterstehen Ansprüche aus unerlaubter Handlung, ungeachtet der Absätze 1 und 2, dem Recht, dem das vorbestehende Rechtsverhältnis unterstellt ist.

Art. 134

Für Ansprüche aus Strassenverkehrsunfällen gilt das Haager Übereinkommen vom 4. Mai 1971[40] über das auf Strassenverkehrsunfälle anwendbare Recht.

2. Im Besonderen
a. Strassenverkehrsunfälle

Art. 135

¹ Ansprüche aus Mängeln oder mangelhafter Beschreibung eines Produktes unterstehen nach Wahl des Geschädigten:

b. Produktemängel

---

[40] SR 0.741.31

Art. 136 IPRG

a. dem Recht des Staates, in dem der Schädiger seine Niederlassung oder, wenn eine solche fehlt, seinen gewöhnlichen Aufenthalt hat, oder

b. dem Recht des Staates, in dem das Produkt erworben worden ist, sofern der Schädiger nicht nachweist, dass es in diesem Staat ohne sein Einverständnis in den Handel gelangt ist.

² Unterstehen Ansprüche aus Mängeln oder mangelhafter Beschreibung eines Produktes ausländischem Recht, so können in der Schweiz keine weitergehenden Leistungen zugesprochen werden, als nach schweizerischem Recht für einen solchen Schaden zuzusprechen wären.

Art. 136

c. Unlauterer Wettbewerb

¹ Ansprüche aus unlauterem Wettbewerb unterstehen dem Recht des Staates, auf dessen Markt die unlautere Handlung ihre Wirkung entfaltet.

² Richtet sich die Rechtsverletzung ausschliesslich gegen betriebliche Interessen des Geschädigten, so ist das Recht des Staates anzuwenden, in dem sich die betroffene Niederlassung befindet.

³ Artikel 133 Absatz 3 ist vorbehalten.

Art. 137

d. Wettbewerbsbehinderung

¹ Ansprüche aus Wettbewerbsbehinderung unterstehen dem Recht des Staates, auf dessen Markt der Geschädigte von der Behinderung unmittelbar betroffen ist.

² Unterstehen Ansprüche aus Wettbewerbsbehinderung ausländischem Recht, so können in der Schweiz keine weitergehenden Leistungen zugesprochen werden als nach schweizerischem Recht für eine unzulässige Wettbewerbsbehinderung zuzusprechen wären.

Art. 138

Ansprüche aus schädigenden Einwirkungen, die von einem Grundstück ausgehen, unterstehen nach Wahl des Geschädigten dem Recht des Staates, in dem das Grundstück liegt, oder dem Recht des Staates, in dem der Erfolg einer Einwirkung eintritt.

e. Immissionen

Art. 139

¹ Ansprüche aus Verletzung der Persönlichkeit durch Medien, insbesondere durch Presse, Radio, Fernsehen oder durch andere Informationsmittel in der Öffentlichkeit unterstehen nach Wahl des Geschädigten:

f. Persönlichkeitsverletzung

a. dem Recht des Staates, in dem der Geschädigte seinen gewöhnlichen Aufenthalt hat, sofern der Schädiger mit dem Eintritt des Erfolges in diesem Staat rechnen musste;

b. dem Recht des Staates, in dem der Urheber der Verletzung seine Niederlassung oder seinen gewöhnlichen Aufenthalt hat, oder

c. dem Recht des Staates, in dem der Erfolg der verletzenden Handlung eintritt, sofern der Schädiger mit dem Eintritt des Erfolges in diesem Staat rechnen musste.

² Das Gegendarstellungsrecht gegenüber periodisch erscheinenden Medien richtet sich ausschliesslich nach dem Recht des Staates, in dem das Druckerzeugnis erschienen ist oder von dem aus die Radio- oder Fernsehsendung verbreitet wurde

³ Absatz 1 ist auch anwendbar auf Ansprüche aus Verletzung der Persönlichkeit durch das Bearbeiten von Personendaten sowie aus Beeinträchtigung des Rechts auf Auskunft über Personendaten.[41]

---

[41] Eingefügt durch Anhang Ziff. 3 des BG vom 19. Juni 1992 über den Datenschutz, in Kraft seit 1. Juli 1993 (AS **1993** 1945; BBl **1988** II 413).

Art. 140

3. Besondere Bestimmungen
a. Mehrfache Haftpflichtige

Sind mehrere Personen an einer unerlaubten Handlung beteiligt, so ist für jede von ihnen das anwendbare Recht gesondert zu bestimmen, unabhängig von der Art ihrer Beteiligung.

Art. 141

b. Unmittelbares Forderungsrecht

Der Geschädigte kann seinen Anspruch direkt gegen den Versicherer des Haftpflichtigen geltend machen, wenn das auf die unerlaubte Handlung oder auf den Versicherungsvertrag anwendbare Recht es vorsieht.

Art. 142

4. Geltungsbereich

¹ Das auf die unerlaubte Handlung anwendbare Recht bestimmt insbesondere die Deliktsfähigkeit, die Voraussetzungen und den Umfang der Haftung sowie die Person des Haftpflichtigen.

² Sicherheits- und Verhaltensvorschriften am Ort der Handlung sind zu berücksichtigen.

4. Abschnitt: Gemeinsame Bestimmungen

Art. 143

I. Mehrheit von Schuldnern
1. Ansprüche gegen mehrere Schuldner

Hat der Gläubiger Ansprüche gegen mehrere Schuldner, so unterstehen die Rechtsfolgen daraus dem Recht, dem das Rechtsverhältnis zwischen dem Gläubiger und dem in Anspruch genommenen Schuldner unterstellt ist.

Art. 144

2. Rückgriff zwischen Schuldnern

¹ Ein Schuldner kann auf einen anderen Schuldner unmittelbar oder durch Eintritt in die Rechtsstellung des Gläubigers insoweit Rückgriff nehmen, als es die Rechte zulassen, denen die entsprechenden Schulden unterstehen.

² Die Durchführung des Rückgriffs untersteht dem gleichen Recht wie die Schuld des Rückgriffsverpflichteten. Fragen, die

nur das Verhältnis zwischen Gläubiger und Rückgriffsberechtigtem betreffen, unterstehen dem Recht, das auf die Schuld des Rückgriffsberechtigten anwendbar ist.

³ Ob einer Einrichtung, die öffentliche Aufgaben wahrnimmt, ein Rückgriffsrecht zusteht, bestimmt sich nach dem auf diese Einrichtung anwendbaren Recht. Für die Zulässigkeit und die Durchführung des Rückgriffes gelten die Absätze 1 und 2.

Art. 145

¹ Die Abtretung einer Forderung durch Vertrag untersteht dem von den Parteien gewählten Recht oder, wenn ein solches fehlt, dem auf die Forderung anzuwendenden Recht. Die Rechtswahl ist gegenüber dem Schuldner ohne dessen Zustimmung unwirksam.

² Für die Abtretung einer Forderung des Arbeitnehmers ist die Rechtswahl nur insoweit wirksam, als Artikel 121 Absatz 3 sie für den Arbeitsvertrag zulässt.

³ Die Form der Abtretung untersteht ausschliesslich dem auf den Abtretungsvertrag anwendbaren Recht.

⁴ Fragen, die nur das Verhältnis zwischen den Parteien des Abtretungsvertrages betreffen, unterstehen dem Recht, welches auf das der Abtretung zugrundeliegende Rechtsverhältnis anwendbar ist.

II. Übergang einer Forderung
1. Abtretung durch Vertrag

Art. 146

¹ Der Übergang einer Forderung kraft Gesetzes untersteht dem Recht des zugrundeliegenden Rechtsverhältnisses zwischen altem und neuem Gläubiger oder, wenn ein solches fehlt, dem Recht der Forderung.

² Vorbehalten sind die Bestimmungen des Rechts der Forderung, die den Schuldner schützen.

2. Übergang kraft Gesetzes

Art. 147

III. Währung

¹ Was unter einer Währung zu verstehen ist, bestimmt das Recht des Staates, dessen Währung in Frage steht.

² Die Wirkungen einer Währung auf die Höhe einer Schuld unterstehen dem Recht, das auf die Schuld anwendbar ist.

³ In welcher Währung zu zahlen ist, richtet sich nach dem Recht des Staates, in dem die Zahlung zu erfolgen hat.

Art. 148

IV. Verjährung und Erlöschen einer Forderung

¹ Verjährung und Erlöschen einer Forderung unterstehen dem auf die Forderung anwendbaren Recht.

² Bei der Verrechnung untersteht das Erlöschen dem Recht der Forderung, deren Tilgung mit der Verrechnung bezweckt ist.

³ Die Neuerung, der Erlass- und der Verrechnungsvertrag richten sich nach den Bestimmungen dieses Gesetzes über das auf Verträge anwendbare Recht (Art. 116 ff.).

5. Abschnitt: Ausländische Entscheidungen

Art. 149

¹ Ausländische Entscheidungen über obligationenrechtliche Ansprüche werden in der Schweiz anerkannt, wenn sie im Staat ergangen sind:
a. in dem der Beklagte seinen Wohnsitz hatte, oder
b. in dem der Beklagte seinen gewöhnlichen Aufenthalt hatte und die Ansprüche mit einer Tätigkeit an diesem Ort zusammenhängen.

² Eine ausländische Entscheidung wird ferner anerkannt:
a. wenn sie eine vertragliche Leistung betrifft, im Staat der Erfüllung dieser Leistung ergangen ist und der Beklagte seinen Wohnsitz nicht in der Schweiz hatte;
b. wenn sie Ansprüche aus Verträgen mit Konsumenten betrifft und am Wohnsitz oder am gewöhnlichen Aufenthalt

des Konsumenten ergangen ist, und die Voraussetzungen von Artikel 120 Absatz 1 erfüllt sind;
c. wenn sie Ansprüche aus einem Arbeitsvertrag betrifft, am Arbeits- oder Betriebsort ergangen ist und der Arbeitnehmer seinen Wohnsitz nicht in der Schweiz hatte;
d. wenn sie Ansprüche aus dem Betrieb einer Niederlassung betrifft und am Sitz dieser Niederlassung ergangen ist;
e. wenn sie Ansprüche aus ungerechtfertigter Bereicherung betrifft, am Handlungs- oder am Erfolgsort ergangen ist und der Beklagte seinen Wohnsitz nicht in der Schweiz hatte, oder
f. wenn sie Ansprüche aus unerlaubter Handlung betrifft, am Handlungs- oder am Erfolgsort ergangen ist und der Beklagte seinen Wohnsitz nicht in der Schweiz hatte.

9a. Kapitel:[42] **Trusts**

Art. 149a

Als Trusts gelten rechtsgeschäftlich errichtete Trusts im Sinne des Haager Übereinkommens vom 1. Juli 1985[43] über das auf Trusts anzuwendende Recht und über ihre Anerkennung, unabhängig davon, ob sie im Sinne von Artikel 3 des Übereinkommens schriftlich nachgewiesen sind.

I. Begriff

Art. 149b

[1] In trustrechtlichen Angelegenheiten ist die Gerichtsstandswahl gemäss den Bestimmungen des Trusts massgebend. Die Wahl oder eine Ermächtigung dazu in den Bestimmungen ist nur zu beachten, wenn sie schriftlich erfolgt ist oder in einer anderen

II. Zuständigkeit

---

[42] Eingefügt durch Art. 2 des BB vom 20. Dez. 2006 über die Genehmigung und Umsetzung des Haager Übereink. über das auf Trusts anzuwendende Recht und über ihre Anerkennung, in Kraft seit 1. Juli 2007 (AS **2007** 2849; BBl **2006** 551).
[43] SR 0.221.371

Form, die ihren Nachweis durch Text ermöglicht. Ist nichts anderes bestimmt, so ist das bezeichnete Gericht ausschliesslich zuständig. Artikel 5 Absatz 2 gilt sinngemäss.

² Das bezeichnete Gericht darf seine Zuständigkeit nicht ablehnen, wenn:
   a. eine Partei, der Trust oder ein Trustee Wohnsitz, gewöhnlichen Aufenthalt oder eine Niederlassung im Kanton dieses Gerichts hat, oder
   b. ein Grossteil des Trustvermögens sich in der Schweiz befindet.

³ Fehlt eine gültige Gerichtsstandswahl oder ist nach ihr das bezeichnete Gericht nicht ausschliesslich zuständig, so sind die schweizerischen Gerichte zuständig:
   a. am Wohnsitz oder, wenn ein solcher fehlt, am gewöhnlichen Aufenthalt der beklagten Partei;
   b. am Sitz des Trusts; oder
   c. für Klagen aufgrund der Tätigkeit einer Niederlassung in der Schweiz, am Ort dieser Niederlassung.

⁴ Bei Streitigkeiten über die Verantwortlichkeit infolge öffentlicher Ausgabe von Beteiligungspapieren und Anleihen kann ausserdem bei den schweizerischen Gerichten am Ausgabeort geklagt werden. Diese Zuständigkeit kann durch eine Gerichtsstandswahl nicht ausgeschlossen werden.

Art. 149*c*

III. Anwendbares Recht

¹ Für das auf Trusts anwendbare Recht gilt das Haager Übereinkommen vom 1. Juli 1985[44] über das auf Trusts anzuwendende Recht und über ihre Anerkennung.

² Das vom Übereinkommen bezeichnete anwendbare Recht ist auch dort massgebend, wo nach Artikel 5 des Übereinkommens dieses nicht anzuwenden ist oder wo nach Artikel 13 des Übereinkommens keine Verpflichtung zur Anerkennung eines Trusts besteht.

---

[44] SR 0.221.371

Art. 149*d*

¹ Bei Trustvermögen, das auf den Namen von Trustees im Grundbuch, im Schiffsregister oder im Luftfahrzeugbuch eingetragen ist, kann auf das Trustverhältnis durch eine Anmerkung hingewiesen werden.

² Trustverhältnisse, die in der Schweiz registrierte Immaterialgüterrechte betreffen, werden auf Antrag im jeweiligen Register eingetragen.

³ Ein nicht angemerktes oder eingetragenes Trustverhältnis ist gutgläubigen Dritten gegenüber unwirksam.

IV. Besondere Vorschriften betreffend Publizität

Art. 149*e*

¹ Ausländische Entscheidungen in trustrechtlichen Angelegenheiten werden in der Schweiz anerkannt, wenn:

a. sie von einem nach Artikel 149*b* Absatz 1 gültig bezeichneten Gericht getroffen worden sind;

b. sie im Staat ergangen sind, in dem die beklagte Partei ihren Wohnsitz, ihren gewöhnlichen Aufenthalt oder ihre Niederlassung hatte;

c. sie im Staat ergangen sind, in dem der Trust seinen Sitz hatte;

d. sie im Staat ergangen sind, dessen Recht der Trust untersteht, oder

e. sie im Staat anerkannt werden, in dem der Trust seinen Sitz hat, und die beklagte Partei ihren Wohnsitz nicht in der Schweiz hatte.

² Für ausländische Entscheidungen über Ansprüche aus öffentlicher Ausgabe von Beteiligungspapieren und Anleihen aufgrund von Prospekten, Zirkularen und ähnlichen Bekanntmachungen gilt sinngemäss Artikel 165 Absatz 2.

V. Ausländische Entscheidungen

10. Kapitel: Gesellschaftsrecht

Art. 150

I. Begriffe

¹ Als Gesellschaften im Sinne dieses Gesetzes gelten organisierte Personenzusammenschlüsse und organisierte Vermögenseinheiten.

² Für einfache Gesellschaften, die sich keine Organisation gegeben haben, gilt das auf Verträge anwendbare Recht (Art. 116 ff.).

Art. 151

II. Zuständigkeit
1. Grundsatz

¹ In gesellschaftsrechtlichen Streitigkeiten sind die schweizerischen Gerichte am Sitz der Gesellschaft zuständig für Klagen gegen die Gesellschaft, die Gesellschafter oder die aus gesellschaftsrechtlicher Verantwortlichkeit haftenden Personen.

² Für Klagen gegen einen Gesellschafter oder gegen eine aus gesellschaftsrechtlicher Verantwortlichkeit haftende Person sind auch die schweizerischen Gerichte am Wohnsitz oder, wenn ein solcher fehlt, diejenigen am gewöhnlichen Aufenthalt des Beklagten zuständig.

³ Für Klagen aus Verantwortlichkeit infolge öffentlicher Ausgabe von Beteiligungspapieren und Anleihen sind ausserdem die schweizerischen Gerichte am Ausgabeort zuständig. Diese Zuständigkeit kann durch eine Gerichtsstandsvereinbarung nicht ausgeschlossen werden.

⁴ Für Stimmrechtssuspendierungsklagen nach dem Börsengesetz vom 24. März 1995[45] sind die schweizerischen Gerichte am Sitz der Zielgesellschaft zuständig.[46]

---

[45] SR **954.1**
[46] Eingefügt durch Anhang 1 Ziff. II 18 der Zivilprozessordnung vom 19. Dez. 2008, in Kraft seit 1. Jan. 2011 (AS **2010** 1739; BBl **2006** 7221).

Art. 152

Für Klagen gegen die nach Artikel 159 haftenden Personen oder gegen die ausländische Gesellschaft, für die sie handeln, sind zuständig: *2. Haftung für ausländische Gesellschaften*
   a. die schweizerischen Gerichte am Wohnsitz oder, wenn ein solcher fehlt, diejenigen am gewöhnlichen Aufenthalt des Beklagten, oder
   b. die schweizerischen Gerichte am Ort, an dem die Gesellschaft tatsächlich verwaltet wird.

Art. 153

Für Massnahmen zum Schutze des in der Schweiz gelegenen Vermögens von Gesellschaften mit Sitz im Ausland sind die schweizerischen Gerichte oder Behörden am Ort des zu schützenden Vermögenswertes zuständig. *3. Schutzmassnahmen*

Art. 154

¹ Gesellschaften unterstehen dem Recht des Staates, nach dessen Vorschriften sie organisiert sind, wenn sie die darin vorgeschriebenen Publizitäts- oder Registrierungsvorschriften dieses Rechts erfüllen oder, falls solche Vorschriften nicht bestehen, wenn sie sich nach dem Recht dieses Staates organisiert haben. *III. Anwendbares Recht*
1. Grundsatz

² Erfüllt eine Gesellschaft diese Voraussetzungen nicht, so untersteht sie dem Recht des Staates, in dem sie tatsächlich verwaltet wird.

Art. 155

Unter Vorbehalt der Artikel 156–161 bestimmt das auf die Gesellschaft anwendbare Recht insbesondere: *2. Umfang*
   a. die Rechtsnatur;
   b. die Entstehung und den Untergang;
   c. die Rechts- und Handlungsfähigkeit;
   d. den Namen oder die Firma;
   e. die Organisation;

f. die internen Beziehungen, namentlich diejenigen zwischen der Gesellschaft und ihren Mitgliedern;
g. die Haftung aus Verletzung gesellschaftsrechtlicher Vorschriften;
h. die Haftung für ihre Schulden;
i. die Vertretung der aufgrund ihrer Organisation handelnden Personen.

Art. 156

IV. Sonderanknüpfungen
1. Ansprüche aus öffentlicher Ausgabe von Beteiligungspapieren und Anleihen

Ansprüche aus öffentlicher Ausgabe von Beteiligungspapieren und Anleihen aufgrund von Prospekten, Zirkularen und ähnlichen Bekanntmachungen können nach dem auf die Gesellschaft anwendbaren Recht oder nach dem Recht des Staates geltend gemacht werden, in dem die Ausgabe erfolgt ist.

Art. 157

2. Namens- und Firmenschutz

[1] Wird in der Schweiz der Name oder die Firma einer im schweizerischen Handelsregister eingetragenen Gesellschaft verletzt, so richtet sich deren Schutz nach schweizerischem Recht.

[2] Ist eine Gesellschaft nicht im schweizerischen Handelsregister eingetragen, so richtet sich der Schutz ihres Namens oder ihrer Firma nach dem auf den unlauteren Wettbewerb (Art. 136) oder nach dem auf die Persönlichkeitsverletzung anwendbaren Recht (Art. 132, 133 und 139).

Art. 158

3. Beschränkung der Vertretungsbefugnis

Eine Gesellschaft kann sich nicht auf die Beschränkung der Vertretungsbefugnis eines Organs oder eines Vertreters berufen, die dem Recht des Staates des gewöhnlichen Aufenthalts oder der Niederlassung der anderen Partei unbekannt ist, es sei denn, die andere Partei habe diese Beschränkung gekannt oder hätte sie kennen müssen.

Art. 159

Werden die Geschäfte einer Gesellschaft, die nach ausländischem Recht gegründet worden ist, in der Schweiz oder von der Schweiz aus geführt, so untersteht die Haftung der für sie handelnden Personen schweizerischem Recht.

4. Haftung für ausländische Gesellschaften

Art. 160

¹ Eine Gesellschaft mit Sitz im Ausland kann in der Schweiz eine Zweigniederlassung haben. Diese untersteht schweizerischem Recht.

² Die Vertretungsmacht einer solchen Zweigniederlassung richtet sich nach schweizerischem Recht. Mindestens eine zur Vertretung befugte Person muss in der Schweiz Wohnsitz haben und im Handelsregister eingetragen sein.

³ Der Bundesrat erlässt die näheren Vorschriften über die Pflicht zur Eintragung in das Handelsregister.

V. Zweigniederlassung ausländischer Gesellschaften in der Schweiz

Art. 161

¹ Eine ausländische Gesellschaft kann sich ohne Liquidation und Neugründung dem schweizerischen Recht unterstellen, wenn das ausländische Recht es gestattet, die Gesellschaft die Voraussetzungen des ausländischen Rechts erfüllt und die Anpassung an eine schweizerische Rechtsform möglich ist.

² Der Bundesrat kann die Unterstellung unter das schweizerische Recht auch ohne Berücksichtigung des ausländischen Rechts zulassen, insbesondere wenn erhebliche schweizerische Interessen es erfordern.

VI. Verlegung, Fusion, Spaltung und Vermögensübertragung
1. Verlegung der Gesellschaft vom Ausland in die Schweiz
a. Grundsatz[47]

---

[47] Fassung gemäss Anhang Ziff. 4 des Fusionsgesetzes vom 3. Okt. 2003, in Kraft seit 1. Juli 2004 (AS **2004** 2617; BBl **2000** 4337).

Art. 162

b. Massgeblicher Zeitpunkt[48]

¹ Eine Gesellschaft, die nach schweizerischem Recht eintragungspflichtig ist, untersteht schweizerischem Recht, sobald sie nachweist, dass sie den Mittelpunkt der Geschäftstätigkeit in die Schweiz verlegt und sich dem schweizerischen Recht angepasst hat.

² Eine Gesellschaft, die nach schweizerischem Recht nicht eintragungspflichtig ist, untersteht dem schweizerischen Recht, sobald der Wille, dem schweizerischen Recht zu unterstehen, deutlich erkennbar ist, eine genügende Beziehung zur Schweiz besteht und die Anpassung an das schweizerische Recht erfolgt ist.

³ Eine Kapitalgesellschaft hat vor der Eintragung durch den Bericht eines zugelassenen Revisionsexperten im Sinne des Revisionsaufsichtsgesetzes vom 16. Dezember 2005[49] nachzuweisen, dass ihr Grundkapital nach schweizerischem Recht gedeckt ist.[50]

Art. 163[51]

2. Verlegung der Gesellschaft von der Schweiz ins Ausland

¹ Eine schweizerische Gesellschaft kann sich ohne Liquidation und Neugründung dem ausländischen Recht unterstellen, wenn die Voraussetzungen nach schweizerischem Recht erfüllt sind und sie nach dem ausländischen Recht fortbesteht.

² Die Gläubiger sind unter Hinweis auf die bevorstehende Änderung des Gesellschaftsstatuts öffentlich zur Anmeldung ihrer

---

[48] Fassung gemäss Anhang Ziff. 4 des Fusionsgesetzes vom 3. Okt. 2003, in Kraft seit 1. Juli 2004 (AS **2004** 2617; BBl **2000** 4337).
[49] SR 221.302
[50] Fassung gemäss Anhang Ziff. 4 des BG vom 16. Dez. 2005 (GmbH-Recht sowie Anpas-sungen im Aktien-, Genossenschafts-, Handelsregister- und Firmenrecht), in Kraft seit 1. Jan. 2008 (AS **2007** 4791; BBl **2002** 3148, **2004** 3969).
[51] Fassung gemäss Anhang Ziff. 4 des Fusionsgesetzes vom 3. Okt. 2003, in Kraft seit 1. Juli 2004 (AS **2004** 2617; BBl **2000** 4337).

Forderungen aufzufordern. Artikel 46 des Fusionsgesetzes vom 3. Oktober 2003[52] findet sinngemäss Anwendung.

[3] Die Bestimmungen über vorsorgliche Schutzmassnahmen im Falle internationaler Konflikte im Sinne von Artikel 61 des Landesversorgungsgesetzes vom 8. Oktober 1982[53] sind vorbehalten.

Art. 163*a*[54]

[1] Eine schweizerische Gesellschaft kann eine ausländische Gesellschaft übernehmen (Immigrationsabsorption) oder sich mit ihr zu einer neuen schweizerischen Gesellschaft zusammenschliessen (Immigrationskombination), wenn das auf die ausländische Gesellschaft anwendbare Recht dies gestattet und dessen Voraussetzungen erfüllt sind.

[2] Im Übrigen untersteht die Fusion dem schweizerischen Recht.

3. Fusion
a. Fusion vom Ausland in die Schweiz

Art. 163*b*[55]

[1] Eine ausländische Gesellschaft kann eine schweizerische Gesellschaft übernehmen (Emigrationsabsorption) oder sich mit ihr zu einer neuen ausländischen Gesellschaft zusammenschliessen (Emigrationskombination), wenn die schweizerische Gesellschaft nachweist, dass:
a. mit der Fusion ihre Aktiven und Passiven auf die ausländische Gesellschaft übergehen; und
b. die Anteils- oder Mitgliedschaftsrechte in der ausländischen Gesellschaft angemessen gewahrt bleiben.

[2] Die schweizerische Gesellschaft hat alle Vorschriften des schweizerischen Rechts zu erfüllen, die für die übertragende Gesellschaft gelten.

b. Fusion von der Schweiz ins Ausland

---

[52] SR 221.301
[53] SR **531**
[54] Eingefügt durch Anhang Ziff. 4 des Fusionsgesetzes vom 3. Okt. 2003, in Kraft seit 1. Juli 2004 (AS **2004** 2617; BBl **2000** 4337).
[55] Eingefügt durch Anhang Ziff. 4 des Fusionsgesetzes vom 3. Okt. 2003, in Kraft seit 1. Juli 2004 (AS **2004** 2617; BBl **2000** 4337).

³ Die Gläubiger sind unter Hinweis auf die bevorstehende Fusion in der Schweiz öffentlich zur Anmeldung ihrer Ansprüche aufzufordern. Artikel 46 des Fusionsgesetzes vom 3. Oktober 2003[56] findet sinngemäss Anwendung.

⁴ Im Übrigen untersteht die Fusion dem Recht der übernehmenden ausländischen Gesellschaft.

Art. 163c[57]

c. Fusionsvertrag

¹ Der Fusionsvertrag hat den zwingenden gesellschaftsrechtlichen Vorschriften der auf die beteiligten Gesellschaften anwendbaren Rechte mit Einschluss der Formvorschriften zu entsprechen.

² Im Übrigen untersteht der Fusionsvertrag dem von den Parteien gewählten Recht. Bei Fehlen einer Rechtswahl untersteht der Fusionsvertrag dem Recht des Staates, mit dem er am engsten zusammenhängt. Es wird vermutet, der engste Zusammenhang bestehe mit dem Staat, dessen Rechtsordnung die übernehmende Gesellschaft untersteht.

Art. 163d[58]

4. Spaltung und Vermögensübertragung

¹ Auf die Spaltung und die Vermögensübertragung, an welchen eine schweizerische und eine ausländische Gesellschaft beteiligt sind, finden die Vorschriften dieses Gesetzes über die Fusion sinngemäss Anwendung. Artikel 163b Absatz 3 findet keine Anwendung auf die Vermögensübertragung.

² Im Übrigen unterstehen die Spaltung und die Vermögensübertragung dem Recht der sich spaltenden oder der ihr Vermögen auf einen anderen Rechtsträger übertragenden Gesellschaft.

³ Auf den Spaltungsvertrag findet unter den Voraussetzungen von Artikel 163c Absatz 2 vermutungsweise das Recht der sich

---

[56] SR 221.301
[57] Eingefügt durch Anhang Ziff. 4 des Fusionsgesetzes vom 3. Okt. 2003, in Kraft seit 1. Juli 2004 (AS **2004** 2617; BBl **2000** 4337).
[58] Eingefügt durch Anhang Ziff. 4 des Fusionsgesetzes vom 3. Okt. 2003, in Kraft seit 1. Juli 2004 (AS **2004** 2617; BBl **2000** 4337).

spaltenden Gesellschaft Anwendung. Das gilt sinngemäss auch für den Übertragungsvertrag.

Art. 164[59]

5. Gemeinsame Bestimmungen
a. Löschung im Handelsregister

[1] Eine im schweizerischen Handelsregister eingetragene Gesellschaft kann nur gelöscht werden, wenn durch einen Bericht eines zugelassenen Revisionsexperten bestätigt wird, dass die Forderungen der Gläubiger im Sinne von Artikel 46 des Fusionsgesetzes vom 3. Oktober 2003[60] sichergestellt oder erfüllt worden sind oder dass die Gläubiger mit der Löschung einverstanden sind.[61]

[2] Übernimmt eine ausländische Gesellschaft eine schweizerische, schliesst sie sich mit ihr zu einer neuen ausländischen Gesellschaft zusammen oder spaltet sich eine schweizerische Gesellschaft in ausländische Gesellschaften auf, so muss überdies:

a. nachgewiesen werden, dass die Fusion oder die Spaltung gemäss dem auf die ausländische Gesellschaft anwendbaren Recht rechtsgültig geworden ist; und

b.[62] ein zugelassener Revisionsexperte bestätigen, dass die ausländische Gesellschaft den anspruchsberechtigten Gesellschaftern der schweizerischen Gesellschaft die Anteils- oder Mitgliedschaftsrechte eingeräumt oder eine allfällige Ausgleichszahlung oder Abfindung ausgerichtet oder sichergestellt hat.

---

[59] Fassung gemäss Anhang Ziff. 4 des Fusionsgesetzes vom 3. Okt. 2003, in Kraft seit 1. Juli 2004 (AS **2004** 2617; BBl **2000** 4337).

[60] SR 221.301

[61] Fassung gemäss Anhang Ziff. 4 des BG vom 16. Dez. 2005 (GmbH-Recht sowie Anpassungen im Aktien-, Genossenschafts-, Handelsregister- und Firmenrecht), in Kraft seit 1. Jan. 2008 (AS **2007** 4791; BBl **2002** 3148, **2004** 3969).

[62] Fassung gemäss Anhang Ziff. 4 des BG vom 16. Dez. 2005 (GmbH-Recht sowie Anpassungen im Aktien-, Genossenschafts-, Handelsregister- und Firmenrecht), in Kraft seit 1. Jan. 2008 (AS **2007** 4791; BBl **2002** 3148, **2004** 3969).

Art. 164a[63]

b. Betreibungsort und Gerichtsstand

¹ Übernimmt eine ausländische Gesellschaft eine schweizerische, schliesst sie sich mit ihr zu einer neuen ausländischen Gesellschaft zusammen oder spaltet sich eine schweizerische Gesellschaft in ausländische Gesellschaften auf, so kann die Klage auf Überprüfung der Anteils- oder Mitgliedschaftsrechte gemäss Artikel 105 des Fusionsgesetzes vom 3. Oktober 2003[64] auch am schweizerischen Sitz des übertragenden Rechtsträgers erhoben werden.

² Der bisherige Betreibungsort und Gerichtsstand in der Schweiz bleibt bestehen, bis die Forderungen der Gläubiger oder Anteilsinhaber sichergestellt oder befriedigt sind.

Art. 164b[65]

c. Verlegung, Fusion, Spaltung und Vermögensübertragung im Ausland

Die Unterstellung einer ausländischen Gesellschaft unter eine andere ausländische Rechtsordnung und die Fusion, Spaltung und Vermögensübertragung zwischen ausländischen Gesellschaften werden in der Schweiz als gültig anerkannt, wenn sie nach den beteiligten Rechtsordnungen gültig sind.

Art. 165

VII. Ausländische Entscheidungen[66]

¹ Ausländische Entscheidungen über gesellschaftsrechtliche Ansprüche werden in der Schweiz anerkannt, wenn sie im Staat ergangen sind:

    a. in dem die Gesellschaft ihren Sitz hat, oder wenn sie dort anerkannt werden und der Beklagte seinen Wohnsitz nicht in der Schweiz hatte, oder

---

[63] Eingefügt durch Anhang Ziff. 4 des Fusionsgesetzes vom 3. Okt. 2003, in Kraft seit 1. Juli 2004 (AS **2004** 2617; BBl **2000** 4337).
[64] SR 221.301
[65] Eingefügt durch Anhang Ziff. 4 des Fusionsgesetzes vom 3. Okt. 2003, in Kraft seit 1. Juli 2004 (AS **2004** 2617; BBl **2000** 4337).
[66] Fassung gemäss Anhang Ziff. 4 des Fusionsgesetzes vom 3. Okt. 2003, in Kraft seit 1. Juli 2004 (AS **2004** 2617; BBl **2000** 4337).

b. in dem der Beklagte seinen Wohnsitz oder seinen gewöhnlichen Aufenthalt hat.

² Ausländische Entscheidungen über Ansprüche aus öffentlicher Ausgabe von Beteiligungspapieren und Anleihen aufgrund von Prospekten, Zirkularen und ähnlichen Bekanntmachungen werden in der Schweiz anerkannt, wenn sie im Staat ergangen sind, in dem der Ausgabeort der Beteiligungspapiere oder Anleihen liegt und der Beklagte seinen Wohnsitz nicht in der Schweiz hatte.

11. Kapitel: Konkurs und Nachlassvertrag

Art. 166

¹ Ein ausländisches Konkursdekret, das am Wohnsitz des Schuldners ergangen ist, wird auf Antrag der ausländischen Konkursverwaltung oder eines Konkursgläubigers anerkannt: — I. Anerkennung

a. wenn das Dekret im Staat, in dem es ergangen ist, vollstreckbar ist;
b. wenn kein Verweigerungsgrund nach Artikel 27 vorliegt, und
c. wenn der Staat, in dem das Dekret ergangen ist, Gegenrecht hält.

² Hat der Schuldner eine Zweigniederlassung in der Schweiz, so ist ein Verfahren nach Artikel 50 Absatz 1 des Bundesgesetzes vom 11. April 1889[67] über Schuldbetreibung- und Konkurs bis zur Rechtskraft des Kollokationsplanes nach Artikel 172 dieses Gesetzes zulässig.

Art. 167

¹ Ein Antrag auf Anerkennung des ausländischen Konkursdekrets ist an das zuständige Gericht am Ort des Vermögens in der Schweiz zu richten. Artikel 29 ist sinngemäss anwendbar. — II. Verfahren 1. Zuständigkeit

---

[67] SR **281.1**

² Befindet sich Vermögen an mehreren Orten, so ist das zuerst angerufene Gericht zuständig.

³ Forderungen des Gemeinschuldners gelten als dort gelegen, wo der Schuldner des Gemeinschuldners seinen Wohnsitz hat.

Art. 168

2. Sichernde Massnahmen

Sobald die Anerkennung des ausländischen Konkursdekrets beantragt ist, kann das Gericht auf Begehren des Antragstellers die sichernden Massnahmen nach den Artikeln 162–165 und 170 des Bundesgesetzes vom 11. April 1889[68] über Schuldbetreibung- und Konkurs anordnen.

Art. 169

3. Veröffentlichung

¹ Die Entscheidung über die Anerkennung des ausländischen Konkursdekrets wird veröffentlicht.

² Diese Entscheidung wird dem Betreibungsamt, dem Konkursamt, dem Grundbuchamt und dem Handelsregister am Ort des Vermögens sowie gegebenenfalls dem eidgenössischen Institut für geistiges Eigentum[69] mitgeteilt. Das Gleiche gilt für den Abschluss und die Einstellung des Konkursverfahrens sowie für den Widerruf des Konkurses.

Art. 170

III. Rechtsfolgen
1. Im Allgemeinen

¹ Die Anerkennung des ausländischen Konkursdekrets zieht, soweit dieses Gesetz nichts anderes vorsieht, für das in der Schweiz gelegene Vermögen des Schuldners die konkursrechtlichen Folgen des schweizerischen Rechts nach sich.

² Die Fristen nach schweizerischem Recht beginnen mit der Veröffentlichung der Entscheidung über die Anerkennung.

³ Es wird weder eine Gläubigerversammlung noch ein Gläubigerausschuss gebildet.

---

[68] SR **281.1**
[69] Bezeichnung gemäss nicht veröffentlichtem BRB vom 19. Dez. 1997.

Art. 171

Die Anfechtungsklage untersteht den Artikeln 285–292 des Bundesgesetzes vom 11. April 1889[70] über Schuldbetreibung- und Konkurs. Sie kann auch durch die ausländische Konkursverwaltung oder durch einen dazu berechtigten Konkursgläubiger erhoben werden.

2. Anfechtungsklage

Art. 172

[1] In den Kollokationsplan werden nur aufgenommen:
   a. die pfandversicherten Forderungen nach Artikel 219 des Bundesgesetzes vom 11. April 1889[71] über Schuldbetreibung- und Konkurs, und
   b.[72] die nicht pfandgesicherten, aber privilegierten Forderungen von Gläubigern mit Wohnsitz in der Schweiz.

[2] Zur Kollokationsklage nach Artikel 250 des Bundesgesetzes vom 11. April 1889 über Schuldbetreibung und Konkurs sind nur Gläubiger nach Absatz 1 berechtigt.

[3] Ist ein Gläubiger in einem ausländischen Verfahren, das mit dem Konkurs in Zusammenhang steht, teilweise befriedigt worden, so ist dieser Teil nach Abzug der ihm entstandenen Kosten im schweizerischen Verfahren auf die Konkursdividende anzurechnen.

3. Kollokationsplan

Art. 173

[1] Bleibt nach Befriedigung der Gläubiger gemäss Artikel 172 Absatz 1 dieses Gesetzes ein Überschuss, so wird dieser der ausländischen Konkursverwaltung oder den berechtigten Konkursgläubigern zur Verfügung gestellt.

[2] Der Überschuss darf erst zur Verfügung gestellt werden, wenn der ausländische Kollokationsplan anerkannt worden ist.

4. Verteilung
a. Anerkennung des ausländischen Kollokationsplanes

---

[70] SR **281.1**
[71] SR **281.1**`
[72] Fassung gemäss Anhang Ziff. 22 des BG vom 16. Dez. 1994, in Kraft seit 1. Jan. 1997 (AS **1995** 1227; BBl **1991** III 1).

³ Für die Anerkennung des ausländischen Kollokationsplanes ist das schweizerische Gericht zuständig, welches das ausländische Konkursdekret anerkannt hat. Es überprüft insbesondere, ob die Forderungen von Gläubigern mit Wohnsitz in der Schweiz im ausländischen Kollokationsplan angemessen berücksichtigt worden sind. Diese Gläubiger werden angehört.

Art. 174

b. Nichtanerkennung des ausländischen Kollokationsplanes

¹ Wird der ausländische Kollokationsplan nicht anerkannt, so ist ein Überschuss an die Gläubiger der dritten Klasse mit Wohnsitz in der Schweiz gemäss Artikel 219 Absatz 4 des Bundesgesetzes vom 11. April 1889[73] über Schuldbetreibung und Konkurs zu verteilen.[74]

² Das Gleiche gilt, wenn der Kollokationsplan nicht innert der vom Richter angesetzten Frist zur Anerkennung vorgelegt wird.

Art. 175

IV. Anerkennung ausländischer Nachlassverträge und ähnlicher Verfahren

Eine von der zuständigen ausländischen Behörde ausgesprochene Genehmigung eines Nachlassvertrages oder eines ähnlichen Verfahrens wird in der Schweiz anerkannt. Die Artikel 166–170 gelten sinngemäss. Die Gläubiger mit Wohnsitz in der Schweiz werden angehört.

12. Kapitel: Internationale Schiedsgerichtsbarkeit

Art. 176

I. Geltungsbereich. Sitz des Schiedsgerichts

¹ Die Bestimmungen dieses Kapitels gelten für Schiedsgerichte mit Sitz in der Schweiz, sofern beim Abschluss der Schiedsvereinbarung wenigstens eine Partei ihren Wohnsitz oder ihren gewöhnlichen Aufenthalt nicht in der Schweiz hatte.

---

[73] SR **281.1**
[74] Fassung gemäss Anhang Ziff. 22 des BG vom 16. Dez. 1994, in Kraft seit 1. Jan. 1997 (AS **1995** 1227; BBl **1991** III 1).

² Die Parteien können die Geltung dieses Kapitels durch eine ausdrückliche Erklärung in der Schiedsvereinbarung oder in einer späteren Übereinkunft ausschliessen und die Anwendung des dritten Teils der ZPO[75] vereinbaren.[76]

³ Der Sitz des Schiedsgerichts wird von den Parteien oder der von ihnen benannten Schiedsgerichtsinstitution, andernfalls von den Schiedsrichtern bezeichnet.

Art. 177

¹ Gegenstand eines Schiedsverfahrens kann jeder vermögensrechtliche Anspruch sein.

II. Schiedsfähigkeit

² Ist eine Partei ein Staat, ein staatlich beherrschtes Unternehmen oder eine staatlich kontrollierte Organisation, so kann sie nicht unter Berufung auf ihr eigenes Recht ihre Parteifähigkeit im Schiedsverfahren oder die Schiedsfähigkeit einer Streitsache in Frage stellen, die Gegenstand der Schiedsvereinbarung ist.

Art. 178

¹ Die Schiedsvereinbarung hat schriftlich, durch Telegramm, Telex, Telefax oder in einer anderen Form der Übermittlung zu erfolgen, die den Nachweis der Vereinbarung durch Text ermöglicht.

III. Schiedsvereinbarung

² Die Schiedsvereinbarung ist im Übrigen gültig, wenn sie dem von den Parteien gewählten, dem auf die Streitsache, insbesondere dem auf den Hauptvertrag anwendbaren oder dem schweizerischen Recht entspricht.

³ Gegen eine Schiedsvereinbarung kann nicht eingewendet werden, der Hauptvertrag sei ungültig oder die Schiedsvereinbarung beziehe sich auf einen noch nicht entstandenen Streit.

---

[75] SR **272**
[76] Fassung gemäss Anhang 1 Ziff. II 18 der Zivilprozessordnung vom 19. Dez. 2008, in Kraft seit 1. Jan. 2011 (AS **2010** 1739; BBl **2006** 7221).

Art. 179

IV. Schiedsgericht
1. Bestellung

¹ Die Schiedsrichter werden gemäss der Vereinbarung der Parteien ernannt, abberufen oder ersetzt.

² Fehlt eine solche Vereinbarung, so kann der Richter am Sitz des Schiedsgerichts angerufen werden; er wendet sinngemäss die Bestimmungen der ZPO[77] über die Ernennung, Abberufung oder Ersetzung der Mitglieder des Schiedsgerichts an.[78]

³ Ist ein staatlicher Richter mit der Ernennung eines Schiedsrichters betraut, so muss er diesem Begehren stattgeben, es sei denn, eine summarische Prüfung ergebe, dass zwischen den Parteien keine Schiedsvereinbarung besteht.

Art. 180

2. Ablehnung eines Schiedsrichters

¹ Ein Schiedsrichter kann abgelehnt werden:
a. wenn er nicht den von den Parteien vereinbarten Anforderungen entspricht;
b. wenn ein in der von den Parteien vereinbarten Verfahrensordnung enthaltener Ablehnungsgrund vorliegt, oder
c. wenn Umstände vorliegen, die Anlass zu berechtigten Zweifeln an seiner Unabhängigkeit geben.

² Eine Partei kann einen Schiedsrichter, den sie ernannt hat oder an dessen Ernennung sie mitgewirkt hat, nur aus Gründen ablehnen, von denen sie erst nach dessen Ernennung Kenntnis erhalten hat. Vom Ablehnungsgrund ist dem Schiedsgericht sowie der anderen Partei unverzüglich Mitteilung zu machen.

³ Soweit die Parteien das Ablehnungsverfahren nicht geregelt haben, entscheidet im Bestreitungsfalle der Richter am Sitz des Schiedsgerichts endgültig.

---

[77] SR **272**
[78] Fassung gemäss Anhang 1 Ziff. II 18 der Zivilprozessordnung vom 19. Dez. 2008, in Kraft seit 1. Jan. 2011 (AS **2010** 1739; BBl **2006** 7221).

Art. 181

Das Schiedsverfahren ist hängig, sobald eine Partei mit einem Rechtsbegehren den oder die in der Schiedsvereinbarung bezeichneten Schiedsrichter anruft oder, wenn die Vereinbarung keinen Schiedsrichter bezeichnet, sobald eine Partei das Verfahren zur Bildung des Schiedsgerichts einleitet.

V. Rechtshängigkeit

Art. 182

¹ Die Parteien können das schiedsrichterliche Verfahren selber oder durch Verweis auf eine schiedsgerichtliche Verfahrensordnung regeln; sie können es auch einem Verfahrensrecht ihrer Wahl unterstellen.

VI. Verfahren
1. Grundsatz

² Haben die Parteien das Verfahren nicht selber geregelt, so wird dieses, soweit nötig, vom Schiedsgericht festgelegt, sei es direkt, sei es durch Bezugnahme auf ein Gesetz oder eine schiedsgerichtliche Verfahrensordnung.

³ Unabhängig vom gewählten Verfahren muss das Schiedsgericht in allen Fällen die Gleichbehandlung der Parteien sowie ihren Anspruch auf rechtliches Gehör in einem kontradiktorischen Verfahren gewährleisten.

Art. 183

¹ Haben die Parteien nichts anderes vereinbart, so kann das Schiedsgericht auf Antrag einer Partei vorsorgliche oder sichernde Massnahmen anordnen.

2. Vorsorgliche und sichernde Massnahmen

² Unterzieht sich der Betroffene nicht freiwillig der angeordneten Massnahme, so kann das Schiedsgericht den staatlichen Richter um Mitwirkung ersuchen; dieser wendet sein eigenes Recht an.

³ Das Schiedsgericht oder der staatliche Richter können die Anordnung vorsorglicher oder sichernder Massnahmen von der Leistung angemessener Sicherheiten abhängig machen.

Art. 184

¹ Das Schiedsgericht nimmt die Beweise selber ab.

3. Beweisaufnahme

Art. 185 IPRG

² Ist für die Durchführung des Beweisverfahrens staatliche Rechtshilfe erforderlich, so kann das Schiedsgericht oder eine Partei mit Zustimmung des Schiedsgerichtes den staatlichen Richter am Sitz des Schiedsgerichtes um Mitwirkung ersuchen; dieser wendet sein eigenes Recht an.

Art. 185

4. Weitere Mitwirkung des staatlichen Richters

Ist eine weitere Mitwirkung des staatlichen Richters erforderlich, so ist der Richter am Sitz des Schiedsgerichts zuständig.

Art. 186

VII. Zuständigkeit

¹ Das Schiedsgericht entscheidet selbst über seine Zuständigkeit.

¹bis Es entscheidet über seine Zuständigkeit ungeachtet einer bereits vor einem staatlichen Gericht oder einem anderen Schiedsgericht hängigen Klage über denselben Gegenstand zwischen denselben Parteien, es sei denn, dass beachtenswerte Gründe ein Aussetzen des Verfahrens erfordern.[79]

² Die Einrede der Unzuständigkeit ist vor der Einlassung auf die Hauptsache zu erheben.

³ Das Schiedsgericht entscheidet über seine Zuständigkeit in der Regel durch Vorentscheid.

Art. 187

VIII. Sachentscheid
1. Anwendbares Recht

¹ Das Schiedsgericht entscheidet die Streitsache nach dem von den Parteien gewählten Recht oder, bei Fehlen einer Rechtswahl, nach dem Recht, mit dem die Streitsache am engsten zusammenhängt.

² Die Parteien können das Schiedsgericht ermächtigen, nach Billigkeit zu entscheiden.

---

[79] Eingefügt durch Ziff. I des BG vom 6. Okt. 2006 (Schiedsgerichtsbarkeit. Zuständig-keit), in Kraft seit 1. März 2007 (AS **2007** 387; BBl **2006** 4677 4691).

Art. 188

Haben die Parteien nichts anderes vereinbart, so kann das Schiedsgericht Teilentscheide treffen.

2. Teilentscheid

Art. 189

¹ Der Entscheid ergeht nach dem Verfahren und in der Form, welche die Parteien vereinbart haben.

3. Schiedsentscheid

² Fehlt eine solche Vereinbarung, so wird er mit Stimmenmehrheit gefällt oder, falls sich keine Stimmenmehrheit ergibt, durch den Präsidenten des Schiedsgerichts. Der Entscheid ist schriftlich abzufassen, zu begründen, zu datieren und zu unterzeichnen. Es genügt die Unterschrift des Präsidenten.

Art. 190

¹ Mit der Eröffnung ist der Entscheid endgültig.

IX. Endgültigkeit, Anfechtung

² Der Entscheid kann nur angefochten werden:

1. Grundsatz

a. wenn der Einzelschiedsrichter vorschriftswidrig ernannt oder das Schiedsgericht vorschriftswidrig zusammengesetzt wurde;
b. wenn sich das Schiedsgericht zu Unrecht für zuständig oder unzuständig erklärt hat;
c. wenn das Schiedsgericht über Streitpunkte entschieden hat, die ihm nicht unterbreitet wurden oder wenn es Rechtsbegehren unbeurteilt gelassen hat;
d. wenn der Grundsatz der Gleichbehandlung der Parteien oder der Grundsatz des rechtlichen Gehörs verletzt wurde;
e. wenn der Entscheid mit dem Ordre public unvereinbar ist.

³ Vorentscheide können nur aus den in Absatz 2, Buchstaben a und b genannten Gründen angefochten werden; die Beschwerdefrist beginnt mit der Zustellung des Vorentscheides.

Art. 191[80]

2. Beschwerdeinstanz

Einzige Beschwerdeinstanz ist das schweizerische Bundesgericht. Das Verfahren richtet sich nach Artikel 77 des Bundesgerichtsgesetzes vom 17. Juni 2005[81].

Art. 192

X. Verzicht auf Rechtsmittel

[1] Hat keine der Parteien Wohnsitz, gewöhnlichen Aufenthalt oder eine Niederlassung in der Schweiz, so können sie durch eine ausdrückliche Erklärung in der Schiedsvereinbarung oder in einer
späteren schriftlichen Übereinkunft die Anfechtung der Schiedsentscheide vollständig ausschliessen; sie können auch nur einzelne Anfechtungsgründe gemäss Artikel 190 Absatz 2 ausschliessen.

[2] Haben die Parteien eine Anfechtung der Entscheide vollständig ausgeschlossen und sollen die Entscheide in der Schweiz vollstreckt werden, so gilt das New Yorker Übereinkommen vom 10. Juni 1958[82] über die Anerkennung und Vollstreckung ausländischer Schiedssprüche sinngemäss.

Art. 193

XI. Vollstreckbarkeitsbescheinigung

[1] Jede Partei kann auf ihre Kosten beim schweizerischen Gericht am Sitz des Schiedsgerichts eine Ausfertigung des Entscheides hinterlegen.

[2] Auf Antrag einer Partei stellt das Gericht eine Vollstreckbarkeitsbescheinigung aus.

[3] Auf Antrag einer Partei bescheinigt das Schiedsgericht, dass der Schiedsspruch nach den Bestimmungen dieses Gesetzes ergangen ist; eine solche Bescheinigung ist der gerichtlichen Hinterlegung gleichwertig.

---

[80] Fassung gemäss Anhang Ziff. 8 des Bundesgerichtsgesetzes vom 17. Juni 2005, in Kraft seit 1. Jan. 2007 (AS **2006** 1205; BBl **2001** 4202).
[81] SR 173.110
[82] SR 0.277.12

Art. 194

Für die Anerkennung und Vollstreckung ausländischer Schiedssprüche gilt das New Yorker Übereinkommen vom 10. Juni 1958[83] über die Anerkennung und Vollstreckung ausländischer Schiedssprüche.

XII. Ausländische Schiedssprüche

13. Kapitel: Schlussbestimmungen
1. Abschnitt: Aufhebung und Änderung des geltenden Bundesrechts

Art. 195

Die Aufhebung und Änderung des geltenden Bundesrechts stehen im Anhang; dieser ist Bestandteil des Gesetzes.

2. Abschnitt: Übergangsbestimmungen

Art. 196

¹ Die rechtlichen Wirkungen von Sachverhalten oder Rechtsvorgängen, die vor Inkrafttreten dieses Gesetzes entstanden und abgeschlossen sind, beurteilen sich nach bisherigem Recht.

I. Nichtrückwirkung

² Die rechtlichen Wirkungen von Sachverhalten oder Rechtsvorgängen, die vor Inkrafttreten dieses Gesetzes entstanden, aber auf Dauer angelegt sind, beurteilen sich nach bisherigem Recht. Mit dem Inkrafttreten dieses Gesetzes richtet sich die Wirkung nach neuem Recht.

Art. 197

¹ Für Klagen oder Begehren, die beim Inkrafttreten dieses Gesetzes hängig sind, bleiben die angerufenen schweizerischen Ge-

II. Übergangsrecht
1. Zuständigkeit

---

[83] SR 0.277.12

richte oder Behörden zuständig, auch wenn nach diesem Gesetz ihre Zuständigkeit nicht mehr begründet ist.

² Klagen oder Begehren, die vor dem Inkrafttreten dieses Gesetzes von schweizerischen Gerichten oder Behörden mangels Zuständigkeit zurückgewiesen wurden, können nach Inkrafttreten dieses Gesetzes erneut erhoben werden, wenn nach diesem Gesetz eine Zuständigkeit begründet ist und der Rechtsanspruch noch geltend gemacht werden kann.

Art. 198

2. Anwendbares Recht

Für Klagen oder Begehren, die beim Inkrafttreten dieses Gesetzes in erster Instanz hängig sind, bestimmt sich das anwendbare Recht nach diesem Gesetz.

Art. 199

3. Anerkennung und Vollstreckung ausländischer Entscheidungen

Für Begehren auf Anerkennung oder Vollstreckung ausländischer Entscheide, die beim Inkrafttreten dieses Gesetzes hängig sind, richten sich die Voraussetzungen der Anerkennung oder Vollstreckung nach diesem Gesetz.

3. Abschnitt: Referendum und Inkrafttreten

Art. 200

¹ Dieses Gesetz untersteht dem fakultativen Referendum.
² Der Bundesrat bestimmt das Inkrafttreten.

Datum des Inkrafttretens: 1. Januar 1989[84]

---

[84] BRB vom 27. Okt. 1988

Anhang

Aufhebung und Änderung des geltenden Bundesrechts

I. Aufhebung des geltenden Bundesrechts

Es werden aufgehoben:
a. das Bundesgesetz vom 25. Juni 1891[85] betreffend die zivilrechtlichen Verhältnisse der Niedergelassenen und Aufenthalter;
b. Artikel 418*b* Absatz 2 des Obligationenrechts[86];
c. Artikel 14 der Schluss- und Übergangsbestimmungen zum Obligationenrecht;
d. Artikel 85 des Strassenverkehrsgesetzes vom 19. Dezember 1958[87];
e. Artikel 30 des Bundesgesetzes vom 26. September 1890[88] betreffend den Schutz der Fabrik- und Handelsmarken, der Auszeichnungen;
f. Artikel 14 Absatz 3 des Bundesgesetzes vom 30. März 1900[89] betreffend die gewerblichen Muster und Modelle;
g. Artikel 41 Absatz 2 des Bundesgesetzes vom 20. März 1975[90] über den Schutz von Pflanzenzüchtungen.

II. Änderung des geltenden Bundesrechts

...[91]

---

[85] [BS **2** 737; AS **1972** 2819 Ziff. II 1, **1977** 237 Ziff. II 1, **1986** 122 Ziff. II 1]
[86] SR **220**
[87] SR 741.01
[88] [BS **2** 845; AS **1951** 903 Art. 1, **1971** 1617, **1992** 288 Anhang Ziff. 8. AS **1993** 274 Art. 74]
[89] [BS **2** 881; AS **1962** 459, **1988** 1776 Anhang Ziff. I Bst. f, **1992** 288 Anhang Ziff. 9, **1995** 1784 5050 Anhang Ziff. 3. AS **2002** 1456 Anhang Ziff. 1]
[90] SR 232.16
[91] Die Änderungen können unter AS **1988** 1776 konsultiert werden.

Inhaltsübersicht LugÜ

Titel I:	**Anwendungsbereich**	388
Titel II:	**Zuständigkeit**	389
Abschnitt 1:	Allgemeine Vorschriften	389
Abschnitt 2:	Besondere Zuständigkeiten	390
Abschnitt 3:	Zuständigkeit für Versicherungssachen	393
Abschnitt 4:	Zuständigkeit bei Verbrauchersachen	396
Abschnitt 5:	Zuständigkeit für individuelle Arbeitsverträge	398
Abschnitt 6:	Ausschliessliche Zuständigkeiten	399
Abschnitt 7:	Vereinbarung über die Zuständigkeit	401
Abschnitt 8:	Prüfung der Zuständigkeit und der Zulässigkeit des Verfahrens	402
Abschnitt 9:	Rechtshängigkeit und im Zusammenhang stehende Verfahren	403
Abschnitt 10:	Einstweilige Massnahmen einschliesslich solcher, die auf eine Sicherung gerichtet sind	405
Titel III:	**Anerkennung und Vollstreckung**	405
Abschnitt 1:	Anerkennung	405
Abschnitt 2:	Vollstreckung	407
Abschnitt 3:	Gemeinsame Vorschriften	412
Titel IV:	**Öffentliche Urkunden und Prozessvergleiche**	413
Titel V:	**Allgemeine Vorschriften**	414
Titel VI:	**Übergangsvorschriften**	415
Titel VII:	**Verhältnis zu der Verordnung (EG) Nr. 44/2001 des Rates und zu anderen Rechtsinstrumenten**	416
Titel VIII:	**Schlussvorschriften**	420

Originaltext

Übereinkommen
über die gerichtliche Zuständigkeit und die Anerkennung und Vollstreckung von Entscheidungen in Zivil- und Handelssachen
(Lugano-Übereinkommen, LugÜ)

Abgeschlossen in Lugano am 30. Oktober 2007

Präambel

Die Hohen Vertragsparteien dieses Übereinkommens,

entschlossen, in ihren Hoheitsgebieten den Rechtsschutz der dort ansässigen Personen zu verstärken,

in der Erwägung, dass es zu diesem Zweck geboten ist, die internationale Zuständigkeit ihrer Gerichte festzulegen, die Anerkennung von Entscheidungen zu erleichtern und ein beschleunigtes Verfahren einzuführen, um die Vollstreckung von Entscheidungen, öffentlichen Urkunden und gerichtlichen Vergleichen sicherzustellen,

im Bewusstsein der zwischen ihnen bestehenden Bindungen, die im wirtschaftlichen Bereich durch die Freihandelsabkommen zwischen der Europäischen Gemeinschaft und bestimmten Mitgliedstaaten der Europäischen Freihandelsassoziation bestätigt worden sind,

unter Berücksichtigung:

- des Brüsseler Übereinkommens vom 27. September 1968 über die gerichtliche Zuständigkeit und die Vollstreckung gerichtlicher Entscheidungen in Zivil- und Handelssachen in der Fassung der infolge der verschiedenen Erweiterungen der Europäischen Union geschlossenen Beitrittsübereinkommen,

- des Luganer Übereinkommens vom 16. September 1988 über die gerichtliche Zuständigkeit und die Vollstreckung gerichtlicher Entscheidungen in Zivil- und Handelssachen, das die

Anwendung der Bestimmungen des Brüsseler Übereinkommens von 1968 auf bestimmte Mitgliedstaaten der Europäischen Freihandelsassoziation erstreckt,

– der Verordnung (EG) Nr. 44/2001 des Rates vom 22. Dezember 2000 über die gerichtliche Zuständigkeit und die Anerkennung und Vollstreckung von Entscheidungen in Zivil- und Handelssachen,

– des Abkommens zwischen der Europäischen Gemeinschaft und dem Königreich Dänemark über die gerichtliche Zuständigkeit und die Anerkennung und Vollstreckung von Entscheidungen in Zivil- und Handelssachen, das am 19. Oktober 2005 in Brüssel unterzeichnet worden ist;

in der Überzeugung, dass die Ausdehnung der Grundsätze der Verordnung (EG) Nr. 44/2001 auf die Vertragsparteien des vorliegenden Übereinkommens die rechtliche und wirtschaftliche Zusammenarbeit verstärken wird,

in dem Wunsch, eine möglichst einheitliche Auslegung des Übereinkommens sicherzustellen,

haben in diesem Sinne beschlossen, dieses Übereinkommen zu schliessen, und

sind wie folgt übereingekommen:

Titel I: Anwendungsbereich

Art. 1

1. Dieses Übereinkommen ist in Zivil- und Handelssachen anzuwenden, ohne dass es auf die Art der Gerichtsbarkeit ankommt. Es erfasst insbesondere nicht Steuer- und Zollsachen sowie verwaltungsrechtliche Angelegenheiten.

2. Dieses Übereinkommen ist nicht anzuwenden auf:

   a) den Personenstand, die Rechts- und Handlungsfähigkeit sowie die gesetzliche Vertretung von natürlichen Personen, die ehelichen Güterstände, das Gebiet des Erbrechts einschliesslich des Testamentsrechts;

b) Konkurse, Vergleiche und ähnliche Verfahren;
c) die soziale Sicherheit;
d) die Schiedsgerichtsbarkeit.

3. In diesem Übereinkommen bezeichnet der Ausdruck «durch dieses Übereinkommen gebundener Staat» jeden Staat, der Vertragspartei dieses Übereinkommens oder ein Mitgliedstaat der Europäischen Gemeinschaft ist. Er kann auch die Europäische Gemeinschaft bezeichnen.

Titel II: Zuständigkeit
Abschnitt 1: Allgemeine Vorschriften

Art. 2

1. Vorbehaltlich der Vorschriften dieses Übereinkommens sind Personen, die ihren Wohnsitz im Hoheitsgebiet eines durch dieses Übereinkommen gebundenen Staates haben, ohne Rücksicht auf ihre Staatsangehörigkeit vor den Gerichten dieses Staates zu verklagen.

2. Auf Personen, die nicht dem durch dieses Übereinkommen gebundenen Staat angehören, in dem sie ihren Wohnsitz haben, sind die für Inländer massgebenden Zuständigkeitsvorschriften anzuwenden.

Art. 3

1. Personen, die ihren Wohnsitz im Hoheitsgebiet eines durch dieses Übereinkommen gebundenen Staates haben, können vor den Gerichten eines anderen durch dieses Übereinkommen gebundenen Staates nur gemäss den Vorschriften der Abschnitte 2–7 dieses Titels verklagt werden.

2. Gegen diese Personen können insbesondere nicht die in Anhang I aufgeführten innerstaatlichen Zuständigkeitsvorschriften geltend gemacht werden.

Art. 4

1. Hat der Beklagte keinen Wohnsitz im Hoheitsgebiet eines durch dieses Übereinkommen gebundenen Staates, so bestimmt sich vorbehaltlich der Artikel 22 und 23 die Zuständigkeit der Gerichte eines jeden durch dieses Übereinkommen gebundenen Staates nach dessen eigenen Gesetzen.

2. Gegenüber einem Beklagten, der keinen Wohnsitz im Hoheitsgebiet eines durch dieses Übereinkommen gebundenen Staates hat, kann sich jede Person, die ihren Wohnsitz im Hoheitsgebiet eines durch dieses Übereinkommen gebundenen Staates hat, in diesem Staat auf die dort geltenden Zuständigkeitsvorschriften, insbesondere auf die in Anhang I aufgeführten Vorschriften, wie ein Inländer berufen, ohne dass es auf ihre Staatsangehörigkeit ankommt.

Abschnitt 2: Besondere Zuständigkeiten

Art. 5

Eine Person, die ihren Wohnsitz im Hoheitsgebiet eines durch dieses Übereinkommen gebundenen Staates hat, kann in einem anderen durch dieses Übereinkommen gebundenen Staat verklagt werden:

1. a) wenn ein Vertrag oder Ansprüche aus einem Vertrag den Gegenstand des Verfahrens bilden, vor dem Gericht des Ortes, an dem die Verpflichtung erfüllt worden ist oder zu erfüllen wäre;

   b) im Sinne dieser Vorschrift – und sofern nichts anderes vereinbart worden ist – ist der Erfüllungsort der Verpflichtung

   – für den Verkauf beweglicher Sachen der Ort in einem durch dieses Übereinkommen gebundenen Staat, an dem sie nach dem Vertrag geliefert worden sind oder hätten geliefert werden müssen;

   – für die Erbringung von Dienstleistungen der Ort in einem durch dieses Übereinkommen gebundenen Staat, an dem sie nach dem Vertrag erbracht worden sind oder hätten erbracht werden müssen;

   c) ist Buchstabe b nicht anwendbar, so gilt Buchstabe a;

2. wenn es sich um eine Unterhaltssache handelt,
   a) vor dem Gericht des Ortes, an dem der Unterhaltsberechtigte seinen Wohnsitz oder seinen gewöhnlichen Aufenthalt hat, oder
   b) im Falle einer Unterhaltssache, über die im Zusammenhang mit einem Verfahren in Bezug auf den Personenstand zu entscheiden ist, vor dem nach seinem Recht für dieses Verfahren zuständigen Gericht, es sei denn, diese Zuständigkeit beruht lediglich auf der Staatsangehörigkeit einer der Parteien, oder
   c) im Falle einer Unterhaltssache, über die im Zusammenhang mit einem Verfahren in Bezug auf die elterliche Verantwortung zu entscheiden ist, vor dem nach seinem Recht für dieses Verfahren zuständigen Gericht, es sei denn, diese Zuständigkeit beruht lediglich auf der Staatsangehörigkeit einer der Parteien;

3. wenn eine unerlaubte Handlung oder eine Handlung, die einer unerlaubten Handlung gleichgestellt ist, oder wenn Ansprüche aus einer solchen Handlung den Gegenstand des Verfahrens bilden, vor dem Gericht des Ortes, an dem das schädigende Ereignis eingetreten ist oder einzutreten droht;

4. wenn es sich um eine Klage auf Schadensersatz oder auf Wiederherstellung des früheren Zustands handelt, die auf eine mit Strafe bedrohte Handlung gestützt wird, vor dem Strafgericht, bei dem die öffentliche Klage erhoben ist, soweit dieses Gericht nach seinem Recht über zivilrechtliche Ansprüche erkennen kann;

5. wenn es sich um Streitigkeiten aus dem Betrieb einer Zweigniederlassung, einer Agentur oder einer sonstigen Niederlassung handelt, vor dem Gericht des Ortes, an dem sich diese befindet;

6. wenn sie in ihrer Eigenschaft als Begründer, *trustee* oder Begünstigter eines *trust* in Anspruch genommen wird, der aufgrund eines Gesetzes oder durch schriftlich vorgenommenes oder schriftlich bestätigtes Rechtsgeschäft errichtet worden ist, vor den Gerichten des durch dieses Übereinkommen gebundenen Staates, in dessen Hoheitsgebiet der *trust* seinen Sitz hat;

7. wenn es sich um eine Streitigkeit wegen der Zahlung von Berge- und Hilfslohn handelt, der für Bergungs- oder Hilfeleistungsarbeiten

gefordert wird, die zugunsten einer Ladung oder einer Frachtforderung erbracht worden sind, vor dem Gericht, in dessen Zuständigkeitsbereich diese Ladung oder die entsprechende Frachtforderung

a) mit Arrest belegt worden ist, um die Zahlung zu gewährleisten, oder

b) mit Arrest hätte belegt werden können, jedoch dafür eine Bürgschaft oder eine andere Sicherheit geleistet worden ist;

diese Vorschrift ist nur anzuwenden, wenn behauptet wird, dass der Beklagte Rechte an der Ladung oder an der Frachtforderung hat oder zur Zeit der Bergungs- oder Hilfeleistungsarbeiten hatte.

Art. 6

Eine Person, die ihren Wohnsitz im Hoheitsgebiet eines durch dieses Übereinkommen gebundenen Staates hat, kann auch verklagt werden:

1. wenn mehrere Personen zusammen verklagt werden, vor dem Gericht des Ortes, an dem einer der Beklagten seinen Wohnsitz hat, sofern zwischen den Klagen eine so enge Beziehung gegeben ist, dass eine gemeinsame Verhandlung und Entscheidung geboten erscheint, um zu vermeiden, dass in getrennten Verfahren widersprechende Entscheidungen ergehen könnten;

2. wenn es sich um eine Klage auf Gewährleistung oder um eine Interventionsklage handelt, vor dem Gericht des Hauptprozesses, es sei denn, dass die Klage nur erhoben worden ist, um diese Person dem für sie zuständigen Gericht zu entziehen;

3. wenn es sich um eine Widerklage handelt, die auf denselben Vertrag oder Sachverhalt wie die Klage selbst gestützt wird, vor dem Gericht, bei dem die Klage selbst anhängig ist;

4. wenn ein Vertrag oder Ansprüche aus einem Vertrag den Gegenstand des Verfahrens bilden und die Klage mit einer Klage wegen dinglicher Rechte an unbeweglichen Sachen gegen denselben Beklagten verbunden werden kann, vor dem Gericht des durch dieses Übereinkommen gebundenen Staates, in dessen Hoheitsgebiet die unbewegliche Sache belegen ist.

Art. 7

Ist ein Gericht eines durch dieses Übereinkommen gebundenen Staates nach diesem Übereinkommen zur Entscheidung in Verfahren wegen einer Haftpflicht aufgrund der Verwendung oder des Betriebs eines Schiffes zuständig, so entscheidet dieses oder ein anderes an seiner Stelle durch das Recht dieses Staates bestimmtes Gericht auch über Klagen auf Beschränkung dieser Haftung.

Abschnitt 3: Zuständigkeit für Versicherungssachen

Art. 8

Für Klagen in Versicherungssachen bestimmt sich die Zuständigkeit unbeschadet des Artikels 4 und des Artikels 5 Nummer 5 nach diesem Abschnitt.

Art. 9

1. Ein Versicherer, der seinen Wohnsitz im Hoheitsgebiet eines durch dieses Übereinkommen gebundenen Staates hat, kann verklagt werden:

　　a)　vor den Gerichten des Staates, in dem er seinen Wohnsitz hat,

　　b)　in einem anderen durch dieses Übereinkommen gebundenen Staat bei Klagen des Versicherungsnehmers, des Versicherten oder des Begünstigten vor dem Gericht des Ortes, an dem der Kläger seinen Wohnsitz hat, oder

　　c)　falls es sich um einen Mitversicherer handelt, vor dem Gericht eines durch dieses Übereinkommen gebundenen Staates, bei dem der federführende Versicherer verklagt wird.

2. Hat der Versicherer im Hoheitsgebiet eines durch dieses Übereinkommen gebundenen Staates keinen Wohnsitz, besitzt er aber in einem durch dieses Übereinkommen gebundenen Staat eine Zweigniederlassung, Agentur oder sonstige Niederlassung, so wird er für Streitigkeiten aus ihrem Betrieb so behandelt, wie wenn er seinen Wohnsitz im Hoheitsgebiet dieses Staates hätte.

Art. 10

Bei der Haftpflichtversicherung oder bei der Versicherung von unbeweglichen Sachen kann der Versicherer ausserdem vor dem Gericht des Ortes, an dem das schädigende Ereignis eingetreten ist, verklagt werden. Das Gleiche gilt, wenn sowohl bewegliche als auch unbewegliche Sachen in ein und demselben Versicherungsvertrag versichert und von demselben Schadensfall betroffen sind.

Art. 11

1. Bei der Haftpflichtversicherung kann der Versicherer auch vor das Gericht, bei dem die Klage des Geschädigten gegen den Versicherten anhängig ist, geladen werden, sofern dies nach dem Recht des angerufenen Gerichts zulässig ist.

2. Auf eine Klage, die der Geschädigte unmittelbar gegen den Versicherer erhebt, sind die Artikel 8, 9 und 10 anzuwenden, sofern eine solche unmittelbare Klage zulässig ist.

3. Sieht das für die unmittelbare Klage massgebliche Recht die Streitverkündung gegen den Versicherungsnehmer oder den Versicherten vor, so ist dasselbe Gericht auch für diese Personen zuständig.

Art. 12

1. Vorbehaltlich der Bestimmungen des Artikels 11 Absatz 3 kann der Versicherer nur vor den Gerichten des durch dieses Übereinkommen gebundenen Staates klagen, in dessen Hoheitsgebiet der Beklagte seinen Wohnsitz hat, ohne Rücksicht darauf, ob dieser Versicherungsnehmer, Versicherter oder Begünstigter ist.

2. Die Vorschriften dieses Abschnitts lassen das Recht unberührt, eine Widerklage vor dem Gericht zu erheben, bei dem die Klage selbst gemäss den Bestimmungen dieses Abschnitts anhängig ist.

Art. 13

Von den Vorschriften dieses Abschnitts kann im Wege der Vereinbarung nur abgewichen werden:

1. wenn die Vereinbarung nach der Entstehung der Streitigkeit getroffen wird,
2. wenn sie dem Versicherungsnehmer, Versicherten oder Begünstigten die Befugnis einräumt, andere als die in diesem Abschnitt angeführten Gerichte anzurufen,
3. wenn sie zwischen einem Versicherungsnehmer und einem Versicherer, die zum Zeitpunkt des Vertragsabschlusses ihren Wohnsitz oder gewöhnlichen Aufenthalt in demselben durch dieses Übereinkommen gebundenen Staat haben, getroffen ist, um die Zuständigkeit der Gerichte dieses Staates auch für den Fall zu begründen, dass das schädigende Ereignis im Ausland eintritt, es sei denn, dass eine solche Vereinbarung nach dem Recht dieses Staates nicht zulässig ist,
4. wenn sie von einem Versicherungsnehmer geschlossen ist, der seinen Wohnsitz nicht in einem durch dieses Übereinkommen gebundenen Staat hat, ausgenommen soweit sie eine Versicherung, zu deren Abschluss eine gesetzliche Verpflichtung besteht, oder die Versicherung von unbeweglichen Sachen in einem durch dieses Übereinkommen gebundenen Staat betrifft, oder
5. wenn sie einen Versicherungsvertrag betrifft, soweit dieser eines oder mehrere der in Artikel 14 aufgeführten Risiken deckt.

Art. 14

Die in Artikel 13 Nummer 5 erwähnten Risiken sind die folgenden:
1. sämtliche Schäden
   a) an Seeschiffen, Anlagen vor der Küste und auf hoher See oder Luftfahrzeugen aus Gefahren, die mit ihrer Verwendung zu gewerblichen Zwecken verbunden sind,
   b) an Transportgütern, ausgenommen Reisegepäck der Passagiere, wenn diese Güter ausschliesslich oder zum Teil mit diesen Schiffen oder Luftfahrzeugen befördert werden;
2. Haftpflicht aller Art, mit Ausnahme der Haftung für Personenschäden an Passagieren oder Schäden an deren Reisegepäck,

a) aus der Verwendung oder dem Betrieb von Seeschiffen, Anlagen oder Luftfahrzeugen gemäss Nummer 1 Buchstabe a, es sei denn, dass – was die letztgenannten betrifft – nach den Rechtsvorschriften des durch dieses Übereinkommen gebundenen Staates, in dem das Luftfahrzeug eingetragen ist, Gerichtsstandsvereinbarungen für die Versicherung solcher Risiken untersagt sind,

b) für Schäden, die durch Transportgüter während einer Beförderung im Sinne von Nummer 1 Buchstabe b verursacht werden;

3. finanzielle Verluste im Zusammenhang mit der Verwendung oder dem Betrieb von Seeschiffen, Anlagen oder Luftfahrzeugen gemäss Nummer 1 Buchstabe a, insbesondere Fracht- oder Charterverlust;

4. irgendein zusätzliches Risiko, das mit einem der unter den Nummern 1–3 genannten Risiken in Zusammenhang steht;

5. unbeschadet der Nummern 1–4 alle Grossrisiken.

Abschnitt 4: Zuständigkeit bei Verbrauchersachen

Art. 15

1. Bilden ein Vertrag oder Ansprüche aus einem Vertrag, den eine Person, der Verbraucher, zu einem Zweck geschlossen hat, der nicht der beruflichen oder gewerblichen Tätigkeit dieser Person zugerechnet werden kann, den Gegenstand des Verfahrens, so bestimmt sich die Zuständigkeit unbeschadet des Artikels 4 und des Artikels 5 Nummer 5 nach diesem Abschnitt,

a) wenn es sich um den Kauf beweglicher Sachen auf Teilzahlung handelt,

b) wenn es sich um ein in Raten zurückzuzahlendes Darlehen oder ein anderes Kreditgeschäft handelt, das zur Finanzierung eines Kaufs derartiger Sachen bestimmt ist, oder

c) in allen anderen Fällen, wenn der andere Vertragspartner in dem durch dieses Übereinkommen gebundenen Staat, in dessen Hoheitsgebiet der Verbraucher seinen Wohnsitz hat, eine berufliche oder gewerbliche Tätigkeit ausübt oder eine solche auf irgendeinem Wege auf diesen Staat oder auf mehrere Staaten, einschliesslich dieses Staates, ausrichtet und der Vertrag in den Bereich dieser Tätigkeit fällt.

2. Hat der Vertragspartner des Verbrauchers im Hoheitsgebiet eines durch dieses Übereinkommen gebundenen Staates keinen Wohnsitz, besitzt er aber in einem durch dieses Übereinkommen gebundenen Staat eine Zweigniederlassung, Agentur oder sonstige Niederlassung, so wird er für Streitigkeiten aus ihrem Betrieb so behandelt, wie wenn er seinen Wohnsitz im Hoheitsgebiet dieses Staates hätte.

3. Dieser Abschnitt ist nicht auf Beförderungsverträge mit Ausnahme von Reiseverträgen, die für einen Pauschalpreis kombinierte Beförderungs- und Unterbringungsleistungen vorsehen, anzuwenden.

Art. 16

1. Die Klage eines Verbrauchers gegen den anderen Vertragspartner kann entweder vor den Gerichten des durch dieses Übereinkommen gebundenen Staates erhoben werden, in dessen Hoheitsgebiet dieser Vertragspartner seinen Wohnsitz hat, oder vor dem Gericht des Ortes, an dem der Verbraucher seinen Wohnsitz hat.

2. Die Klage des anderen Vertragspartners gegen den Verbraucher kann nur vor den Gerichten des durch dieses Übereinkommen gebundenen Staates erhoben werden, in dessen Hoheitsgebiet der Verbraucher seinen Wohnsitz hat.

3. Die Vorschriften dieses Artikels lassen das Recht unberührt, eine Widerklage vor dem Gericht zu erheben, bei dem die Klage selbst gemäss den Bestimmungen dieses Abschnitts anhängig ist.

Art. 17

Von den Vorschriften dieses Abschnitts kann im Wege der Vereinbarung nur abgewichen werden:

1. wenn die Vereinbarung nach der Entstehung der Streitigkeit getroffen wird,
2. wenn sie dem Verbraucher die Befugnis einräumt, andere als die in diesem Abschnitt angeführten Gerichte anzurufen, oder

3. wenn sie zwischen einem Verbraucher und seinem Vertragspartner, die zum Zeitpunkt des Vertragsabschlusses ihren Wohnsitz oder gewöhnlichen Aufenthalt in demselben durch dieses Übereinkommen gebundenen Staat haben, getroffen ist und die Zuständigkeit der Gerichte dieses Staates begründet, es sei denn, dass eine solche Vereinbarung nach dem Recht dieses Staates nicht zulässig ist.

Abschnitt 5: Zuständigkeit für individuelle Arbeitsverträge

Art. 18

1. Bilden ein individueller Arbeitsvertrag oder Ansprüche aus einem individuellen Arbeitsvertrag den Gegenstand des Verfahrens, so bestimmt sich die Zuständigkeit unbeschadet des Artikels 4 und des Artikels 5 Nummer 5 nach diesem Abschnitt.

2. Hat der Arbeitgeber, mit dem der Arbeitnehmer einen individuellen Arbeitsvertrag geschlossen hat, im Hoheitsgebiet eines durch dieses Übereinkommen gebundenen Staates keinen Wohnsitz, besitzt er aber in einem der durch dieses Übereinkommen gebundenen Staaten eine Zweigniederlassung, Agentur oder sonstige Niederlassung, so wird er für Streitigkeiten aus ihrem Betrieb so behandelt, wie wenn er seinen Wohnsitz im Hoheitsgebiet dieses Staates hätte.

Art. 19

Ein Arbeitgeber, der seinen Wohnsitz im Hoheitsgebiet eines durch dieses Übereinkommen gebundenen Staates hat, kann verklagt werden:

1. vor den Gerichten des Staates, in dem er seinen Wohnsitz hat,
2. in einem anderen durch dieses Übereinkommen gebundenen Staat:
   a) vor dem Gericht des Ortes, an dem der Arbeitnehmer gewöhnlich seine Arbeit verrichtet oder zuletzt gewöhnlich verrichtet hat, oder
   b) wenn der Arbeitnehmer seine Arbeit gewöhnlich nicht in ein und demselben Staat verrichtet oder verrichtet hat,

vor dem Gericht des Ortes, an dem sich die Niederlassung, die den Arbeitnehmer eingestellt hat, befindet bzw. befand.

Art. 20

1. Die Klage des Arbeitgebers kann nur vor den Gerichten des durch dieses Übereinkommen gebundenen Staates erhoben werden, in dessen Hoheitsgebiet der Arbeitnehmer seinen Wohnsitz hat.

2. Die Vorschriften dieses Abschnitts lassen das Recht unberührt, eine Widerklage vor dem Gericht zu erheben, bei dem die Klage selbst gemäss den Bestimmungen dieses Abschnitts anhängig ist.

Art. 21

Von den Vorschriften dieses Abschnitts kann im Wege der Vereinbarung nur abgewichen werden,
1. wenn die Vereinbarung nach der Entstehung der Streitigkeit getroffen wird oder
2. wenn sie dem Arbeitnehmer die Befugnis einräumt, andere als die in diesem Abschnitt angeführten Gerichte anzurufen.

Abschnitt 6: Ausschliessliche Zuständigkeiten

Art. 22

Ohne Rücksicht auf den Wohnsitz sind ausschliesslich zuständig:
1. für Klagen, welche dingliche Rechte an unbeweglichen Sachen sowie die Miete oder Pacht von unbeweglichen Sachen zum Gegenstand haben, die Gerichte des durch dieses Übereinkommen gebundenen Staates, in dem die unbewegliche Sache belegen ist.

    Jedoch sind für Klagen betreffend die Miete oder Pacht unbeweglicher Sachen zum vorübergehenden privaten Gebrauch für höchstens sechs aufeinander folgende Monate auch die Gerichte des durch dieses Übereinkommen gebundenen Staates zuständig, in dem der Beklagte seinen Wohnsitz hat, sofern es sich bei dem Mieter oder Pächter um eine natürliche Person handelt und der Eigentümer sowie der Mieter oder Pächter ihren Wohnsitz in demselben durch dieses Übereinkommen gebundenen Staat haben;

2. für Klagen, welche die Gültigkeit, die Nichtigkeit oder die Auflösung einer Gesellschaft oder juristischen Person oder die Gültigkeit der Beschlüsse ihrer Organe zum Gegenstand haben, die Gerichte des durch dieses Übereinkommen gebundenen Staates, in dessen Hoheitsgebiet die Gesellschaft oder juristische Person ihren Sitz hat. Bei der Entscheidung darüber, wo der Sitz sich befindet, wendet das Gericht die Vorschriften seines Internationalen Privatrechts an;

3. für Klagen, welche die Gültigkeit von Eintragungen in öffentliche Register zum Gegenstand haben, die Gerichte des durch dieses Übereinkommen gebundenen Staates, in dessen Hoheitsgebiet die Register geführt werden;

4. für Klagen, welche die Eintragung oder die Gültigkeit von Patenten, Marken, Mustern und Modellen sowie ähnlicher Rechte, die einer Hinterlegung oder Registrierung bedürfen, zum Gegenstand haben, unabhängig davon, ob die Frage klageweise oder einredeweise aufgeworfen wird, die Gerichte des durch dieses Übereinkommen gebundenen Staates, in dessen Hoheitsgebiet die Hinterlegung oder Registrierung beantragt oder vorgenommen worden ist oder aufgrund eines Gemeinschaftsrechtsakts oder eines zwischenstaatlichen Übereinkommens als vorgenommen gilt.

Unbeschadet der Zuständigkeit des Europäischen Patentamts nach dem am 5. Oktober 1973 in München unterzeichneten Übereinkommen über die Erteilung europäischer Patente sind die Gerichte eines jeden durch dieses Übereinkommen gebundenen Staates ohne Rücksicht auf den Wohnsitz der Parteien für alle Verfahren ausschliesslich zuständig, welche die Erteilung oder die Gültigkeit eines europäischen Patents zum Gegenstand haben, das für diesen Staat erteilt wurde, unabhängig davon, ob die Frage klageweise oder einredeweise aufgeworfen wird;

5. für Verfahren, welche die Zwangsvollstreckung aus Entscheidungen zum Gegenstand haben, die Gerichte des durch dieses Übereinkommen gebundenen Staates, in dessen Hoheitsgebiet die Zwangsvollstreckung durchgeführt werden soll oder durchgeführt worden ist.

Abschnitt 7: Vereinbarung über die Zuständigkeit

Art. 23

1. Haben die Parteien, von denen mindestens eine ihren Wohnsitz im Hoheitsgebiet eines durch dieses Übereinkommen gebundenen Staates hat, vereinbart, dass ein Gericht oder die Gerichte eines durch dieses Übereinkommen gebundenen Staates über eine bereits entstandene Rechtsstreitigkeit oder über eine künftige aus einem bestimmten Rechtsverhältnis entspringende Rechtsstreitigkeit entscheiden sollen, so sind dieses Gericht oder die Gerichte dieses Staates zuständig. Dieses Gericht oder die Gerichte dieses Staates sind ausschliesslich zuständig, sofern die Parteien nichts anderes vereinbart haben. Eine solche Gerichtsstandsvereinbarung muss geschlossen werden

   a) schriftlich oder mündlich mit schriftlicher Bestätigung,

   b) in einer Form, welche den Gepflogenheiten entspricht, die zwischen den Parteien entstanden sind, oder

   c) im internationalen Handel in einer Form, die einem Handelsbrauch entspricht, den die Parteien kannten oder kennen mussten und den Parteien von Verträgen dieser Art in dem betreffenden Geschäftszweig allgemein kennen und regelmässig beachten.

2. Elektronische Übermittlungen, die eine dauerhafte Aufzeichnung der Vereinbarung ermöglichen, sind der Schriftform gleichgestellt.

3. Wenn eine solche Vereinbarung von Parteien geschlossen wurde, die beide ihren Wohnsitz nicht im Hoheitsgebiet eines durch dieses Übereinkommen gebundenen Staates haben, so können die Gerichte der anderen durch dieses Übereinkommen gebundenen Staaten nicht entscheiden, es sei denn, das vereinbarte Gericht oder die vereinbarten Gerichte haben sich rechtskräftig für unzuständig erklärt.

4. Ist in schriftlich niedergelegten *trust*-Bedingungen bestimmt, dass über Klagen gegen einen Begründer, *trustee* oder Begünstigten eines *trust* ein Gericht oder die Gerichte eines durch dieses Übereinkommen gebundenen Staates entscheiden sollen, so ist dieses Gericht oder sind diese Gerichte ausschliesslich zuständig, wenn es sich um Beziehungen zwischen diesen Personen oder ihre Rechte oder Pflichten im Rahmen des *trust* handelt.

5. Gerichtsstandsvereinbarungen und entsprechende Bestimmungen in *trust*-Bedingungen haben keine rechtliche Wirkung, wenn sie den Vorschriften der Artikel 13, 17 und 21 zuwiderlaufen oder wenn die Gerichte, deren Zuständigkeit abbedungen wird, aufgrund des Artikels 22 ausschliesslich zuständig sind.

Art. 24

Sofern das Gericht eines durch dieses Übereinkommen gebundenen Staates nicht bereits nach anderen Vorschriften dieses Übereinkommens zuständig ist, wird es zuständig, wenn sich der Beklagte vor ihm auf das Verfahren einlässt. Dies gilt nicht, wenn der Beklagte sich einlässt, um den Mangel der Zuständigkeit geltend zu machen oder wenn ein anderes Gericht aufgrund des Artikels 22 ausschliesslich zuständig ist.

Abschnitt 8: Prüfung der Zuständigkeit und der Zulässigkeit des Verfahrens

Art. 25

Das Gericht eines durch dieses Übereinkommen gebundenen Staates hat sich von Amts wegen für unzuständig zu erklären, wenn es wegen einer Streitigkeit angerufen wird, für die das Gericht eines anderen durch dieses Übereinkommen gebundenen Staates aufgrund des Artikels 22 ausschliesslich zuständig ist.

Art. 26

1. Lässt sich der Beklagte, der seinen Wohnsitz im Hoheitsgebiet eines durch dieses Übereinkommen gebundenen Staates hat und der

vor den Gerichten eines anderen durch dieses Übereinkommen gebundenen Staates verklagt wird, auf das Verfahren nicht ein, so hat sich das Gericht von Amts wegen für unzuständig zu erklären, wenn seine Zuständigkeit nicht nach diesem Übereinkommen begründet ist.

2. Das Gericht hat das Verfahren so lange auszusetzen, bis festgestellt ist, dass es dem Beklagten möglich war, das verfahrenseinleitende Schriftstück oder ein gleichwertiges Schriftstück so rechtzeitig zu empfangen, dass er sich verteidigen konnte oder dass alle hierzu erforderlichen Massnahmen getroffen worden sind.

3. An die Stelle von Absatz 2 tritt Artikel 15 des Haager Übereinkommens vom 15. November 1965 über die Zustellung gerichtlicher und aussergerichtlicher Schriftstücke im Ausland in Zivil- oder Handelssachen, wenn das verfahrenseinleitende Schriftstück oder ein gleichwertiges Schriftstück nach dem genannten Übereinkommen zu übermitteln war.

4. Die Mitgliedstaaten der Europäischen Gemeinschaft, die durch die Verordnung (EG) Nr. 1348/2000 des Rates vom 29. Mai 2000 oder durch das am 19. Oktober 2005 in Brüssel unterzeichnete Abkommen zwischen der Europäischen Gemeinschaft und dem Königreich Dänemark über die Zustellung gerichtlicher und aussergerichtlicher Schriftstücke in Zivil- oder Handelssachen gebunden sind, wenden in ihrem Verhältnis untereinander Artikel 19 der genannten Verordnung an, wenn das verfahrenseinleitende Schriftstück oder ein gleichwertiges Schriftstück nach dieser Verordnung oder nach dem genannten Abkommen zu übermitteln war.

Abschnitt 9: Rechtshängigkeit und im Zusammenhang stehende Verfahren

Art. 27

1. Werden bei Gerichten verschiedener durch dieses Übereinkommen gebundener Staaten Klagen wegen desselben Anspruchs zwischen denselben Parteien anhängig gemacht, so setzt das später angerufene Gericht das Verfahren von Amts wegen aus, bis die Zuständigkeit des zuerst angerufenen Gerichts feststeht.

2. Sobald die Zuständigkeit des zuerst angerufenen Gerichts feststeht, erklärt sich das später angerufene Gericht zugunsten dieses Gerichts für unzuständig.

Art. 28

1. Sind bei Gerichten verschiedener durch dieses Übereinkommen gebundener Staaten Klagen, die im Zusammenhang stehen, anhängig, so kann jedes später angerufene Gericht das Verfahren aussetzen.

2. Sind diese Klagen in erster Instanz anhängig, so kann sich jedes später angerufene Gericht auf Antrag einer Partei auch für unzuständig erklären, wenn das zuerst angerufene Gericht für die betreffenden Klagen zuständig ist und die Verbindung der Klagen nach seinem Recht zulässig ist.

3. Klagen stehen im Sinne dieses Artikels im Zusammenhang, wenn zwischen ihnen eine so enge Beziehung gegeben ist, dass eine gemeinsame Verhandlung und Entscheidung geboten erscheint, um zu vermeiden, dass in getrennten Verfahren widersprechende Entscheidungen ergehen könnten.

Art. 29

Ist für die Klagen die ausschliessliche Zuständigkeit mehrerer Gerichte gegeben, so hat sich das zuletzt angerufene Gericht zugunsten des zuerst angerufenen Gerichts für unzuständig zu erklären.

Art. 30

Für die Zwecke dieses Abschnitts gilt ein Gericht als angerufen:

1. zu dem Zeitpunkt, zu dem das verfahrenseinleitende Schriftstück oder ein gleichwertiges Schriftstück bei Gericht eingereicht worden ist, vorausgesetzt, dass der Kläger es in der Folge nicht versäumt hat, die ihm obliegenden Massnahmen zu treffen, um die Zustellung des Schriftstücks an den Beklagten zu bewirken, oder

2. falls die Zustellung an den Beklagten vor Einreichung des Schriftstücks bei Gericht zu bewirken ist, zu dem Zeitpunkt, zu dem die für die Zustellung verantwortliche Stelle das

Schriftstück erhalten hat, vorausgesetzt, dass der Kläger es in der Folge nicht versäumt hat, die ihm obliegenden Massnahmen zu treffen, um das Schriftstück bei Gericht einzureichen.

Abschnitt 10: Einstweilige Massnahmen einschliesslich solcher, die auf eine Sicherung gerichtet sind

Art. 31

Die im Recht eines durch dieses Übereinkommen gebundenen Staates vorgesehenen einstweiligen Massnahmen einschliesslich solcher, die auf eine Sicherung gerichtet sind, können bei den Gerichten dieses Staates auch dann beantragt werden, wenn für die Entscheidung in der Hauptsache das Gericht eines anderen durch dieses Übereinkommen gebundenen Staates aufgrund dieses Übereinkommens zuständig ist.

Titel III: Anerkennung und Vollstreckung

Art. 32

Unter «Entscheidung» im Sinne dieses Übereinkommens ist jede Entscheidung zu verstehen, die von einem Gericht eines durch dieses Übereinkommen gebundenen Staates erlassen worden ist, ohne Rücksicht auf ihre Bezeichnung wie Urteil, Beschluss, Zahlungsbefehl oder Vollstreckungsbescheid, einschliesslich des Kostenfestsetzungsbeschlusses eines Gerichtsbediensteten.

Abschnitt 1: Anerkennung

Art. 33

1. Die in einem durch dieses Übereinkommen gebundenen Staat ergangenen Entscheidungen werden in den anderen durch dieses Übereinkommen gebundenen Staaten anerkannt, ohne dass es hierfür eines besonderen Verfahrens bedarf.

2. Bildet die Frage, ob eine Entscheidung anzuerkennen ist, als solche den Gegenstand eines Streites, so kann jede Partei, welche die Anerkennung geltend macht, in dem Verfahren nach den Abschnitten 2 und 3 dieses Titels die Feststellung beantragen, dass die Entscheidung anzuerkennen ist.

3. Wird die Anerkennung in einem Rechtsstreit vor dem Gericht eines durch dieses Übereinkommen gebundenen Staates, dessen Entscheidung von der Anerkennung abhängt, verlangt, so kann dieses Gericht über die Anerkennung entscheiden.

Art. 34

Eine Entscheidung wird nicht anerkannt, wenn

1. die Anerkennung der öffentlichen Ordnung (*ordre public*) des Staates, in dem sie geltend gemacht wird, offensichtlich widersprechen würde;
2. dem Beklagten, der sich auf das Verfahren nicht eingelassen hat, das verfahrenseinleitende Schriftstück oder ein gleichwertiges Schriftstück nicht so rechtzeitig und in einer Weise zugestellt worden ist, dass er sich verteidigen konnte, es sei denn, der Beklagte hat gegen die Entscheidung keinen Rechtsbehelf eingelegt, obwohl er die Möglichkeit dazu hatte;
3. sie mit einer Entscheidung unvereinbar ist, die zwischen denselben Parteien in dem Staat, in dem die Anerkennung geltend gemacht wird, ergangen ist;
4. sie mit einer früheren Entscheidung unvereinbar ist, die in einem anderen durch dieses Übereinkommen gebundenen Staat oder in einem Drittstaat zwischen denselben Parteien in einem Rechtsstreit wegen desselben Anspruchs ergangen ist, sofern die frühere Entscheidung die notwendigen Voraussetzungen für ihre Anerkennung in dem Staat erfüllt, in dem die Anerkennung geltend gemacht wird.

Art. 35

1. Eine Entscheidung wird ferner nicht anerkannt, wenn die Vorschriften der Abschnitte 3, 4 und 6 des Titels II verletzt worden sind oder wenn ein Fall des Artikels 68 vorliegt. Des Weiteren kann die

Anerkennung einer Entscheidung versagt werden, wenn ein Fall des Artikels 64 Absatz 3 oder des Artikels 67 Absatz 4 vorliegt.

2. Das Gericht oder die sonst befugte Stelle des Staates, in dem die Anerkennung geltend gemacht wird, ist bei der Prüfung, ob eine der in Absatz 1 angeführten Zuständigkeiten gegeben ist, an die tatsächlichen Feststellungen gebunden, aufgrund deren das Gericht des Ursprungsstaats seine Zuständigkeit angenommen hat.

3. Die Zuständigkeit der Gerichte des Ursprungsstaats darf, unbeschadet der Bestimmungen des Absatzes 1, nicht nachgeprüft werden. Die Vorschriften über die Zuständigkeit gehören nicht zur öffentlichen Ordnung (*ordre public*) im Sinne des Artikels 34 Nummer 1.

Art. 36

Die ausländische Entscheidung darf keinesfalls in der Sache selbst nachgeprüft werden.

Art. 37

1. Das Gericht eines durch dieses Übereinkommen gebundenen Staates, vor dem die Anerkennung einer in einem anderen durch dieses Übereinkommen gebundenen Staat ergangenen Entscheidung geltend gemacht wird, kann das Verfahren aussetzen, wenn gegen die Entscheidung ein ordentlicher Rechtsbehelf eingelegt worden ist.

2. Das Gericht eines durch dieses Übereinkommen gebundenen Staates, vor dem die Anerkennung einer in Irland oder im Vereinigten Königreich ergangenen Entscheidung geltend gemacht wird, kann das Verfahren aussetzen, wenn die Vollstreckung der Entscheidung im Ursprungsstaat wegen der Einlegung eines Rechtsbehelfs einstweilen eingestellt ist.

Abschnitt 2: Vollstreckung

Art. 38

1. Die in einem durch dieses Übereinkommen gebundenen Staat ergangenen Entscheidungen, die in diesem Staat vollstreckbar sind,

werden in einem anderen durch dieses Übereinkommen gebundenen Staat vollstreckt, wenn sie dort auf Antrag eines Berechtigten für vollstreckbar erklärt worden sind.

2. Im Vereinigten Königreich jedoch wird eine derartige Entscheidung in England und Wales, in Schottland oder in Nordirland vollstreckt, wenn sie auf Antrag eines Berechtigten zur Vollstreckung in dem betreffenden Teil des Vereinigten Königreichs registriert worden ist.

Art. 39

1. Der Antrag ist an das Gericht oder die sonst befugte Stelle zu richten, die in Anhang II aufgeführt ist.

2. Die örtliche Zuständigkeit wird durch den Wohnsitz des Schuldners oder durch den Ort, an dem die Zwangsvollstreckung durchgeführt werden soll, bestimmt.

Art. 40

1. Für die Stellung des Antrags ist das Recht des Vollstreckungsstaats massgebend.

2. Der Antragsteller hat im Bezirk des angerufenen Gerichts ein Wahldomizil zu begründen. Ist das Wahldomizil im Recht des Vollstreckungsstaats nicht vorgesehen, so hat der Antragsteller einen Zustellungsbevollmächtigten zu benennen.

3. Dem Antrag sind die in Artikel 53 angeführten Urkunden beizufügen.

Art. 41

Sobald die in Artikel 53 vorgesehenen Förmlichkeiten erfüllt sind, wird die Entscheidung unverzüglich für vollstreckbar erklärt, ohne dass eine Prüfung nach den Artikeln 34 und 35 erfolgt. Der Schuldner erhält in diesem Abschnitt des Verfahrens keine Gelegenheit, eine Erklärung abzugeben.

Art. 42

1. Die Entscheidung über den Antrag auf Vollstreckbarerklärung wird dem Antragsteller unverzüglich in der Form mitgeteilt, die das Recht des Vollstreckungsstaats vorsieht.

2. Die Vollstreckbarerklärung und, soweit dies noch nicht geschehen ist, die Entscheidung werden dem Schuldner zugestellt.

Art. 43

1. Gegen die Entscheidung über den Antrag auf Vollstreckbarerklärung kann jede Partei einen Rechtsbehelf einlegen.

2. Der Rechtsbehelf wird bei dem in Anhang III aufgeführten Gericht eingelegt.

3. Über den Rechtsbehelf wird nach den Vorschriften entschieden, die für Verfahren mit beiderseitigem rechtlichen Gehör massgebend sind.

4. Lässt sich der Schuldner auf das Verfahren vor dem mit dem Rechtsbehelf des Antragstellers befassten Gericht nicht ein, so ist Artikel 26 Absätze 2–4 auch dann anzuwenden, wenn der Schuldner seinen Wohnsitz nicht im Hoheitsgebiet eines durch dieses Übereinkommen gebundenen Staates hat.

5. Der Rechtsbehelf gegen die Vollstreckbarerklärung ist innerhalb eines Monats nach ihrer Zustellung einzulegen. Hat der Schuldner seinen Wohnsitz im Hoheitsgebiet eines anderen durch dieses Übereinkommen gebundenen Staates als dem, in dem die Vollstreckbarerklärung ergangen ist, so beträgt die Frist für den Rechtsbehelf zwei Monate und beginnt von dem Tage an zu laufen, an dem die Vollstreckbarerklärung ihm entweder in Person oder in seiner Wohnung zugestellt worden ist. Eine Verlängerung dieser Frist wegen weiter Entfernung ist ausgeschlossen.

Art. 44

Gegen die Entscheidung, die über den Rechtsbehelf ergangen ist, kann nur ein Rechtsbehelf nach Anhang IV eingelegt werden.

Art. 45

1. Die Vollstreckbarerklärung darf von dem mit einem Rechtsbehelf nach Artikel 43 oder Artikel 44 befassten Gericht nur aus einem der in den Artikeln 34 und 35 aufgeführten Gründe versagt oder aufgehoben werden. Das Gericht erlässt seine Entscheidung unverzüglich.

2. Die ausländische Entscheidung darf keinesfalls in der Sache selbst nachgeprüft werden.

Art. 46

1. Das nach Artikel 43 oder Artikel 44 mit dem Rechtsbehelf befasste Gericht kann auf Antrag des Schuldners das Verfahren aussetzen, wenn gegen die Entscheidung im Ursprungsstaat ein ordentlicher Rechtsbehelf eingelegt oder die Frist für einen solchen Rechtsbehelf noch nicht verstrichen ist; in letzterem Fall kann das Gericht eine Frist bestimmen, innerhalb deren der Rechtsbehelf einzulegen ist.

2. Ist die Entscheidung in Irland oder im Vereinigten Königreich ergangen, so gilt jeder im Ursprungsstaat statthafte Rechtsbehelf als ordentlicher Rechtsbehelf im Sinne von Absatz 1.

3. Das Gericht kann auch die Zwangsvollstreckung von der Leistung einer Sicherheit, die es bestimmt, abhängig machen.

Art. 47

1. Ist eine Entscheidung nach diesem Übereinkommen anzuerkennen, so ist der Antragsteller nicht daran gehindert, einstweilige Massnahmen einschliesslich solcher, die auf eine Sicherung gerichtet sind, nach dem Recht des Vollstreckungsstaats in Anspruch zu nehmen, ohne dass es einer Vollstreckbarerklärung nach Artikel 41 bedarf.

2. Die Vollstreckbarerklärung gibt die Befugnis, solche Massnahmen zu veranlassen.

3. Solange die in Artikel 43 Absatz 5 vorgesehene Frist für den Rechtsbehelf gegen die Vollstreckbarerklärung läuft und solange über den Rechtsbehelf nicht entschieden ist, darf die Zwangsvollstreckung in das Vermögen des Schuldners nicht über Massnahmen zur Sicherung hinausgehen.

Art. 48

1. Ist durch die ausländische Entscheidung über mehrere mit der Klage geltend gemachte Ansprüche erkannt und kann die Vollstreckbarerklärung nicht für alle Ansprüche erteilt werden, so erteilt das Gericht oder die sonst befugte Stelle sie für einen oder mehrere dieser Ansprüche.

2. Der Antragsteller kann beantragen, dass die Vollstreckbarerklärung nur für einen Teil des Gegenstands der Verurteilung erteilt wird.

Art. 49

Ausländische Entscheidungen, die auf Zahlung eines Zwangsgelds lauten, sind im Vollstreckungsstaat nur vollstreckbar, wenn die Höhe des Zwangsgelds durch die Gerichte des Ursprungsstaats endgültig festgesetzt ist.

Art. 50

1. Ist dem Antragsteller im Ursprungsstaat ganz oder teilweise Prozesskostenhilfe oder Kosten- und Gebührenbefreiung gewährt worden, so geniesst er in dem Verfahren nach diesem Abschnitt hinsichtlich der Prozesskostenhilfe oder der Kosten- und Gebührenbefreiung die günstigste Behandlung, die das Recht des Vollstreckungsstaats vorsieht.

2. Der Antragsteller, der die Vollstreckung einer Entscheidung einer Verwaltungsbehörde begehrt, die in Dänemark, Island oder Norwegen in Unterhaltssachen ergangen ist, kann im Vollstreckungsstaat Anspruch auf die in Absatz 1 genannten Vorteile erheben, wenn er eine Erklärung des dänischen, isländischen oder norwegischen Justizministeriums darüber vorlegt, dass er die wirtschaftlichen Voraussetzungen für die vollständige oder teilweise Bewilligung der Prozesskostenhilfe oder für die Kosten- und Gebührenbefreiung erfüllt.

Art. 51

Der Partei, die in einem durch dieses Übereinkommen gebundenen Staat eine in einem anderen durch dieses Übereinkommen gebundenen Staat ergangene Entscheidung vollstrecken will, darf wegen ihrer

Eigenschaft als Ausländer oder wegen Fehlens eines inländischen Wohnsitzes oder Aufenthalts eine Sicherheitsleistung oder Hinterlegung, unter welcher Bezeichnung es auch sei, nicht auferlegt werden.

Art. 52

Im Vollstreckungsstaat dürfen im Vollstreckbarerklärungsverfahren keine nach dem Streitwert abgestuften Stempelabgaben oder Gebühren erhoben werden.

Abschnitt 3: Gemeinsame Vorschriften

Art. 53

1. Die Partei, die die Anerkennung einer Entscheidung geltend macht oder eine Vollstreckbarerklärung beantragt, hat eine Ausfertigung der Entscheidung vorzulegen, die die für ihre Beweiskraft erforderlichen Voraussetzungen erfüllt.

2. Unbeschadet des Artikels 55 hat die Partei, die eine Vollstreckbarerklärung beantragt, ferner die Bescheinigung nach Artikel 54 vorzulegen.

Art. 54

Das Gericht oder die sonst befugte Stelle des durch dieses Übereinkommen gebundenen Staates, in dem die Entscheidung ergangen ist, stellt auf Antrag die Bescheinigung unter Verwendung des Formblatts in Anhang V dieses Übereinkommens aus.

Art. 55

1. Wird die Bescheinigung nach Artikel 54 nicht vorgelegt, so kann das Gericht oder die sonst befugte Stelle eine Frist bestimmen, innerhalb deren die Bescheinigung vorzulegen ist, oder sich mit einer gleichwertigen Urkunde begnügen oder von der Vorlage der Bescheinigung befreien, wenn es oder sie eine weitere Klärung nicht für erforderlich hält.

2. Auf Verlangen des Gerichts oder der sonst befugten Stelle ist eine Übersetzung der Urkunden vorzulegen. Die Übersetzung ist von einer hierzu in einem der durch dieses Übereinkommen gebundenen Staaten befugten Person zu beglaubigen.

Art. 56

Die in Artikel 53 und in Artikel 55 Absatz 2 angeführten Urkunden sowie die Urkunde über die Prozessvollmacht, falls eine solche erteilt wird, bedürfen weder der Legalisation noch einer ähnlichen Förmlichkeit.

Titel IV: Öffentliche Urkunden und Prozessvergleiche

Art. 57

1. Öffentliche Urkunden, die in einem durch dieses Übereinkommen gebundenen Staat aufgenommen und vollstreckbar sind, werden in einem anderen durch dieses Übereinkommen gebundenen Staat auf Antrag in dem Verfahren nach den Artikeln 38 ff. für vollstreckbar erklärt. Die Vollstreckbarerklärung ist von dem mit einem Rechtsbehelf nach Artikel 43 oder Artikel 44 befassten Gericht nur zu versagen oder aufzuheben, wenn die Zwangsvollstreckung aus der Urkunde der öffentlichen Ordnung (*ordre public*) des Vollstreckungsstaats offensichtlich widersprechen würde.

2. Als öffentliche Urkunden im Sinne von Absatz 1 werden auch vor Verwaltungsbehörden geschlossene oder von ihnen beurkundete Unterhaltsvereinbarungen oder -verpflichtungen angesehen.

3. Die vorgelegte Urkunde muss die Voraussetzungen für ihre Beweiskraft erfüllen, die in dem Staat, in dem sie aufgenommen wurde, erforderlich sind.

4. Die Vorschriften des Abschnitts 3 des Titels III sind sinngemäss anzuwenden. Die befugte Stelle des durch dieses Übereinkommen gebundenen Staates, in dem eine öffentliche Urkunde aufgenommen worden ist, stellt auf Antrag die Bescheinigung unter Verwendung des Formblatts in Anhang VI dieses Übereinkommens aus.

Art. 58

Vergleiche, die vor einem Gericht im Laufe eines Verfahrens geschlossen und in dem durch dieses Übereinkommen gebundenen Staat, in dem sie errichtet wurden, vollstreckbar sind, werden in dem Vollstreckungsstaat unter denselben Bedingungen wie öffentliche Urkunden vollstreckt. Das Gericht oder die sonst befugte Stelle des durch dieses Übereinkommen gebundenen Staates, in dem ein Prozessvergleich geschlossen worden ist, stellt auf Antrag die Bescheinigung unter Verwendung des Formblatts in Anhang V dieses Übereinkommens aus.

Titel V: Allgemeine Vorschriften

Art. 59

1. Ist zu entscheiden, ob eine Partei im Hoheitsgebiet des durch dieses Übereinkommen gebundenen Staates, dessen Gerichte angerufen sind, einen Wohnsitz hat, so wendet das Gericht sein Recht an.

2. Hat eine Partei keinen Wohnsitz in dem durch dieses Übereinkommen gebundenen Staat, dessen Gerichte angerufen sind, so wendet das Gericht, wenn es zu entscheiden hat, ob die Partei einen Wohnsitz in einem anderen durch dieses Übereinkommen gebundenen Staat hat, das Recht dieses Staates an.

Art. 60

1. Gesellschaften und juristische Personen haben für die Anwendung dieses Übereinkommens ihren Wohnsitz an dem Ort, an dem sich

   a) ihr satzungsmässiger Sitz,

   b) ihre Hauptverwaltung oder

   c) ihre Hauptniederlassung

befindet.

2. Im Falle des Vereinigten Königreichs und Irlands ist unter dem Ausdruck «satzungsmässiger Sitz» das *registered office* oder, wenn ein solches nirgendwo besteht, der *place of incorporation* (Ort der Erlangung der Rechtsfähigkeit) oder, wenn ein solcher nirgendwo

besteht, der Ort, nach dessen Recht die *formation* (Gründung) erfolgt ist, zu verstehen.

3. Um zu bestimmen, ob ein *trust* seinen Sitz in dem durch dieses Übereinkommen gebundenen Staat hat, bei dessen Gerichten die Klage anhängig ist, wendet das Gericht sein Internationales Privatrecht an.

Art. 61

Unbeschadet günstigerer innerstaatlicher Vorschriften können Personen, die ihren Wohnsitz im Hoheitsgebiet eines durch dieses Übereinkommen gebundenen Staates haben und die vor den Strafgerichten eines anderen durch dieses Übereinkommen gebundenen Staates, dessen Staatsangehörigkeit sie nicht besitzen, wegen einer fahrlässig begangenen Straftat verfolgt werden, sich von hierzu befugten Personen vertreten lassen, selbst wenn sie persönlich nicht erscheinen. Das Gericht kann jedoch das persönliche Erscheinen anordnen; wird diese Anordnung nicht befolgt, so braucht die Entscheidung, die über den Anspruch aus einem Rechtsverhältnis des Zivilrechts ergangen ist, ohne dass sich der Angeklagte verteidigen konnte, in den anderen durch dieses Übereinkommen gebundenen Staaten weder anerkannt noch vollstreckt zu werden.

Art. 62

Im Sinne dieses Übereinkommens umfasst die Bezeichnung «Gericht» jede Behörde, die von einem durch dieses Übereinkommen gebundenen Staat als für die in den Anwendungsbereich dieses Übereinkommens fallenden Rechtsgebiete zuständig bezeichnet worden ist.

Titel VI: Übergangsvorschriften

Art. 63

1. Die Vorschriften dieses Übereinkommens sind nur auf solche Klagen und öffentliche Urkunden anzuwenden, die erhoben oder aufgenommen worden sind, nachdem dieses Übereinkommen im Ursprungsstaat und, sofern die Anerkennung oder Vollstreckung einer

Entscheidung oder einer öffentlichen Urkunde geltend gemacht wird, im ersuchten Staat in Kraft getreten ist.

2. Ist die Klage im Ursprungsstaat vor dem Inkrafttreten dieses Übereinkommens erhoben worden, so werden nach diesem Zeitpunkt erlassene Entscheidungen nach Massgabe des Titels III anerkannt und zur Vollstreckung zugelassen,

    a)   wenn die Klage im Ursprungsstaat erhoben wurde, nachdem das Übereinkommen von Lugano vom 16. September 1988 sowohl im Ursprungsstaat als auch in dem ersuchten Staat in Kraft getreten war;

    b)   in allen anderen Fällen, wenn das Gericht aufgrund von Vorschriften zuständig war, die mit den Zuständigkeitsvorschriften des Titels II oder eines Abkommens übereinstimmen, das im Zeitpunkt der Klageerhebung zwischen dem Ursprungsstaat und dem ersuchten Staat in Kraft war.

Titel VII: Verhältnis zu der Verordnung (EG) Nr. 44/2001 des Rates und zu anderen Rechtsinstrumenten

Art. 64

1. Dieses Übereinkommen lässt die Anwendung folgender Rechtsakte durch die Mitgliedstaaten der Europäischen Gemeinschaft unberührt: der Verordnung (EG) Nr. 44/2001 des Rates über die gerichtliche Zuständigkeit und die Anerkennung und Vollstreckung von Entscheidungen in Zivil- und Handelssachen einschliesslich deren Änderungen, des am 27. September 1968 in Brüssel unterzeichneten Übereinkommens über die gerichtliche Zuständigkeit und die Vollstreckung gerichtlicher Entscheidungen in Zivil- und Handelssachen und des am 3. Juni 1971 in Luxemburg unterzeichneten Protokolls über die Auslegung des genannten Übereinkommens durch den Gerichtshof der Europäischen Gemeinschaften in der Fassung der Übereinkommen, mit denen die neuen Mitgliedstaaten der Europäischen Gemeinschaften jenem Übereinkommen und dessen Protokoll beigetreten sind, sowie des am 19. Oktober 2005 in Brüssel unterzeichneten Abkommens zwischen der Europäischen Gemeinschaft und dem Königreich

Dänemark über die gerichtliche Zuständigkeit und die Anerkennung und Vollstreckung von Entscheidungen in Zivil- und Handelssachen.

2. Dieses Übereinkommen wird jedoch in jedem Fall angewandt

a) in Fragen der gerichtlichen Zuständigkeit, wenn der Beklagte seinen Wohnsitz im Hoheitsgebiet eines Staates hat, in dem dieses Übereinkommen, aber keines der in Absatz 1 aufgeführten Rechtsinstrumente gilt, oder wenn die Gerichte eines solchen Staates nach Artikel 22 oder 23 dieses Übereinkommens zuständig sind;

b) bei Rechtshängigkeit oder im Zusammenhang stehenden Verfahren im Sinne der Artikel 27 und 28, wenn Verfahren in einem Staat anhängig gemacht werden, in dem dieses Übereinkommen, aber keines der in Absatz 1 aufgeführten Rechtsinstrumente gilt, und in einem Staat, in dem sowohl dieses Übereinkommen als auch eines der in Absatz 1 aufgeführten Rechtsinstrumente gilt;

c) in Fragen der Anerkennung und Vollstreckung, wenn entweder der Ursprungsstaat oder der ersuchte Staat keines der in Absatz 1 aufgeführten Rechtsinstrumente anwendet.

3. Ausser aus den in Titel III vorgesehenen Gründen kann die Anerkennung oder Vollstreckung versagt werden, wenn sich der der Entscheidung zugrunde liegende Zuständigkeitsgrund von demjenigen unterscheidet, der sich aus diesem Übereinkommen ergibt, und wenn die Anerkennung oder Vollstreckung gegen eine Partei geltend gemacht wird, die ihren Wohnsitz in einem Staat hat, in dem dieses Übereinkommen, aber keines der in Absatz 1 aufgeführten Rechtsinstrumente gilt, es sei denn, dass die Entscheidung anderweitig nach dem Recht des ersuchten Staates anerkannt oder vollstreckt werden kann.

Art. 65

Dieses Übereinkommen ersetzt unbeschadet des Artikels 63 Absatz 2 und der Artikel 66 und 67 im Verhältnis zwischen den durch dieses Übereinkommen gebundenen Staaten die zwischen zwei oder mehr dieser Staaten bestehenden Übereinkünfte, die sich auf dieselben Rechtsgebiete erstrecken wie dieses Übereinkommen. Durch dieses

Übereinkommen werden insbesondere die in Anhang VII aufgeführten Übereinkünfte ersetzt.

Art. 66

1. Die in Artikel 65 angeführten Übereinkünfte behalten ihre Wirksamkeit für die Rechtsgebiete, auf die dieses Übereinkommen nicht anzuwenden ist.

2. Sie bleiben auch weiterhin für die Entscheidungen und die öffentlichen Urkunden wirksam, die vor Inkrafttreten dieses Übereinkommens ergangen sind oder aufgenommen worden sind.

Art. 67

1. Dieses Übereinkommen lässt Übereinkünfte unberührt, denen die Vertragsparteien und/oder die durch dieses Übereinkommen gebundenen Staaten angehören und die für besondere Rechtsgebiete die gerichtliche Zuständigkeit, die Anerkennung oder die Vollstreckung von Entscheidungen regeln. Unbeschadet der Verpflichtungen aus anderen Übereinkünften, denen manche Vertragsparteien angehören, schliesst dieses Übereinkommen nicht aus, dass die Vertragsparteien solche Übereinkünfte schliessen.

2. Dieses Übereinkommen schliesst nicht aus, dass ein Gericht eines durch dieses Übereinkommen gebundenen Staates, der Vertragspartei einer Übereinkunft über ein besonderes Rechtsgebiet ist, seine Zuständigkeit auf eine solche Übereinkunft stützt, und zwar auch dann, wenn der Beklagte seinen Wohnsitz in einem anderen durch dieses Übereinkommen gebundenen Staat hat, der nicht Vertragspartei der betreffenden Übereinkunft ist. In jedem Fall wendet dieses Gericht Artikel 26 dieses Übereinkommens an.

3. Entscheidungen, die in einem durch dieses Übereinkommen gebundenen Staat von einem Gericht erlassen worden sind, das seine Zuständigkeit auf eine Übereinkunft über ein besonderes Rechtsgebiet gestützt hat, werden in den anderen durch dieses Übereinkommen gebundenen Staaten nach Titel III dieses Übereinkommens anerkannt und vollstreckt.

4. Neben den in Titel III vorgesehenen Gründen kann die Anerkennung oder Vollstreckung versagt werden, wenn der ersuchte Staat

nicht durch die Übereinkunft über ein besonderes Rechtsgebiet gebunden ist und die Person, gegen die die Anerkennung oder Vollstreckung geltend gemacht wird, ihren Wohnsitz in diesem Staat hat oder wenn der ersuchte Staat ein Mitgliedstaat der Europäischen Gemeinschaft ist und die Übereinkunft von der Europäischen Gemeinschaft geschlossen werden müsste, in einem ihrer Mitgliedstaaten, es sei denn, die Entscheidung kann anderweitig nach dem Recht des ersuchten Staates anerkannt oder vollstreckt werden.

5. Sind der Ursprungsstaat und der ersuchte Staat Vertragsparteien einer Übereinkunft über ein besonderes Rechtsgebiet, welche die Voraussetzungen für die Anerkennung und Vollstreckung von Entscheidungen regelt, so gelten diese Voraussetzungen. In jedem Fall können die Bestimmungen dieses Übereinkommens über das Verfahren zur Anerkennung und Vollstreckung von Entscheidungen angewandt werden.

Art. 68

1. Dieses Übereinkommen lässt Übereinkünfte unberührt, durch die sich die durch dieses Übereinkommen gebundenen Staaten vor Inkrafttreten dieses Übereinkommens verpflichtet haben, Entscheidungen der Gerichte anderer durch dieses Übereinkommen gebundener Staaten gegen Beklagte, die ihren Wohnsitz oder gewöhnlichen Aufenthalt im Hoheitsgebiet eines Drittstaats haben, nicht anzuerkennen, wenn die Entscheidungen in den Fällen des Artikels 4 nur auf einen der in Artikel 3 Absatz 2 angeführten Zuständigkeitsgründe gestützt werden könnten. Unbeschadet der Verpflichtungen aus anderen Übereinkünften, denen manche Vertragsparteien angehören, schliesst dieses Übereinkommen nicht aus, dass die Vertragsparteien solche Übereinkünfte treffen.

2. Keine Vertragspartei kann sich jedoch gegenüber einem Drittstaat verpflichten, eine Entscheidung nicht anzuerkennen, die in einem anderen durch dieses Übereinkommen gebundenen Staat durch ein Gericht gefällt wurde, dessen Zuständigkeit auf das Vorhandensein von Vermögenswerten des Beklagten in diesem Staat oder die Beschlagnahme von dort vorhandenem Vermögen durch den Kläger gegründet ist,

a) wenn die Klage erhoben wird, um Eigentums- oder Inhaberrechte hinsichtlich dieses Vermögens festzustellen oder anzumelden oder um Verfügungsgewalt darüber zu erhalten, oder wenn die Klage sich aus einer anderen Streitsache im Zusammenhang mit diesem Vermögen ergibt, oder
b) wenn das Vermögen die Sicherheit für einen Anspruch darstellt, der Gegenstand des Verfahrens ist.

Titel VIII: Schlussvorschriften

Art. 69

1. Dieses Übereinkommen liegt für die Europäische Gemeinschaft, Dänemark und die Staaten, die Mitglieder der Europäischen Freihandelsassoziation sind, zur Unterzeichnung auf.

2. Dieses Übereinkommen bedarf der Ratifikation durch die Unterzeichnerstaaten. Die Ratifikationsurkunden werden beim Schweizerischen Bundesrat hinterlegt, der der Verwahrer dieses Übereinkommens ist.

3. Zum Zeitpunkt der Ratifizierung kann jede Vertragspartei Erklärungen gemäss den Artikeln I, II und III des Protokolls 1 abgeben.

4. Dieses Übereinkommen tritt am ersten Tag des sechsten Monats in Kraft, der auf den Tag folgt, an dem die Europäische Gemeinschaft und ein Mitglied der Europäischen Freihandelsassoziation ihre Ratifikationsurkunden hinterlegt haben.

5. Für jede andere Vertragspartei tritt dieses Übereinkommen am ersten Tag des dritten Monats in Kraft, der auf die Hinterlegung ihrer Ratifikationsurkunde folgt.

6. Unbeschadet des Artikels 3 Absatz 3 des Protokolls 2 ersetzt dieses Übereinkommen ab dem Tag seines Inkrafttretens gemäss den Absätzen 4 und 5 das am 16. September 1988 in Lugano geschlossene Übereinkommen über die gerichtliche Zuständigkeit und die Vollstreckung gerichtlicher Entscheidungen in Zivil- und Handelssachen. Jede Bezugnahme auf das Lugano-Übereinkommen von 1988 in anderen Rechtsinstrumenten gilt als Bezugnahme auf dieses Übereinkommen.

7. Im Verhältnis zwischen den Mitgliedstaaten der Europäischen Gemeinschaft und den aussereuropäischen Gebieten im Sinne von Artikel 70 Absatz 1 Buchstabe b ersetzt dieses Übereinkommen ab dem Tag seines Inkrafttretens für diese Gebiete gemäss Artikel 73 Absatz 2 das am 27. September 1968 in Brüssel unterzeichnete Übereinkommen über die gerichtliche Zuständigkeit und die Vollstreckung gerichtlicher Entscheidungen in Zivil- und Handelssachen und das am 3. Juni 1971 in Luxemburg unterzeichnete Protokoll über die Auslegung des genannten Übereinkommens durch den Gerichtshof der Europäischen Gemeinschaften in der Fassung der Übereinkommen, mit denen die neuen Mitgliedstaaten der Europäischen Gemeinschaften jenem Übereinkommen und dessen Protokoll beigetreten sind.

Art. 70

1. Dem Übereinkommen können nach seinem Inkrafttreten beitreten:

    a) die Staaten, die nach Auflage dieses Übereinkommens zur Unterzeichnung Mitglieder der Europäischen Freihandelsassoziation werden, unter den Voraussetzungen des Artikels 71;

    b) ein Mitgliedstaat der Europäischen Gemeinschaft im Namen bestimmter aussereuropäischer Gebiete, die Teil seines Hoheitsgebiets sind oder für deren Aussenbeziehungen dieser Mitgliedstaat zuständig ist, unter den Voraussetzungen des Artikels 71;

    c) jeder andere Staat unter den Voraussetzungen des Artikels 72.

2. Die in Absatz 1 genannten Staaten, die diesem Übereinkommen beitreten wollen, richten ein entsprechendes Ersuchen an den Verwahrer. Dem Beitrittsersuchen und den Angaben nach den Artikeln 71 und 72 ist eine englische und französische Übersetzung beizufügen.

Art. 71

1. Jeder in Artikel 70 Absatz 1 Buchstaben a und b genannte Staat, der diesem Übereinkommen beitreten will,

    a) teilt die zur Anwendung dieses Übereinkommens erforderlichen Angaben mit;

b) kann Erklärungen nach Massgabe der Artikel I und III des Protokolls 1 abgeben.

2. Der Verwahrer übermittelt den anderen Vertragsparteien vor der Hinterlegung der Beitrittsurkunde des betreffenden Staates die Angaben, die ihm nach Absatz 1 mitgeteilt wurden.

Art. 72

1. Jeder in Artikel 70 Absatz 1 Buchstabe c genannte Staat, der diesem Übereinkommen beitreten will,

   a) teilt die zur Anwendung dieses Übereinkommens erforderlichen Angaben mit;

   b) kann Erklärungen nach Massgabe der Artikel I und III des Protokolls 1 abgeben;

   c) erteilt dem Verwahrer Auskünfte insbesondere über

      1) sein Justizsystem mit Angaben zur Ernennung der Richter und zu deren Unabhängigkeit;

      2) sein innerstaatliches Zivilprozess- und Vollstreckungsrecht;

      3) sein Internationales Zivilprozessrecht.

2. Der Verwahrer übermittelt den anderen Vertragsparteien die Angaben, die ihm nach Absatz 1 mitgeteilt worden sind, bevor er den betreffenden Staat gemäss Absatz 3 zum Beitritt einlädt.

3. Unbeschadet des Absatzes 4 lädt der Verwahrer den betreffenden Staat nur dann zum Beitritt ein, wenn die Zustimmung aller Vertragsparteien vorliegt. Die Vertragsparteien sind bestrebt, ihre Zustimmung spätestens innerhalb eines Jahres nach der Aufforderung durch den Verwahrer zu erteilen.

4. Für den beitretenden Staat tritt dieses Übereinkommen nur im Verhältnis zu den Vertragsparteien in Kraft, die vor dem ersten Tag des dritten Monats, der auf die Hinterlegung der Beitrittsurkunde folgt, keine Einwände gegen den Beitritt erhoben haben.

Art. 73

1. Die Beitrittsurkunden werden beim Verwahrer hinterlegt.

2. Für einen in Artikel 70 genannten beitretenden Staat tritt dieses Übereinkommen am ersten Tag des dritten Monats, der auf die Hinterlegung seiner Beitrittsurkunde folgt, in Kraft. Ab diesem Zeitpunkt gilt der beitretende Staat als Vertragspartei dieses Übereinkommens.

3. Jede Vertragspartei kann dem Verwahrer den Wortlaut dieses Übereinkommens in ihrer oder ihren Sprachen übermitteln, der, sofern die Vertragsparteien nach Artikel 4 des Protokolls 2 zugestimmt haben, ebenfalls als verbindlich gilt.

Art. 74

1. Dieses Übereinkommen wird auf unbegrenzte Zeit geschlossen.

2. Jede Vertragspartei kann dieses Übereinkommen jederzeit durch eine an den Verwahrer gerichtete Notifikation kündigen.

3. Die Kündigung wird am Ende des Kalenderjahres wirksam, das auf einen Zeitraum von sechs Monaten folgt, gerechnet vom Eingang ihrer Notifikation beim Verwahrer.

Art. 75

Diesem Übereinkommen sind beigefügt:

- ein Protokoll 1 über bestimmte Zuständigkeits-, Verfahrens- und Vollstreckungsfragen
- ein Protokoll 2 über die einheitliche Auslegung des Übereinkommens und den Ständigen Ausschuss
- ein Protokoll 3 über die Anwendung von Artikel 67
- die Anhänge I bis IV und Anhang VII mit Angaben zur Anwendung des Übereinkommens
- die Anhänge V und VI mit den Formblättern für die Bescheinigungen im Sinne der Artikel 54, 58 und 57
- Anhang VIII mit der Angabe der verbindlichen Sprachfassungen des Übereinkommens gemäss Artikel 79
- Anhang IX mit den Angaben gemäss Artikel II des Protokolls 1.

Die Protokolle und Anhänge sind Bestandteil des Übereinkommens.

Art. 76

Unbeschadet des Artikels 77 kann jede Vertragspartei eine Revision dieses Übereinkommens beantragen. Zu diesem Zweck beruft der Verwahrer den Ständigen Ausschuss nach Artikel 4 des Protokolls 2 ein.

Art. 77

1. Die Vertragsparteien teilen dem Verwahrer den Wortlaut aller Rechtsvorschriften mit, durch den die Listen in den Anhängen I bis IV geändert werden, sowie alle Streichungen oder Zusätze in der Liste des Anhangs VII und den Zeitpunkt ihres Inkrafttretens. Diese Mitteilung erfolgt rechtzeitig vor Inkrafttreten; ihr ist eine englische und französische Übersetzung beizufügen. Der Verwahrer passt die betreffenden Anhänge nach Anhörung des Ständigen Ausschusses gemäss Artikel 4 des Protokolls 2 entsprechend an. Zu diesem Zweck erstellen die Vertragsparteien eine Übersetzung der Anpassungen in ihren Sprachen.

2. Jede Änderung der Anhänge V und VI sowie VIII und IX wird vom Ständigen Ausschuss gemäss Artikel 4 des Protokolls 2 angenommen.

Art. 78

1. Der Verwahrer notifiziert den Vertragsparteien:

   a) die Hinterlegung jeder Ratifikations- oder Beitrittsurkunde,

   b) den Tag, an dem dieses Übereinkommen für die Vertragsparteien in Kraft tritt,

   c) die nach den Artikeln I bis IV des Protokolls 1 eingegangenen Erklärungen,

   d) die Mitteilungen nach Artikel 74 Absatz 2, Artikel 77 Absatz 1 sowie Absatz 4 des Protokolls 3.

2. Den Notifikationen ist eine englische und französische Übersetzung beizufügen.

Art. 79

Dieses Übereinkommen ist in einer Urschrift in den in Anhang VIII aufgeführten Sprachen abgefasst, wobei jeder Wortlaut gleichermassen verbindlich ist; es wird im Schweizerischen Bundesarchiv hinterlegt. Der Schweizerische Bundesrat übermittelt jeder Vertragspartei eine beglaubigte Abschrift.

Protokoll 1
über bestimmte Zuständigkeits-, Verfahrens- und Vollstreckungsfragen

Die Hohen Vertragsparteien
sind wie folgt übereingekommen:

Art. I

1. Gerichtliche und aussergerichtliche Schriftstücke, die in einem durch dieses Übereinkommen gebundenen Staat ausgefertigt worden sind und einer Person zugestellt werden sollen, die sich im Hoheitsgebiet eines anderen durch dieses Übereinkommen gebundenen Staates befindet, werden nach den zwischen diesen Staaten geltenden Übereinkünften übermittelt.

2. Sofern die Vertragspartei, in deren Hoheitsgebiet die Zustellung bewirkt werden soll, nicht durch eine an den Verwahrer gerichtete Erklärung widersprochen hat, können diese Schriftstücke auch von den gerichtlichen Amtspersonen des Staates, in dem sie ausgefertigt worden sind, unmittelbar den gerichtlichen Amtspersonen des Staates übersandt werden, in dessen Hoheitsgebiet sich die Person befindet, für welche das Schriftstück bestimmt ist. In diesem Fall übersendet die gerichtliche Amtsperson des Ursprungsstaats der gerichtlichen Amtsperson des ersuchten Staates, die für die Übermittlung an den Empfänger zuständig ist, eine Abschrift des Schriftstücks. Diese Übermittlung wird in den Formen vorgenommen, die das Recht des ersuchten Staates vorsieht. Sie wird durch eine Bescheinigung festgestellt, die der gerichtlichen Amtsperson des Ursprungsstaats unmittelbar zugesandt wird.

3. Die Mitgliedstaaten der Europäischen Gemeinschaft, die durch die Verordnung (EG) Nr. 1348/2000 des Rates vom 29. Mai 2000 oder durch das am 19. Oktober 2005 in Brüssel unterzeichnete Abkommen

zwischen der Europäischen Gemeinschaft und dem Königreich Dänemark über die Zustellung gerichtlicher und aussergerichtlicher Schriftstücke in Zivil- oder Handelssachen gebunden sind, wenden diese Verordnung und dieses Abkommen in ihrem Verhältnis untereinander an.

Art. II

1. Die in Artikel 6 Nummer 2 und Artikel 11 für eine Gewährleistungs- oder Interventionsklage vorgesehene Zuständigkeit kann in den in Anhang IX genannten Staaten, die durch dieses Übereinkommen gebunden sind, nicht in vollem Umfang geltend gemacht werden. Jede Person, die ihren Wohnsitz in einem anderen durch dieses Übereinkommen gebundenen Staat hat, kann vor den Gerichten dieser Staaten nach Massgabe der in Anhang IX genannten Vorschriften verklagt werden.

2. Die Europäische Gemeinschaft kann zum Zeitpunkt der Ratifizierung erklären, dass die in Artikel 6 Nummer 2 und Artikel 11 genannten Verfahren in bestimmten anderen Mitgliedstaaten nicht in Anspruch genommen werden können, und Angaben zu den geltenden Vorschriften mitteilen.

3. Entscheidungen, die in den anderen durch dieses Übereinkommen gebundenen Staaten aufgrund des Artikels 6 Nummer 2 und des Artikels 11 ergangen sind, werden in den in den Absätzen 1 und 2 genannten Staaten nach Titel III anerkannt und vollstreckt. Die Wirkungen, welche die in diesen Staaten ergangenen Entscheidungen gemäss den Absätzen 1 und 2 gegenüber Dritten haben, werden auch in den anderen durch dieses Übereinkommen gebundenen Staaten anerkannt.

Art. III

1. Die Schweizerische Eidgenossenschaft behält sich das Recht vor, bei der Hinterlegung der Ratifikationsurkunde zu erklären, dass sie den folgenden Teil der Bestimmung in Artikel 34 Absatz 2 nicht anwenden wird:

«es sei denn, der Beklagte hat gegen die Entscheidung keinen Rechtsbehelf eingelegt, obwohl er die Möglichkeit dazu hatte».

Falls die Schweizerische Eidgenossenschaft diese Erklärung abgibt, wenden die anderen Vertragsparteien denselben Vorbehalt gegenüber Entscheidungen der schweizerischen Gerichte an.

2. Die Vertragsparteien können sich in Bezug auf Entscheidungen, die in einem beitretenden Staat gemäss Artikel 70 Absatz 1 Buchstabe c ergangen sind, durch Erklärung folgende Rechte vorbehalten:

a) das in Absatz 1 erwähnte Recht und
b) das Recht einer Behörde im Sinne von Artikel 39, unbeschadet der Vorschriften des Artikels 41 von Amts wegen zu prüfen, ob Gründe für die Versagung der Anerkennung oder Vollstreckung einer Entscheidung vorliegen.

3. Hat eine Vertragspartei einen solchen Vorbehalt gegenüber einem beitretenden Staat nach Absatz 2 erklärt, kann dieser beitretende Staat sich durch Erklärung dasselbe Recht in Bezug auf Entscheidungen vorbehalten, die von Gerichten dieser Vertragspartei erlassen worden sind.

4. Mit Ausnahme des Vorbehalts gemäss Absatz 1 gelten die Erklärungen für einen Zeitraum von fünf Jahren und können für jeweils weitere fünf Jahre verlängert werden. Die Vertragspartei notifiziert die Verlängerung einer Erklärung gemäss Absatz 2 spätestens sechs Monate vor Ablauf des betreffenden Zeitraums. Ein beitretender Staat kann seine Erklärung gemäss Absatz 3 erst nach Verlängerung der betreffenden Erklärung gemäss Absatz 2 verlängern.

Art. IV

Die Erklärungen nach diesem Protokoll können jederzeit durch Notifikation an den Verwahrer zurückgenommen werden. Der Notifikation ist eine englische und französische Übersetzung beizufügen. Die Vertragsparteien erstellen eine Übersetzung in ihren Sprachen. Die Rücknahme wird am ersten Tag des dritten Monats nach der Notifikation wirksam.

Protokoll 2
über die einheitliche Auslegung des Übereinkommens und den Ständigen Ausschuss

Präambel

Die Hohen Vertragsparteien,

gestützt auf Artikel 75 des Übereinkommens,

in Anbetracht der sachlichen Verknüpfung zwischen diesem Übereinkommen, dem Lugano-Übereinkommen von 1988 und den in Artikel 64 Absatz 1 dieses Übereinkommens genannten Rechtsinstrumenten,

in der Erwägung, dass der Gerichtshof der Europäischen Gemeinschaften für Entscheidungen über die Auslegung der in Artikel 64 Absatz 1 dieses Übereinkommens genannten Rechtsinstrumente zuständig ist,

in der Erwägung, dass dieses Übereinkommen Teil des Gemeinschaftsrechts wird und der Gerichtshof der Europäischen Gemeinschaften deshalb für Entscheidungen über die Auslegung dieses Übereinkommens in Bezug auf dessen Anwendung durch die Gerichte der Mitgliedstaaten der Europäischen Gemeinschaft zuständig ist,

in Kenntnis der bis zur Unterzeichnung dieses Übereinkommens ergangenen Entscheidungen des Gerichtshofs der Europäischen Gemeinschaften über die Auslegung der in Artikel 64 Absatz 1 dieses Übereinkommens genannten Rechtsinstrumente und der bis zur Unterzeichnung dieses Übereinkommens ergangenen Entscheidungen der Gerichte der Vertragsparteien des Lugano-Übereinkommens von 1988 über die Auslegung des letzteren Übereinkommens,

in der Erwägung, dass sich die gleichzeitige Revision des Lugano-Übereinkommens von 1988 und des Brüsseler Übereinkommens von 1968, die zum Abschluss eines revidierten Texts dieser Übereinkommen geführt hat, sachlich auf die vorgenannten Entscheidungen zu dem Brüsseler Übereinkommen und dem Lugano-Übereinkommen stützte,

in der Erwägung, dass der revidierte Text des Brüsseler Übereinkommens nach Inkrafttreten des Vertrags von Amsterdam in die Verordnung (EG) Nr. 44/2001 Eingang gefunden hat,

in der Erwägung, dass dieser revidierte Text auch die Grundlage für den Text dieses Übereinkommens war,

in dem Bestreben, bei voller Wahrung der Unabhängigkeit der Gerichte voneinander abweichende Auslegungen zu vermeiden und zu einer möglichst einheitlichen Auslegung der Bestimmungen dieses Übereinkommens und der Bestimmungen der Verordnung (EG) Nr. 44/2001, die in ihrem wesentlichen Gehalt in das vorliegende Übereinkommen übernommen worden sind, sowie der anderen in Artikel 64 Absatz 1 dieses Übereinkommens genannten Rechtsinstrumente zu gelangen,

sind wie folgt übereingekommen:

Art. 1

1. Jedes Gericht, das dieses Übereinkommen anwendet und auslegt, trägt den Grundsätzen gebührend Rechnung, die in massgeblichen Entscheidungen von Gerichten der durch dieses Übereinkommen gebundenen Staaten sowie in Entscheidungen des Gerichtshofs der Europäischen Gemeinschaften zu den Bestimmungen dieses Übereinkommens oder zu ähnlichen Bestimmungen des Lugano-Übereinkommens von 1988 und der in Artikel 64 Absatz 1 dieses Übereinkommens genannten Rechtsinstrumente entwickelt worden sind.

2. Für die Gerichte der Mitgliedstaaten der Europäischen Gemeinschaft gilt die Verpflichtung in Absatz 1 unbeschadet ihrer Verpflichtungen gegenüber dem Gerichtshof der Europäischen Gemeinschaften, wie sie sich aus dem Vertrag zur Gründung der Europäischen Gemeinschaft oder aus dem am 19. Oktober 2005 in Brüssel unterzeichneten Abkommen zwischen der Europäischen Gemeinschaft und dem Königreich Dänemark über die gerichtliche Zuständigkeit und die Anerkennung und Vollstreckung von Entscheidungen in Zivil- und Handelssachen ergeben.

Art. 2

Jeder durch dieses Übereinkommen gebundene Staat, der kein Mitgliedstaat der Europäischen Gemeinschaft ist, hat das Recht, gemäss Artikel 23 des Protokolls über die Satzung des Gerichtshofs der Europäischen Gemeinschaften Schriftsätze einzureichen oder schriftliche Erklärungen abzugeben, wenn ein Gericht eines Mitgliedstaats der Europäischen Gemeinschaft dem Gerichtshof eine Frage über die Auslegung dieses Übereinkommens oder der in Artikel 64 Absatz 1 dieses Übereinkommens genannten Rechtsinstrumente zur Vorabentscheidung vorlegt.

Art. 3

1. Die Kommission der Europäischen Gemeinschaften richtet ein System für den Austausch von Informationen über die Entscheidungen ein, die in Anwendung dieses Übereinkommens sowie des Lugano-Übereinkommens von 1988 und der in Artikel 64 Absatz 1 dieses Übereinkommens genannten Rechtsinstrumente ergangen sind. Dieses System ist öffentlich zugänglich und enthält Entscheidungen letztinstanzlicher Gerichte sowie des Gerichtshofs der Europäischen Gemeinschaften und andere besonders wichtige, rechtskräftig gewordene Entscheidungen, die in Anwendung dieses Übereinkommens, des Lugano-Übereinkommens von 1988 und der in Artikel 64 Absatz 1 dieses Übereinkommens genannten Rechtsinstrumente ergangen sind. Die Entscheidungen werden klassifiziert und mit einer Zusammenfassung versehen.

Die zuständigen Behörden der durch dieses Übereinkommen gebundenen Staaten übermitteln der Kommission auf der Grundlage dieses Systems die von den Gerichten dieser Staaten erlassenen vorgenannten Entscheidungen.

2. Der Kanzler des Gerichtshofs der Europäischen Gemeinschaften wählt die für die Anwendung des Übereinkommens besonders interessanten Fälle aus und legt diese gemäss Artikel 5 auf einer Sitzung der Sachverständigen vor.

3. Bis die Europäischen Gemeinschaften das System im Sinne von Absatz 1 eingerichtet haben, behält der Gerichtshof der Europäischen Gemeinschaften das System für den Austausch von Informationen

über die in Anwendung dieses Übereinkommens sowie des Lugano-Übereinkommens von 1988 ergangenen Entscheidungen bei.

Art. 4

1. Es wird ein Ständiger Ausschuss eingesetzt, der aus den Vertretern der Vertragsparteien besteht.

2. Auf Antrag einer Vertragspartei beruft der Verwahrer des Übereinkommens Sitzungen des Ausschusses ein zu

- einer Konsultation über das Verhältnis zwischen diesem Übereinkommen und anderen internationalen Rechtsinstrumenten;
- einer Konsultation über die Anwendung des Artikels 67 einschliesslich des beabsichtigten Beitritts zu Rechtsinstrumenten über ein besonderes Rechtsgebiet im Sinne von Artikel 67 Absatz 1 und Rechtsetzungsvorschlägen gemäss dem Protokoll 3;
- der Erwägung des Beitritts neuer Staaten. Der Ausschuss kann an beitretende Staaten im Sinne von Artikel 70 Absatz 1 Buchstabe c insbesondere Fragen über ihr Justizsystem und die Umsetzung dieses Übereinkommens richten. Der Ausschuss kann auch Anpassungen dieses Übereinkommens in Betracht ziehen, die für dessen Anwendung in den beitretenden Staaten notwendig sind;
- der Aufnahme neuer verbindlicher Sprachfassungen nach Artikel 73 Absatz 3 des Übereinkommens und den notwendigen Änderungen des Anhangs VIII;
- einer Konsultation über eine Revision des Übereinkommens gemäss Artikel 76;
- einer Konsultation über Änderungen der Anhänge I bis IV und des Anhangs VII gemäss Artikel 77 Absatz 1;
- der Annahme von Änderungen der Anhänge V und VI gemäss Artikel 77 Absatz 2;
- der Rücknahme von Vorbehalten und Erklärungen der Vertragsparteien nach Protokoll 1 und notwendigen Änderungen des Anhangs IX.

3. Der Ausschuss gibt sich eine Geschäftsordnung mit Regeln für seine Arbeitsweise und Beschlussfassung. Darin ist auch die Möglich-

keit vorzusehen, dass Konsultation und Beschlussfassung im schriftlichen Verfahren erfolgen.

Art. 5

1. Der Verwahrer kann im Bedarfsfall eine Sitzung der Sachverständigen zu einem Meinungsaustausch über die Wirkungsweise des Übereinkommens einberufen, insbesondere über die Entwicklung der Rechtsprechung und neue Rechtsvorschriften, die die Anwendung des Übereinkommens beeinflussen können.

2. An der Sitzung nehmen Sachverständige der Vertragsparteien, der durch dieses Übereinkommen gebundenen Staaten, des Gerichtshofs der Europäischen Gemeinschaften und der Europäischen Freihandelsassoziation teil. Die Sitzung steht weiteren Sachverständigen offen, deren Anwesenheit zweckdienlich erscheint.

3. Probleme, die sich bei der Anwendung des Übereinkommens stellen, können dem Ständigen Ausschuss gemäss Artikel 4 zur weiteren Behandlung vorgelegt werden.

Protokoll 3
über die Anwendung von Artikel 67 des Übereinkommens

Die Hohen Vertragsparteien
sind wie folgt übereingekommen:

1. Für die Zwecke dieses Übereinkommens werden die Bestimmungen, die für besondere Rechtsgebiete die gerichtliche Zuständigkeit, die Anerkennung oder die Vollstreckung von Entscheidungen regeln und in Rechtsakten der Organe der Europäischen Gemeinschaften enthalten sind oder künftig darin enthalten sein werden, ebenso behandelt wie die in Artikel 67 Absatz 1 bezeichneten Übereinkünfte.

2. Ist eine Vertragspartei der Auffassung, dass eine Bestimmung eines vorgeschlagenen Rechtsakts der Organe der Europäischen Gemeinschaften mit dem Übereinkommen nicht vereinbar ist, so fassen die Vertragsparteien unbeschadet der Anwendung des in Protokoll 2 vorgesehenen Verfahrens unverzüglich eine Änderung nach Artikel 76 ins Auge.

3. Werden einige oder alle Bestimmungen, die in Rechtsakten der Organe der Europäischen Gemeinschaften im Sinne von Absatz 1 enthalten sind, von einer Vertragspartei oder mehreren Vertragsparteien gemeinsam in innerstaatliches Recht umgesetzt, werden diese Bestimmungen des innerstaatlichen Rechts in gleicher Weise behandelt wie die Übereinkünfte im Sinne von Artikel 67 Absatz 1 des Übereinkommens.

4. Die Vertragsparteien teilen dem Verwahrer den Wortlaut der in Absatz 3 genannten Bestimmungen mit. Dieser Mitteilung ist eine englische und französische Übersetzung beizufügen.

Anhang I

Die innerstaatlichen Zuständigkeitsvorschriften im Sinne von Artikel 3 Absatz 2 und Artikel 4 Absatz 2 des Übereinkommens sind folgende:

- in Belgien: Artikel 5–14 des Gesetzes vom 16. Juli 2004 über Internationales Privatrecht,

- in Bulgarien: Artikel 4 Absatz 1 des Gesetzbuches über Internationales Privatrecht,

- in der Tschechischen Republik: Artikel 86 des Gesetzes Nr. 99/1963 Slg., Zivilprozessordnung (*občanský soudní řád*), in geänderter Fassung,

- in Dänemark: Artikel 246 Absätze 2 und 3 der Prozessordnung (*Lov om rettens pleje*),

- in Deutschland: § 23 der Zivilprozessordnung,

- in Estland: Artikel 86 der Zivilprozessordnung (*tsiviilkohtumenetluse seadustik*),

- in Griechenland: Artikel 40 der Zivilprozessordnung (*Κώδικας Πολιτικής Δικονομίας*),

- in Frankreich: Artikel 14 und 15 des Zivilgesetzbuches (*Code civil*),

- in Island: Artikel 32 Absatz 4 der Zivilprozessordnung (*Lög um meðferð einkamála nr. 91/1991*),

- in Irland: Vorschriften, nach denen die Zuständigkeit durch Zustellung eines verfahrenseinleitenden Schriftstücks an den Beklagten während dessen vorübergehender Anwesenheit in Irland begründet wird,

- in Italien: Artikel 3 und 4 des Gesetzes Nr. 218 vom 31. Mai 1995,

- in Zypern: Abschnitt 21 Absatz 2 des Gerichtsgesetzes Nr. 14 von 1960 in geänderter Fassung,

- in Lettland: Abschnitt 27 und Abschnitt 28 Absätze 3, 5, 6 und 9 der Zivilprozessordnung (*Civilprocesa likums*),

- in Litauen: Artikel 31 der Zivilprozessordnung (*Civilinio proceso kodeksas*),
- in Luxemburg: Artikel 14 und 15 des Zivilgesetzbuches (*Code civil*),
- in Ungarn: Artikel 57 der Gesetzesverordnung Nr. 13 von 1979 über Internationales Privatrecht (*a nemzetközi magánjogról szóló 1979. évi 13. törvényerejű rendelet*),
- in Malta: Artikel 742, 743 und 744 der Gerichtsverfassungs- und Zivilprozessordnung – Kapitel 12 (*Kodiċi ta' Organizzazzjoni u Proċedura Ċivili – Kap. 12*) und Artikel 549 des Handelsgesetzbuches – Kapitel 13 (*Kodiċi tal-kummerċ – Kap. 13*),
- in Norwegen: Abschnitt 4–3 Absatz 2 Satz 2 der Prozessordnung (*tvisteloven*),
- in Österreich: § 99 der Jurisdiktionsnorm,
- in Polen: Artikel 1103 und 1110 der Zivilprozessordnung (*Kodeks postępowania cywilnego*), insofern als die Zuständigkeit nach diesen Artikeln begründet wird aufgrund des Wohnsitzes des Beklagten in Polen, des Vorhandenseins von Vermögenswerten oder vermögensrechtlichen Ansprüchen des Beklagten in Polen, des Umstands, dass sich der Streitgegenstand in Polen befindet oder aufgrund des Umstands, dass eine Partei die polnische Staatsangehörigkeit besitzt,
- in Portugal: Artikel 65 und Artikel 65A der Zivilprozessordnung (*Código de Processo Civil*) und Artikel 11 der Arbeitsprozessordnung (*Código de Processo de Trabalho*),
- in Rumänien: die Artikel 148–157 des Gesetzes Nr. 105/1992 über internationale privatrechtliche Beziehungen,
- in Slowenien: Artikel 48 Absatz 2 des Gesetzes über Internationales Privat- und Zivilprozessrecht (*Zakon o medarodnem zasebnem pravu in postopku*) in Bezug auf Artikel 47 Absatz 2 der Zivilprozessordnung (*Zakon o pravdnem postopku*) und Artikel 58 des Gesetzes über Internationales Privatrecht und die Prozessordnung (*Zakon o medarodnem zasebnem pravu in postopku*) in Bezug auf Artikel 59 der Zivilprozessordnung (*Zakon o pravdnem postopku*),

- in der Slowakei: die Artikel 37–37e des Gesetzes Nr. 97/1963 über Internationales Privatrecht und die entsprechenden Verfahrensvorschriften,

- in der Schweiz: der Gerichtsstand des Arrestortes/for du lieu du séquestre/ foro del luogo del sequestro im Sinne von Artikel 4 des Bundesgesetzes über das internationale Privatrecht/loi fédérale sur le droit international privé//legge federale sul diritto internazionale privato,

- in Finnland: Kapitel 10 § 1 Absatz 1 Sätze 2, 3 und 4 der Prozessordnung (*oikeudenkäymiskaari/rättegångsbalken*),

- in Schweden: Kapitel 10 § 3 Absatz 1 Satz 1 der Prozessordnung (*rättegångsbalken*),

- im Vereinigten Königreich: Vorschriften, nach denen die Zuständigkeit begründet wird durch:

    a) die Zustellung eines verfahrenseinleitenden Schriftstücks an den Beklagten während dessen vorübergehender Anwesenheit im Vereinigten Königreich,

    b) das Vorhandensein von Vermögenswerten des Beklagten im Vereinigten Königreich oder

    c) die Beschlagnahme von Vermögenswerten im Vereinigten Königreich durch den Kläger.

Anhang II

Anträge nach Artikel 39 des Übereinkommens sind bei folgenden Gerichten oder zuständigen Behörden einzureichen:

- in Belgien beim *tribunal de première instance* oder bei der *rechtbank van eerste aanleg* oder beim *erstinstanzlichen Gericht*,
- in Bulgarien beim Софийски градски съд,
- in der Tschechischen Republik beim *Okresní soud* oder *soudní exekutor*,
- in Dänemark beim *Byret*,
- in Deutschland:
  a) beim Vorsitzenden einer Kammer des *Landgerichts*,
  b) bei einem Notar für die Vollstreckbarerklärung einer öffentlichen Urkunde,
- in Estland beim *Maakohus*,
- in Griechenland beim *Μονομελές Πρωτοδικείο*,
- in Spanien beim *Juzgado de Primera Instancia*,
- in Frankreich:
  a) beim greffier en chef du tribunal de grande instance,
  b) beim *président de la chambre départementale des notaires* im Falle eines Antrags auf Vollstreckbarerklärung einer notariellen öffentlichen Urkunde,
- in Irland beim *High Court*,
- in Island beim *héraðsdómur*,
- in Italien bei der *Corte d'appello*,
- in Zypern beim *Επαρχιακό Δικαστήριο* oder für Entscheidungen in Unterhaltssachen beim *Οικογενειακό Δικαστήριο*,
- in Lettland beim *Rajona (pilsētas) tiesa*,
- in Litauen beim *Lietuvos apeliacinis teismas*,
- in Luxemburg beim Präsidenten des *tribunal d'arrondissement*,

- in Ungarn beim *megyei bíróság székhelyén működő helyi bíróság* und in Budapest beim *Budai Központi Kerületi Bíróság*,
- in Malta beim *Prim' Awla tal-Qorti Ċivili* oder *Qorti tal-Maġistrati ta' Għawdex fil-ġurisdizzjoni superjuri tagħha*, oder für Entscheidungen in Unterhaltssachen beim *Reġistratur tal-Qorti* auf Befassung durch den *Ministru responsabbli għall-Ġustizzja*,
- in den Niederlanden beim *voorzieningenrechter van de rechtbank*,
- in Norwegen beim *Tingrett*,
- in Österreich beim Bezirksgericht,
- in Polen beim *Sąd Okręgowy*,
- in Portugal beim *Tribunal de Comarca*,
- in Rumänien beim *Tribunal*,
- in Slowenien beim *Okrožno sodišče*,
- in der Slowakei beim *okresný súd*,
- in der Schweiz
    a) für Entscheidungen, die zu einer Geldleistung verpflichten, beim *Rechtsöffnungsrichter/juge de la mainlevée/giudice competente a pronunciare sul rigetto dell'opposizione* im Rahmen des Rechtsöffnungsverfahrens nach den Artikeln 80 und 81 des *Bundesgesetzes über Schuldbetreibung und Konkurs/loi fédérale sur la poursuite pour dettes et la faillite legge federale sulla esecuzione e sul fallimento*,
    b) für Entscheidungen, die nicht auf Zahlung eines Geldbetrags lauten, beim zuständigen *kantonalen Vollstreckungsrichter/juge cantonal d'exequatur compétent/ giudice cantonale competente a pronunciare l'exequatur*,[1]

---

[1] Die Erklärung der Schweiz wird anlässlich der Ratifikation durch folgenden Text ersetzt:
«– in der Schweiz beim kantonalen Vollstreckungsgericht,»

- in Finnland beim *Käräjäoikeus/tingsrätt*,
- in Schweden beim *Svea hovrätt*,
- im Vereinigten Königreich:
  a) in England und Wales beim *High Court of Justice* oder für Entscheidungen in Unterhaltssachen beim *Magistrates' Court* über den *Secretary of State*,
  b) in Schottland beim *Court of Session* oder für Entscheidungen in Unterhaltssachen beim *Sheriff Court* über den *Secretary of State*,
  c) in Nordirland beim *High Court of Justice* oder für Entscheidungen in Unterhaltssachen beim *Magistrates' Court* über den *Secretary of State*,
  d) in Gibraltar beim *Supreme Court of Gibraltar* oder für Entscheidungen in Unterhaltssachen beim *Magistrates' Court* über den *Attorney General of Gibraltar*.

Anhang III

Die Rechtsbehelfe nach Artikel 43 Absatz 2 des Übereinkommens sind bei folgenden Gerichten einzulegen:

- in Belgien:
  a) im Falle des Schuldners beim *tribunal de première instance* oder bei der *rechtbank van eerste aanleg* oder beim *erstinstanzlichen Gericht*,
  b) im Falle des Antragstellers bei der *cour d'appel* oder beim *hof van beroep*,
- in Bulgarien beim Апелативен съд – София,
- in der Tschechischen Republik beim *Odvolací soud* (Berufungsgericht) über *Okresní soud* (Bezirksgericht),
- in Dänemark beim *landsret*,
- in Deutschland beim *Oberlandesgericht*,
- in Estland beim *Ringkonnakohus*,
- in Griechenland beim Εφετείο,
- in Spanien bei der *Audiencia Provincial* über das *Juzgado de Primera Instancia*, das die Entscheidung erlassen hat
- in Frankreich:
  a) bei der *Cour d'appel* in Bezug auf Entscheidungen zur Genehmigung des Antrags,
  b) beim vorsitzenden Richter des *Tribunal de grande instance* in Bezug auf Entscheidungen zur Ablehnung des Antrags,
- in Irland beim *High Court*,
- in Island beim *heradsdomur*,
- in Italien bei der *Corte d'appello*,
- in Zypern beim *Επαρχιακό Δικαστήριο* oder für Entscheidungen in Unterhaltssachen beim *Οικογενειακό Δικαστήριο*,
- in Lettland beim *Apgabaltiesa* über das *rajona (pilsētas) tiesa*,
- in Litauen beim *Lietuvos apeliacinis teismas*,

- in Luxemburg bei der *Cour supérieure de Justice* als Berufungsinstanz für Zivilsachen
- in Ungarn bei dem Amtsgericht am Sitz des Landgerichts (in Budapest bei dem *Budai Központi Kerületi Bíróság*, dem zentralen Bezirksgericht von Buda); über den Rechtsbehelf entscheidet das Landgericht (in Budapest der *Fővárosi Bíróság*, das Hauptstadtgericht)
- in Malta beim *Qorti ta' l-Appell* nach dem in der Zivilprozessordnung (*Kodiċi ta' Organizzazzjoni u Proċedura Ċivili – Kap.12*) festgelegten Verfahren oder für Entscheidungen in Unterhaltssachen durch *ċitazzjoni* vor dem *Prim' Awla tal-Qorti ivili jew il-Qorti tal-Maġistrati ta' Għawdex fil-ġurisdizzjoni superjuri tagħha'*,
- in den Niederlanden: die *rechtbank*,
- in Norwegen beim *lagmannsrett*,
- in Österreich beim Landesgericht über das Bezirksgericht,
- in Polen beim *Sąd Apelacyjny* über das *Sąd Okręgowy*,
- in Portugal beim *Tribunal da Relação* über das Gericht, das die Entscheidung erlassen hat,
- in Rumänien bei der *Curte de Apel*,
- in Slowenien beim *okrožno sodišče*,
- in der Slowakei beim Berufungsgericht, über das Bezirksgericht, gegen dessen Entscheidung Berufung eingelegt wird,
- in der Schweiz beim *Kantonsgericht/tribunal cantonal/tribunale cantonale*,[2]
- in Finnland beim *hovioikeus/hovrätt*,
- in Schweden beim *Svea hovrätt*,
- im Vereinigten Königreich:
   a) in England und Wales beim *High Court of Justice* oder für Entscheidungen in Unterhaltssachen beim *Magistrates' Court*,

---

[2] Die Erklärung der Schweiz wird anlässlich der Ratifikation durch folgenden Text ersetzt:
«– in der Schweiz beim oberen kantonalen Gericht,»

b) in Schottland beim *Court of Session* oder für Entscheidungen in Unterhaltssachen beim *Sheriff Court*,

c) in Nordirland beim *High Court of Justice* oder für Entscheidungen in Unterhaltssachen beim *Magistrates' Court*,

d) in Gibraltar beim *Supreme Court of Gibraltar* oder für Entscheidungen in Unterhaltssachen beim *Magistrates' Court*.

Anhang IV

Nach Artikel 44 des Übereinkommens können folgende Rechtsbehelfe eingelegt werden:
- in Belgien, Griechenland, Spanien, Frankreich, Italien, Luxemburg und den Niederlanden: Kassationsbeschwerde,
- in Bulgarien: *обжалване пред Върховния касационен съд*,
- in der Tschechischen Republik: *dovolání* und *žaloba pro zmatečnost*,
- in Dänemark: ein Rechtsbehelf beim *højesteret* nach Genehmigung des *Procesbevillingsnævnet*,
- in Deutschland: Rechtsbeschwerde,
- in Estland: *kassatsioonikaebus*,
- in Irland: ein auf Rechtsfragen beschränkter Rechtsbehelf beim *Supreme Court*,
- in Island: ein Rechtsbehelf beim *Hæstiréttur*,
- in Zypern: ein Rechtsbehelf beim obersten Gericht,
- in Lettland: ein Rechtsbehelf beim *Augstākās tiesas Senāts* über das *Apgabaltiesa*,
- in Litauen: ein Rechtsbehelf beim *Lietuvos Aukščiausiasis Teismas*,
- in Ungarn: *felülvizsgálati kérelem*,
- in Malta: Es können keine weiteren Rechtsbehelfe eingelegt werden; bei Entscheidungen in Unterhaltssachen *Qorti ta' l-Appell* nach dem in der Gerichtsverfassungs- und Zivilprozessordnung (kodiċi ta' Organizzazzjoni u Procedura Ċivili – Kap. 12) für Rechtsbehelfe festgelegten Verfahren,
- in Norwegen: ein Rechtsbehelf beim *Høyesteretts Ankeutvalg* oder *Høyesterett*,
- in Österreich: *Revisionsrekurs*,
- in Polen: *skarga kasacyjna*,
- in Portugal: ein auf Rechtsfragen beschränkter Rechtsbehelf,
- in Rumänien: *contestatie in anulare* oder *revizuire*,

- in Slowenien: ein Rechtsbehelf beim *Vrhovno sodišče Republike Slovenije,*
- in der Slowakei: *dovolanie,*
- in der Schweiz: *Beschwerde beim Bundesgericht/recours devant le Tribunal fédéral/ricorso davanti al Tribunale federale,*
- in Finnland: ein Rechtsbehelf beim *korkein oikeus/högsta domstolen,*
- in Schweden: ein Rechtsbehelf beim *Högsta domstolen,*
- im Vereinigten Königreich: ein einziger auf Rechtsfragen beschränkter Rechtsbehelf.

Anhang V

Bescheinigung über Urteile und gerichtliche Vergleiche im Sinne der Artikel 54 und 58 des Übereinkommens über die gerichtliche Zuständigkeit und die Anerkennung und Vollstreckung von Entscheidungen in Zivil- und Handelssachen

1. Ursprungsstaat: ....
2. Gericht oder sonst befugte Stelle, das/die die vorliegende Bescheinigung ausgestellt hat
    2.1 Name: ....
    2.2 Anschrift: ....
    2.3 Tel./Fax/E-Mail: ....
3. Gericht, das die Entscheidung erlassen hat/vor dem der Prozessvergleich geschlossen wurde*
    3.1 Bezeichnung des Gerichts: ....
    3.2 Gerichtsort: ....
4. Entscheidung/Prozessvergleich*
    4.1 Datum: ....
    4.2 Aktenzeichen: ....
    4.3 Die Parteien der Entscheidung/des Prozessvergleichs*
        4.3.1 Name(n) des (der) Kläger(s): ....
        4.3.2 Name(n) des (der) Beklagten: ....
        4.3.3 gegebenenfalls Name(n) der anderen Partei(en): ....
    4.4 Datum der Zustellung des verfahrenseinleitenden Schriftstücks, wenn die Entscheidung in einem Verfahren ergangen ist, auf das sich der Beklagte nicht eingelassen hat
    4.5 Wortlaut des Urteilsspruchs/des Prozessvergleichs* in der Anlage zu dieser Bescheinigung
5. Namen der Parteien, denen Prozesskostenhilfe gewährt wurde: ......
....

Protokoll 3 LugÜ

Die Entscheidung/der Prozessvergleich* ist im Ursprungsstaat vollstreckbar (Art. 38 und 58 des Übereinkommens) gegen:

Name: _____

                    Geschehen zu ...., am ....

                    Unterschrift und/oder Dienstsiegel

* Nichtzutreffendes streichen.

Anhang VI

Bescheinigung über öffentliche Urkunden im Sinne des Artikels 57 Absatz 4 des Übereinkommens über die gerichtliche Zuständigkeit und die Anerkennung und Vollstreckung von Entscheidungen in Zivil- und Handelssachen

1. Ursprungsstaat: ....
2. Gericht oder sonst befugte Stelle, das/die die vorliegende Bescheinigung ausgestellt hat
   - 2.1 Name: ....
   - 2.2 Anschrift: ....
   - 2.3 Tel./Fax/E-Mail: ....
3. Befugte Stelle, aufgrund deren Mitwirkung eine öffentliche Urkunde vorliegt
   - 3.1 Stelle, die an der Aufnahme der öffentlichen Urkunde beteiligt war (falls zutreffend)
     - 3.1.1 Name und Bezeichnung dieser Stelle: ....
     - 3.1.2 Sitz dieser Stelle: ....
   - 3.2 Stelle, die die öffentliche Urkunde registriert hat (falls zutreffend)
     - 3.2.1 Art der Stelle: ....
     - 3.2.2 Sitz dieser Stelle: ....
4. Öffentliche Urkunde
   - 4.1 Bezeichnung der Urkunde: ....
   - 4.2 Datum: ....
     - 4.2.1 an dem die Urkunde aufgenommen wurde
     - 4.2.2 falls abweichend: an dem die Urkunde registriert wurde
   - 4.3 Aktenzeichen: ....
   - 4.4 Die Parteien der Urkunde
     - 4.4.1 Name des Gläubigers: ....
     - 4.4.2 Name des Schuldners: ....

5. Wortlaut der vollstreckbaren Verpflichtung in der Anlage zu dieser Bescheinigung

Die öffentliche Urkunde ist im Ursprungsstaat gegen den Schuldner vollstreckbar (Art. 57 Abs. 1 des Übereinkommens)

Geschehen zu ...., am ....

Unterschrift und/oder Dienstsiegel

Anhang VII

Die nachstehenden Übereinkünfte werden gemäss Artikel 65 des Übereinkommens durch das Übereinkommen ersetzt:

– der am 19. November 1896 in Madrid unterzeichnete spanisch-schweizerische Vertrag über die gegenseitige Vollstreckung gerichtlicher Urteile und Entscheidungen in Zivil- und Handelssachen,

– der am 21. Dezember 1926 in Bern unterzeichnete Vertrag zwischen der Schweiz und der Tschechoslowakischen Republik über die Anerkennung und Vollstreckung gerichtlicher Entscheidungen mit Zusatzprotokoll,

– das am 2. November 1929 in Bern unterzeichnete deutsch-schweizerische Abkommen über die gegenseitige Anerkennung und Vollstreckung von gerichtlichen Entscheidungen und Schiedssprüchen,

– das am 16. März 1932 in Kopenhagen unterzeichnete Übereinkommen zwischen Dänemark, Finnland, Island, Norwegen und Schweden über die Anerkennung und Vollstreckung gerichtlicher Entscheidungen,

– das am 3. Januar 1933 in Rom unterzeichnete italienisch-schweizerische Abkommen über die Anerkennung und Vollstreckung gerichtlicher Entscheidungen,

– das am 15. Januar 1936 in Stockholm unterzeichnete schwedisch-schweizerische Abkommen über die Anerkennung und Vollstreckung von gerichtlichen Entscheidungen und Schiedssprüchen,

– das am 29. April 1959 in Bern unterzeichnete belgisch-schweizerische Abkommen über die Anerkennung und Vollstreckung von gerichtlichen Entscheidungen und Schiedssprüchen,

– der am 16. Dezember 1960 in Bern unterzeichnete österreichisch-schweizerische Vertrag über die Anerkennung und Vollstreckung gerichtlicher Entscheidungen,

– das am 12. Juni 1961 in London unterzeichnete britisch-norwegische Abkommen über die gegenseitige Anerkennung

und Vollstreckung gerichtlicher Entscheidungen in Zivilsachen,
- der am 17. Juni 1977 in Oslo unterzeichnete deutsch-norwegische Vertrag über die gegenseitige Anerkennung und Vollstreckung gerichtlicher Entscheidungen und anderer Schuldtitel in Zivil- und Handelssachen,
- das am 11. Oktober 1977 in Kopenhagen unterzeichnete Übereinkommen zwischen Dänemark, Finnland, Island, Norwegen und Schweden über die Anerkennung und Vollstreckung gerichtlicher Entscheidungen in Zivilsachen,
- das am 21. Mai 1984 in Wien unterzeichnete norwegisch-österreichische Abkommen über die Anerkennung und die Vollstreckung von Entscheidungen in Zivilsachen.

Anhang VIII

Sprachen im Sinne des Artikels 79 des Übereinkommens sind: Bulgarisch, Tschechisch, Dänisch, Niederländisch, Englisch, Estnisch, Finnisch, Französisch, Deutsch, Griechisch, Ungarisch, Isländisch, Irisch, Italienisch, Lettisch, Litauisch, Maltesisch, Norwegisch, Polnisch, Portugiesisch, Rumänisch, Slowakisch, Slowenisch, Spanisch und Schwedisch.

Anhang IX

Die Staaten und Vorschriften im Sinne des Artikels II des Protokolls 1 sind folgende:

- Deutschland: §§ 68, 72, 73 und 74 der Zivilprozessordnung, die für die Streitverkündung gelten,
- Österreich: § 21 der Zivilprozessordnung, der für die Streitverkündung gilt,
- Ungarn: Artikel 58–60 der Zivilprozessordnung (*Polgári perrendtartás*), die für die Streitverkündung gelten,
- Schweiz (in Bezug auf jene Kantone, deren Zivilprozessordnung keine Zuständigkeit im Sinne von Artikel 6 Nummer 2 und Artikel 11 des Übereinkommens vorsieht): die einschlägigen Vorschriften der anwendbaren Zivilprozessordnung über die Streitverkündung (*litis denuntiatio*). [3]

Für Dänemark/For regeringen for Kongeriget Danmark

...

Für die Europäische Gemeinschaft

...

Für Island/Fyrir ríkisstjórn l´yäveldisins Íslands

...

Für das Königreich Norwegen/For Kongeriket Norges Regjering

...

Für die Regierung der Schweizerischen Eidgenossenschaft/
Pour le gouvernement de la Confédération suisse/
Per il governo della Confederazione svizzera

---

[3] Die Erklärung der Schweiz wird anlässlich der Ratifikation gestrichen.

Sachregister ZPO

A

Abberufung der Schiedsrichter 370
Abgabe einer Willenserklärung
- in der Vollstreckung öffentlicher Urkunden 351[2]
- in der Vollstreckung von Entscheiden 344

Ablehnung
- der Schiedsrichter 367
- des Schiedsgerichts 368

Ablehnungsgesuch 369[2, 3]
Ablehnungsverfahren 369
Abschreibung
- des Schlichtungsverfahrens 206[1,3], 207[1] b
- des Verfahrens 107[1] e, 234[2], 241[3], 242, 291[3]

Abstandserklärung 241, s. auch Klageanerkennung, Klagerückzug
Abtretung der eingeklagten Forderung 83
Adhäsionsklage 39
Akteneinsicht 53[2], 160[1] b
Amtsgeheimnis
- beschränktes Verweigerungsrecht Dritter 166[1] c
- der sachverständigen Person 184[2]

Amtssprache 129, 196[1]
Änderung
- der Anordnung der freiwilligen Gerichtsbarkeit 256[2]
- rechtskräftig entschiedener Scheidungsfolgen 284

Anfechtungsobjekt
- der Berufung 308 f.
- der Beschwerde 319
- der Beschwerde gegen Schiedssprüche 392

Anhörung s. auch rechtliches Gehör
- der Eltern 297[1], 299[2] c
- der Kinder 298, 299[2] c
- im Scheidungsverfahren 287

Anleihensobligationen 44
Annexverfahren 288[2]
Anordnung zur Beseitigung eines rechtswidrigen Zustandes 262 b
Anschlussberufung 313, 314[2]
Anschlussbeschwerde
- keine – 323

Anstalten, öffentlich-rechtliche 10[1] b
Anwalt 68[2] a, s. auch Parteivertretung, Rechtsbeistand
Anwaltskorrespondenz 160[1] b
Anwaltszwang 69
Anweisungen an Registerbehörden und Dritte 262 c
Anwendbares Recht 404[1]
Appel en cause 81 f.
Arbeitsgericht 68[2] a, s. auch Parteivertretung, Rechtsbeistand
Arbeitsrechtliche Streitigkeiten
- Feststellung des Sachverhalts 247[2] b 2
- Gerichtsstand 34, 35[1] d
- keine Gerichtskosten 113[2] d, 114 c

Arrest
- Schutzschrift 270[1]
- sichernde Massnahmen 269 a, 327a[2]
- summarisches Verfahren 251 a

Aufenthaltsort 10[1] c, 11
Aufhebung des gemeinsamen Haushaltes 275
Aufklärungspflicht des Gerichts 97, 161
Aufschiebende Wirkung

457

Sachregister ZPO

- der Berufung 315
- der Beschwerde 325
- der Beschwerde gegen die Vollstreckbarerklärung nach LugÜ 327a[2]
- der Erläuterung und Berichtigung 334[2]
- der Revision 331
- der Revision des Schiedsspruchs 398

Augenschein 160[1] c, 168[1] c, 181 f., 203[2]
Ausführungsbestimmungen 400
Auskunft, schriftliche 168[1] e, 190
Auskunftsrecht nach Datenschutzgesetz 243[2] d
Auskunfts- und Duldungspflicht 160, 343[2], s. auch Mitwirkungspflicht
Auslagen 95[3] a
Ausländisches Recht
- Beweisgegenstand 150[2]

Ausschluss
- der Öffentlichkeit 54[3, 4], 203[3]
- von der Verhandlung 128[1]

Ausserordentliches Rechtsmittel
- Beschwerde 319 ff.
- Revision 328 ff.

Aussichtslose Prozessführung 117 b, s. auch Unentgeltliche Rechtspflege
Aussöhnungsversuch s. Mediation, Schlichtungsversuch
Ausstand 47 ff.
Ausstandsgesuch 49
Ausstandsgründe 47, 183[2]

B

Barwert 92[2]
Bauhandwerkerpfandrecht 29[1] c
Bedingte Leistung 342

Beendigung des Verfahrens ohne Entscheid 241 f., s. auch Klageanerkennung, Klagerückzug, Vergleich
Befangenheit 47[1] a–f, 363, 367
Befehlsverfahren s. Rechtsschutz in klaren Fällen
Begründung des Entscheids 239
Behindertengleichstellungsgesetz 113[2] b, 114 b
Beistand 299 f.
Bekannte Tatsachen 151
Bekanntmachung des gerichtlichen Verbots 259
Bereinigung des Zivilstandsregisters 22
Berichtigung eines Entscheids 334, 388[1] a
Beruflich qualifizierter Vertreter 68[2] d, s. auch Parteivertretung, Rechtsbeistand
Berufliche Vorsorge 280 f.
Berufsgeheimnis
- beschränktes Verweigerungsrecht Dritter 166[1] b
- Verweigerungsrecht der Parteien 163[1] b

Berufsmässige Vertretung 68[2], s. auch Parteivertretung, Rechtsbeistand
Berufung 308 ff.
- Anfechtungsobjekt 236 f., 308 f.
- Anschlussberufung 313
- aufschiebende Wirkung 315
- Berufungsantwort 312
- Berufungsgründe 310
- Entscheid 318
- im summarischen Verfahren 314
- neue Tatsachen, neue Beweismittel und Klageänderung 317
- Verfahren 316

Berufungsantwort 312, 313[1], 314[1]
Beschleunigungsgebot 124[1]

Sachregister ZPO

Beschränktes Verweigerungsrecht Dritter s. auch Mitwirkungspflicht, Umfassendes Verweigerungsrecht Dritter
- berechtigte Verweigerung der Mitwirkung 162
- unberechtigte Verweigerung der Mitwirkung durch Dritte 167
- Verweigerungsrecht 166

Beschwer 59[2] a

Beschwerde 319 ff.
- Anfechtungsobjekt 319
- Beschwerdegründe 319 c, 320
- Entscheid 327
- im summarischen Verfahren 321[2]
- in der Vollstreckung 346
- keine Anschlussbeschwerde 323
- keine aufschiebende Wirkung, Aufschub der Vollstreckung 325
- keine neuen Anträge, Tatsachen und Beweismittel 326
- Verfahren 327

Beschwerdeantwort 322, 389[2], 390[2]

Beschwerde gegen den Schiedsspruch 389 ff.
- Anfechtungsobjekt 392
- Beschwerde ans Bundesgericht 389
- Beschwerde ans kantonale Gericht 390
- Beschwerdegründe 393
- Entscheid 395
- Rückweisung zur Berichtigung und Ergänzung 394
- Subsidiarität 391
- Übergangsbestimmung 407[3]

Beschwerde gegen die Vollstreckbarerklärung nach LugÜ 327a

Besitzesschutz 258, s. auch Gerichtliches Verbot

Besondere Kostenregelungen 113 ff.,
  s. auch Verteilung und Liquidation der Prozesskosten
- bei bös- oder mutwilliger Prozessführung 115
- im Entscheidverfahren 114
- im Schlichtungsverfahren 113
- Kostenbefreiung nach kantonalem Recht 116

Besondere Verfahren
- Eherecht 271 ff.
- eingetragene Partnerschaft 305 ff.
- Kinderbelange in familienrechtlichen Angelegenheiten 295 ff.

Bestellung des Schiedsgerichts 360 ff.

Bestimmtheit des Rechtsbegehrens 84[2], 85

Bestreitungslast s. Substantiierungslast

Beteiligungspapiere 43[1]

Betreibungsferien 145[4],

Bewegliche Sachen 30

Beweis 150 ff.

Beweisabnahme 155, s. auch Vorsorgliche Beweisführung
- im Schiedsverfahren 375
- in der Berufung 316[3]
- in der Instruktionsverhandlung 226[3]
- in der Hauptverhandlung 231
- Kosten für die – 95[2] c, 102
- Wahrung schutzwürdiger Interessen 156

Beweisaussage 160[1] a, 168[1] f, 192 f.,
  s. auch Parteibefragung

Beweiseignung 177

Beweiserhebung
- Kostenvorschuss für die – 102
- von Amtes wegen 153

Beweisgegenstand 150 f.

Beweismittel 168 ff., s. auch Augenschein, Beweisaussage, Gutachten,

Parteibefragung, Schriftliche Auskunft, Urkunde, Zeugnis
- Berücksichtigung rechtswidrig beschaffter – 152[2]
- Bezeichnung in der Klage 221[1] e
- im ordentlichen Verfahren 168
- im summarischen Verfahren 254

Beweismittelbeschränkung
- im summarischen Verfahren 254,

Beweismittelverzeichnis 221[2] d
Beweissicherung s. Vorsorgliche Beweisführung
Beweisverfügung 154
Beweiswürdigung
- bei berechtigter Verweigerung der Mitwirkung 162
- bei unberechtigter Verweigerung der Mitwirkung der Parteien 164
- freie – 157

Bezifferung des Anspruchs 84[2], 85
Billigkeit
- Entscheid nach – 381[1] b, 384[1] e, 393 e
- Kostenverteilung nach Ermessen 107[1] f, [2]

Böswillige Prozessführung
- Kostentragungspflicht 115, 119[6]
- Ordnungsbusse, Beschwerde 128[3, 4]

Bund 10[1] c
Busse
- Androhung bei der Vollstreckung 343[1] b, c
- Androhung beim gerichtlichen Verbot 258[1]
- Disziplinarmassnahme 128[1, 3, 4], 167[1] a, 191[2]

C

Check 43[4]

D

Datenschutz 20 d, 243[2] d
Definitiver Rechtsöffnungstitel 349
Deliktsort 36
Dingliche Klagen 29[1] a
Direkte Klage beim oberen Gericht 8
Direkte Vollstreckung 236[3], 337
Direkter Zwang 167[1] c, 343[1] d
Dispositionsakte 241
s. auch Klageanerkennung, Klagerückzug, Vergleich
Dispositionsgrundsatz 58[1]
Dispositiv
- des Entscheids 238 d, 239[1] a und b, 279[2], 334[1]
- des Schiedsspruchs 384[1] f

Doppelter Instanzenzug 308 ff., 319 ff.
Dulden
- Verpflichtung zu einem Tun, Unterlassen oder Dulden 84, 343

Duplik 225, 228[2]
Durchsuchung
- in der Vollstreckung 343[2]

E

Echtheit der Urkunde 178
Edikt 141
Edition von Urkunden 160[1] b
- keine – betreffend Anwaltskorrespondenz 160[1] b
- Mitwirkungspflicht und Verweigerungsrecht 160 ff.
- Wahrung schutzwürdiger Interessen 156

Ehe
- Ausstandsgrund 47[1] c
- Verweigerungsrecht 163[1] a, 165[1] a, 166[1] a

Eherecht s. Familienrecht

Sachregister ZPO

Ehescheidung s. Scheidungsverfahren
Eheschutzverfahren
- massgeblich für vorsorgliche Massnahmen im Scheidungsverfahren 276[1]
- Mitwirkung beim –, kein Ausstandsgrund 47[2] e
- summarisches Verfahren 271 ff.

Ehetrennungsklage 23, 293 f.
Eheungültigkeitsklage 23, 294
Einfache und dingliche Fälle
- im summarischen Verfahren 252[2]

Einfache Streitgenossenschaft 71 f., s. auch Streitgenossenschaft
Einfache Streitverkündung s. Streitverkündung
Einfaches und rasches Verfahren s. Vereinfachtes Verfahren
Eingaben der Parteien 130 ff.
- Anzahl Exemplare 131
- bei Scheidung auf gemeinsames Begehren 285 f.
- Form 130
- Formulare 400[2]
- Mangelhafte, querulatorische und rechtsmissbräuchliche – 132

Eingetragene Partnerschaft 305 ff.
- Angelegenheiten des summarischen Verfahrens 305 f.
- Auflösung der – 198 d, 307
- Ausstandsgrund 47[1] c
- Gerichtsstand 24
- Verweigerungsrecht 163[1] a, 165[1] a, [2], 166[1] a

Einigung 124[3], 208, 226[2], 273[3], 385, s. auch Klageanerkennung, Klagerückzug, Vergleich
Einigungsverhandlung 291, s. auch Schlichtungsverfahren
Einigungsversuch 226[2]
Einlassung 18, 35[1], 359[2]
Einrede s. auch Einwendungen

- der Unzuständigkeit des Schiedsgerichts 359[2]
- der Verrechnung 377[1]
- Einlassung ohne – 18

Einsprache 260
Einstellung der Vollstreckung 337[2], 339
Einstweiliger Rechtsschutz s. Vorsorgliche Massnahmen
Eintreten auf die Klage 59[1]
Einwendungen
- gegen die Leistungspflicht 351[1]
- gegen die Vollstreckung 341[3], 351[1]

Einzige kantonale Instanz
- direkte Klage beim oberen Gericht 8
- für gewisse Spezialmaterien 5
- Handelsgericht 6
- kein Schlichtungsverfahren bei Verfahren vor der – 198 f
- Streitigkeiten aus Zusatzversicherungen zur sozialen Krankenversicherung 7

Elektronische Dateien 177
Elektronische Signatur 130[2]
Elektronische Übermittlung s. auch Postalische Übermittlung
- Eingaben der Parteien 130
- Einhaltung der Fristen 143[2]
- elektronische Signatur 130[2]
- elektronische Zustellung 139

Elektronische Zustellung 139, s. auch Zustellung
Empfangsbestätigung 138[1], 143[2]
EMRK
- Revision von Entscheiden wegen Verletzung der – 328[2]
- Revision von Schiedssprüchen wegen Verletzung der – 396[2]

Endentscheid 236
Entscheid 236 ff.
- ausländischer – 2, 335[3]

- Beendigung des Verfahrens ohne – 241 f.
- Beratung 54[2], 236[2]
- der Schlichtungsbehörde 212
- Einheit des – 283
- Eröffnung und Begründung 239
- Inhalt 238
- Mitteilung an Behörden und Dritte 240
- Pauschalen für den – 95[2] b
- Veröffentlichung des – 54[1], 240
- Vollstreckung 236[3], 240, 335 ff., s. auch Vollstreckung von Entscheiden
- Zwischenentscheid 237

Entscheidgebühr 95[2] b, s. auch Gerichtskosten

Entscheidsurrogate 241, s. auch Klageanerkennung, Klagerückzug, Vergleich

Erbrecht
- Angelegenheiten des summarischen Verfahrens 249 c
- erbrechtliche Sicherungsmassregeln 269 b
- Gerichtsstand 28

Erfahrungssätze 151

Erfolgsort 36

Erfüllungsfrist
- bei der Vollstreckung öffentlicher Urkunden über eine andere Leistung 350[1]

Erfüllungsort 31

Ergänzung des Schiedsspruchs 388[1] c

Ergänzungsfragen
- beim Gutachten 185[2], 187[4]
- beim Zeugnis 173, 176
- gerichtliche Fragepflicht 56, 226[2]

Erläuterung und Berichtigung
- des Entscheids 334
- des Protokolls 235[3]
- des Schiedsspruchs 388[1] b

Ermessen bei der Kostenverteilung 107, s. auch Verteilung und Liquidation der Prozesskosten

Ernennung der Mitglieder des Schiedsgerichts 361 f.

Eröffnung des Entscheids 239, 301, 318[2], 327[5]

Errichtung gesetzlicher Pfandrechte 29[1] c

Ersatzvornahme 343[1] e

Ersetzung der Mitglieder des Schiedsgerichts 371

Erstreckung von Fristen 144, s. auch Fristen

Europäische Menschenrechtskonvention s. EMRK

Eventualbegehren 91[1]

Exequatur 327a

Exequaturverfahren 335[3]

Experte s. Sachverständiger

Expertise s. Gutachten, Privatgutachten, Schiedsgutachten

F

Fachgericht 6

Fahrnispfand 30[1]

Faktische Lebensgemeinschaft
- Ausstandsgrund 47[1] c
- Verweigerungsrecht 163[1] a, 165[1] a, 166[1] a

Falschaussage 192[2]

Falsche Verfahrensart 63[2]

Familienrecht s. auch Ehe
- Angelegenheit des summarischen Verfahrens 249 b
- Eheschutzverfahren 47[2] e, 271 ff.
- Ehetrennungsklage 293 f.
- Eheungültigkeitsklage 294
- Gerichtstand 23 ff.
- Kinderbelange in familienrechtlichen Angelegenheiten 295 ff., s. auch dort

- Scheidungsverfahren 274 ff., s. auch dort
- Unterhaltsklage 303 f.

Fehlende Zuständigkeit 63[1]
Feiertage 142[3], s. auch Fristen
Feindschaft 47[1] f
Feststellungsinteresse 59[2] a
Feststellungsklage 88, 352
Fixationswirkung 64[1] b, 404[2]
Forderungsklage, unbezifferte 85
Form
- Eingaben der Parteien 130
- Entscheid 54[1], 238 f.
- Gerichtsstandsvereinbarung 17[2]
- Gesuch im summarischen Verfahren 252[2]
- Klage 221
- Schiedsspruch 384
- Schiedsvereinbarung 358
- Schlichtungsgesuch 202
- vereinfachte Klage 244

Formulare 400[2]
Forum 9 ff.
Fragepflicht 56, 247[1], 277[2]
Freibeweis 168[2]
Freie Beweiswürdigung 157, s. auch Beweiswürdigung
Freiwillige Gerichtsbarkeit
- Geltungsbereich der ZPO 1 b
- Gerichtsstand 19, 21, 28[2], 29[4], 30[2], 43, 44
- summarisches Verfahren 248 e, 255 b, 256[2]

Freiwillige Streitgenossenschaft s. Einfache Streitgenossenschaft
Freizügigkeitsgesetz 281
Freundschaft 47[1] f
Friedensrichter s. Schlichtungsbehörde
Fristen 142 ff., s. auch Rechtsmittelfristen, Säumnis, -folgen, Wiederherstellung
- Berechnung 142
- Betreibungsferien 145[4]
- Einhaltung 143
- Erstreckung 144
- Gerichtsferien 145 f.
- Klagefrist 209[3, 4]
- nützliche Frist 370[2]
- Ordnungsfrist 203[1, 4]
- Prosekution der vorsorglichen Massnahmen 263
- Wahrung gesetzlicher Fristen 64[2]

Fristenstillstand 145 f.
Funktionelle Zuständigkeit s. Sachliche und funktionelle Zuständigkeit
Fusionen 42

G

Gefährdung der Beweismittel s. Vorsorgliche Beweisführung
Gegenbeweis 154
Gegendarstellung
- Gerichtsstand 20 b
- keine aufschiebende Wirkung der Berufung bei der – 315[4] a
- summarisches Verfahren 249 a 1

Gegenstandslosigkeit
- des Schlichtungsverfahrens 206[1, 3], 207[1] b
- des Verfahrens 107[1] e, 234[2], 241[3], 242, 291[3]

Geldzahlung 262 e
Geltungsbereich der ZPO 1
Gemeinsame Vertretung 72
Genehmigung
- der Vereinbarung der Mediation 217
- der Vereinbarung über die berufliche Vorsorge 280
- der Vereinbarung über die Scheidungsfolgen 279
- des Vergleichs vor der Schlichtungsbehörde 208

Sachregister ZPO

Gericht s. auch Schiedsgericht
- Arbeitsgericht, Vertretung 68² d
- einzige kantonale Instanz 5
- Fachgericht 6
- für Streitigkeiten aus Zusatzversicherungen zur sozialen Krankenversicherung 7
- Handelsgericht 6
- Mietgericht, Vertretung 68² d
- Organisation der Gerichte und Schlichtungsbehörden 3
- staatliche Gerichte im Schiedsverfahren 356
- Vollstreckungsgericht 339

Gerichtliche Fragepflicht s. Fragepflicht

Gerichtliche Frist s. Fristen

Gerichtliche Vorladung s. Vorladung

Gerichtliche Zustellung s. Zustellung

Gerichtlicher Vergleich s. Vergleich

Gerichtliches Verbot 248 c, 258 ff.

Gerichtsferien 145 f.

Gerichtshandlungen s. Entscheid, Protokoll, Prozesshandlungen, Prozessleitende Verfügungen, Prozessleitung

Gerichtskosten 95 ff., 104 ff., 113 ff., 117 ff., s. auch Besondere Kostenregelungen, Prozesskosten, Unentgeltliche Rechtspflege, Verteilung und Liquidation der Prozesskosten
- bei Säumnis beider Parteien im Hauptverfahren 234²
- Begriff 95²
- bös- oder mutwillige Prozessführung 115
- Festsetzung und Verteilung von Amtes wegen 105¹
- Gerichtskostentarif 96
- keine – in gewissen Entscheidverfahren 114
- keine – in gewissen Schlichtungsverfahren 113²
- Kostenvorschuss 98, 102, s. auch dort
- Stundung, Erlass, Verjährung, Verzinsung der – 112

Gerichtsnotorische Tatsachen 151

Gerichtsstandsvereinbarung 15¹, 17, 35, 406

Geschäftsgeheimnis 156

Geschäftsniederlassung 12, 34²

Gesellschaftsrecht
- Angelegenheiten des summarischen Verfahrens 250 c
- Gerichtsstand 40

Gesetzliche Fristen s. Fristen

Gestaltungsentscheid
- kein Entzug der aufschiebenden Wirkung der Berufung gegen einen – 315³

Gestaltungsklage 87

Gesuch
- Ablehnungsgesuch 369², ³
- Ausstandsgesuch 49
- im summarischen Verfahren 252
- Interventionsgesuch 75
- mündlich 252²
- Rechtshilfegesuch 196¹
- Revisionsgesuch 329, 397
- Schlichtungsgesuch 202
- Vollstreckungsgesuch 338, 350²

Gewalt, Drohung oder Nachstellung 243² b

Gewerbsmässige Vertretung 68² c, s. auch Parteivertretung, Rechtsbeistand

Glaubhaftmachung 49¹, 74, 148¹, 158¹ b, 163², 166¹ b, ², 258², 261¹, 303² a

Gleichbehandlung 373⁴, 393 d

Gleichstellungsgesetz

Sachregister ZPO

- keine Gerichtskosten 113[2] a, 114 a
- vereinfachtes Verfahren 243[2] a

Grundbuch 344
Grundpfandtitel 43[2]
Grundstücke 28[3], 29, 258
Gutachten 168[1] d, 183 ff.
Güterrechtliche Auseinandersetzung
- beim Tod eines Ehegatten 28[1]
- Feststellung des Sachverhalts 277[1]
- separates Verfahren 283[2]

Gütertrennung 23[2]

H

Handeln nach Treu und Glauben 52
Handelsgericht 6, 198 f, 243[3]
Handelsrecht 40 ff.
Handlungsregister 344
Handlungs(un)fähigkeit s. Prozessfähigkeit
Handlungsort 36
Hauptintervention 73
- im Schiedsverfahren 376[3]
- kein Schlichtungsverfahren 198 g
- Kostentragung 106[3]

Hauptverhandlung 228 ff.
- Vorbereitung 226[2]

Hilfe
- der zuständigen Behörden in der Vollstreckung 343[3]

Hinterlegung des Schiedsspruchs 386[2]

I

Identität des Streitgegenstandes 59[2] d, e
Immaterialgüterrechtliche Streitigkeiten 5[1] a
Indirekter Zwang 167[1] a, b, 343[1] a–c
Instruktionsverhandlung
- im ordentlichen Verfahren 226
- im vereinfachten Verfahren 246[2]

Internationale Verhältnisse 2
Intervention 73 ff.
- Hauptintervention 73, 198 g
- im Schiedsverfahren 376[3]
- Kostentragung 106[3]
- Nebenintervention 74 ff.

Interventionsgesuch 75
Interventionswirkung 77
Iudex ad quem 311, 321
Iudex a quo 328
Iura novit curia 57

J

Juristische Personen
- Gerichtsstand 10[1] b
- Organe im Beweisverfahren 159

K

Kanton 10[1] d
Kantonales Recht
- Sachliche und funktionelle Zuständigkeit 4, 5, 6, 7, 356
- Tarifhoheit 96, 116, 218[3]
- Urteilsberatung 54[2]
- Verfahrenssprache 129
- Vertretung 68[2] b, d
- Vollzug 401[1]

Kapitalwert 92
Kassatorische Wirkung
- Berufung 318[1] c
- Beschwerde 327[3] a
- Revision im Schiedsverfahren 399
- Schiedsbeschwerde 395

Kaution s. Sicherheit für die Parteientschädigung
Kettenstreitverkündungsklage
- keine – 81[2]

Kinderbelange in familienrechtlichen Angelegenheiten 295 ff.

465

Sachregister ZPO

- Angelegenheiten des summarischen Verfahrens 302
- Anhörung der Eltern und der Kinder 297[1], 298, 299[2] c
- Eröffnung des Entscheids 301
- Gerichtsstand 25 f.
- Mediation 218[2], 297[2]
- Mitwirkungspflicht bei der Aufklärung der Abstammung 160[1] c, 296[2]
- Offizialgrundsatz 296[3]
- Unterhalts- und Vaterschaftsklage 303 f.
- Untersuchungsgrundsatz 296[1]
- vereinfachtes Verfahren für selbständige Klagen 295
- Vertretung des Kindes 95[2] e, 299 f.

Klage 84 ff., 221, 244, s. auch Eingaben der Parteien, Scheidungsklage, Streitverkündungsklage, Widerklage
- Beilagen 221[2]
- Datierung 221[1] f
- Feststellungsklage 88, 352
- Gestaltungsklage 87
- Inhalt 221[1]
- Klagenhäufung 90
- Leistungsklage 84
- Teilklage 86
- unbezifferte Forderungsklage 85
- Unterlassungsklage 84
- Verbandsklage 89
- vereinfachte Klage 224

Klageabweisung s. Entscheid
Klageänderung
- im erstinstanzlichen Verfahren 227, 230
- in der Berufung 317[2]
- keine – im Beschwerdeverfahren 326
- Scheidungsklage, Ehetrennungsklage 293, 294[2]

Klageanerkennung 208, 241
- Abschreibung des Verfahrens 241[3]
- im Schiedsverfahren 385
- Kostentragung 106[1]
- materielle Rechtskraft 208[2], 241[2]
- Unwirksamkeit der – als Revisionsgrund 328[1] c, 396[1] c

Klageanhebung 64[2]
Klageantwort 222 f.
Klagebewilligung 209
- bei Säumnis der beklagten Partei 206[2]
- nach Ablehnung des Urteilsvorschlags 211[2]
- nach Scheitern der Mediation 213[3]

Klagebeschränkung 227[3]
Klagefrist 198 h, 209[3, 4], 263
Klagenhäufung 90
- Gerichtsstand 15[2]
- im Schiedsverfahren 376[2]
- Streitwert 93[1]

Klagerückzug 208, 241
- Abschreibung des Verfahrens 241[3]
- Abstandsfolge 65, 208[2]
- im Schiedsverfahren 385
- Kostentragung 106[1]
- materielle Rechtskraft 208[2], 241[2]
- Unwirksamkeit des – als Revisionsgrund 328[1] c, 396[1] c

Klageüberweisung 127
Kognition
- im Rechtsmittelverfahren 327a[1]
- im Rechtsschutz in klaren Fällen 257

Kollektivanlagen 45
Kollektivgesellschaften 10[1] b
Kommanditgesellschaften 10[1] b
Kompetenz-Kompetenz 359
Konfrontation 174, s. auch Zeugnis
Konnexität
- Klageänderung 227
- Klagenhäufung 15[2], 376[2]
- Streitgenossenschaft 376[1] b

- Überweisung bei – 127
- Widerklage 14[1]

Konsumentenvertrag
- Gerichtsstand 32, 35[1] a
- keine direkt vollstreckbare Urkunde 348 e

Kopie
- Akteneinsicht 53[2]
- auf Kosten der Partei 131
- der Urkunde 180[1]
- Vollstreckung öffentlicher Urkunden 350[1]

Körperliche Untersuchung 160[1] c, 296[2]

Körperschaften, öffentlich-rechtliche 10[1] b

Kosten 95 ff., s. auch Gerichtskosten, Parteientschädigung, Prozesskosten

Kostenbefreiung nach kantonalem Recht 116

Kostenentscheid 104, 110, s. auch Besondere Kostenregelungen, Verteilung und Liquidation der Prozesskosten

Kostenerlass s. Unentgeltliche Rechtspflege

Kostennote 105[2]

Kostenregelung
- Besondere Kostenregelungen 113 ff., s. auch dort
- Verteilung und Liquidation der Prozesskosten 104 ff., s. auch dort

Kostentragungspflicht bei bös- oder mutwilliger Prozessführung 115

Kostenvorschuss 98
- bei der Liquidation der Prozesskosten 111
- bei unentgeltlicher Rechtspflege 118[1] a, 119[5]
- Beschwerde 103
- für Beweiserhebungen 102
- im Schiedsverfahren 378

- Leistung 101
- Prozessvoraussetzung 59[2] f

Kraftloserklärung von Wertpapieren und Versicherungspolicen 43

Krankenversicherung s. Zusatzversicherung zur sozialen –

L

Landwirtschaftliche Pacht s. Miete und Pacht unbeweglicher Sachen

Leibrente 92[2]

Leistung
- von Gegenleistung abhängig 342

Leistungsklage 84, 343

Leitschein s. Klagebewilligung

Liquidation der Prozesskosten s. Besondere Kostenregelungen, Unentgeltliche Rechtspflege, Verteilung und Liquidation der Prozesskosten

Litis consortium s. Streitgenossenschaft

Litisdenunziation s. Streitverkündung

Litispendenz s. Rechtshängigkeit

Lugano Übereinkommen s. LugÜ

LugÜ
- Beschwerde gegen die Vollstreckbarerklärung nach LugÜ 327a

M

Manu militari 167[1] c, 343[1] d

Massnahmen gegen die Medien 266

Mediation 213 ff.
- Aufforderung zur – in Kinderbelangen 297[2]

Mediator
- Ausstandsgrund 47[1] b
- beschränktes Verweigerungsrecht 166[1] d

Mehrheitsentscheid
- Kollegialgericht 236[2]
- Schiedsspruch 382[3, 4]

Miete und Pacht unbeweglicher Sachen
- Feststellung des Sachverhalts 247[2] b 1
- Gerichtsstand 33, 35[1] b, c
- keine direkt vollstreckbare Urkunde 348 b
- keine Gerichtskosten im Schlichtungsverfahren 113[2] c
- Paritätische Schlichtungsbehörde 200[1]
- Schlichtungsbehörde als Schiedsgericht bei Angelegenheiten aus Miete und Pacht von Wohnräumen 361[4]
- vereinfachtes Verfahren 243[2] c

Mietgericht 68[2] d, s. auch Parteivertretung, Rechtsbeistand

Minderjährige Personen 67, 160[2]

Mitteilungspflicht 48, 280[2]

Mittellosigkeit 117 a, s. auch Unentgeltliche Rechtspflege

Mitwirkungsgesetz
- keine Gerichtskosten 113[2] e, 114 d
- vereinfachtes Verfahren 243[2] e

Mitwirkungspflicht 160 ff., s. auch Beschränktes Verweigerungsrecht Dritter, Umfassendes Verweigerungsrecht Dritter, Verweigerungsrecht der Parteien
- Aufklärungspflicht des Gerichts 161
- Aussagepflicht 160[1] a
- berechtigte Verweigerung der Mitwirkung 162
- des staatlichen Gerichts im Schiedsverfahren 375[2]
- Duldung eines Augenscheins an Person oder Eigentum 160[1] c
- Edition von Urkunden 160[1] b
- Entschädigung 160[3]
- körperliche Untersuchung 160[1] c, 296[2]
- minderjährige Person 160[2]
- unberechtigte Verweigerung der Mitwirkung 164, 167

Motorfahrzeug- und Fahrradunfälle 38

Mutwillige Prozessführung
- Kostentragungspflicht 115, 119[6]
- Ordnungsbusse 128[3, 4]

N

Nachehelicher Unterhalt
- Feststellung des Sachverhalts 277[1]

Nachfrist
- bei versäumter Klageantwort 223[1]
- für die Leistung des Vorschusses 101[3]
- für Eingaben der Parteien 131, 132[1, 2]
- Wiederherstellung 148[1]

Nachzahlung 123, s. auch Unentgeltliche Rechtspflege

Namensschutz 20 c

Natürliche Personen 10[1] a

Ne bis in idem s. Rechtskraft

Nebenintervention 74 ff.
- im Schiedsverfahren 376[3]
- Kostentragung 106[3]

Nebenpartei
- im Schiedsverfahren 376[3]
- Kostentragung 106[3]
- Nebenintervention 74
- Streitverkündung 78[1]

Negative Feststellungsklage 59[2] a, d, 88, 352

Neue Tatsachen und Beweismittel
- echte Noven 229[1] a
- in der Berufung 317

Sachregister ZPO

- in der Beschwerde gegen die Vollstreckbarerklärung nach LugÜ 327a[1]
- in der Hauptverhandlung 229
- keine – in der Beschwerde 326
- Klageänderung in der Hauptverhandlung 230[1] b
- Revisionsgrund 328[1] a, 396[1] a
- unechte Noven 229[1] b

Nicht leicht wieder gutzumachender Nachteil 261[1] b, 315[5], 319 b 2

Nichteintretensentscheid
- Endentscheid 236[1]
- fehlende Prozessvoraussetzungen 59[1]
- Nichtleistung des Vorschusses oder der Sicherheit innert der Nachfrist 101[3]
- Prozesskostenverteilung 106[1]
- Rechtshängigkeit bei fehlender Zuständigkeit oder falscher Verfahrensart 63
- Rechtsschutz in klaren Fällen 257[3]

Nichterscheinen vor Gericht s. auch Persönliches Erscheinen, Säumnis, -folgen
- Säumnis in der Hauptverhandlung 234
- Säumnis in der Schlichtungsverhandlung 206, 207[1]

Niederlassung 12, 34[2]
Notorische Tatsachen 151
Notwendige Streitgenossenschaft 70, s. auch Streitgenossenschaft
Noven s. Neue Tatsachen und Beweismittel
Numerus clausus der Beweismittel 168[1]

O

Offenkundige Tatsachen 151

Offenlegungspflicht der Schiedsrichter 363
Öffentliche Bekanntmachung
- des gerichtlichen Verbots 259
- Form der Zustellung 141

Öffentliche Register und Urkunden
- Anweisung an Register 344[2], 351[2]
- Beweiskraft 179

Öffentlichkeitsprinzip 54[1]
- Ausschluss der Öffentlichkeit 54[3,4], 203[3]
- Vorbehalt des kantonalen Rechts für die Urteilsberatung 54[2]

Offizialgrundsatz 58[2]
- in Kinderbelangen 296[3]
- kein Rechtsschutz in klaren Fällen bei Geltung des – 257[2]

OR
- Angelegenheiten des summarischen Verfahrens 250
- Angelegenheiten des vereinfachten Verfahrens 243[2] c

Ordentlicher Gerichtsstand 10
Ordentliches Rechtsmittel s. Berufung
Ordentliches Verfahren 219 ff.
Ordnungsbusse
- bei mutwilligem Leugnen 191[2]
- unberechtigte Verweigerung der Mitwirkung Dritter 167[1] a
- Verfahrensdisziplin 128
- Vollstreckungsmassnahme 343[1] b, c

Ordnungsfrist 203[1, 4]
Ordre public
- Beachtung des – bei Entscheid nach Billigkeit 381[1] b
- Willkür, Beschwerdegrund 393 e

Organe juristischer Personen 159
Organisation der Gerichte und Schlichtungsbehörden 3
Original 180
Ort der gelegenen Sache 29 f.

469

Sachregister ZPO

Örtliche Zuständigkeit 9 ff., 404[1]
Ortsgebrauch 150[2]

P

Pacht s. Miete und Pacht unbeweglicher Sachen
Parität
- der Schlichtungsbehörde 200
- Verletzung der – als Ablehnungsgrund des Schiedsgerichts 368[1]

Paritätische Schlichtungsbehörde
- Streitigkeiten aus Miete und Pacht von Wohn- und Geschäftsräumen 200[1], 361[4]
- Streitigkeiten nach dem Gleichstellungsgesetz 200[2]

Parteibefragung 160[1] a, 168[1] f, 191, 193, s. auch Beweisaussage
Parteibezeichnung 221[1] a, 244[1] a
Parteientschädigung 95 ff., s. auch Besondere Kostenregelungen, Prozesskosten, Unentgeltliche Rechtspflege, Verteilung und Liquidation der Prozesskosten
- Begriff 95[3]
- keine – im Schlichtungsverfahren 113[1]
- Kostennote 105[2]
- Sicherheit für die – 99 ff., 379, s. auch dort
- Zusprache nach Tarifen 96, 105[2]

Parteifähigkeit 59[2] c, 66
Parteigutachten s. Privatgutachten
Parteikosten s. Parteientschädigung
Parteivertretung 68 f., s. auch Rechtsbeistand
- berufsmässige Vertretung 68[2]
- gemeinsame Vertretung 72
- nicht berufsmässige Vertretung 68[1]
- Schiedsverfahren 373[5]
- Schlichtungsverfahren 204[3]

- Unvermögen der Partei 69
- Vollmacht 68[3]

Parteivortrag 228, 232
Parteiwechsel 83
Patentgesetz
- Klage auf Lizenzerteilung 269 c

Pauschalbestreitung s. auch Substantiierungslast
- keine – 222[2]

Pauschalen
- für das Schlichtungsverfahren 95[2] a
- für den Entscheid 95[2] b

Perpetuatio fori s. Fixationswirkung
Personenrecht
- Angelegenheiten des summarischen Verfahrens 249 a
- Gerichtsstand 20 ff.

Persönliches Erscheinen
- Anordnung durch das Gericht 68[4]
- in der Schlichtungsverhandlung 204
- in familienrechtlichen Verfahren 273[2], 278, 297[1], 298[1]
- Säumnisfolgen 147

Persönliches Interesse 47[1] a
Persönlichkeitsschutz 20 a
Pfandrecht 29[1] c
Pilotprojekte 401
Polizei
- Durchsetzung der Verfahrensdisziplin 128[2]
- Hilfe bei der Vollstreckung 343[3]

Postalische Übermittlung s. auch Elektronische Übermittlung
- Eingaben der Parteien 130[1]
- Einhaltung der Fristen 143[1]
- Postalische Zustellung 138

Postalische Zustellung 138, s. auch Zustellung
Prorogation
- direkte Klage beim oberen Gericht 8

Sachregister ZPO

- Gerichtsstandsvereinbarung 17
- keine – 9[2], 35[1]

Prosekution 263

Protokoll
- Augenschein 182
- mündliches Gutachten 187[2]
- Parteibefragung und Beweisaussage 193
- Verhandlung 235
- Zeugnis 176

Protokollberichtigung 235[3]

Prozessbeistand 299 f.

Prozessentscheid s. Nichteintretensentscheid

Prozessfähigkeit 67
- Handlungsunfähigkeit 67[2, 3]
- Prozessvoraussetzung 59[2] c
- Unvermögen der Partei 69
- Voraussetzung für die Vertretung 68[1]

Prozesshandlungen 129 ff., s. Amtssprache, Beendigung des Verfahrens ohne Entscheid, Eingaben der Parteien, Klageanerkennung, Klageanhebung, Klagerückzug, Prorogation, Prozessleitende Verfügungen, Schiedsvereinbarung, Verfahrenssprache, Vergleich, Vorladung, Zustellung

Prozesskaution s. Sicherheitsleistung

Prozesskosten 95 ff., s. auch Besondere Kostenregelungen, Gerichtskosten, Parteientschädigung, Unentgeltliche Rechtspflege, Verteilung und Liquidation der Prozesskosten
- Aufklärung über die – 97
- Begriff 95[1]
- Entscheid 104
- Kostenbefreiung nach kantonalem Recht 116
- Schiedsverfahren 384[1] f
- Tarif 96

- unnötige – 108
- Widerklage 94[2]

Prozessleitende Verfügungen
- Beschwerde gegen – 319 b
- Beweisverfügung 154
- Grundsätze 124[1]
- im vereinfachten Verfahren 246

Prozessleitung 124 ff.
- bös- oder mutwillige Prozessführung 115, 119[6], 128[3, 4]
- Grundsätze 124
- Sistierung 126
- Überweisung 127
- Vereinfachung des Prozesses 125
- Verfahrensdisziplin 128[1, 2]

Prozessökonomie 124, 125, 127, s. auch Streitverkündungsklage, Widerklage

Prozessstandschaft 79[1] b

Prozessurkunden 136

Prozessvoraussetzungen 59 ff.

Publikation des Entscheids
- Öffentlichkeitsprinzip 54[1]
- Veröffentlichung 240

Q

Querulatorische Eingaben 132[3]

R

Räumung eines Grundstücks 343[1] d

Realexekution 335 ff.

Rechnungsfehler
- Berichtigung, Erläuterung und Ergänzung des Schiedsspruchs 388[1] a
- Erläuterung und Berichtigung 334[2]

Recht auf Beweis 152

Rechtfertigungsgrund bei vorsorglichen Massnahmen gegen Medien 266 b

471

Rechtliches Gehör 53, s. auch Anhörung, Replik
- im Schiedsverfahren 373[4], 393 d

Rechtsagent 68[2] b, s. auch Parteivertretung, Rechtsbeistand

Rechtsanwendung von Amtes wegen 57

Rechtsbegehren
- Beschränkung auf einzelne – 125 a, 222[3], 383
- in den Gerichtsurkunden 209[2] b, 235[1] d, 384[1] d
- in den Parteieingaben 82[1], 202[2], 221[1] b, 244[1] b, 285 b, d, 290 b–d
- nicht aussichtslose – als Voraussetzung für die unentgeltliche Rechtspflege 117 b
- nicht beurteilte – als Beschwerdegrund 393 c
- Streitwertberechnung 91, 94[1], 308[2]

Rechtsbehelf
- Berichtigung, Erläuterung und Ergänzung des Schiedsspruchs 388
- Erläuterung und Berichtigung 334

Rechtsbeistand s. auch Parteivertretung
- Ausstandsgrund 47[1] b
- Begleitung im Schlichtungsverfahren 204[2]
- Bestellung bei der unentgeltlichen Rechtspflege s. Unentgeltliche Rechtspflege

Rechtsberatungsstelle 200 f.

Rechtsfähigkeit s. Parteifähigkeit

Rechtsgültigkeit
- der Vereinbarung über Scheidungsfolgen 279[3]

Rechtshängigkeit 62 ff.
- Beginn 62
- falsche Verfahrensart 63[2]
- fehlende Zuständigkeit 63[1]
- im Schiedsverfahren 375[2]
- keine anderweitige – als Prozessvoraussetzung 59[2] d
- Schiedsverfahren 372
- Wirkungen 64

Rechtshilfe
- im Schiedsverfahren 375[2]
- zwischen schweizerischen Gerichten 194 ff.

Rechtshilfegesuch 196[1]

Rechtskraft
- der Entscheidsurrogate 208[2], 217, 241[2]
- des Schiedsspruchs 385, 387
- keine – als Prozessvoraussetzung 59[2] e
- Teilrechtskraft 315[1]
- Vollstreckbarkeit 336[1]

Rechtskraftbescheinigung s. Vollstreckbarkeitsbescheinigung

Rechtsmissbrauch, Handeln nach Treu und Glauben 52

Rechtsmissbräuchliche Eingabe 132[3]

Rechtsmittel
- Dritter in der Vollstreckung 346
- gegen Entscheide staatlicher Gerichte s. Berufung, Beschwerde, Revision
- gegen Schiedssprüche s. Beschwerde gegen den Schiedsspruch, Revision des Schiedsspruchs
- im Scheidungsverfahren 289
- Übergangsbestimmungen 405

Rechtsmittelbelehrung 238 f

Rechtsmittelfristen
- Berechnung 142 ff.
- Berufung 311[1], 314[1]
- Beschwerde 321[1, 2]
- Beschwerde gegen den Schiedsspruch 389[2], 390[2]
- Beschwerde gegen die Vollstreckbarerklärung nach LugÜ 327a[3]

- Revision 329
- Revision des Schiedsspruchs 397

Rechtsmittelverzicht 239[2]

Rechtsöffnung
- keine Berufung 309 b 3
- Mitwirkung bei der –, kein Ausstandsgrund 47[2] c
- summarisches Verfahren 251 a

Rechtsöffnungstitel 349

Rechtsschrift 130 ff., s. auch Eingaben der Parteien

Rechtsschutz in klaren Fällen 99[3] c, 248 b, 257

Rechtsschutzinteresse 59[2] a

Rechtsstillstand 145[4]

Rechtsverweigerung, -verzögerung
- Beschleunigungsgebot 124[1]
- Beschwerde 319 c, 321[4], 327

Rechtswahl 381[1] a

Redaktionsgeheimnis
- beschränktes Verweigerungsrecht Dritter 166[1] e

Referentenaudienz s. Instruktionsverhandlung

Reformatorische Wirkung
- der Berufung 318[1] a, b
- der Beschwerde 327[3] b
- der Revision 333[1]
- der Schiedsbeschwerde 395[4]

Replik 225, 228 [2]

Revision 51[3], 328 ff., 405[2]

Revision des Schiedsspruchs 396 ff.

Revisionsentscheid 333

Revisionsgesuch 329, 397

Revisionsgründe 328, 396

Rückweisung
- an das Schiedsgericht 394, 395[2], 399
- an die Vorinstanz 104[4], 318[1] c, 327[3] a
- querulatorischer und rechtsmissbräuchlicher Eingaben 132[3]

Rückzug der Klage s. Klagerückzug

S

Sachenrecht
- Angelegenheiten des summarischen Verfahrens 249 d
- Gerichtsstand 29 f.

Sachentscheid s. Entscheid

Sachleistungen 262 d

Sachliche und funktionelle Zuständigkeit
- direkte Klage beim oberen Gericht 8
- einzige kantonale Instanz 5
- Grundsätze 4, 91 ff.
- Handelsgericht 6
- Hauptintervention 73[1]
- staatliche Gerichte im Schiedsverfahren 356
- Streitverkündungsklage 81[1]
- Vollstreckung vorsorglicher Massnahmen 267
- Widerklage 14, 224
- Zusatzversicherung zur sozialen Krankenversicherung 7

Sachverständiger s. auch Gutachten, Zeugnis
- Ausstandsgrund 47 b, 183[2]
- Zeugnis einer sachverständigen Person 175

Sachwalter 68[2] b, s. auch Parteivertretung, Rechtsbeistand

Säumnis, -folgen 147, s. auch Wiederherstellung
- bei der Beweisabnahme 167[2], 188[1]
- Hinweis auf die Säumnisfolgen 133 f, 147[3], 161, 184[2]
- in der Hauptverhandlung 234
- in der Schlichtungsverhandlung 206, 207[1] b
- Nichtleisten des Vorschusses und der Sicherheit 101[3], 102[3]
- versäumte Klageantwort 223

Schadenersatz

Sachregister ZPO

- für ungerechtfertigte vorsorgliche Massnahmen 37, 264[2], 374[4]
- in der Vollstreckung 345[1] a, [2]

Schadensort 36 ff.

Scheidung auf gemeinsames Begehren 274, 285 ff.

Scheidungsentscheid 283

Scheidungsklage 274, 290 ff.

Scheidungsverfahren 274 ff.
- Gerichtsstand 23
- keine Sicherheitsleistung 99[3] b
- kein Schlichtungsverfahren 198 c

Schiedsfähigkeit 354

Schiedsgericht
- Ablehnung 368
- Bestellung 360 ff.
- Bestreitung der Zuständigkeit 359
- Sekretariat 365
- Sitz 355
- zuständige staatliche Gerichte 356

Schiedsgerichtsbarkeit 353 ff., 407

Schiedsgutachten 189

Schiedsrichter 360 ff., 367 ff.
- Abberufung der – 370
- Ablehnung eines Mitgliedes 367
- Ablehnungsverfahren 369
- Amtsdauer 366
- Annahme des Amts 364
- Anzahl der Mitglieder 360
- Ernennung 361 f.
- Ersetzung 371
- Offenlegungspflicht 363

Schiedsspruch 381 ff.
- anwendbares Recht 381
- Beratung und Abstimmung 382
- Berichtigung, Erläuterung und Ergänzung 388
- Einigung der Parteien 385
- Hinterlegung 386[2]
- Inhalt des – 384
- Teilschiedsspruch 383, 392 a
- Vollstreckbarkeitsbescheinigung 386[3]
- Wirkungen 387
- Zustellung 386[1]
- Zwischenschiedsspruch 383, 392 b

Schiedsvereinbarung 353[2], 357 ff.
- Bestreitung der – 359
- Form 358
- Prozessvoraussetzung 61
- Übergangsbestimmung 407[1]

Schiedsverfahren 372 ff.
- anwendbares Recht 373, 381
- Beschwerde 389 ff.
- Beweisabnahme 375
- Einigung der Parteien 385
- keine unentgeltliche Rechtspflege 380
- Kostenvorschuss 378
- Opting out 353[2]
- Rechtshängigkeit 372
- Revision 396 ff.
- Sicherstellung der Parteientschädigung 379
- Streitgenossenschaft, Klagenhäufung und Beteiligung Dritter 376
- Übergangsbestimmung 407[2]
- Verfahrensregeln 373
- Verrechnungseinrede 377[1]
- vorsorgliche Massnahmen, Sicherheit und Schadenersatz 374
- Widerklage 377[2]

SchKG
- Angelegenheiten des summarischen Verfahrens 251
- Betreibungsferien und Rechtsstillstand im SchKG 145[4]
- Gerichtsstand 1 c, 46
- keine Berufung für gewisse Angelegenheiten 309 b
- kein Schlichtungsverfahren für gewisse Klagen 198 e
- Rechtshängigkeit 63[3]

Sachregister ZPO

- sichernde Massnahmen bei der Vollstreckung von Geldforderungen 269 a
- Vertretung im summarischen Verfahren 68[2] c
- vollstreckbare Urkunde über Geldleistungen als definitiver Rechtsöffnungstitel 349
- Vollstreckung von Entscheiden auf Geldzahlungen und Sicherheitsleistungen 335[2]

Schlichtungsbehörde 200 f.
- Organisation 3,
- paritätische – 200, 361[4]
- Rechtsberatungsstelle 201[2]

Schlichtungsgesuch 202

Schlichtungsverfahren 202 ff., s. auch Schlichtungsversuch
- Einigung 208
- Entschädigung des unentgeltlichen Rechtsbeistands 113[1]
- Entscheid 212
- keine Gerichtskosten in gewissen Streitigkeiten 113[2]
- keine Parteientschädigung 113[1]
- kein Fristenstillstand 145[2] a
- Klagebewilligung 209
- Kostenverlegung 207
- Mediation 213 ff.
- Mitwirkung beim – , kein Ausstandsgrund 47[2] b
- Pauschalen für das – 95[2] a
- persönliches Erscheinen, Begleitung, Vertretung 68[2] b, 204
- Säumnisfolgen 206
- Urteilsvorschlag 210 f.
- Verhandlung 203
- Vertraulichkeit 205

Schlichtungsversuch 197 ff., s. auch Schlichtungsverfahren
- Ausnahmen 198
- Grundsatz 197
- Verzicht 199

Schlussvortrag 232

Schreibfehler, Redaktionsfehler
- Berichtigung, Erläuterung und Ergänzung des Schiedsspruchs 388[1] a
- Erläuterung und Berichtigung 334[2]

Schriftenwechsel 220 ff.
- bei der Streitverkündungsklage 82[3]
- im Schlichtungsverfahren 202[4]
- im vereinfachten Verfahren 246[2]
- neue Tatsachen und Beweismittel 229
- zweiter – 225, 316[2]
- zweiter – im Verfahren vor der Rechtsmittelinstanz 316[2]

Schriftliche Auskunft 168[1] e, 190

Schuldbetreibung und Konkurs s. SchKG

Schutz der ehelichen Gemeinschaft 271 ff.

Schutzschrift 270

Schutzwürdiges Interesse 59[2] a

Schwägerschaft
- Ausstandsgrund 47[1] d, e
- Verweigerungsrecht 163[1] a, 165[1] c, 166[1] a

Sicherheit für die Parteientschädigung 99 ff., s. auch Kostenvorschuss
- Art und Höhe 100
- Befreiung bei unentgeltlicher Rechtspflege 118[1] a
- bei notwendiger Streitgenossenschaft 99[2]
- Beschwerde 103
- im Schiedsverfahren 379
- keine – im Scheidungsverfahren 99[3] b
- keine – im summarischen Verfahren 99[3] c

- keine – im vereinfachten Verfahren 99[3] a
- Leistung 101
- Prozessvoraussetzung 59[2] f

Sicherheitsleistung
- bei der Anordnung superprovisorischer Massnahmen 265[3]
- bei der Anordnung vorsorglicher Massnahmen 261[2], 264
- bei der Berufung 315[2]
- bei der Beschwerde 325[2]
- bei der Revision nach Aufschub der Vollstreckbarkeit 331[2]
- bei Parteiwechsel 83[3]
- im Schiedsverfahren 374[3, 4]

Sichernde Massnahmen
- bei der Berufung 315[2]
- bei der Beschwerde 325[2], 327a, [2]
- bei der Revision 331[2]
- in der Vollstreckung von Entscheiden 340
- in der Vollstreckung von Geldforderungen 269 a

Sistierung 126

Sitz
- Gerichtsstand 10
- Schiedsgericht, zuständige staatliche Gerichte 355 f.

Sitzungspolizei s. Verfahrensdisziplin

Spaltungen 42

Sperrwirkung 64[1] a

Staatsverträge 2, 335[3]

Statusklagen 25

Stillstand der Fristen 145 f.

Stimmrechtssuspendierungsklage 41

Stockwerkeigentum
- Angelegenheiten des summarischen Verfahrens 249 d 3, 4
- Gerichtsstand 29[1] b

Strafdrohung

- in der Beweisabnahme 167[1] a, 192[1]
- Vollstreckungsmassnahme 343[1] a

Strafverfahren
- Adhäsionsklage 39
- Revisionsgrund 328[1] b, 396[1] b

Streitgegenstand
- Bezeichnung des – 202[2], 244[1] c
- Hauptintervention 73[1]
- Instruktionsverhandlung 226[2]
- Klagebewilligung 209[2] b
- Rechtshängigkeit 64[1] a, 372[2]
- Rechtskraft 65

Streitgenossenschaft 70 ff.
- einfache Streitgenossenschaft 71
- gemeinsame Vertretung 72
- Gerichtsstand 15[1]
- im Schiedsverfahren 376[1]
- Kostentragung 106[3]
- notwendige Streitgenossenschaft 70
- Streitwert 93

Streitige Tatsachen 150[1]

Streitverkündung 78 ff.
- im Schiedsverfahren 376[3]
- Kostentragung 106[3]
- Stellung der streitberufenen Person 79
- Wirkungen 80

Streitverkündungsklage 81 f.
- Gerichtsstand 16
- im Schiedsverfahren 376[3]
- keine Kettenstreitverkündungsklage 81[2]
- keine – im vereinfachten und summarischen Verfahren 81[3]
- kein Schlichtungsverfahren 198 g
- Verfahren 82, 125

Streitwert 91 ff., s. auch Streitwertgrenze
- Angabe in der Klage 221[1] c, 244[1] d
- Berechnung 4[2]

Sachregister ZPO

- Bestimmung durch Rechtsbegehren 91[1]
- Festsetzung durch das Gericht 91[2]
- Klageänderung 227[2]
- Klagenhäufung 93[1]
- Streitgenossenschaft 93
- unbezifferte Forderungsklage 85
- Widerklage 94, 224[2]
- wiederkehrende Nutzungen und Leistungen 92

Streitwertgrenze s. auch Streitwert
- Berufung 308[2]
- direkte Klage beim oberen Gericht 8[1]
- Einzige kantonale Instanz 5[1] d
- Entscheid der Schlichtungsbehörde in der Sache 212[1]
- Feststellung des Sachverhalts von Amtes wegen 247[2] b
- Handelsgericht 6[2] b
- keine Gerichtskosten 113[2] d, 114 c
- Urteilsvorschlag der Schlichtungsbehörde 210[1] c
- vereinfachtes Verfahren 243[1]
- Verzicht auf das Schlichtungsverfahren 199[1]

Subjektive Klagenhäufung s. Streitgenossenschaft

Sühneverfahren s. Schlichtungsverfahren

Summarisches Verfahren 248 ff.
- Berufungsfrist 314
- Beweismittel 254
- eingetragene Partnerschaft 305 f.
- Entscheid 256[1]
- Entscheid über die unentgeltliche Rechtspflege 119[3]
- Geltungsbereich 248 ff., 271
- gerichtliches Verbot 258 ff.
- Gesuch 252
- in Angelegenheiten betreffend Kinderbelange 302
- in Angelegenheiten der freiwilligen Gerichtsbarkeit 255 b, 256[2]
- keine Anschlussberufung 314[2]
- keine Sicherheitsleistung 99[3] c
- keine Streitverkündungsklage 81[3]
- kein Fristenstillstand 145[2] b
- kein Schlichtungsverfahren 198 a
- mündliches Verfahren 273
- Rechtsschutz in klaren Fällen 257
- Schutz der ehelichen Gemeinschaft 271 ff.
- Schutzschrift 270
- Stellungnahme 253
- Untersuchungsgrundsatz 255, 272
- Vertretung 68[2] b, c
- Vollstreckung von Entscheiden 339[2]
- Vorsorgliche Massnahmen 261 ff., s. auch dort

Superprovisorische Massnahmen 265

Suspensivwirkung s. Aufschiebende Wirkung

T

Tagfahrt s. Fristen

Tarif
- Kostennote 105[2]
- Prozesskosten 96

Tatsachen s. auch Neue Tatsachen und Beweismittel
- anerkannte Erfahrungsgrundsätze 151
- Behauptung 221[1] d
- bekannte, offenkundige, gerichtsnotorische – 151
- streitige – 150[1]

Taxation 345

Teilabstand 241, s. auch Klageanerkennung, Klagerückzug

Teilklage 86

Teilrechtskraft s. auch Rechtskraft

- Ausnahme *282 N 6*
- Grundsatz 315[1]
Teilschiedsspruch 383, 392 a
Teilzwingender Gerichtsstand 35[1]
Termin s. Fristen
Todeserklärung 21
Trennung von Klagen 125 b, d
Treu und Glauben 52
Tun
- Verpflichtung zu einem Tun, Unterlassen oder Dulden 84, 343

U

Übergangsbestimmungen
- bisheriges Recht 404
- Gerichtsstandsvereinbarungen 406
- Rechtsmittel 405
- Schiedsgerichtsbarkeit 407

Übermittlung s. Elektronische Übermittlung, Postalische Übermittlung
Übersetzung 95[2] d
Überweisung s. auch Rückweisung
- bei fehlender Einigung über die Teilung der Austrittsleistungen 281[3]
- bei übersteigendem Streitwert 224[2], 227[2]
- bei zusammenhängenden Verfahren 127
- der güterrechtlichen Auseinandersetzung 283[2]

Übung 150[2]
Umfassendes Verweigerungsrecht Dritter s. auch Beschränktes Verweigerungsrecht Dritter, Mitwirkungspflicht
- berechtigte Verweigerung der Mitwirkung 162
- unberechtigte Verweigerung der Mitwirkung durch Dritte 167
- Verweigerungsrecht 165

Umtriebsentschädigung 95[3] c
Umwandlung der geschuldeten Leistung in Geld 345[1] b, [2]
Umwandlungen 42
Unabhängigkeit
- des Gerichts 47 ff.
- des Schiedsgerichts 363, 367[1] c

Unberechtigte Verweigerung der Mitwirkung durch Dritte 167
Unberechtigte Verweigerung der Mitwirkung durch eine Partei 164
Unbezifferte Forderungsklage 85
Unentgeltliche Rechtspflege 117 ff.
- Anspruch, Voraussetzungen 117
- Aufklärung über die – 97
- Beschwerde 121
- Entzug 120
- Gesuch und Verfahren 119
- im Schlichtungsverfahren 113[1]
- keine – im Schiedsverfahren 380
- Liquidation der Prozesskosten 122
- Mediation in kindesrechtlichen Angelegenheiten 218[2]
- Mitwirkung beim Entscheid über die –, kein Ausstandsgrund 47[2] a
- Nachzahlung 123
- Umfang 118

Unmittelbarkeitsprinzip 155[2]
Unnötige Prozesskosten 108
Unparteilichkeit
- der Richter 47 ff.
- der Schiedsrichter 363, 367[1] c

Unterhaltsbeiträge 282
Unterhaltsklage 26, 303 f.
Unterlassen
- Verpflichtung zu einem Tun, Unterlassen oder Dulden 84, 343

Unterlassungsklage 84, 343
Unterschrift
- der Partei 130, 221[1] f, 244[1] e, 285 f, 290 f

- des Gerichts 133 g, 209² f, 235¹ f, 238 h
- des Schiedsgerichts 384²

Untersuchungsgrundsatz 55²
- abgeschwächter 247², 255, 272, 277³, 280², 306
- uneingeschränkter 296¹

Unterwerfungserklärung 347
Unverheiratete Mutter 27
Unvermögen der Partei 69
Urkunde 168¹ b, 177 ff., s. auch Vollstreckung öffentlicher Urkunden
Urteil s. Entscheid
Urteilsbegründung 239
Urteilsberatung 54², 236²
Urteilsfähigkeit 67³, 298³, 299³
Urteilsvorschlag 210 f.

V

Vaterschaftsklage
- Unterhaltsklage in Verbindung mit der – 25, 303 f.

Verantwortlichkeitsklage, gesellschaftsrechtliche 40
Veräusserung des Streitobjekts 83
Verbandsklage 89
Verbesserung der Eingabe 132
Verbot 262 a
Verbrechen, Vergehen
- Einwirkung auf den Entscheid als Revisionsgrund 328¹ b, 396¹ b

Vereinbarung über die berufliche Vorsorge 280
Vereinbarung über die Scheidungsfolgen 279
Vereinfachte Klage 244
Vereinfachtes Verfahren 243 ff.
- abgeschwächter Untersuchungsgrundsatz für gewisse Angelegenheiten 247²
- Begründung der Klage 244², 245

- Feststellung des Sachverhalts, gerichtliche Fragepflicht 247¹
- Geltungsbereich 243
- Instruktionsverhandlung 246²
- keine Sicherheitsleistung 99³ a
- keine Streitverkündungsklage 81³
- Klage 244
- mündliche Klage 244¹
- prozessleitende Verfügungen 246¹
- Schriftenwechsel 246²
- selbständige Klagen in Kinderbelangen 295
- Vertretung 68² b
- Vorladung und Stellungnahme 245

Vereinfachung des Prozesses 125
Vereinigung von Klagen 125 c
Verfahren s. Besondere Verfahren, Ordentliches Verfahren, Summarisches Verfahren, Vereinfachtes Verfahren
Verfahrensdisziplin 128
- Dispositionsgrundsatz 58¹
- gerichtliche Fragepflicht 56, 247¹, 277²
- Handeln nach Treu und Glauben 52
- Öffentlichkeitsprinzip 54, s. auch dort
- Offizialgrundsatz 58², s. auch dort
- rechtliches Gehör 53, s. auch dort
- Rechtsanwendung von Amtes wegen 57
- Untersuchungsgrundsatz 55², s. auch dort
- Verhandlungsgrundsatz 55¹, 277¹

Verfahrenssprache 129
Vergleich
- Beendigung des Verfahrens ohne Entscheid 241 f.
- im Schiedsverfahren 385
- im Schlichtungsverfahren 208
- in der Mediation 217

479

- Unwirksamkeit des – als Revisionsgrund 328[1] c, 396[1] c
- Verteilung der Prozesskosten 109
- vor Gericht 124[3], 241

Verhandlung
- Hauptverhandlung 228 ff.
- Instruktionsverhandlung 226, 246[2]
- Schlichtungsverhandlung 203
- vor der Rechtsmittelinstanz 316[1]

Verhandlungsgrundsatz 55[1], 277[1]

Verletzung des Amts-, Berufs-, Redaktionsgeheimnisses, anderer gesetzlich geschützter Geheimnisse
- beschränktes Verweigerungsrecht Dritter 166[1] b–e, [2]
- Verweigerungsrecht der Parteien 163[1] b, [2]

Vermögensrechtliche Streitigkeiten
- ausländisches Recht als Beweisgegenstand 150[2]
- direkte Klage beim oberen Gericht 8
- im Schlichtungsverfahren 199[1], 210[1] c, 212[1]
- im vereinfachten Verfahren 68[2] b, 99[3] a, 243[1]
- in der Berufung 308[2]
- unentgeltliche Mediation in kindesrechtlichen Angelegenheiten 218[2]

Vermögensübertragungen 42

Vermutung, gesetzliche 303[2] b, 360

Veröffentlichung des Entscheids
- Öffentlichkeitsprinzip 54[1]
- Veröffentlichung 240

Verpflichtung zu einem Tun, Unterlassen oder Dulden 84, 343

Verrechnung *224 N 1,* 377[1]

Versäumte Klageantwort 223

Verschollenerklärung 21

Versicherungspolicen 43[3]

Verteilung und Liquidation der Prozesskosten 104 ff., s. auch Besondere Kostenregelungen
- bei der unentgeltlichen Rechtspflege 111[3], 122
- Beschwerde 110
- Entscheid über – 104
- Festsetzung und Verteilung 105
- Liquidation 111
- Stundung, Erlass, Verjährung, Verzinsung 112
- unnötige Prozesskosten 108
- Verteilung bei Vergleich 109
- Verteilung nach Ermessen 107
- Verteilungsgrundsätze 106

Vertragliche Vertretung s. Parteivertretung

Vertretung 68 f., s. auch Parteivertretung, Rechtsbeistand
- des Kindes 95[2] e, 299 f.

Verursacherprinzip 108

Verwandtschaft
- Ausstandsgrund 47[1] d, e
- Verweigerungsgrund 163[1] a, 165[1] c, 166[1] a

Verweigerungsrecht der Parteien 163 f., s. auch Mitwirkungspflicht
- berechtigte Verweigerung der Mitwirkung 162
- Beweiswürdigung bei unberechtigter Verweigerung 164
- keine Anwendbarkeit 296[2]
- unberechtigte Verweigerung der Mitwirkung durch eine Partei 164
- Verweigerungsrecht 163

Verweigerungsrecht Dritter 165 ff., s. auch Mitwirkungspflicht
- berechtigte Verweigerung der Mitwirkung 162
- beschränktes Verweigerungsrecht Dritter 166
- umfassendes Verweigerungsrecht Dritter 165

Sachregister ZPO

- unberechtigte Verweigerung der Mitwirkung durch Dritte 167

Verweis 128[1]

Verzicht
- auf das Rechtsmittel 239[2]
- auf das Schlichtungsverfahren 199
- auf die Hauptverhandlung 233
- auf die schriftliche Begründung des Entscheids 239[2]
- auf gesetzliche Gerichtsstände 17
- auf mündliche Schlussvorträge 232[2]

Vollmacht 68[3], 221[2] a, 244[3] a

Vollstreckbarerklärung nach Lugano-Übereinkommen 327 a

Vollstreckbarkeit
- Prüfung der – 341

Vollstreckbarkeitsbescheinigung 336[2], 386[3]

Vollstreckung öffentlicher Urkunden 347 ff.
- Abgabe einer Willenserklärung 351[2]
- Ausnahmen 348
- gerichtliche Beurteilung 352
- Urkunde über eine andere Leistung 350
- Urkunde über eine Geldleistung 349
- Vollstreckbarkeit 347 f.

Vollstreckung von Entscheiden 335 ff.
- Beschwerde Dritter 346
- direkte Vollstreckung 236[3], 337
- Einstellung der Vollstreckung 337[2]
- Einwendungen 341[3]
- Geldzahlung 335[2]
- Geltungsbereich 335
- Sicherheitsleistung 335[2]
- sichernde Massnahmen 340
- summarisches Verfahren 339[2]
- Vollstreckbarkeit 336, 341
- Vollstreckung einer bedingten Leistung 342
- Vollstreckung einer von einer Gegenleistung abhängigen Leistung 342
- vorzeitige Vollstreckung 315[2], 336[1] b
- Zuständigkeit 339[1]

Vollstreckung vorsorglicher Massnahmen 267

Vollstreckungsgericht 339

Vollstreckungsgesuch
- Vollstreckung von Entscheiden 338
- Vollstreckung von Urkunden über eine andere Leistung 350[2]

Vollstreckungsmassnahmen
- Abgabe einer Willenserklärung 344
- Schadenersatz 345[1] a, [2]
- Umwandlung der geschuldeten Leistung 345[1] b, [2]
- Verpflichtung zu einem Tun, Unterlassen oder Dulden 343

Vorladung 133 ff.

Vormundschaftliche Massnahmen 69[2]

Vorsorgliche Beweisführung 158
- Gerichtsstand 13
- Kostenentscheid 104[3]
- Kostenvorschuss 102
- Teilnahme der Parteien 155[3]
- Verfahren der vorsorglichen Massnahmen 158[2], 252 ff., 261 ff.

Vorsorgliche Geldzahlung 262 e, 303

Vorsorgliche Massnahmen 261 ff.
- als Anfechtungsobjekt 308[1] b, 319 a
- Änderung, Aufhebung 268
- Anordnung vor Sicherheitsleistung 101[2]

481

Sachregister ZPO

- bei der Scheidung auf gemeinsames Begehren 288[3]
- bei der Unterhaltsklage 303 f.
- Entscheid über die Prozesskosten 104[3]
- Gerichtsstand 13, 23, 24, 276
- im Scheidungsverfahren 276
- im Schiedsverfahren 374
- Inhalt 262
- keine aufschiebende Wirkung der Berufung gegen – 315[4,5]
- Massnahmen gegen die Medien 266
- Mitwirkung bei der Anordnung –, kein Ausstandsgrund 47[2] d
- Schadenersatz für ungerechtfertigte – 37, 264[2], 374[4]
- Sicherheit als Ersatz für – 261[2]
- Sicherheitsleistung 264[1,3], 265[3], 374[3,5]
- summarisches Verfahren 248 d
- superprovisorische Massnahmen 265
- Voraussetzungen 261[1]
- Vorbehalt 269
- vor Rechtshängigkeit 263
- vor einziger kantonaler Instanz 5[2]
- vor Handelsgericht 6[5]
- Zuständigkeit für die Vollstreckung 267

W

Wahrheitspflicht
- bei Partei- oder Zeugenaussagen 160[1] a
- Ermahnung, Sanktion 171[1], 184[1], 191[2], 192[2]

Wahrung schutzwürdiger Interessen 156

Wechsel 43[4]

Wegnahme einer beweglichen Sache 343[1] d

Wertpapiere 43[3]

Wertpapierrecht
- Angelegenheiten des summarischen Verfahrens 250 d

Widerklage 224
- Erwähnung in der Klagebewilligung 209[2] b
- Gerichtsstand 14
- im Schiedsverfahren 377[2]
- keine Wider-Widerklage 224[3]
- kein Schlichtungsverfahren 198 g
- Streitwert 94
- Trennung vom Hauptverfahren 125 d

Wiedereinbringung 63

Wiederherstellung 148 f., s. auch Fristen, Säumnis, -folgen

Wiederkehrende Nutzungen und Leistungen 92

Willenserklärung
- Abgabe einer – in der Vollstreckung öffentlicher Urkunden 351[2]
- Abgabe einer – in der Vollstreckung von Entscheiden 344

Willensmangel 328[1] c, 396[1] c

Willkür 393 e

Wohnsitz 10[1] a

Wohnsitzwechsel 64[1] b

Z

Zahlungsverbot aus Wechsel und Check 43[4]

Zeugnis 168[1] a, 169 ff.
- Ergänzungsfragen 173, 176[1]
- Form der Einvernahme 155, 171
- Gegenstand 169
- Inhalt der Einvernahme 172
- kein – vom Hörensagen 169
- Konfrontation 174
- Organe einer juristischen Person 159
- Protokoll 176

- Sachverständiger 175, 183[2]
- Vorladung 170
- Wahrheitspflicht 160[1] a, 171[1]

Zeugnis(un)fähigkeit 169

Zeugnisverweigerung s. Beschränktes Verweigerungsrecht Dritter, Mitwirkungspflicht, Umfassendes Verweigerungsrecht Dritter

ZGB
- Angelegenheiten des summarischen Verfahrens 249, 271
- Angelegenheiten des vereinfachten Verfahrens 243[2] b
- Änderungen der Kindesbelange 284[2]
- erbrechtliche Sicherungsmassregeln 269 b
- Teilung der beruflichen Vorsorge 281[1]

Zivilstandsregister
- Bereinigung des – 22

Zusatzversicherungen zur sozialen Krankenversicherung
- einzige kantonale Instanz 7
- keine Gerichtskosten 113[2] f, 114 e
- vereinfachtes Verfahren 243[2] f

Zuständigkeit
- fehlende – 63[1]
- örtliche 9 ff., 404[2]
- sachliche und funktionelle – s. dort
- staatlicher Gerichte in der Schiedsgerichtsbarkeit 356
- Vollstreckung 339
- vorsorgliche Massnahmen bei Unterhalts- und Vaterschaftsklage 304
- zeitliche – 64[1] b, 404[2]
- zwingende 9, 13, 19, 21 f., 23 ff., 28[2], 29[4], 30[2], 43, 45, 339[1]

Zustellung 136 ff.
- Annahme der Zustellung (Fiktion) 138[3]
- bei Vertretung 137
- elektronische Zustellung 139
- Form 138
- öffentliche Bekanntmachung 141
- vollstreckbarer öffentlicher Urkunden 350[1]
- Schiedsspruch 386[1]
- Zustellungsdomizil 140
- zuzustellende Urkunden 136

Zustellungsdomizil 140

Zwangsmassnahmen 343[1] d

Zweigniederlassung 12, 34[2]

Zweiter Schriftenwechsel
- vor der Rechtsmittelinstanz 316[2]
- vor erster Instanz 225

Zwingender Gerichtsstand 9, 13, 19, 21 f., 23 ff., 28[2], 29[4], 30[2], 43, 45, 339[1]

Zwischenentscheid 237
- als Anfechtungsobjekt 237[2], 308[1] a, 319 a
- Entscheid über die Prozesskosten 104[2]

Zwischenschiedsspruch 383, 392 b